U0492958

房地产开发
法律风险防范实务

FANGDICHAN KAIFA FALÜ FENGXIAN FANGFAN SHIWU

郭家汉 ◎ 著

知识产权出版社
全国百佳图书出版单位

图书在版编目（CIP）数据

房地产开发法律风险防范实务 / 郭家汉著 . -- 北京：知识产权出版社，2015.3
ISBN 978-7-5130-1746-6

Ⅰ. ①房… Ⅱ. ①郭… Ⅲ. ①房地产法 - 风险分析 - 研究 - 中国 Ⅳ. ① D922.181.4

中国版本图书馆 CIP 数据核字 (2015) 第 038415 号

内容提要

本书以最新发布或修订的法律、法规、规章、司法解释和规范性文件为依据，以房地产开发主体、房地产开发用地取得、房地产开发建设、房地产开发经营、前期物业管理等房地产开发全过程为主线，从作者亲自办理的 14 个诉讼与非诉讼具体案件入手，对房地产开发主体、国有建设用地使用权设立取得、国有建设用地使用权转让取得、国有建设用地使用权合作开发取得、房地产开发建设、商品房销售、商品房屋租赁、房地产抵押、前期物业管理等方面存在的法律风险进行了全面的分析，对风险防范提出了针对性、系统性和可操作性的应对措施。

本书还对外商投资房地产、集体土地和房屋的征收与补偿、土地一级开发、房地产并购、房地产项目融资、商品房销售广告宣传、商品房预售、按揭贷款、商品房先租后售、商品房售后包租等房地产开发热点问题的法律风险防范进行了重点阐述。

本书可供房地产开发企业、建设单位、工程勘察设计企业、施工企业、监理企业等单位的相关人员，律师，法官，法学院校师生及有关研究人员等阅读使用，具有很强的实务操作指导作用。

责任编辑： 陆彩云　徐家春　　　　**责任出版：** 刘译文

房地产开发法律风险防范实务
FANGDICHAN KAIFA FALÜ FENGXIAN FANGFAN SHIWU

郭家汉　著

出版发行：	知识产权出版社 有限责任公司	网　址：	http://www.ipph.cn
电　话：	010-82004826		http://www.laichushu.com
社　址：	北京市海淀区马甸南村 1 号	邮　编：	100088
责编电话：	010-82000860 转 8573	责编邮箱：	xujiachun625@163.com
发行电话：	010-82000860 转 8101/8029	发行传真：	010-82000893/82003279
印　刷：	保定市中画美凯印刷有限公司	经　销：	新华书店及相关销售网点
开　本：	720mm×960mm　1/16	印　张：	23.5
版　次：	2015 年 3 月第 1 版	印　次：	2015 年 3 月第 1 次印刷
字　数：	402 千字	定　价：	62.00 元

ISBN 978-7-5130-1746-6

出版权专有　侵权必究
如有印装质量问题，本社负责调换。

（代前言）

做房地产开发企业与建设工程企业的法律护航者[1]

——访北京市金洋律师事务所主任郭家汉

在北京，有一家为房地产与建设工程法律事务攻坚克难的律师事务所——北京市金洋律师事务所（以下简称金洋所），他们凭借扎实的法学理论功底、专业的业务技能、紧密的团队精神、真诚的服务态度，10多年来，先后为近千家房地产开发企业与建设工程企业提供法律服务，成为名副其实的房地产开发企业与建设工程企业的法律保驾护航者。近日，记者采访了该律师事务所的当家人——郭家汉律师。

弥足珍贵的从政经历

提起郭家汉律师，不能不介绍他的一段从政经历。1989年7月，当郭家汉从中国政法大学研究生院毕业后，被分配到国家建设部从事建设方面的立法工作。其间，他先后参加了《城市房地产管理法》《建筑法》等40余项房地产、工程建设等方面的法律、法规、规章的起草和修改工作，为房地产与建设工程的法制建设贡献了自己的聪明才智。但是，就在工作蒸蒸日上，仕途一片灿烂之际，他却辞去官职，自谋生路，干起了专业律师。说起这段经历，郭家汉介绍："之所以选择做律师，一个重要的原因就是，经过大约10年时间的经验积累，虽然我对国家宏观政策和建设行业的总体情况比较了解，但同时我也发觉自己对建设行业的企业内部还不够了解。而只有把所掌握的宏观政策及行业特点和

---

[1] 本文是《中国建设报》记者柳枢对作者的专访，刊登在2014年12月26日出版的《中国建设报》。

企业情况结合起来，才能为房地产开发企业、建设工程企业提供更好、更专业的服务，乃至为建设行业做出更大贡献。"

潜心为房地产开发企业服务

或许有过这样一段从政经历，从当律师的第一天起，郭家汉就不遗余力地奔走于各相关房地产开发企业之间，并潜心为他们提供法律服务。2001年，金洋律师事务所成立，郭家汉与自己的团队更是把为房地产开发企业提供优质、高效、诚信的法律服务作为该所的服务宗旨。

对此，郭家汉介绍道："进入21世纪以来，我国城镇化的步伐明显加快，这给房地产开发企业带来巨大发展机遇的同时，也使房地产开发企业面临更多的责任和风险，法律风险就是其中一种。就法律风险来说，可分为几个方面：第一，是企业设立的风险；第二是企业取得房地产开发用地的风险；第三是房地产开发建设风险；第四是房地产销售风险；第五是前期物业管理风险。在目前房地产市场还不是很规范、机制也有待健全的情况下，如何提高房地产开发企业防范和抵御风险的能力，就显得尤为重要。而金洋所要做的，就是用专业的法律知识，为房地产开发企业提供最好的服务。"

郭家汉是这样说的，也是这样做的。十几年来，他和金洋所充分运用所掌握和积累的法律知识及实务技巧，结合企业的经营模式、财务状况、行业特点等具体情况，以企业利益最大化为出发点，在法律风险产生之前对风险进行有效的识别、规避和化解，从而大大降低了企业法律纠纷的发生，有力地保障了企业的稳健快速发展。

做专业的建设工程法律顾问

近十年来，随着我国经济快速发展、投资规模不断扩大，建设工程自然也是法律纠纷的多发地。作为较早涉足这一领域的律师事务所，金洋所一直以为客户提供全方位的优质法律服务、做专业的建设工程法律顾问为己任。郭家汉介绍，建设工程所涉及的法律法规数量众多，如《建筑法》《城乡规划法》《招标投标法》《合同法》等；涉及的主要行政法规及部门规章包括《招标投标法实施条例》《建设工程安全生产管理条例》《建筑工程施工许可管理办法》等；涉及的法律关系也极为复杂，各省、区、市具体的规范性文件也起着重要的作用。鉴于此，为了更好地服务客户，金洋所对内部作了更进一步的细化，在人员配备上不仅划分了项目主管律师、项目派驻律师、具体业务律师，而且将人员专业服务细化到招标发包、勘察设计、施工、监理及工程总承包与分包等各个层面。在长期的法律服务过程中，金洋所已经与广大客户建立起了良好的合作关系，同时也与相关政府部门、法院、仲裁机构建立了良好的互动关系。靠着这种细致入微的服务，金洋所无论是在所代理的建设工程纠纷中，还是被聘为建设工程企业的法律顾问，总能攻城拔寨，立于不败之地。

防范风险是根本

在十多年的律师生涯中，郭家汉的切身体会是：法律风险须以防范为主，待到纠纷发生时再进行补救，往往只是亡羊补牢，为时已晚！为此，郭家汉建议：授人以鱼不如授人以渔，通过法律风险管理的介入让企业建立起自我完善、自我提升的风险管理平台，达到全面防范或化解法律风险的目的。

为了帮助企业实现这一目标，郭家汉为所服务的企业建立起一套科学的市场分析、预警机制。郭家汉认为：房地产开发企业与建设工程企业的改制和资产重组，是最易于产生法律纠纷的风险点之一。他结合实例介绍道："在这类风险防范中，首先要注意的法律问题就是国有资产处理问题。我遇到一家企业，由于没有依法处置国有资产，导致这家负责人被当地公安局限制人身自由多达15天。第二个需要注意的是职工安置问题。原有国有企业的老员工以及企业的离退休、内退人员的安置，要全部按照国家相关政策处理。吉林省就发生过一起由于企业重组，职工没有安置好，职工闹事造成一名经理被打死的惨剧。第三个是股权设置一定要建立好股权激励机制，经营者和骨干员工要持大股，建立起股权流动机制，员工离职股权要及时转让。第四个是要按照《公司法》的规定设立好法人治理结构。"

郭家汉和金洋所的用心服务，在为一家家企业筑好法律风险"防火墙"的同时，也赢得了所有与金洋所合作企业的赞誉。

事业未有穷期

十余年的奋斗，郭家汉和他的金洋所无疑创造了历史。至今，郭家汉先后为中国中元国际工程公司、总装备部工程设计研究总院等几十家大中型企业担任常年法律顾问；为中共中央组织部办公楼、中国寰球工程公司科研设计基地项目等提供了包括项目法人设立、项目实施前期、项目合同签订、项目合同履行及项目竣工交付等阶段全过程房地产项目法律服务；为中交水运规划设计研究院、中国市政工程西北设计研究院等数十家企业提供了企业改制与资产重组法律服务；为国内外客户代理了数百件房地产与建设工程等方面诉讼与仲裁案件；为十余家科技型企业提供了企业发展战略、机构设置、岗位分析、薪酬分配等管理咨询服务；此外，还包括工程设计责任保险、工程总承包保险等代理与咨询服务。

郭家汉凭借其扎实的理论功底和丰富的实务经验，现已被聘为中国国际经济贸易仲裁委员会仲裁员。在执业过程中，他坚持钻研业务，总结办案经验，已经出版《建设工程法律风险防范实务》，即将出版《房地产开发法律风险防范实务》等专著。

对下一步的发展目标，郭家汉表示，金洋所将通过不断提高事务所的综合服务水平和业务创新能力，积极参与中国市场经济建设和法制建设，把金洋所建成规范化、规模化、品牌化、国际化的大型律师事务所，以更好地为房地产开发企业与建设工程企业提供法律服务，为之保驾护航。

目 录

代前言……………………………………………………… 1

第一篇　房地产开发主体法律风险防范……………………… 1

◆内资房地产开发企业的风险分析与防范………………… 3
　【案情简介】……………………………………………… 3
　【一审代理意见和判决】………………………………… 6
　【二审代理意见和裁定】………………………………… 10
　【风险分析与防范】……………………………………… 18

◆外商投资房地产的风险分析与防范……………………… 28
　【案情简介】……………………………………………… 28
　【代理过程与结果】……………………………………… 29
　【风险分析与防范】……………………………………… 30

第二篇　国有建设用地使用权设立取得法律风险防范……… 63

◆集体土地和房屋的征收与补偿的风险分析与防范……… 65
　【案情简介】……………………………………………… 65
　【一审代理意见和判决】………………………………… 67
　【二审代理意见和判决】………………………………… 71
　【案件最终结果】………………………………………… 73
　【风险分析与防范】……………………………………… 74

◆土地一级开发与国有建设用地使用权出让取得的风险分析与防范…100
　【案情简介】……………………………………………… 100
　【代理过程与结果】……………………………………… 101
　【风险分析与防范】……………………………………… 103

· 1 ·

第三篇 国有建设用地使用权转让取得法律风险防范……119

◆国有建设用地使用权转让的风险分析与防范……121
【案情简介】……121
【代理意见和仲裁裁决】……123
【仲裁裁决撤销申请与法院裁定】……132
【风险分析与防范】……142

◆在建工程转让的风险分析与防范……152
【案情简介】……152
【代理过程和结果】……153
【风险分析与防范】……155

◆在建工程转让合同签订和履行的风险分析与防范……164
【案情简介】……164
【代理意见和判决】……167
【风险分析与防范】……173

◆房地产项目转让其他方式的风险分析与防范……183
【案情简介】……183
【代理过程和结果】……184
【风险分析与防范】……188

第四篇 国有建设用地使用权合作开发取得法律风险防范……197

◆房地产合作开发的风险分析与防范……199
【案情简介】……199
【代理过程和结果】……199
【风险分析与防范】……200

第五篇 房地产开发建设法律风险防范……207

◆房地产开发建设的风险分析与防范……209
【案情简介】……209

【代理过程和结果】……………………………………………… 209
　　【风险分析与防范】……………………………………………… 210

第六篇　商品房销售法律风险防范………………………………… 249

◆ 商品房销售的风险分析与防范…………………………………… 251
　　【案情简介】……………………………………………………… 251
　　【代理过程和结果】……………………………………………… 252
　　【风险分析与防范】……………………………………………… 253

第七篇　商品房屋租赁法律风险防范……………………………… 305

◆ 商品房屋租赁的风险分析与防范………………………………… 307
　　【案情简介】……………………………………………………… 307
　　【一审代理意见和判决】………………………………………… 308
　　【风险分析与防范】……………………………………………… 310

第八篇　房地产抵押法律风险防范………………………………… 325

◆ 房地产抵押的风险分析与防范…………………………………… 327
　　【案情简介】……………………………………………………… 327
　　【代理过程和结果】……………………………………………… 328
　　【风险分析与防范】……………………………………………… 329

第九篇　前期物业管理法律风险防范……………………………… 343

◆ 前期物业管理的风险分析与防范………………………………… 345
　　【案情简介】……………………………………………………… 345
　　【一审代理意见和和解】………………………………………… 346
　　【风险分析与防范】……………………………………………… 348

后记…………………………………………………………………… 363

第一篇
房地产开发主体法律风险防范

◆内资房地产开发企业的风险分析与防范

——从代理中国某报社参加李某某诉
广东某房地产开发公司、
广东某市某区房地产开发集团公司、姜某某、
中国某报社投资合同纠纷应诉案谈起

【案情简介】

1990年12月5日,湖南省某县人民政府经济技术协作办公室(以下简称"某县经济协作办公室")与惠阳县房产管理局签订《转让土地协议书》,约定惠阳县房产管理局将坐落在惠州市惠阳区淡水镇熊老屋地段13 045平方米土地转让给某县经济协作办公室,每平方米价格450元。惠阳县房产管理局转让土地后,某县经济协作办公室的房屋开发与经营均挂靠某房地产开发集团公司,惠阳县房产管理局按有关规定及时给某县经济协作办公室办好房屋产权和经营手续,挂靠手续费按某县经济协作办公室房屋建筑造价的5%收取。1992年7月4日,中国某报社深圳记者站(以下简称"深圳记者站")"长富花园"项目的代表姜某某与某县经济协作办公室"长富花园"项目的代表邓某某,以及某房地产开发集团公司签订《"长富花园"房产开发由合伙经营变为独家经营的协议》(以下简称"该协议"),按该协议约定,"长富花园"房产是由深圳记者站为代表的深圳方和某县经济协作办公室为代表的某方各投资50%合伙开发经营,其

房产开发挂靠某房地产开发集团公司。由于经济成果已初见端倪,可作结算,双方认为今后由一方经营比合伙经营更有利。经"长富花园"房产开发领导小组讨论决定,由深圳记者站独家接管经营,深圳记者站接管经营后,隶属关系不变,工程名称不变,公章及银行账号不变;移交后某县经济协作办公室不再插手房产开发经营一切事宜;移交时间为7月10日前;深圳记者站分三期支付1350万元给某县经济协作办公室。

1994年7月17日,广东某房地产开发公司成立,法定代表人为姜某某,企业类型为全民所有制,主管部门和出资单位均系中国某报社。1987年至1994年间,姜某某系中国某报社深圳记者站站长,亦是"长富花园"开发项目领导小组成员。1994年10月,深圳记者站出具《淡水"长富花园"产权移交书》,主要内容是:深圳记者站与某县经济协作办公室开发的"长富花园"楼房八栋,第一期工程(四栋)完工后,某县经济协作办公室即退出项目建设,由深圳记者站单方开发,当年广东某房地产开发公司成立,本现场移交给广东某房地产开发公司开发管理,今后"长富花园"的一切产权和物业管理均由广东某房地产开发公司负责处理。广东某房地产开发公司承接"长富花园"开发项目后,仍然继续挂靠某房地产开发集团公司开发经营。1996年11月,惠阳市房产管理局出具《关于"长富花园"产权证明书》,确认"长富花园"工程于1993年年底全部竣工,属商品房性质,总共51 000多平方米,现尚余19 949.67平方米,其中商业用房面积9 426.9平方米,住宅10 263.77平方米,其他用房256平方米,产权属于广东某房地产开发公司。1997年10月30日,广东某房地产开发公司与湖南省某县人民政府签订一份《分房协议书》,确认"长富花园"项目由广东某房地产开发公司独家经营后,某县人民政府除已经分得的10 650 177.7元外,还应收回2 849 822.3元,由于受经济形势影响,"长富花园"项目的房产销售不好,某县人民政府不能收回余款,经协商,广东某房地产开发公司从"长富花园"划给某县人民政府价值300万元的房产物业,建筑面积为2 386.64平方米。2004年10月29日,广东某房地产开发公司因不按规定参加2002年度企业年检被吊销了营业执照。该公司被吊销执照后没有进行清算。

李某某于1990年年底至1991年4月向淡水"长富花园"投资75万元，1993年1月又向淡水"长富花园"投资100万元，1996年10月28日由广东某房地产开发公司出具《投资证明书》给李某某，《投资证明书》写明："兹证明李某某同志在淡水镇'长富花园'第一期投资75万元，第二期投资100万元，总共投资175万元，特此证明。"姜某某以证明人的身份在《投资证明书》上签名。之后，李某某先后两次收到广东某房地产开发公司支付投资利益共337 500元港币。后来，因为广东某房地产开发公司一直没有分配投资利益及归还投资款给李某某，也没有给李某某一个合理的说法，为此，李某某于2007年2月5日以姜某某、姜某、某房地产开发集团公司、惠阳市惠阳区房产管理局、惠州市惠阳区国有资产经营有限公司为被告向惠州市中级人民法院提起诉讼，请求判令姜某某、姜某归还投资款175万元；判令姜某某、姜某、惠阳区房产开发集团公司、惠州市惠阳区房产管理局立即停止单方处置"长富花园"的房屋，并清算淡水"长富花园"的投资收益；判令姜某某、姜某、某房地产开发集团公司、惠州市惠阳区房产管理局连带支付"长富花园"的投资收益约400万元；判令惠州市惠阳区国有资产经营有限公司对某房地产开发集团公司承担连带责任。惠州市中级人民法院经审理认为，原告请求姜某某、姜某、某房地产开发集团公司、惠州市惠阳区房产管理局、惠州市惠阳区国有资产经营有限公司承担责任没有事实和法律依据，原告所诉的纠纷是原告与广东某房地产开发公司之间的债务纠纷，可另行提起诉讼，遂驳回了原告的诉讼请求。

2008年3月27日，原告李某某以广东某房地产开发公司为第一被告、某房地产开发集团公司为第二被告、姜某某为第三被告、中国某报社为第四被告向广东省惠州市惠阳区人民法院提起诉讼，要求第一被告立即归还投资款175万元及相关利息，第二被告和第三被告承担归还上述投资款本息的连带责任，第一被告结算"长富花园"投资收益，第一被告支付"长富花园"投资收益给原告，第四被告连带承担第一被告的民事责任。惠州市惠阳区人民法院经审理于2009年3月3日作出一审判决，判决被告广东某房地产开发公司应于本判决发生法律效力之日起10日内归还投资款175万元给原告；被告中国某报社应于本判决发生法律效力之日起 15 日内成立清算组，对被告广东某房地产开发公司进行清算，于 3 个月内清算完毕，并以广东某房地产开发公司的财产清偿原告的投资款，逾期不清算，应对原告的投资款的清偿承担连带责任。

一审判决后，李某某、广东某房地产开发公司不服，上诉至惠州市中级人民法院，经过审理，惠州市中级人民法院于 2009 年 11 月 10 日作出了撤销惠阳区人民法院一审判决、驳回上诉人李某某的起诉的终审裁定。

【一审代理意见和判决】

原告诉讼请求

原告李某某的诉讼请求是：1. 判令第一被告立即归还投资款 175 万元及相关利息；2. 判令第二和第三被告承担归还上述投资款本息的连带责任；3. 判令第一被告结算"长富花园"投资收益；4. 判令第一被告支付"长富花园"的投资收益给原告；5. 判令第四被告连带承担第一被告的民事责任。

原告诉讼请求的理由是：一是，原告在 1990 年至 1993 年间先后向中国某报社深圳记者站在惠州市惠阳区淡水镇开发的"长富花园"项目投资 175 万元。1994 年 10 月，中国某报社深圳记者站将"长富花园"项目移交给第一被告广东某房地产开发公司，第一被告取得原中国某报社深圳记者站开发的"长富花园"房屋 19 949.67 平方米。1996 年 10 月，第一被告向原告出具投资证明书，确认原告投资"长富花园"的总投资为 175 万元。第一被告在 1997 年 10 月向原合作方某县人民政府划出 2 386.64 平方米房屋，其余的房屋全部由第一被告管理和销售。第一被告除了向原告支付投资款利息（两次）共 337 500 元港币外，至今未与原告结算投资收益和归还投资款本息。第一被告称在 2003 年至 2004 年销售"长富花园"八号楼住宅和其他楼零散房产共收回房款 420 万元，但却分文不付给原告。二是，在第一被告被吊销营业执照后，第二被告某房地产开发集团公司和第三被告姜某某在 2007 年 1 月恶意串通，将"长富花园"第一栋北楼整栋共 6 065 平方米的房屋以 4 245 500 元的低价格转让给惠州市某实业有限公司，并由第三被告收取上述款项，因此，第二被告、第三被告应对其恶意处分第一被告财产的行为承担第一被告归还原告投资款本息的相应法律责任。三是，第四被告中国某报社作为第一被告的开办人注册资金并未到位，同时，在第一被告注销房地产开发资质和被吊销经营资格后，第四被告长期不对第一被告的财产及债权债务进行清算，任由第三被告侵吞、转移第一被告的资产，造成原告的投资款本息至今无法归还，同时，导致"长富花园"项目的投资收益无法结算，第四被告依法应对第一被告的民事行为承担相应的民事责任。

第一被告一审答辩意见

针对原告的诉讼请求，第一被告广东某房地产开发公司在一审中作出如下答辩意见：1.原告交付给我公司资金的行为实际上是非法集资行为，法院应依法驳回原告的诉讼请求。2.退一步说，原告向我公司投资，不可能只享受利益而不承担风险。广东某房地产开发公司的房地产开发项目主要有两个，一个是惠州"长富花园"项目，一个是深圳梅林通达楼项目。"长富花园"项目在1993年前还盈利，原告两次共分红337 500港币，深圳梅林通达楼项目亏损数百万，另外，深圳记者站成立的黑龙江某某经济贸易公司，原告提出由其个人收购自主经营，他承诺移交给他的249万元集资款分期分批归还给各集资者，但原告在第二年即将公司停业，自己携带公司300多万元失踪。本次诉讼，原告对拿去公司的集资款只字不提，只凭一份不全面、不真实的个人资料胡乱找人要投资利息和分红，确实是只求回报不担风险，因此原告向我公司要求投资款及回报，没有事实和法律依据，其诉讼请求应予驳回。

第二被告一审答辩意见

针对原告的诉讼请求，第二被告某房地产开发集团公司在一审中作出如下答辩意见：1.关于惠阳淡水"长富花园"商品房开发项目问题，该项目是我公司依据当时的主管单位惠阳县房管局和该项目的建设方湖南省某县人民政府经济技术协作办公室的要求同意被建设方挂靠我公司开发经营的。在项目的开发经营过程中，我公司从未与原告发生过任何关系。2.关于原告投资惠阳"长富花园"的问题，我公司认为，假设原告所诉其在1990年至1993年间先后向中国某报社深圳记者站在涉案的"长富花园"商品房开发项目中投资175万元属实，那么，作为"长富花园"建设方的内部投资者，我公司与"长富花园"建设方之间的内部关系与原告无关。3.关于原告所谓的我公司与被告姜某某恶意处分被告广东某房地产开发公司财产的问题，我公司认为，原告的所谓"恶意处分"纯属信口雌黄，毫无证据可予佐证。对原告而言，原告无权就"长富花园"的建设方就"长富花园"的财产处置问题对我公司说三道四。综上，我公司认为，原告起诉没有事实和法律依据，请求法院予以驳回。

第三被告一审答辩意见

针对原告的诉讼请求，第三被告姜某某在一审中作出如下答辩意见：1.企业法人承担的责任不应由企业的法定代表人承担。2.原告向广东某房地产开发公司投资的行为在惠州市中级人民法院〔2007〕惠中法民一初字第19号生效判决书中已被认定为集资行为。该行为实际是非法集资行为，并未形成真正的投资关系，不受法律保护。3.原告此次起诉的事由，实际上已由惠州市中级人民法院作出的〔2007〕惠中法民一初字第19号判决书进行了判决。据此，原告此次起诉，法院应当予以驳回。

第四被告一审答辩意见

针对原告的诉讼请求，第四被告中国某报社在一审中作出如下答辩意见：1.原告向广东某房地产开发公司出资是一种非法集资行为。2.广东某房地产开发公司是独立法人，独立承担责任，与我报社无关。

一审法院判决

广东省惠州市惠阳区人民法院受理此案后，于2008年8月29日公开开庭审理了本案。

法院经审理认为，原告向淡水"长富花园"项目投资175万元，有被告广东某房地产开发公司出具的《投资证明书》为证，应予认定。"长富花园"项目的经营管理均是被告广东某房地产开发公司，因此，被告广东某房地产开发公司应对原告的投资款负责。淡水"长富花园"项目的盈亏，决定着原告的投资款能否全额收回。现淡水"长富花园"项目开发已经完成，且被告广东某房地产开发公司已被工商部门吊销了营业执照，原告请求被告广东某房地产开发公司归还投资款175万元，被告广东某房地产开发公司作为淡水"长富花园"

项目的开发经营方,掌握着淡水"长富花园"项目的一切账册,其有义务证明淡水"长富花园"项目是盈利还是亏损,但被告广东某房地产开发公司一直没有向本院提供有效证据证明淡水"长富花园"项目是亏损的,因此,原告请求被告广东某房地产开发公司返还投资款175万元,本院予以支持;被告广东某房地产开发公司虽然辩称其公司除淡水"长富花园"投资项目外,还有深圳梅林"通达楼"项目,"通达楼"项目亏损了数百万元,另外,原告在黑龙江某某经济贸易公司处拿走300多万元。因原告在本案中起诉的是其在淡水"长富花园"项目的投资款,根据被告广东某房地产开发公司出具给原告的《投资证明书》中亦表明原告投入的175万元是投入淡水"长富花园"项目的,因此,只要被告广东某房地产开发公司没有证据证明淡水"长富花园"项目是亏损的,原告请求全额归还其在该处的投资款是符合法律规定的。被告广东某房地产开发公司认为原告与其还有其他债务关系,属另一法律关系,可以另行起诉解决。对于原告请求支付利息问题,因原告投向淡水"长富花园"项目的资金是投资款,并未约定利息,因此,对支付利息的请求,本院不予支持。对原告请求被告某房地产开发集团公司承担连带责任的问题,因某房地产开发集团公司不是"长富花园"项目合作方,仅是被广东某房地产开发公司挂靠经营,原告与被告广东某房地产开发公司在淡水"长富花园"项目的投资关系是一种企业内部关系,与被挂靠方某房地产开发集团公司无关,因此,原告请求被告某房地产开发集团公司对投资款的归还承担连带责任无法律根据。对于原告请求被告姜某某承担连带责任问题,因被告姜某某只是被告广东某房地产开发公司法定代表人,原告是向被告广东某房地产开发公司投资,因此,因该投资行为所产生的权利义务依法应当由企业法人承担,而不应该由企业的法定代表人承担,因此,对原告的该项请求,本院亦无法支持。对于原告请求判令被告广东某房地产开发公司结算"长富花园"投资收益问题,因原告在本案中没有向本院申请对"长富花园"项目的账目进行审计,因此,对原告的该项请求,本院亦无法支持。对于原告请求被告中国某报社承担连带责任问题,因被告中国某报社是广东某房地产开发公司主管部门和出资单位,广东某房地产开发公司在2004年10月29日已被吊销营业执照,但至今未清算。中国某报社作为主管部门和出资单位是怠于履行清算义务,因此对原告的该项请求,本院可予以支持。依照《中华人民共和国民法通则》第48条、《中华人民共和国民事诉讼法》第64条及参照《最高人民法院关于适用〈中华人民共和国公司法〉若干问题的规定（二）》第18条的规定，判决如下：

1. 被告广东某房地产开发公司应于本判决发生法律效力之日起10日内归还投资款175万元给原告李某某。

2. 被告中国某报社应于本判决发生法律效力之日起15日内成立清算组，对被告广东某房地产开发公司进行清算，于3个月内清算完毕，并以广东某房地产开发公司的财产清偿原告的投资款，逾期不清算，应对原告的投资款的清偿承担连带责任。

3. 驳回原告李某某对被告某房地产开发集团公司、姜某某的诉讼请求。

4. 驳回原告李某某的其他诉讼请求。

一审判决后，原告李某某、被告广东某房地产开发公司不服，向广东省惠州市中级人民法院提起上诉。

【二审代理意见和裁定】

上诉人（原审原告）上诉意见

上诉人李某某上诉称：1. 撤销〔2008〕惠阳民二初字第90号民事判决书第二、三、四项；2. 判令被上诉人广东某房地产开发公司立即归还投资款175万元的相应利息给上诉人；3. 判令广东某房地产开发公司结算"长富花园"的投资收益；4. 判令广东某房地产开发公司支付"长富花园"的投资收益给上诉人；5. 判令被上诉人中国某报社、姜某某、某房地产开发集团公司对广东某房地产开发公司债务承担连带清偿责任。

1. 原审法院判决被上诉人归还投资款175万元给上诉人，但不支持归还该款的相应利息是完全错误的。

原审法院已查明上诉人李某某于1990年年底至1991年4月向淡水"长富花园"投资75万元，1993年1月又向淡水"长富花园"投资100万元，1996年10月28日广东某房地产开发公司出具《投资证明书》给上诉人，确认上诉人的上述投资事实。由于广东某房地产开发公司接受上诉人的投资后长期不向上诉人结算、支付投资收益，也没有将上诉人依法变更为股东，因此广东某房地产开发公司依法应当向上诉人支付占用上诉人投资款175万元期间的利息（利息按照逾期贷款利率计算）。原审法院以上诉人的投资款未约定利息为由，不支持上诉人支付利息的请求，显然是认定事实和适用法律的错误。

2. 原审法院以上诉人未申请对"长富花园"项目的账目进行审计为由，不支持上诉人要求广东某房地产开发公司结算"长富花园"的投资收益及支付该投资收益给上诉人显然是错误的。

上诉人向原审法院提交证据《惠阳市"长富花园"工程办公室关于"长富花园"房地产开发经营汇报》已充分证明了"长富花园"项目赢利10 845 758.42元，广东某房地产开发公司应当向上诉人结算及支付该收益。如果被上诉人认为"长富花园"是亏损的，应当向原审法院提交相应证据，但被上诉人自始至终都没有提交。如果原审法院认为应通过"长富花园"项目的账目审计方能计算投资收益的话，那么应当由原审法院行使释明权向上诉人或被上诉人提出是否进行项目审计及其后果。事实上，上诉人的证据已非常详细、清楚地记载了"长富花园"项目的投资、负债、收益等相关数据，原审法院完全可依据该证据对上诉人的诉求作出判决。

3. 原审法院判决被上诉人中国某报社于判决生效后15日内成立清算组等内容，完全违背了法律及相关司法解释的规定，属于错误判决。

原审法院已查明广东某房地产开发公司在2004年10月29日已被吊销营业执照。根据《公司法》的相关规定，作为主管部门和出资单位的中国某报社应在广东某房地产开发公司被吊销营业执照之日起15日内成立清算组，清算广东某房地产开发公司的债权债务，而不是在判决生效后才履行清算义务。由于中国某报社不履行清算义务，已导致广东某房地产开发公司所属全部财产——即"长富花园"17 563.03平方米商品房被姜某某及某房地产开发集团公司非法处置完毕，所得款项770万元在2005年5月和2007年1月被姜某某等人自行分配。事实上，被处置"长富花园"商品房的价值远远大于770万元。因此，因中国某报社不履行清算义务造成广东某房地产开发公司的损失最少已在770万元以上。因此，中国某报社依法应向上诉人承担逾期清算广东某房地产开发公司的相关法律责任。此外，作为"长富花园"开始投资方中国某报社深圳记者站的相关法律责任也应当由中国某报社承担，该报社深圳记者站在接受上诉人投资款后，在没有清偿上诉人的投资款及相关权益之前，将该项目的全部权益移交给广东某房地产开发公司而造成上诉人的投资款及相关权益的损失，也应当由中国某报社承担。

4. 原审法院认为被上诉人姜某某与某房地产开发集团公司不承担广东某房地产开发公司债务的连带责任也不符合法律的相关规定。

被上诉人姜某某作为广东某房地产开发公司的实际控制人，在广东某房地产开发公司被吊销营业执照后不仅不对广东某房地产开发公司进行清算，反而将广东某房地产开发公司的资金进行小范围的分配。特别是在上诉人对其提起诉讼后，与作为广东某房地产开发公司财产控制人的某房地产开发集团公司恶意串通，低价处置、转移广东某房地产开发公司的财产，并将所得价款由姜某某个人收取，并由其决定进行分配。姜某某的行为直接导致了广东某房地产开发公司财产贬值、流失，严重侵害了作为广东某房地产开发公司债权人的上诉人债权，依照法律的相关规定，姜某某应当对广东某房地产开发公司债务承担连带清偿责任。某房地产开发集团公司作为广东某房地产开发公司开发"长富花园"的挂靠方，"长富花园"的产权都登记在其名下进行对外发售。广东某房地产开发公司被吊销营业执照后，在没有对广东某房地产开发公司进行清算的情况下，某房地产开发集团公司与姜某某进行恶意勾结，将原价值1 000多万元的"长富花园"1号楼北楼整栋建筑面积为6 065.17平方米的楼房以350万元的低价格转给惠州市某实业有限公司，并将该转让款由姜某某自行收取；更为重要的是惠州市某实业有限公司还是某房地产开发集团公司的法定代表人控制的私营企业。因此，作为广东某房地产开发公司财产实际控制人的某房地产开发集团公司在广东某房地产开发公司被吊销营业执照后，恶意转移、侵吞、处置广东某房地产开发公司的财产，造成广东某房地产开发公司财产流失，同样严重侵害了上诉人对广东某房地产开发公司的债权。依照法律的相关规定，某房地产开发集团应对广东某房地产开发公司的债务承担连带清偿责任。

被上诉人姜某某（原审被告）的答辩意见

针对上诉人（原审原告）的上诉意见，被上诉人姜某某（原审被告）的答辩如下：1. 被答辩人的诉讼请求混淆不清，毫无法律依据。被答辩人的第二项诉讼请求要求支付投资款的相关利息，第三项诉讼请求又要求结算投资收益。这两项请求所依据的法律关系不能并存。利息存在于借贷法律关系中，而收益则存在于投资关系中,这二者对于同一笔款项来说是不能并存的。被答辩人之所以如此混淆地陈述其诉讼请求,恰好说明了被答辩人自己也知道,他向被上诉人广东某房地产开发公司的投资实际上是典型的非法集资,上诉人与被上诉人之间并未形成受法律保护的投资关系。2. 本应由企业法人承担的民事责任不应由企业的法定代表人承担。被答辩人是向本案另一被告人广东某房地产开发公司集资。答辩人只是该公司的法定代表人,企业法人承担的责任,不应由法定代表人承担任何责任。3. 被答辩人向广东某房地产开发公司投资的行为在惠州市中级人民法院〔2007〕惠中法民一初字第19号生效判决书中已被认定为集资行为。该集资行为实际上是非法集资的行为,并未形成真正的投资关系,不受法律保护。故,被答辩人的请求没有事实和法律的依据。4. 被答辩人此次起诉的事由,实际上已由法院做出了相应的判决。〔2007〕惠中法民一初字第19号生效判决书中已判决:原告(也为本案原告)与姜某某和姜某之间不存在债权债务关系,原告诉请判令姜某某和姜某归还投资款175万元及利息没有事实和法律依据,本院予以驳回。姜某某和姜某只是广东某房地产开发公司"长富花园"项目的负责人之一,不是"长富花园"项目的投资开发商,故原告诉请判令姜某某和姜某分配"长富花园"项目的投资收益约400万元没有事实和法律依据,本院予以驳回。"此次被答辩人的诉讼事实与理由与已决案件(〔2007〕惠中法院一初字第19号)完全一致,且诉讼请求也基本一致,被答辩人只是随意列出几个不同单位或个人作为被告,意图造成与上述已决案件不一样的假象。而实际上,被答辩人是就相同的事实与理由提起第二次诉讼,违背"一事不再理"的法律原则,依据《中华人民共和国民事诉讼法》第111条第1款第5项规定:对判决、裁定已经发生法律效力的案件,当事人又起诉的,告知原告按照申诉处理,但人民法院准许撤诉的裁定除外。另外,被上诉人姜某某在二审庭审中补充如下答辩意见:1. 上诉人诉称的投资款本质上是非法集资,应当由有关的部门处理,法院不应当受理。李某某对此投资责任一直是模糊不清。本案涉及像李某某这样的投资人有20多位。但如果认定20多位投资人为广东某房地产开发公司的股东的话,那么投资人不仅仅是中国某报社,当然应当包括李某某等20多位投资人。2. 本案举证责任问题。一审判决认为没有进行审计是正确的。李某某要求收回投资款及收益均无证据证实,仅有一份经营回报作为证人证言,也没有申请证人出庭,不能作证据使用,李某某应当承担举证不能的责任。3. 清算时间问题。我方认为清算义务机关不仅仅是中国某报社，还应当包括其他投资者。法律没有明确规定清算的时间。4. 另案2007惠中法民一初19号判决已经对关于姜某某对李某某投资款事项作出判决不承担责任，李某某再次起诉违反"一事不再理"的原则，因此一审判决是正确的。

被上诉人中国某报社（原审被告）的答辩意见

针对上诉人（原审原告）的上诉意见，被上诉人中国某报社（原审被告）的答辩如下：

（一）一审判决认定李某某交付资金行为为投资行为属于认定事实错误，贵院应当依法撤销一审判决，驳回李某某的起诉。

根据一审中的查明的事实和证据来看，李某某不是广东某房地产开发公司的股东，企业工商登记也未将李某某列为股东，因此，一审判决认定"李某某交付资金行为为投资行为"缺乏事实和法律依据。

退一步说，即使李某某交付资金行为为投资行为，按照"投资是不能撤回"法律规定，一审判决"归还投资款"也属于错误判决。

根据广东某房地产开发公司提供的证据来看，李某某交付资金行为属于非法集资行为，对于非法集资行为的处理，广东省高级人民法院和最高人民法院均有明确意见应由有关部门处理，人民法院原则上不予受理，因此，贵院应当依法撤销一审判决，驳回李某某的起诉。

（二）一审判决认定的第2项认定与第1项认定相互矛盾。

一审判决认定李某某交付资金行为为投资行为，李某某也因此成为广东某房地产开发公司的股东，广东某房地产开发公司的清算主体应包括李某某在内。而一审判决的第2项仅仅将中国某报社列为清算主体，没有将李某某列为清算主体，显然，一审判决的第2项认定与第1项认定是相互矛盾的。

（三）一审判决认定的第2项要求中国某报社须在3个月内清算完毕缺乏法律依据。

广东某房地产开发公司的清算应适用于《全民所有制工业企业法》的规定，而该法并未规定国有企业清算的时间。

广东某房地产开发公司不属于我国《公司法》规定的有限责任公司或股份有限公司，因此，《公司法》的有关规定不适用广东某房地产开发公司的清算。

（四）一审判决认定的第 2 项认定"逾期不清算，中国某报社应对原告的投资款的清偿承担连带责任"缺乏法律依据。

根据有关法律和最高人民法院的有关司法解释的规定，中国某报社与其他股东一起应共同承担清算的责任，但《全民所有制工业企业法》并未有"逾期不清算承担连带清偿责任"规定，因此，一审判决认定的第 2 项认定"逾期不清算，中国某报社应对原告的投资款的清偿承担连带责任"缺乏法律依据。

上诉人广东某房地产开发公司（原审被告）上诉意见

上诉人广东某房地产开发公司上诉称：1. 撤销惠州市惠阳区人民法院〔2008〕惠阳法民二初字第 90 号民事判决；2. 依法驳回被上诉人起诉；3. 本案一审、二审诉讼费用由被上诉人承担。

（一）被上诉人交付给上诉人资金的行为实际上是非法集资行为，人民法院应依法驳回被上诉人的起诉。

1990 年 11 月至 1995 年 12 月，中国某报社深圳记者站牵头就惠州淡水"长富花园"及深圳梅林"通达楼"开发项目分二期共向 18 位自然人及某基金会、中国某报社工作人员等共集资 1876.5 万元，其中本案另一被告姜某某也集资了 207.5 万元。上述资金均用于开发房地产项目。前期通过挂靠开展经营活动，后于 1994 年 7 月专门成立上诉人从事房地产开发。上诉人向交纳资金的个人和单位出具了《投资证明书》，但并未将其列为公司的股东。1992 年 11 月至 1993 年 5 月中国某报社 5 个记者站集资 249 万元，成立黑龙江某某贸易公司之后，开展边境贸易活动。被上诉人在接手经营黑龙江某某贸易公司之后，向其集资人承诺过返还其集资款，并支付高达 30% 的利息。被上诉人的第一项诉讼请求要求支付投资款的相关利息，第三项诉讼请求又要求结算投资收益。这两项请求所依据的法律关系不能并存。利息存在于借贷法律关系中，而收益则存在于投资关系中，这二者对于同一笔款项来说是不能并存的。原告之所以如此混淆地陈述其诉讼请求，恰好说明了原告自己也知道，他向广东某房地产公司的投资实际上是典型的非法集资，原告与被告之间并未形成受法律保护的投资关系。惠州市中级人民法院（〔2007〕惠中法民一初字第 19 号）民事判决书中已对本案款项性质作出认定。广东惠州市中级人民法院〔2007〕惠中法民一初字第 19 号民事判决书（第 10 至 11 页）查明："1990 年至 1991 年 4 月期间，李某某向深圳记者站缴费集资款75万元"，"1993年1月，李某某又向深圳记者站缴付集资款100万元"，"以上两次，原告共缴付集资款175万元"，"姜某虽然也经手收过原告的部分集资款并出具收条"。上述判决书对原告缴付给被告广东某房地产开发公司的款项的性质做出了定性，即"集资款"。上诉人对上述"集资款"的合法性予以考察后认为，未经政府相关部门批准的一切集资行为均是非法集资。在本案中，相关各方均未提交证据证明其集资行为得到政府相关部门的批准，故该集资行为无疑是非法集资行为。综合以上，上诉人认为，上述行为完全符合"非法集资"的法律特征，应属非法集资行为。根据最高人民法院有关的答复、广东省高级人民法院有关批复，人民法院原则上不予受理。故，人民法院应依法驳回被上诉人的起诉。

（二）被上诉人的集资款已经做出处理。

1992年11月至1993年5月中国某报社5个记者站集资249万元，成立黑龙江某某经济贸易公司，开展边境贸易活动。该公司前期由4方共同经营，后于1996年3月改为由深圳方独立经营，深圳方代表李某某即被上诉人提出由其个人收购自主经营，他承诺移交给他249万元集资款分期分批归还给各集资者，其中深圳150万元在3年内支付给各集资者，按30%计算利息。但被上诉人一直没有归还，后杳无音讯下落不明。2003年5月7日在中国某报社深圳记者站的组织下，几个记者站的代表在深圳召开会议，决定将被上诉人在"长富花园"的投资款冲抵各方债务。事隔5年，被上诉人也没有提出异议。

（三）判决上诉人归还被上诉人集资款缺乏证据支持。

"谁主张，谁举证"是民事诉讼证据的基本原则。一审判决认为：只要被告广东某房地产开发公司没有证据证明淡水"长富花园"项目是亏损的，原告请求全额归还其在该处的投资款是符合法律规定的。事实上，上诉人已经向法院提供了证明，证明"长富花园"集资款本金均无法全额返还，实际就是亏损的证据。如果被上诉人认为还有可分配的资产，上诉人应该举证。一审判决认为"对于原告请求判令被告广东某房地产开发公司结算'长富花园'投资收益问题，因原告在本案中没有向本法院申请对'长富花园'项目进行审计，因此，对原告的该项请求，本院亦无法支持"。同理，对原告的集资款是否还有残值，也需要原告申请审计才可以最终证实，原告需承担举证不能的法律后果。综上所述，上诉人认为，被上诉人的诉讼请求没有事实和法律的依据，人民法院应当予以驳回。一审判决判令上诉人归还被上诉人集资款是错误的。

上诉人李某某（原审原告）的答辩意见

上诉人李某某针对上诉人广东某房地产开发公司的上诉意见答辩称，我方投资行为并不是非法集资，关于其他投资项目与本案无关，应另案处理。广东某房地产开发公司针对所有款项已处理完毕的陈述恰恰证明姜某某在广东某房地产开发公司没有清算的情况下擅自对广东某房地产开发公司的财产进行处置，因此应当承担法律责任。

二审法院裁定

惠州市中级人民法院于2009年7月16日对本案进行了开庭审理，经二审审理查明：本院在一审查明事实的基础上，进一步查明如下事实：本院于2007年作出的〔2007〕惠中法民一初字第19号生效民事判决书认定，上诉人李某某原系深圳记者站的司机兼财务出纳。1990年年底到1991年4月期间，李某某向深圳记者站缴付集资款75万元，用于"长富花园"项目第一期的开发建设。1993年1月，李某某又向深圳记者站缴付集资款100万元，用于"长富花园"项目第二期的开发。以上两次，李某某共缴付集资款175万元。该判决驳回了原告李某某对姜某某、某区房产开发集团公司、惠阳区房产管理局等三被告的诉讼请求。

二审法院认为，本案的焦点是上诉人李某某向中国某报社深圳记者站缴付的175万元款项性质是投资款还是集资款，根据本院作出的且已经生效的〔2007〕惠中法民一初字第19号民事判决书的事实查明部分已对本案款项性质作出了认定。该判决查明："1990年年底至1991年4月期间，李某某向深圳记者站缴付集资款75万元"，"1993年1月，李某某又向深圳记者站缴付集资款100万元"，"以上两次，原告共缴付集资款175万元"。可见该判决书对上诉人李某某缴付给被上诉人广东某房地产开发公司的款项的性质定性为"集资款"，而未经政府相关部门批准的一切集资行为均是非法集资。在本案中，相关各方均未提交证据证明其集资行为得到政府相关部门的批准，故该集资行为无疑是非法集资行为。《最高人民法院经济审判庭关于对南宁市金龙车辆配件厂集资纠纷是否由人民法院受理问题的答复》中明确"集资纠纷案件不属于人民法院经济审判庭的收案范围。因此，该纠纷仍由有关人民政府及主管部门处理为妥"。《广东省高级人民法院关于非法集资纠纷是否应由人民法院受理问题的批复》（粤高法〔2000〕12号）引用最高法院李国光副院长1998年11月5日在全国经济审判工作座谈会上的讲话明确指出：对于非法集资纠纷案件，一般应由有关部门处理，人民法院原则上不予受理。因此，上诉人李某某向中国某报社深圳记者站缴付的175万元款项纠纷应由负责集资的单位中国某报社深圳记者站及其主管部门中国某报社妥善处理。

综上所述，原审法院认定事实错误，导致实体处理不当，本院予以纠正。依据《中华人民共和国民事诉讼法》第153条第1款第3项、第108条第4项的规定，裁定如下：

第一，撤销惠阳区人民法院〔2008〕惠阳法民二初字第90号民事判决。

第二，驳回上诉人李某某的起诉。

本裁定为终审裁定。

【风险分析与防范】

本案经过两次诉讼、两次被驳回，时间长达三年，涉及7位当事人，案情复杂，本案涉及的焦点问题和有关法律问题较多，主要有：一是关于原告缴付的175万元是合法投资行为还是非法集资行为问题，该问题是本案的焦点。所谓非法集资是指法人、其他组织或个人，未依照法定的程序经有关部门批准，以发行股票、债券、彩票、投资基金证券或其他债权凭证的方式向社会公众筹集资金，并承诺在一定期限内以货币、实物及其他利益等方式向出资人还本付息给予回报的行为；非法集资行为的特征包括：未经有关部门依法批准（包括没有批准权限的部门批准；有审批权限的部门超越权限批准）或者借用合法经营的形式吸收资金，承诺在一定期限内以货币、实物、股权等方式还本付息或者给付回报，向社会公众即社会不特定对象吸收资金，以合法形式掩盖其非法集资的目的；根据我国法律法规规定及最高人民法院的有关司法解释，非法集资的处理只能由有关主管机关处理，人民法院不予受理，因参与非法集资活动受到的损失，由参与者自行承担。二是被告中国某报社作为广东某房地产开发公司的投资人因未及时对广东某房地产开发公司进行清算是否应当承担责任问题，根据《最高人民法院关于适用〈中华人民共和国公司法〉若干问题的规定（一）》（2014年修正）第2条、《最高人民法院关于适用〈中华人民共和国公司法〉若干问题的规定（二）》（2014年修正）第18条规定，中国某报社作为投资人未在法定期限内成立清算组开始清算，导致广东某房地产开发公司财产贬值、流失、毁损或者灭失，应当在造成损失范围内对公司债务承担赔偿责任。三是被告中国某报社作为广东某房地产开发公司的投资人如因未出资或出资不到位是否对广东某房地产开发公司的其他股东或债权人承担责任问题，根据《最高人民法院关于适用〈中华人民共和国公司法〉若干问题的规定（一）》（2014年修正）第2条、《最高人民法院关于适用〈中华人民共和国公司法〉若干问题的规定（三）》（2014年修正）第13条规定，公司或者其他股东有权请求未履行或者未全面履行出资义务的股东依法全面履行出资义务，公司债权人有权请求未履行或者未全面履行出资义务的股东在未出资本息范围内对公司债务不能清偿的部分承担补充赔偿责任，其他股东应当承担连带责任。本案说明投资房地产有风险，投资人应当高度关注投资房地产的风险防范工作，切实保护好自身的合法权益。

一、内资房地产开发企业概述

内资房地产开发企业是指以营利为目的，从事房地产开发和经营活动，由境内法人、其他组织或个人依法设立并具有企业法人资格的经济实体。

内资房地产开发企业依据不同标准有多种划分方式，如以投资的性质不同，可以划分为国有房地产开发企业、集体房地产开发企业、公司制房地产开发企业等；如以房地产开发项目的范围，可以划分为房地产综合开发企业和房地产项目开发企业，房地产项目开发企业是指以房地产项目为对象从事单项房地产开发经营的企业，房地产项目开发企业与其他房地产开发企业的区别主要有：一是在注册资本金要求上，根据《城市房地产开发经营管理条例》第13条的规定，房地产项目开发企业的注册资本金占项目总投资的比例不得低于20%；二是在具体项目的要求上，由于房地产项目开发企业的开发经营对象是单个项目，因此，该单个项目应当在规划意见书、该项目市政配套意见、项目建议书、可行性研究报告等方面获得规划部门、市政公用部门、发展和改革部门等批复意见；三是在营业执照上载明该房地产项目开发公司所开发经营的项目，且经营期限以该项目开发完成的期限为准。

内资房地产开发企业内容包括企业设立、企业备案与资质取得、企业解散与清算等。由于公司制房地产开发企业是我国现行房地产开发主体的主流，本文仅就公司制房地产开发企业的设立、备案与资质取得、解散与清算进行阐述。

我国规范房地产开发企业的设立、备案与资质取得、解散与清算的法律、法规、规章和司法解释主要有：《公司法》（2013年修正）、《城市房地产管理法》（2007年修正）、《公司登记管理条例》（2014年修订）、《城市房地产开发经营管理条例》（2011年修订）、《最高人民法院关于适用〈中华人民共和国公司法〉若干问题的规定（一）》（2014年修正）、《最高人民法院关于适用〈中华人民共和国公司法〉若干问题的规定（二）》（2014年修正）、《最高人民法院关于适用〈中华人民共和国公司法〉若干问题的规定（三）》（2014年修正）、《房地产开发企业资质管理规定》（2000年）等。

二、内资房地产开发企业设立的风险分析与防范

公司制内资房地产开发企业分为有限责任公司和股份有限公司两类。内资房地产开发有限责任公司是指以营利为目的，从事房地产开发和经营活动，由境内法人、其他组织或个人依照我国《公司法》设立，股东以其出资为限对公司承担责任，公司以其全部财产对公司债务承担责任的企业法人。内资房地产开发股份有限公司是指以营利为目的，从事房地产开发和经营活动，由境内多数法人、其他组织或个人依照我国《公司法》设立，股东以其认购的股份为限对公司承担责任，公司以其全部资产对公司债务承担责任的企业法人。

依法设立内资房地产开发企业是国内投资者从事房地产开发和经营活动必须具备的首要条件，是从事房地产开发和经营的前提和基础。内资房地产开发企业的设立具有种类多、条件要求严格、程序复杂等特点，风险较大。

内资房地产开发企业设立的风险，主要有：一是内资房地产开发企业设立的条件不明确的风险；二是内资房地产开发企业设立的程序不明确的风险；三是内资房地产开发企业设立应当提交的资料不明确的风险。

防范内资房地产开发企业设立的风险，应当注意以下方面：

首先，应当明确内资房地产开发企业设立的条件，一是有符合要求的公司名称，在公司登记注册前应当先到工商部门申请企业名称登记，公司名称一般

由四部分依次组成：行政区划＋字号＋行业特点＋组织形式；二是有符合要求的股东，就有限责任公司来说，股东人数应为1个（含1个）以上50个（含50个）以下，且股东资格应当符合相关要求；就股份有限公司来说，发起人符合法定人数，应当为2个（含2个）以上200个（含200个）以下的发起人，并且2个（含2个）以上200个（含200个）以下的发起人中需有过半数在中国境内有住所；三是有符合要求的出资，股东可以用货币以及实物、知识产权、土地使用权、股权等非货币财产作价出资，但法律法规规定不得作为出资的财产除外，并且根据我国《城市房地产开发经营管理条例》第5条的规定最低注册资本限额为100万元，股份发行、筹办事项符合法律、行政法规的有关规定；四是有符合要求的组织机构，就股份有限公司来说，必须设立成员为5人至19人的董事会和设立成员不得少于3人且监事会中职工代表的比例不得低于三分之一的监事会；就有限责任公司来说，是否设立董事会、监事会由股东自行决定；五是有符合要求的公司章程，公司章程与法律法规不符的应当以法律法规的规定为准，公司的经营范围应当以工商行政管理机关核定的经营范围为准；六是有符合要求的公司住所，公司住所应为有房产证的合法建筑，且房产证上记载的用途应与注册公司的使用用途一致；七是从事的经营项目应符合国家规定；八是根据《城市房地产开发经营管理条例》第5条的规定有4名以上持有资格证书的房地产专业、建筑工程专业的专职技术人员，2名以上持有资格证书的专职会计人员。

其次，应当明确内资房地产开发企业设立的程序，主要步骤包括：一是到工商行政管理机关申请内资房地产开发企业的名称核准；二是登录工商行政管理机关下载申请表格或到附近工商行政管理机关领取申请表格，准备相关申请文件；三是向工商行政管理机关提交申请材料；四是工商行政管理机关对申请人提交的材料进行审查，申请材料不合格的按照工商行政管理机关的告知建议进行修改后再次申请，申请材料经审查合格的，申请人在5个工作日后领取企业法人营业执照。

第三，应当明确内资房地产开发企业设立申请应当提交的材料，一是名称预先核准申请应当提交的材料，一般包括：名称预先核准申请书、指定（委托）书；二是内资房地产开发有限责任公司设立申请应当提交的材料，主要包括：内资公司设立登记申请表（由法定代表人亲笔签署）、公司章程（全体股东共同签署，其中自然人股东亲笔签字，法人股东加盖公章）、企业名称预先核准通知书、股东资格证明（自然人股东提交身份证复印件，企业法人股东提交加盖公章的营业执照复印件等）、指定（委托）书（全体股东共同签署）、住所使用证明（产权人签字或盖章的房产证复印件）、企业联系人登记表、补充信息登记表等；三是内资房地产开发股份有限公司设立申请应当提交的材料，主要包括：内资公司设立登记申请表（由法定代表人亲笔签署）、公司章程（全体发起人签署或由出席股东大会或创立大会的董事签署）、投资各方合法资格证明、股东大会或创立大会会议记录（由会议主持人和出席会议的董事签署）、企业名称预先核准通知书、指定（委托）书（应由董事会共同签署）、住所使用证明（产权人签字或盖章的房产证复印件）、募集设立的股份有限公司还须提交国务院证券监督管理部门的批准文件、验资报告（募集设立的股份有限公司须提交；涉及发起人首次出资是非货币财产的，还应提交已办理财产权转移手续的证明文件）、董事和监事及经理的任职文件、企业联系人登记表、补充信息登记表等。

三、内资房地产开发企业备案和资质等级核定的风险分析与防范

内资房地产开发企业备案和资质等级核定是指内资房地产开发企业领取营业执照后向房地产开发主管部门备案，由房地产开发主管部门依法核定内资房地产开发企业的资质等级，内资房地产开发企业在资质等级许可的范围内从事房地产开发经营活动的一种法律制度。

内资房地产开发企业备案和资质等级核定是内资房地产开发企业从事房地产开发和经营活动的必经程序，未取得房地产开发资质等级证书的企业，不得从事房地产开发和经营业务。

内资房地产开发企业备案和资质等级核定的风险，主要有：一是未及时进行备案的风险；二是不具备相应的房地产开发企业资质等级条件的风险；三是未依法及时办理资质等级证书的风险。

防范内资房地产开发企业备案和资质等级核定的风险，应当注意以下几方面：

首先，内资房地产开发企业领取营业执照后应当及时办理备案。一是办理备案的时限是自领取营业执照之日起30日内；二是备案机关是内资房地产开发企业设立登记的工商行政管理机关所在地的房地产开发主管部门；三是备案

文件包括：营业执照复印件、公司章程、出资证明、公司法定代表人的身份证明、专业技术人员的资格证明和聘用合同。

其次，应当明确房地产开发企业资质等级的条件及承担业务的范围。根据《房地产开发企业资质管理规定》（2000年）的规定，一是应当明确资质等级与划分标准，按照在注册资本、从事房地产开发经营的年限、近三年竣工的房屋面积或完成的投资额、房屋质量合格率、上一年房屋建筑施工面积或完成的投资额、专业管理人员的人数及工程技术与财务等负责人的职称、质量保障体系、是否发生过重大质量事故等方面的不同要求，内资房地产开发企业的资质分为一、二、三、四4个等级；二是应当明确新设立的内资房地产开发企业的资质等级要求，新设立的内资房地产开发企业核发《暂定资质证书》，申请《暂定资质证书》的条件是不得低于四级资质企业的条件即注册资本不低于100万元，从事房地产开发经营1年以上，已竣工的建筑工程质量合格率达100%，有职称的建筑、结构、财务、房地产及有关经济类的专业管理人员不少于5人且持有资格证书的专职会计人员不少于2人，工程技术负责人具有相应专业中级以上职称、财务负责人具有相应专业初级以上职称并配有专业统计人员，商品住宅销售中实行了《住宅质量保证书》和《住宅使用说明书》制度，未发生过重大工程质量事故；《暂定资质证书》有效期1年，可以延长但延长期限不得超过2年，如自领取《暂定资质证书》之日起1年内无开发项目的，《暂定资质证书》有效期不得延长；三是应当明确资质等级承担项目的范围，一级资质的房地产开发企业承担房地产项目的建设规模不受限制，可以在全国范围承揽房地产开发项目；二级资质及二级资质以下的房地产开发企业可以承担建筑面积25万平方米以下的开发建设项目，承担业务的具体范围由省、自治区、直辖市人民政府住房和城乡建设行政主管部门确定；各资质等级企业应当在规定的业务范围内从事房地产开发经营业务，不得越级承担任务。

第三，应当及时申请领取内资房地产开发企业资质证书。一是房地产开发主管部门应当在收到备案申请后30日内向符合条件的企业核发《暂定资质证书》；二是内资房地产开发企业应当在《暂定资质证书》有效期满前1个月内向房地产开发主管部门申请核定资质等级，房地产开发主管部门应当根据其开发经营业绩核定相应的资质等级；三是申请核定资质等级的内资房地产开发企业应当提交证明文件，包括：企业资质等级申报表、房地产开发企业资质证书

（正、副本），企业资产负债表和出资证明材料，企业法定代表人和经济、技术、财务负责人的职称证件，已开发经营项目的有关证明材料，房地产开发项目手册及《住宅质量保证书》《住宅使用说明书》执行情况报告，其他有关文件、证明；四是内资房地产开发企业资质等级实行分级审批，一级资质由省、自治区、直辖市人民政府住房和城乡建设行政主管部门初审，报国务院住房和城乡建设行政主管部门审批；二级资质及二级资质以下企业的审批办法由省、自治区、直辖市人民政府住房和城乡建设行政主管部门制定；经资质审查合格的企业，由资质审批部门发给相应等级的资质证书。

四、内资房地产开发企业解散和清算的风险分析与防范

内资房地产开发企业解散是指已设立的内资房地产开发企业基于一定的合法事由而使内资房地产开发企业消失的法律行为。内资房地产开发企业的清算是指在内资房地产开发企业解散时，为终结内资房地产开发企业作为当事人的各种法律关系，使内资房地产开发企业的法人资格归于消灭，而对企业未了结的业务、财产及债权债务关系等进行清理、处分的行为和程序。

由于内资房地产开发企业的解散和清算工作直接涉及投资者及广大债权人的利益，解散事由多，清算程序复杂，因此，风险比较大，应当注意防范。

内资房地产开发企业解散和清算的风险，主要有：一是内资房地产开发企业解散事由不明确的风险；二是内资房地产开发企业解散清算的方式、主体、职权及法定义务不明确的风险；三是内资房地产开发企业解散清算程序不明确的风险；四是内资房地产开发企业解散清算的期限不明确的风险；五是内资房地产开发企业注销程序不明确的风险。

防范内资房地产开发企业解散和清算的风险，应当注意以下方面：

首先，应当明确内资房地产开发企业解散事由。根据我国《公司法》（2013年修正）的规定，内资房地产开发企业解散事由可以分为五类：第一类是公司章程规定的营业期限届满或者公司章程规定的其他解散事由出现；第二类是股东会或者股东大会决议解散；第三类是因公司合并或者分立需要解散；第四类依法被吊销营业执照、责令关闭或者被撤销；第五类人民法院依照我国《公司法》（2013年修正）第182条的规定，当公司经营管理发生严重困难，继续存续会使股东利益受到重大损失，通过其他途径不能解决的，持有公司全部股东表决

权10%以上的股东可以请求人民法院解散公司予以解散。关于股东请求解散公司诉讼,应当特别注意:一是起诉应符合法律规定的条件,首先,起诉的理由必须是我国《公司法》第182条规定的事由,包括《最高人民法院关于适用〈中华人民共和国公司法〉若干问题的规定(二)》(2014年修正)第1条明确列举的四种情形;其次,起诉的主体是单独持有或合计持有公司全部股东表决权10%以上的股东;第三,通过其他途径不能解决;第四,应当以公司为被告;二是股东请求解散公司诉讼是变更之诉,公司清算案件是非讼案件,且时间先后顺序不同,因此,股东请求解散公司与请求公司清算不能同时申请;三是人民法院关于解散公司诉讼作出的判决,对公司全体股东具有法律约束力。

其次,应当明确内资房地产开发企业解散清算的方式、主体、职权及法定义务。根据我国《公司法》(2013年修正)、《最高人民法院关于适用〈中华人民共和国公司法〉若干问题的规定(二)》(2014年修正)的有关规定,一是明确清算方式,内资房地产开发企业解散清算方式有自行清算和强制清算两种,自行清算是指内资房地产开发企业自行组织清算组进行清算;强制清算是指内资房地产开发企业逾期不成立清算组进行清算的,或者虽然成立清算组但故意拖延清算,或违法清算可能严重损害债权人或股东利益的,债权人或股东申请人民法院指定有关人员组成清算组进行清算;二是明确清算组的成立时间,自行清算方式,对于第一类、第二类、第四类、第五类解散事由,公司应当自解散事由出现之日起15日内成立清算组;强制清算方式由人民法院及时指定有关人员组成清算组;三是明确清算组的组成人员,自行清算方式,清算组的组成人员,有限责任公司由股东组成,股份有限公司由董事或股东大会确定的人员组成;强制清算方式,清算组成员可以从下列人员或者机构中产生:公司股东、董事、监事、高级管理人员;依法设立的律师事务所、会计师事务所、破产清算事务所等社会中介机构;依法设立的律师事务所、会计师事务所、破产清算事务所等社会中介机构中具备相关专业知识并取得执业资格的人员;四是明确清算组的职权,根据我国《公司法》(2013年修正)第184条规定,清算组在清算期间行使下列职权:清理公司财产,分别编制资产负债表和财产清单;通知、公告债权人;处理与清算有关的公司未了结的业务;清缴所欠税款以及清算过程中产生的税款;清理债权、债务;处理公司清偿债务后的剩余财产;代表公司参与民事诉讼活动;五是明确清算组的法定义务,首先应当遵守法律、行政法规和公司章程，对公司负有忠实义务和勤勉义务，保护公司的主要财产、账册、重要文件等安全、完整；其次应特别保护清算所需材料保存完整，包括但不限于：固定资产、流动资产、长期投资等资产材料；债权与债务等经营材料；资产负债表；会计凭证与会计账簿等；第三在公司解散后，不得恶意处置公司财产；第四不得未经依法清算，以虚假的清算报告骗取公司登记机关办理公司法人注销登记。

第三，应当明确内资房地产开发企业解散清算程序，具体清算程序包括：一是清算组应当备案，自清算开始之日起15日内须向工商行政管理机关提交备案的材料，包括关于公司解散的理由与依据；清算组成立文件；清算组各成员的基本材料；有社会中介机构专业人员参加的还应提交授权委托书；二是明确清算通知与清算公告的程序与内容，首先清算组应当自成立之日起10日内通知债权人，并于60日内根据公司规模和营业地域范围在全国或公司注册登记地省级有影响的报纸上进行公告；其次债权人应当自接到通知书之日起30日内，未接到通知书的自公告之日起45日内，向清算组申报其债权；第三书面通知和清算公告应包括企业名称、住址、清算原因、清算开始日期、申报债权的期限、清算组的组成、通讯地址及其他应予通知和公告的内容；三是应当明确清算财产的程序与内容，首先清算组应清理公司财产，编制资产负债表和财产清单；其次债权人申报其债权，应当说明债权的有关事项，并提供证明材料；清算组应当对债权进行登记；清算组核定债权后，应当将核定结果书面通知债权人；第三债权人对清算组核定的债权有异议、可以要求清算组重新核定，清算组不予重新核定或债权人对重新核定的债权仍有异议的，可以向人民法院起诉；第四债权人在规定期限内未申报债权，在清算报告确认前补充申报的，清算组应予登记；债权人补充申报的债权，可以在公司尚未分配财产中依法清偿；公司尚未分配财产不能全额清偿，可以起诉要求股东以其在剩余财产分配中已经取得的财产予以清偿；第五清算组在清理公司财产，编制资产负债表和财产清单后，发现公司财产不足清偿债务的，应当向人民法院申请宣告破产；四是应当明确清算方案确认程序，首先公司自行清算的，清算方案应当报股东会或股东大会决议确认；其次人民法院组织清算的，清算方案应当报人民法院确认；第三未经确认的清算方案，清算组不得执行；五是要清偿债务，公司财产在分别支付清算费用、职工的工资、社会保险费用和法定补偿金，缴纳所欠税款，清偿公司债务后的剩余财产，有限责任公司按照股东的出资比例分配，股份有限公司按照股东持有的股份比例分配。

第四，应当明确内资房地产开发企业清算期限，公司自行组织的清算，应当在合理期限内完成清算，否则，债权人或股东可以申请人民法院指定清算组进行清算。人民法院组织清算的，清算组应当自成立之日起 6 个月内清算完毕，因特殊情况需要延长的，应报人民法院同意。

第五，应当明确内资房地产开发企业清算结束后的注销程序，一是自清算报告被确认之日起 10 日内，清算组应当将清算报告及表册报工商行政管理机关备案并申请注销登记；二是清算组将清算报告及表册呈报备案时须提交的材料，包括：清算报告备案登记表；关于公司解散的依据；《企业法人营业执照》原件、复印件；股东确认的公司清算开始日的资产负债表及财产清单；股东会确认的公司清算结束日的资产负债表及财产清单；税务（国税、地税）完税凭证原件、复印件；清算组出具的经股东确认的清算报告（一式两份，要求清算组成员签名，股东确认）；三是申请公司注销登记应提交的文件、证明，包括：公司清算组负责人签署的公司注销登记申请书；股东会通过的关于公司解散的决议；股东会确认的清算报告；《企业法人营执照》正、副本及公章；清算组成立的 60 日内在报纸上公告的报样；法律、法规规定应提交的文件、证件；四是工商行政管理局核准注销登记后，清算组应当公告企业终止；五是清算组在注销公司登记后 15 日内到原资质审批部门注销资质证书。

◆◆◆房地产开发法律风险防范实务

◆外商投资房地产的风险分析与防范

——从代理外国合营者美国某股份有限公司处理其在中外合资经营天津某房地产开发有限公司中投资纠纷非诉讼案谈起

【案情简介】

中外合资经营天津某房地产开发有限公司于1992年7月31日由中方合营者北京某建筑工程公司与外方合营者香港某公司共同在天津经济技术开发区注册设立，注册资本70万美元。中外合资经营天津某房地产开发有限公司经营范围包括：房地产开发、建设、经营、租赁；国内外工程承包与管理；建筑设计、装饰；组合结构住宅的研制、生产、销售及相关咨询服务，国际新技术标准培训及相关服务，与上述建设工程项目相关的建筑、装饰材料采购，物业管理。

1994年1月，中外合资经营天津某房地产开发有限公司的外方合营者香港某公司变更为美国某股份有限公司，投资总额为100万美元，注册资本为70万美元，其中中方合营者出资30万美元，占注册资本的42.9%；外方合营者出资40万美元，占注册资本的57.1%。按照《中外合资经营合同》和《合营公司章程》约定，董事会由7名董事组成，其中中方合营者委派3名，外方合营者委派4名，董事任期为4年，可以连任，首届董事长由中方合营者委派；首届总经理由中方合营者推荐。

《中外合资经营合同》和《合营公司章程》生效后，外方合营者美国某股份有限公司按照《中外合资经营合同》的约定进行了出资；中、外方投资者分别委派了董事，并由中方合营者委派了董事长；由中方合营者推荐的人员担任合营公司总经理。在开始运行的3年内，合营公司进行了多个项目的开发，公司董事会运作正常。后由于各种原因，外方合营者与中方合营者产生矛盾，合营公司的董事会再未召开过，外方合营者对公司运营情况一无所知，没有进行过任何利润分配。随后，外方合营者委派代表要求合营公司提供有关公司经营情况，合营公司均以各种理由拒绝。

无奈之下，外方合营者强烈要求收回已经投入的40万美元的投资。2001年3月6日，外方合营者委托本所律师对合营公司进行调查并对其投资提出处理意见。

【代理过程与结果】

本所律师接受委托后，立即开展了工作，认真审阅了外方合营者提供的《中外合资经营合同》《合营公司章程》等材料；2001年3月6日、7日分别与合营公司董事长、副董事长进行了接触，了解有关情况；查阅了2001年2月16日天津某会计师事务所有限公司出具的关于合营公司的《审计报告》；2001年3月14日到天津市工商行政管理局天津经济技术开发区分局对合营公司的工商登记情况进行了查询；2001年4月5日，参加了合营公司有关人员参加的情况汇报会。

根据我国《中外合资经营企业法》《中外合资经营企业法实施条例》《中外合资经营合同》《合营公司章程》及调查了解的情况，就如何保护外方合营者的权益，2001年4月，本所代理律师提出了如下三种处理方式：

第一种方式：改变合营公司由中方合营者单独控制的局面，根据公司的投资结构，由中方、外方合营者共同掌控合营企业。根据《合营公司章程》的规定，应当对已经组成有7年的合营公司董事、公司总经理与副总经理进行更换，对合营公司的经营管理制度进行完善等。

第二种方式：将外方合营者的出资额转让给中方合营者或第三方。根据当时的《中外合资经营企业法实施条例》第 23 条的规定及《中外合资经营合同》第 13 条、《合营公司章程》第 13、14 条的规定，外方合营者出资额的转让须经中方合营者同意，并报审批机构批准，向登记管理机构办理变更登记手续。

第三种方式：外方合营者依法提出终止合营，提前清算合营企业，收回投资。根据《中外合资经营合同》第 36 条规定，由于中方合营者不履行合同、章程规定的义务或严重违反合同、章程规定，造成合营公司无法经营或无法达到合同规定的经营目的，外方合营者有权终止合同。但根据《合营公司章程》第 67 条、第 27 条规定，发生上述情形解散合营企业的须由董事会一致通过。

由于外方合营者与中方合营者存在较大矛盾，因此，上述第二种、第三种方式难以实施，比较可行的方式是第一种方式。2001 年 4 月 10 日，本所代理律师向中方合营者发出了《律师函》，就合营公司董事换届、总经理与副总经理的重新聘任、经营管理制度完善、新董事会召开时间等提出了建议。中方合营者以外方合营者的代表资格存在疑问为由拒绝《律师函》中提出的建议。

本案中，由于外方合营者委派的董事发生很大变化，外方合营者的主体资格的公证、认证及董事委托代理人的资格等方面存在一些问题，再加上由于当时我国外商投资方面的法制尚不健全，外方合营者维护其投资权益难度较大。

【风险分析与防范】

作为对外开放基本国策的重要组成部分，吸收外商投资对于中国经济持续快速健康发展发挥着不可替代的重要作用。为了保护外国投资者的合法权益，我国已经制定和实施了一系列外商投资企业法律、法规，主要包括《中华人民共和国中外合资经营企业法》（2001 年修正）、《中华人民共和国中外合作经营企业法》（2000 年修正）、《中华人民共和国外资企业法》（2000 年修正）及其实施条例、实施细则，《公司法》（2013 年修正）、《合同法》等法律中有关规定，除此之外，针对外商投资企业的设立、经营、终止、清算，我国还相应制订了一系列法律、法规、条例、办法等，形成了一整套较为完备的法律法规体系。根据 2013 年 8 月 30 日、2014 年 12 月 28 日全国人大常委会关于授权国务院在中国上海、广东、天津、福建有关自由贸易试验区暂时调整有关法律规定的行政审批的决定，自 2013 年 10 月 1 日起在中国上海自由贸易试验区、自 2015 年 3 月 1 日起在中国广东、天津、福建、上海扩展等自由贸易试验区 3 年内，有关外资企业、中外合资经营企业、中外合作经营企业的设立等行政审批暂时停止，改为备案管理。

我国房地产领域的外商投资政策在 2006 年之前与其他行业区别不大，房地产市场外资准入条件比较宽松，如本文上述案例中外合资经营天津某房地产开发有限公司的设立，但自 2006 年 7 月开始，为促进房地产市场的健康发展，我国政府有关主管部门颁布了一系列加强房地产市场外资准入与管理的政策文件，具体包括：《关于规范房地产市场外资准入和管理的意见》（建住房〔2006〕171 号，建设部、商务部、国家发展和改革委员会、中国人民银行、国家工商行政管理总局、国家外汇管理局 2006 年 7 月 11 日发布）、《关于贯彻落实〈关于规范房地产市场外资准入和管理的意见〉有关问题的通知》（商资字〔2006〕192 号，商务部办公厅 2006 年 8 月 14 日发布）、《关于规范房地产市场外汇管理有关问题的通知》（汇发〔2006〕47 号，国家外汇管理局、建设部 2006 年 9 月 1 日发布）、《关于进一步加强、规范外商直接投资房地产业审批和监管的通知》（商资函〔2007〕第 50 号，商务部、国家外汇管理局 2007 年 5 月 23 日发布）、《关于做好外商投资房地产业备案工作的通知》（商资函〔2008〕23 号，商务部 2008 年 7 月 1 日实施）、《关于进一步加强和规范外商投资项目管理的通知》（发改外资〔2008〕1773 号，国家发展和改革委员会 2008 年 7 月 8 日发布）、《关于加强外商投资房地产业审批备案管理的通知》（商办资函〔2010〕1542 号，商务部办公厅 2010 年 11 月 22 日发布）、《外商投资产业指导目录》（2011 年国务院修订）、《关于改进外商投资房地产备案工作的通知》（商资函〔2014〕340 号，商务部、国家外汇管理局 2014 年 6 月 24 日发布）等。

上述政策的颁布实施，一方面是国家对房地产行业进行宏观调控的重要手段之一，以达到规范外资进入房地产领域的目的；另一方面给外商投资房地产企业的设立与并购、投融资、经营管理、结汇等方面提出了新的要求，带来了更大风险，如何防范外商投资房地产的风险，应当引起外国投资者的高度关注。

一、外商投资房地产范围的风险分析与防范

外商投资房地产是指外国投资者通过法律规定的方式，投资中国的房地产领域，从事房地产开发和经营活动。

外商投资房地产范围分为鼓励、允许、限制和禁止四类，而这四类的具体范围是随着国民经济和社会发展规划、经济发展水平、国家宏观政策及房地产市场的实际情况等的不同进行调整，调整外商投资房地产范围的依据主要有：《指导外商投资方向规定》（国务院令第346号，2002年4月1日施行）、《外商投资产业指导目录》（2011年）[1]等。外商在进行房地产投资时应当高度关注上述法律、法规规定，以防止出现从事禁止类房地产项目的开发经营，谨慎从事限制类房地产项目的开发经营，防范可能出现的风险。

外商投资房地产范围的风险，主要有：一是进行了禁止外商投资的房地产项目的开发经营；二是没有按照规定的方式进行限制外商投资的房地产项目的开发经营。

防范外商投资房地产范围的风险，应当注意以下方面：

首先，外商投资房地产项目时不得投资国家禁止外商投资的房地产项目。国家禁止外商投资的房地产项目在2004年、2007年、2011年修订的《外商投资产业指导目录》是有不同规定的，2004年没有规定禁止外商投资房地产项目；2007年将高尔夫球场的建设、经营列为禁止外商投资的房地产项目；2011年除将高尔夫球场的建设、经营列为禁止外商投资的房地产项目外，还将别墅的建设、经营列为禁止外商投资的房地产项目，这些项目之所以被列为禁止项目，是因为这些项目将占用大量耕地，不利于保护、开发土地资源等。因此，外商投资房地产项目应当避开高尔夫球场项目、别墅项目。

其次，外商投资房地产项目时应当谨慎投资国家限制外商投资的房地产项目，按照有关法律、法规的要求从事限制类房地产项目的开发经营。一是应当明确国家限制外商投资房地产项目的具体范围，国家限制外商投资的房地产项目在2004年、2007年、2011年修订的《外商投资产业指导目录》中也是有不同规定的，2004年将土地成片开发，高档宾馆、别墅、高档写字楼和国际会展中心的建设、经营，大型主题公园的建设、经营，高尔夫球场的建设、经营列为限制外商投资房地产项目；2007年除将高尔夫球场的建设、经营列为禁止外，

---

[1] 2015年3月10日，国家发展和改革委员会、商务部公布了经国务院批准的《外商投资产业指导目录（2015年）》，在外商投资房地产方面，与2011年相比，禁止类项目没有变化，限制类项目仅限于大型主题公园建设、经营。

增加了房地产二级市场交易及房地产中介或经纪公司为限制类项目，其他限制类项目与2004年相同；2011年除将别墅的建设、经营与高尔夫球场的建设、经营一并列为禁止类外，其他限制类项目与2007年相同。这些项目之所以被列为限制类项目，是因为这些项目不利于节约资源和改善生态环境，或者属于国家逐步开放的产业。二是应当符合国家对限制类项目开发经营主体的特殊要求，在2004年、2007年、2011年修订的《外商投资产业指导目录》中均要求土地成片开发仅限于合资、合作，即仅允许中外合资经营、中外合作经营。

第三，外商投资房地产项目应当积极投资国家允许类的房地产项目。在2004年修订的《外商投资产业指导目录》中，曾经将普通住宅的开发建设列为鼓励外商投资房地产项目，在2007年、2011年修订的《外商投资产业指导目录》中鼓励类已经取消了全部的房地产项目。在2011年修订的《外商投资产业指导目录》中，由于没有鼓励类项目，除了禁止类、限制类房地产项目以外的其他房地产项目均属于允许类项目如普通住宅等。

第四，外商投资企业在中国境内投资房地产项目，不论是允许类房地产项目还是限制类房地产项目，均需要向商务主管部门申请办理审批手续。根据《关于进一步加强、规范外商直接投资房地产业审批和监管的通知》（商资函〔2007〕第50号）第2条规定，已设立外商投资企业新增地产开发或经营业务，以及外商投资房地产企业从事新的房地产项目开发经营，应按照外商投资有关法律法规向审批部门申请办理增加经营范围或扩大经营规模的相关手续。这与外商投资企业在中国境内投资其他项目是不同的，根据《关于外商投资企业境内投资的暂行规定》（2000年对外经济贸易合作部、国家工商行政管理局第6号令）第7条至第12条规定，外商投资企业在鼓励类或允许类领域投资设立公司，可直接向公司登记机关申请设立登记，不需要商务部门的批准；外商投资企业在限制类领域投资设立公司的，应在取得省级商务主管部门的同意批复后，向公司登记机关申请设立登记，再报原审批机关备案。

二、外商投资房地产方式的风险分析与防范

外商投资房地产方式主要有三种：一是直接投资方式，即外商通过设立中外合资经营企业、中外合作经营企业、外商独资企业的方式投资中国房地产；二是通过并购方式，即外商通过资产并购或股权并购方式投资中国的房地产；

三是通过再投资的方式，即外商投资企业在中国境内投资房地产。

由于中国在2006年以后加强了房地产的宏观调控，中国政府和有关主管部门对外商投资房地产的方式不同，规定了不同的要求，如果外国投资者不能正确把握这些要求，可能会给外国投资者带来风险，造成外商投资不能及时取得相应的投资收益，甚至可能造成其投资的巨大损失。

外商投资房地产方式的风险，主要有：一是外商直接投资房地产不符合中国法律、法规的规定；二是外商通过并购方式投资房地产违反了中国法律、法规的禁止性规定；三是外商投资企业的再投资不符合中国法律、法规的规定。

防范外商投资房地产方式的风险，应当注意以下方面：

首先，外商直接投资房地产领域，从事房地产开发经营活动，应当符合中国的有关法律、法规、政策的规定。一是外国投资者在中国境内从事房地产开发经营应当遵循商业存在原则，商业存在的原则是指外商在中国境内从事土地和房地产开发、经营、管理和服务的活动，必须按照相关规定设立房地产开发企业，经批准与登记，在核准的范围内活动，这在《关于规范房地产市场外资准入和管理的意见》第1条、《关于进一步加强、规范外商直接投资房地产业审批和监管的通知》第4条规定中均有明确规定。二是外国投资者在中国境内从事房地产开发经营应当遵循项目公司原则，项目公司原则是指外商在中国境内从事房地产开发经营，必须设立以房地产项目为对象从事单项房地产开发经营的项目公司，根据《关于进一步加强、规范外商直接投资房地产业审批和监管的通知》第2条的规定，外商申请设立房地产公司，必须先取得国有建设用地使用权、房地产建筑物所有权，或已与土地管理部门、土地开发商/房地产建筑物所有人签订国有建设用地使用权或房产权的预约出让/购买协议。

其次，外商通过并购方式投资中国房地产，不得违反中国法律、法规、政策的禁止性规定。外商通过并购方式投资中国房地产是指外商购买境内非外商投资房地产开发企业（以下称"境内公司"）股东的股权或认购境内公司增资，使该境内公司变更设立为外商投资房地产开发企业（简称"股权并购"）；或者，外商协议购买境内企业房地产项目，并以该房地产项目投资设立外商投资房地产开发企业运营该房地产项目（简称"资产并购"）。我国对外商通过并购方式投资中国房地产的法律、法规、政策，除前述政策文件外，还有《关于外国投资者并购境内企业的规定》（商务部令2009年第6号）等，主要内容有：

一是外商不得以变更境内房地产企业实际控制人的方式，规避外商投资房地产审批，实际控制人是指虽不是公司的股东，但通过投资关系、协议或者其他安排，能够实际支配公司行为的人；二是严格控制以返程投资方式（包括同一实际控制人）并购或投资境内房地产企业，返程投资指境内公司／自然人通过在境外设立的公司对境内开展的直接投资活动，包括但不限于以下方式：购买或置换境内企业中方股权、在境内设立外商投资企业及通过该企业购买或协议控制境内资产、协议购买境内资产及以该项资产投资设立外商投资企业、向境内企业增资等；三是外商通过资产并购方式进行房地产投资，须凭《项目转让协议》在中国境内新设房地产开发项目公司，再以项目公司名义履行《项目转让协议》并办理房地产权属证书；四是对有不良记录的外商，不允许其在中国境内进行并购活动。

第三，外商投资企业再投资中国房地产应当符合中国法律、法规的规定。外商投资企业再投资中国房地产有两种方式：一种是外商投资企业通过协议购买中国境内企业的房地产项目且运营该房地产项目；二是外商投资企业以本企业的名义在中国境内投资设立房地产开发企业或购买其他房地产开发企业投资者股权的行为。对于第一种方式应当适用《关于外国投资者并购境内企业的规定》，对于第二种方式应当适用《关于外商投资企业境内投资的暂行规定》，但由于其投资房地产领域，因此，无论何种方式均应当统一适用本文前述有关外商投资房地产的法规、政策文件的规定，根据《关于进一步加强、规范外商直接投资房地产业审批和监管的通知》（商资函〔2007〕第50号）第2条规定，已设立外商投资企业新增地产开发或经营业务，以及外商投资房地产企业从事新的房地产项目开发经营，应按照外商投资有关法律法规向审批部门申请办理增加经营范围或扩大经营规模的相关手续。

三、外商投资房地产程序的风险分析与防范

外商投资房地产程序是指外国投资者投资中国房地产过程中各阶段、各步骤、各工作之间必须遵循的先后次序及其内在联系。

根据中国的有关外商投资房地产的法律、法规、规章、规范性文件的规定以及外商投资房地产的方式不同，外商投资房地产的程序可以划分为两类：一类是外商直接投资房地产和通过资产并购方式投资房地产程序，外商无论通过

土地出让方式、还是通过项目转让方式预约国有建设用地使用权后，均需要新设房地产项目公司进行运作，其程序大体相同；另一类是外商通过股权转让方式或增资认购的方式投资房地产程序。上述每一类均有不同的工作阶段，每一阶段的条件、内容及要求均不同。外商投资企业再投资房地产程序也可以分为上述两类。

外商投资房地产程序是外商投资房地产项目顺利运作的保障，对外国投资者的投资权益的保护是非常重要的。由于外商投资房地产的工作阶段多、办理手续繁杂、要求内容各不相同，又受国家宏观调控的政策影响大，因此，外商投资房地产程序的风险很大，应当引起外国投资者的高度关注。

（一）关于外商直接投资房地产和通过资产并购方式投资房地产程序的风险分析与防范

外商直接投资房地产和通过资产并购方式投资房地产，可以分为11个阶段，包括：国有建设用地使用权取得或出让/转让预约、外商投资房地产企业名称预核准、外商投资房地产项目核准、外商投资房地产企业设立审批（1年期）、外商投资房地产企业设立登记（1年期）、商务部备案、外汇登记、税务登记、国有建设用地使用权证取得、正式的《外商投资企业批准证书》与《营业执照》更换、房地产开发主管部门的备案与房地产开发企业资质证书的取得。

1.关于中、外投资者对国有建设用地使用权的取得或出让/转让预约阶段。

根据《关于进一步加强、规范外商直接投资房地产业审批和监管的通知》中关于"外商投资从事房地产开发、经营，应遵循项目公司原则"的规定，外商投资房地产必须首先取得或预约出让/转让国有建设用地使用权。

国有建设用地使用权取得或出让/转让预约阶段的风险，主要有：一是取得或预约的国有建设用地使用权的性质的风险；二是国有建设用地使用权的取得或预约方式的风险；三是国有建设用地使用权的取得或预约主体的风险；四是国有建设用地使用权出让/转让预约合同签订的风险；五是未及时办理国有建设用地使用权转移登记或预告登记的风险。

防范国有建设用地使用权取得或出让/转让预约阶段的风险，应当注意以下方面：一是取得或预约的国有建设用地使用权应当是非划拨性质的国有建设用地使用权；二是应当是以招标、拍卖、挂牌等手段通过出让方式或者以符合国家法律规定的转让方式取得或预约国有建设用地使用权；三是中方合营者、外商投资企业以国有建设用地使用权作为出资进行中外合资经营或中外合作经营，中方合营者、外商投资企业必须首先取得国有建设用地使用权、房地产建筑物所有权；或者与土地管理部门、土地开发商/房地产建筑物所有人签订国有建设用地使用权或房产权的预约出让/购买协议；四是应当签订具体、完备的国有建设用地使用权出让/转让预约合同，根据《最高人民法院关于审理买卖合同纠纷案件适用法律问题的解释》第 2 条规定，预约合同一方当事人不履行合同义务的，对方可请求其承担违约责任或要求损害赔偿。五是中、外投资者在签订国有建设用地使用权出让/转让合同或国有建设用地使用权出让/转让预约合同后，合同当事人作为共同申请人应当及时依法向土地所在地的不动产登记机构[1]提出国有建设用地使用权转移登记或预告登记申请，不动产登记机构应当自受理之日起 30 个工作日内完成登记，并依法向申请人核发国有建设用地使用权《不动产权证书》或预告登记《不动产登记证明》。

2. 关于外商投资房地产企业名称预核准阶段。

根据《企业名称登记管理规定》（2012 年修订）的规定，设立外商投资房地产企业，投资人必须共同向国家工商行政管理局申请外商投资房地产企业名称预核准。

外商投资房地产企业名称预核准阶段的风险，主要有：一是外商投资企业的名称不符合法规要求的风险；二是外商投资企业名称预核准申请的时间不明确的风险；三是外商投资企业名称预核准申请的程序不明确的风险；四是外商投资企业名称预核准申请应提交的资料不符合要求的风险；五是外商投资企业名称核准的有效期不明确的风险。

防范外商投资房地产企业名称预核准阶段的风险，应当注意以下方面：一是外商投资企业的名称应当符合《企业名称登记管理规定》的规定，企业名称应当由以下部分依次组成：字号（或者商号）、行业或者经营特点、组织形式；使用"中国""中华""国际"等字样须是全国性公司或经国务院或其授权机关批准的企业；不得与已登记注册的同行业企业名称相同或近似；企业名称不得含有下列内容和文字：有损于国家、社会公共利益的，可能对公众造成欺骗或者误解的，外国国家（地区）名称、国际组织名称；政党名称、党政军机关名称、群众组织名称、社会团体名称及部队番号，汉语拼音字母（外文名称中

---

[1] 2014 年 11 月 24 日国务院正式发布了《不动产登记暂行条例》，自 2015 年 3 月 1 日起施行。

使用的除外)、数字，其他法律、行政法规规定禁止的；二是外商投资企业应当在项目建议书和可行性研究报告批准后，合同、章程批准之前，预先单独申请企业名称登记注册；三是外商投资企业名称预核准申请的程序，首先由投资人提出申请，其次国家工商行政管理总局在收到企业提交的预先单独申请企业名称登记注册的全部材料之日起 10 日内作出核准或者驳回的决定，第三国家工商行政管理总局核准预先单独申请登记注册的企业名称后核发《企业名称登记证书》；四是外商投资企业名称预核准申请应提交的资料，包括企业组建负责人签署的申请书、项目建议书、可行性研究报告的批准文件以及投资者所在国(地区)主管当局出具的合法开业证明；五是预先单独申请登记注册的企业名称经核准后，保留期为 1 年；经批准有筹建期的，企业名称保留到筹建期终止；在保留期内不得用于从事生产经营活动；保留期届满不办理企业开业登记的，其企业名称自动失效，企业应当在期限届满之日起 10 日内将《企业名称登记证书》交回登记主管机关。

3. 关于外商投资房地产项目核准或备案阶段。

根据《外商投资项目核准和备案管理办法》(国家发展和改革委员会 2014 年 12 月 27 日修订)的规定，中外合资、中外合作、外商独资、外商投资合伙、外商并购境内企业、外商投资企业增资及再投资项目等各类外商投资项目管理，实行核准和备案两种方式，外商投资项目经发展改革委核准或备案后，方可依法办理相关手续；对未按规定权限和程序核准或者备案的项目，有关部门不得办理相关手续，金融机构不得提供信贷支持。

外商投资房地产项目核准或备案阶段的风险主要有：一是项目核准或备案的范围及核准机关与备案机关权限不明确的风险；二是项目核准申请报告的内容不全面的风险；三是项目核准报送的文件资料不符合要求的风险；四是项目核准机关的核准条件不明确的风险；五是项目核准程序不明确的风险；六是对项目备案内容、要求及程序不明确的风险。

防范外商投资房地产项目核准或备案阶段的风险，主要应当注意以下方面：一是应当根据《政府核准的投资项目目录》明确外商投资项目的核准与备案的范围及核准与备案机关的权限，首先，《外商投资产业指导目录》中有中方控股(含相对控股)要求的总投资(含增资)3 亿美元及以上鼓励类项目，总投资(含增资)5000 万美元及以上限制类（不含房地产）项目，由国家发展和改革委员会核准；其次，《外商投资产业指导目录》限制类中的房地产项目和总投资（含增资）5000万美元以下的其他限制类项目，由省级政府核准，《外商投资产业指导目录》中有中方控股（含相对控股）要求的总投资（含增资）3亿美元以下鼓励类项目，由地方政府核准；第三，前两项规定之外的属于《政府核准的投资项目目录》第1至11项所列的外商投资项目，按照《政府核准的投资项目目录》第1至11项的规定核准；第四，由地方政府核准的项目，省级政府可以根据本地实际情况具体划分地方各级政府的核准权限；由省级政府核准的项目，核准权限不得下放；第五，除前述以外的外商投资项目由地方政府投资主管部门备案。二是应当明确项目核准申请报告的内容，项目申请报告的内容应包括项目及投资方情况、资源利用和生态环境影响分析、经济和社会影响分析；外国投资者并购境内企业项目申请报告应包括并购方情况、并购安排、融资方案和被并购方情况、被并购后经营方式、范围和股权结构、所得收入的使用安排等。三是向项目核准机关报送的文件资料应当符合要求，具体包括：中外投资各方的企业注册证明材料及经审计的最新企业财务报表（包括资产负债表、利润表和现金流量表）、开户银行出具的资金信用证明；投资意向书，增资、并购项目的公司董事会决议；城乡规划行政主管部门出具的选址意见书（仅指以划拨方式提供国有土地使用权的项目）；国土资源行政主管部门出具的用地预审意见（不涉及新增用地，在已批准的建设用地范围内进行改扩建的项目，可以不进行用地预审）；环境保护行政主管部门出具的环境影响评价审批文件；节能审查机关出具的节能审查意见；以国有资产出资的，需由有关主管部门出具的确认文件；根据有关法律法规的规定应当提交的其他文件。四是应当明确项目核准机关对项目申请报告的核准标准，具体包括：符合国家有关法律法规和《外商投资产业指导目录》《中西部地区外商投资优势产业目录》的规定；符合发展规划、行业政策及准入标准；合理开发并有效利用了资源；不影响国家安全和生态安全；对公众利益不产生重大不利影响；符合国家资本项目管理、外债管理的有关规定。五是应当明确项目核准程序，首先按核准权限属于国家发展和改革委员会核准的项目，由项目所在地省级发展改革部门提出初审意见后，向国家发展和改革委员会报送项目申请报告；计划单列企业集团和中央管理企业可直接向国家发展和改革委员会报送项目申请报告，并附项目所在地省级发展改革部门的意见；其次项目申报材料不齐全或者不符合有关要求的，项目核准机关应当在收到申报材料后5个工作日内一次告知项目申报单位补正；第三对于涉及有关行业主管部门职能的项目，项目核准机关应当商请有关行业主管部门在7个工作日内出具书面审查意见；有关行业主管部门逾期没有反馈书面审查意见的，视为同意；第四项目核准机关在受理项目申请报告之日起4个工作日内，对需要进行评估论证的重点问题委托有资质的咨询机构进行评估论证，接受委托的咨询机构应在规定的时间内提出评估报告；对于可能会对公共利益造成重大影响的项目，项目核准机关在进行核准时应采取适当方式征求公众意见；对于特别重大的项目，可以实行专家评议制度；第五项目核准机关自受理项目核准申请之日起20个工作日内，完成对项目申请报告的核准；如20个工作日内不能做出核准决定的，由本部门负责人批准延长10个工作日，并将延长期限的理由告知项目申报单位；项目核准期限不包括委托咨询评估和进行专家评议所需的时间。六是应当明确项目备案内容、要求及程序，首先由项目申报单位提交项目和投资方基本情况等信息，并附中外投资各方的企业注册证明材料、投资意向书及增资、并购项目的公司董事会决议等其他相关材料；其次，外商投资项目备案需符合国家有关法律法规、发展规划、产业政策及准入标准，符合《外商投资产业指导目录》《中西部地区外商投资优势产业目录》；第三，对不予备案的外商投资项目，地方投资主管部门应在7个工作日内出具书面意见并说明理由。

4. 关于外商投资房地产企业设立审批（1年期）阶段。

外商投资房地产企业设立审批是指商务主管部门依照我国《中外合资经营企业法》及其《中外合资经营企业法实施条例》（2014年修订）、《中外合作经营企业法》及其《中外合作经营企业法实施细则》（2014年修订）、《外资企业法》及其《外资企业法实施细则》（2014年修订）等法律、法规、规章的规定，对中国投资者和外国投资者共同投资或者仅由外国投资者投资在中国境内进行中外合资经营房地产企业、中外合作经营企房地产业、外资房地产企业的设立行为进行审查批准的活动。

外商投资房地产企业设立审批是外国投资者在中国境内进行投资活动的前提条件，只有经过设立审批，外商的投资权益才能得到法律保护，未经依法设立审批，外商不得在中国境内设立中外合资经营企业、中外合作经营企业、外资企业。

外商投资房地产企业设立审批阶段的风险，主要有：一是外商投资房地产企业设立审批机构不明确的风险；二是外商投资房地产企业设立的条件与内容不明确的风险；三是外商投资房地产企业设立审批应当提交的材料不全面的风险；四是外商投资房地产企业设立审批的程序不明确的风险。

防范外商投资房地产企业设立审批阶段的风险，应当注意以下方面：

首先，应当明确外商投资房地产企业设立审批实行分级审批制度。除由地方审批机关负责审批外商投资企业设立外，其他外商投资企业设立审批均由商务部负责。2010年6月10日商务部发布的《关于下放外商投资审批权限有关问题的通知》（商资发〔2010〕209号）第1条规定，《外商投资产业指导目录》鼓励类、允许类总投资3亿美元和限制类总投资5000万美元（以下简称限额）以下的外商投资企业的设立及其变更事项，由省、自治区、直辖市、计划单列市、新疆生产建设兵团、副省级城市（包括哈尔滨、长春、沈阳、济南、南京、杭州、广州、武汉、成都、西安）商务主管部门及国家级经济技术开发区（以下简称地方审批机关）负责审批和管理。其中，外商投资股份有限公司的限额按注册资本计，改制为外商投资股份有限公司的限额按评估后的净资产值计，外国投资者并购境内企业的限额按并购交易额计。单次增资额在限额以下的增资事项、限额以上鼓励类且不需要国家综合平衡的外商投资企业的设立及其变更事项由地方审批机关负责审批和管理。

其次，应当明确外商投资房地产企业的设立条件与内容。一是外商投资房地产企业的中外方投资者主体应当合格，外商投资企业的外国投资者可以是外国的公司、企业和其他经济组织，也可以是个人；中方投资者只能是中国的公司、企业和其他经济组织，中国的自然人不能成为外商投资企业的中国投资者。二是外商投资房地产企业的经营范围应当合法，只能是从事普通住宅、公寓等各类住宅、宾馆（饭店）、度假村、写字楼、会展中心、商业设施、主题公园等建设经营，或以上述项目建设为目的的土地开发或成片开发项目。三是外商投资房地产企业的注册资本与投资总额的比例应当符合规定，外商投资房地产企业的投资总额在1000万美元（含1000万美元）以上的，其注册资本应不低于投资总额的50%；投资总额在300万美元至1000万美元的，其注册资本应不低于投资总额的50%，其中，投资总额在420万美元以下的，注册资本不得低于210万美元；投资总额在300万美元以下（含300万美元）的，其注册资本应不低于投资总额的70%；在中外合资经营企业、中外合作经营企业的注册资本中，外国投资者的投资比例一般不低于25%。四是外商投资房地产企业中外方投资者的出资方式与出资期限应当明确，外商投资房地产企业中外方投资者的出资方式与出资期限应当在合同、章程中明确；出资方式一般为货币（外方以现汇、中方以现金）、建设用地使用权、建筑物等；以建筑物等实物、建设用地使用权作为出资的，其作价由合营各方按照公平合理的原则协商确定，或者聘请合营各方同意的第三者评定。五是外商投资房地产企业的组织机构的建立应当符合法律规定的要求且应当兼顾中方、外方投资者的利益，中外合资经营房地产企业组织机构应当设立董事会和经营管理机构，中外合作经营房地产企业组织机构可以实行董事会制、联合管理制或委托管理制；合营一方推荐的人选担任董事长的，副董事长和总经理的人选应当由合营另一方推荐担任；可以通过建立职业经理人、独立董事等制度，完善组织机构的运行机制；外方投资者应当通过外方董事、派出的关键岗位的人员掌握外商投资房地产企业运营中的关键环节，特别是财务控制、销售控制等。本文前述案例中中外合资经营天津某房地产开发公司的董事长、总经理均由中方投资者担任，导致外方投资者对该企业的管理失控，其合法权益无法得到保障，应当引以为戒。六是外商投资房地产企业的中外投资各方，不得以任何形式在合同、章程以及其他文件中订立保证任何一方固定回报或变相固定回报的条款。七是外商投资房地产企业的解散与清算应当符合法律规定，应当有合理的退出机制且具有可操作性。外商投资房地产企业解散的原因主要有：经营期限届满；企业发生严重亏损，无力继续经营；中外合营或合作者一方或者数方不履行合同、章程规定的义务，致使企业无法继续经营；因自然灾害、战争等不可抗力遭受严重损失，无法继续经营；合同、章程所规定的其他解散原因已经出现等。外商投资房地产企业解散的程序包括：当出现中外合营或合作者一方或者数方不履行合同、章程规定的义务致使企业无法继续经营的情形需要解散企业时，履行合同的一方或者数方有权向审查批准机关提出申请，解散合营或合作企业；当出现中外合营或合作者一方或者数方不履行合同、章程规定的义务致使企业无法继续经营以外的情形需要解散企业时，由董事会或联合管理机构做出决定，报审查批准机关批准。合营、合作企业、外资企业应当按照《公司法》的规定成立清算组，由清算组负责清算事宜。本文前述案例中，由于当时的法制不健全，没有建立合理的退出机制，外方投资者无法通过正当渠道退出中外合资房地产开发企业，造成利益受损，因此，在合资、合作开始时，通过合同、章程的规定，明确在适当时机、适当条件下允许中、外投资者通过转让投资、解散等方式退出，建立公平合理的利益保障机制是非常重要的。

第三，向商务主管部门报送外商投资房地产企业设立审批的材料应当真实、全面且符合要求，具体包括：设立行政许可申请表（中外合资（作）企业由申请中方签字盖章、外资企业由投资方签字）；项目建议书暨可行性分析报告复印件（包括文字及经济部分）、发改委立项批复；由合营（作）各方法定代表人或其授权的代表签署的合营（作）企业合同和章程，外资企业只提交外国投资者法定代表人或其授权的代表签署的外资企业章程；由合营（作）各方委派或合作各方协商确定的合营（作）企业董事长或联合管理委员会主任、副董事长或副主任、董事或委员人选名单、简历、有效身份证件（复印件）、投资各方董事委派书，外资企业法定代表人（或者董事会人选）名单、简历、有效身份证件（复印件）、董事委派书；外国投资者所在国家公证机关出具的关于投资者主体资格证明或身份证明公证书（香港、澳门和台湾地区投资者提供当地公证机构关于投资者主体资格证明或身份证明的公证文件），我国驻该国使（领）馆对外国投资者所在国家公证机关出具的关于投资者主体资格证明或身份证明公证书的认证文件（香港、澳门和台湾地区投资者无须提供此项文件）（注：外国投资者为为自然人的，提供个人履历，如提供有中国使（领）馆签证的护照复印件作为投资者身份证明并能提供有效护照原件供核对的，不需提交公证、认证文件；港、澳、台地区投资者为自然人的，提供个人履历，如提供大陆公安机关签发的《港澳居民来往内地通行证》或《台湾居民来往大陆通行证》复印件作为投资者身份证明并能提供有效通行证原件供核对的，不需提交公证文件）；外国投资者资信证明文件和法定代表人身份证明文件（复印件）；中方的银行资信证明、注册登记证明（复印件）、法定代表人身份证明文件（复印件）；外国投资者股东名册；项目土地或房地产来源证明（国有建设用地使用权证、房屋所有权证或国有建设用地使用权、房产权的预约出让/购买协议等）；如中方是以国有资产投入，应提供国有资产评估报告及国有资产管理部门的确认文件；外商投资企业名称预核准通知书；承诺书、办理人员授权委托书及身份证复印件；商务部门规定的其他应当提交的材料。

第四，应当明确外商投资房地产企业设立审批的程序，具体程序包括：中方投资者、外方投资者向商务主管部门报送有关外商投资房地产企业设立的材料；商务主管部门对中外合资经营房地产企业、外资房地产企业的设立应当在90天内作出批准或不批准的决定，对中外合作经营房地产企业的设立应当在45天内作出批准或不批准的决定；对作出批准决定的，商务主管部门颁发1年期有效的《外商投资企业批准证书》；对于不批准决定不服的，中方投资者、外方投资者可以申请行政复议或提起行政诉讼。

5. 关于外商投资房地产企业设立登记（1年期）阶段。

外商投资房地产企业设立登记是指将外商投资房地产企业设立的相关事项上报企业登记注册机关，由企业登记注册机关依法审查、核准后，颁发营业执照的过程。

外商投资房地产企业设立登记、取得营业执照是外商投资企业成立的标志。外商投资房地产企业设立登记是外商投资房地产企业登记的主要内容之一，是外商投资房地产企业被赋予市场准入资格和市场主体身份的必经程序，是保护自身交易安全和秩序以及国家行政机关监督管理企业的重要途径。

外商投资房地产企业设立登记（1年期）阶段的风险，主要有：一是外商投资房地产企业设立登记的期限不明确的风险；二是外商投资房地产企业设立登记的管辖不明确的风险；三是外商投资房地产企业设立登记应当提交的资料不明确的风险；四是外商投资房地产企业设立登记的程序不明确的风险。

防范外商投资房地产企业设立登记（1年期）阶段的风险，应当注意以下方面：一是外方投资者、中方投资者应当在收到《外商投资企业批准证书》之日起30日内到工商行政管理部门办理外商投资房地产企业设立登记手续。二是外商投资企业登记管辖实行授权登记管辖制度，由国家工商行政管理总局授权地方工商行政管理机关负责对外商投资企业的登记管理，如北京市工商行政管理局办理外商投资企业的登记范围包括：国家工商总局授权范围内的注册资本500万美元以上（不含500万美元）的外商投资企业，已在市局登记、减少注册资本到500万美元以下的外商投资企业；国家工商总局授权的外商投资股份有限公司；市工商局决定应当由其登记的企业。三是外商投资房地产企业设立登记提交的资料应当真实、全面且符合要求，主要包括：《外商投资企业设立登记申请书》（内含《企业设立登记申请表》《中方投资者名录》《外方投资者名录》《企业法定代表人登记表》《董事会成员、经理、监事任职证明》《企业住所证明》等表格）；章程；审批机关的批复和《外商投资企业批准证书》副本；投资各方的合法资格证明，外国投资者应提交经所在国家公证机关公证并经我国驻该国使（领）馆认证的主体资格证明或身份证明；港澳台地区投资者的主体资格证明或身份证明应当依法提供当地公证机构的公证文件，香港地区的由中国法律服务（香港）有限公司加盖转递专用章转递，内地公安部门颁发的台胞证也可作为台湾地区自然人投资者的身份证明且无需公证；外方投资者所在国与我国尚未建立外交关系或已终止外交关系的，其主体资格证明或者身份证明应经所在国公证机构公证后交由与我国有外交关系的第三国驻该国使（领）馆认证，前述公证、认证文件还需经我国驻该第三国的使（领）馆认证；《企业名称预先核准通知书》；《指定（委托）书》；《企业秘书（联系人）登记表》；《法律文件送达授权委托书》及被授权人的主体资格证明或身份证明复印件；工商部门要求的其他材料。四是应当明确外商投资房地产企业的设立登记程序，具体包括：申请、审查、受理、准许、公示。

6.关于商务部对外商投资房地产企业的备案阶段。

商务部对外商投资房地产企业备案是指外商投资房地产企业经地方商务主管部门批准设立后应当向商务部报告存案以备查考。

商务部对外商投资房地产企业的备案是外商投资房地产的必经阶段，是外商投资房地产企业办理外汇登记（或登记变更）及资本项目结售汇手续的前提条件。商务部对外商投资房地产企业进行备案，有利于政府主管部门全面掌握外商投资房地产信息，有利于及时准确监测外商投资房地产的运行情况，有利于加强对地方主管部门的外商投资房地产审批的监督检查，有利于通过适时发布外商投资房地产的信息以引导外商投资方向，有利于国家对房地产市场的宏观调控。

商务部对外商投资房地产企业备案阶段的风险，主要有：一是备案的范围不明确的风险；二是备案的时限要求不明确的风险；三是备案的内容不明确的风险；四是备案的材料不明确的风险；五是备案的程序不明确的风险。

防范商务部对外商投资房地产企业备案阶段的风险，应当注意以下方面：一是应当明确备案的范围，新设外商投资房地产企业、外商投资房地产企业的增资、股权转让、并购等均应当进行备案。二是应当明确备案的时限要求，地方审批部门批准设立外商投资房地产企业，应即时依法向商务部备案。三是应当明确备案的内容，主要包括公司情况、投资方、资金来源、土地取得情况、建设项目进度、出资计划、相关承诺等。四是应当明确备案的全部材料，主要包括：《外商投资房地产业备案表》一式三份、《外商投资企业批准证书》复印件、有关批复文件、土地成交确认书、公告证明、房地产权证、实际控制人证明、批准证书等。五是应当明确备案的程序，备案程序包括：首先，由外商投资房地产企业填写《外商投资房地产业备案表》及准备有关材料并报地方商务主管部门；其次，由地方商务主管部门将需报商务部备案的材料送省级商务主管部门进行核对，省级商务主管部门需根据有关规定的要求对下述材料的合法性、真实性、准确性进行核对：公司提供的国有建设用地使用权、房地产建筑物所有权，或签订的国有建设用地使用权或房产权预约出让／购买协议等文件是其依法取得，真实有效，符合相关规定；投资设立（增资）的公司符合项目公司原则，投资（包括增资）仅限于经批准的单一房地产项目；公司注册资本占投资总额的比例不低于50%；公司提供的材料证明外方股东不属于境内公司／自然人在境外设立的公司；公司各股东之间不存在关联关系，不属于同一实际控制人；公司中外投资各方未订立保证任何一方固定回报或变相固定回报的条款；项目投资依项目建设进度分期投入，公司提供了资金用途和分期投入的承诺；其中重点应就土地文件的完整性进行复核包括项目单位提交的开发商与土地管理部门签署的国有建设用地使用权出让合同、国有建设用地使用权证等土地成交证明材料，法律规定无需采用招标拍卖挂牌出让方式的要提供由土地管理部门出具的符合国家土地管理规定的证明材料；第三，省级商务主管部门根据外商投资法律法规和现行外商投资房地产相关规定，会同有关部门对备案材料及房地产项目备案系统中的电子数据进行核对，符合规定的，予以备案，并在系统内将通过备案企业的电子数据提交至商务部；纸质备案材料由省级商务主管部门存档；第四，商务部在其官方网站定期公布完成备案的外商投资房地产企业名单。

7. 关于外商投资房地产企业的外汇登记阶段。

外商投资房地产企业的外汇登记是指外商投资房地产企业经批准设立并经商务部备案后到国家外汇管理部门办理外汇登记手续的行为。

外商投资房地产企业外汇登记是国家对境内直接投资实行登记管理的重要

组成部分，是银行办理外商投资房地产企业账户开立、资金入账、结售汇、境内划转、对外支付等相关业务的直接依据。通过外商投资房地产企业外汇登记管理，统计监测外商直接投资跨境资本流动，并根据外汇形势和国家的宏观调控政策的特点实施相应的汇兑管理，是资本项目外汇管理的重要手段。为了加强外汇管理，我国颁布实施了一系列外汇管理方面的行政法规、规章及规范性文件。2013年5月，国家外汇管理局最新发布了《外国投资者境内直接投资外汇管理规定》及配套文件（汇发〔2013〕21号，自2013年5月13日实施）。

外商投资房地产企业外汇登记阶段的风险，主要有：一是外汇登记的前提条件不明确的风险；二是外汇登记的管理机关不明确的风险；三是外汇登记程序不明确的风险；四是外汇登记材料不明确的风险；五是外汇登记的审核原则不明确的风险。

防范外商投资房地产企业外汇登记阶段风险，应当注意以下方面：一是外商投资房地产企业办外汇登记的前提条件是取得外商投资企业批准证书和外商投资房地产企业营业执照。二是外汇登记的管理机关是外商投资房地产企业的注册地的外汇管理部门。三是应当明确外汇登记的程序，首先由外商投资房地产企业填写有关表格，准备有关材料，向外汇管理部门提交；其次由外汇管理部门对申请登记的外商投资房地产企业提交的材料审查后，对符合登记条件的，向企业颁发《外商投资企业外汇登记证》（简称外汇登记证）；第三是外商投资房地产企业领取外汇登记证后，可以按照《外商投资企业境内外汇账户管理办法》的有关规定，凭外汇局核发的外汇登记证和开户通知书到经营外汇业务的银行开立外汇账户。四是外商投资房地产企业申请外汇登记，应向外汇管理部门提交的材料，包括：《境内直接投资基本信息登记业务申请表》；组织机构代码证及工商营业执照副本；商务主管部门批准成立外商投资企业的批复文件及批准证书；已通过商务部备案的证明材料等。五是应当明确外汇管理部门审核的原则，包括：第一，申请人应如实披露其外国投资者是否直接或间接被境内居民持股或控制，具体包括：（1）外国投资者直接或间接被境内居民持股或控制但不属于特殊目的公司的，应按规定办理境外投资外汇登记或备案手续；境内机构已办理境外投资外汇登记或备案手续的，外汇局可为该外国投资者设立的外商投资企业办理基本信息登记，并在外汇局相关业务系统中将该外商投资企业标识为"境内机构非特殊目的公司返程投资"；现存外商投资企业中，如属于此类"境内机构非特殊目的公司返程投资"的，可按照本条规定补办标识（补办标识的企业，应审核其在办理基本信息登记时是否存在虚假承诺；如存在虚假承诺应移交外汇检查部门处罚后再补办标识）；境内个人未办理境外投资外汇登记的，但可提交能证明其境外权益形成合法性的证明材料（境外权益形成过程中不存在逃汇、非法套汇、擅自改变外汇用途等违反外汇管理法规的行为），可为该外国投资者设立的外商投资企业办理基本信息登记，并在外汇局相关业务系统中将其标识为"个人非特殊目的公司返程投资"；（2）特殊目的公司返程投资的，应在外汇局相关业务系统中查实相关特殊目的公司是否已按规定办理登记；特殊目的公司已办理登记的，其返程投资企业注册地外汇局可为该返程投资企业办理外商投资企业基本信息登记手续，并在外汇局相关业务系统中将其标识为"特殊目的公司返程投资"；第二，外商投资企业应全额登记外国投资者各类出资形式及金额，跨境人民币与跨境现汇流入总额不得超过已登记的外国投资者跨境可汇入资金总额，如主管部门批复中明确允许企业以跨境人民币出资，企业跨境人民币出资额与跨境现汇出资额可在跨境可汇入资金总额内依企业实际申请登记；如主管部门的相关批准文件中未明确投资金额的，外汇局可根据企业最高权力机关出具的证明文件、按实需原则为企业登记可汇入金额；第三，外汇局应区分外商投资企业设立时外国投资者的出资方式在相关业务系统中办理登记，外国投资者以其在境内合法取得的利润用于境内再投资或转增资本的，出资方式登记为人民币利润再投资，以其在境内股权转让所得、减资所得、先行回收所得、清算所得用于境内再投资和以所投资企业的盈余公积、资本公积转增资本的，出资方式登记为非人民币利润再投资；第四外汇局办理完成登记后，应在主管税务部门出具的税务证明原件上签注登记事项、登记金额、日期并加盖外汇局业务用章，留存有签注字样和加盖业务专用章的复印件；第五外国投资者前期费用未全部结汇的，原币划转至资本金账户继续结汇使用，系统中出资方式登记为境外汇入；已经结汇的前期费用也可作为外国投资者的出资，出资方式登记为前期费用结汇。

8. 关于外商投资房地产企业的税务登记阶段。

外商投资房地产企业税务登记是指外商投资房地产企业经工商行政管理部门核准登记并领取营业执照后到税务机关办理税务登记手续的行为。

外商投资房地产企业的税务登记是国家加强税源管理，防止税收流失的一项税务管理制度,是外商投资房地产企业开立银行账户、开展经营活动的前提条件。如果外商投资房地产企业不及时办理税务登记,不仅企业无法开展正常的经营活动,而且可能给企业带来罚款、营业执照可能被工商行政管理部门吊销等行政法律责任的风险。

外商投资房地产企业税务登记阶段的风险,主要有:一是未及时办理税务登记的风险;二是税务登记机关不明确的风险;三是税务登记的程序不明确的风险;四是税务登记应当提交的材料不明确的风险。

防范外商投资房地产企业税务登记阶段的风险,应当注意以下方面:一是应当及时办理税务登记手续,外商投资房地产企业应当在领取营业执照之日起30日内办理税务登记手续。二是外商投资房地产企业应当向经营地即房地产项目所在地的主管税务机关申报办理税务登记。三是办理税务登记的基本程序是:外商投资房地产企业持有关证件及资料向税务机关申报办理税务登记,如实填写税务登记表,载明纳税人名称、住所、经营地点、法定代表人、企业形式、核算方式、经济性质、经营范围、经营方式、注册资本、投资总额、开户银行及账号、生产经营期限及税务机关要求填写的其他事项如登记记账本位币、结算方式、会计年度等;经税务机关核准后,予以办理税务登记,发给税务登记证件;税务机关应当自收到申报之日起30日内作出审核决定。四是外商投资房地产企业应当全面、真实向税务机关提交有关证件、资料,主要包括:营业执照;批复、批准证书;组织机构统一代码;法定代表人居民身份证、护照或者其他证明身份的合法证件;注册地址、生产经营地址的房地产所有权或使用权证书或租赁证明;章程、可行性报告;验资报告或资金来源证明;银行账号证明;如属多方投资组成,应提供投资各方的税务登记证件;税务机关要求提供的其他资料。

9. 关于外商投资房地产企业取得国有建设用地使用权阶段。

外商投资房地产企业取得国有建设用地使用权是指中、外投资者将登记或预告登记其名下的国有建设用地使用权证办理至外商投资房地产企业的名下。

取得国有建设用地使用权是外商投资房地产企业进行房地产开发经营的前提条件。根据我国《物权法》第9条的规定,国有建设用地使用权作为不动产物权,其设立、变更、转让等,只有经依法登记,才发生效力,自记载于不动产登记簿之日起,发生物权设立和变动的效力。因此,外商投资房地产企业及时取得

◆◆◆房地产开发法律风险防范实务

国有建设用地使用权非常重要，否则，会给外商投资房地产企业的合法权益的保护带来风险。

外商投资房地产企业取得国有建设用地使用权阶段的风险，主要有：一是未及时办理国有建设用地使用权不动产权属证书，导致后续手续办理延迟风险或预告登记失效的风险；二是不动产登记机关不明确的风险；三是国有建设用地使用权登记的程序不明确的风险；四是国有建设用地使用权登记应当提交的材料不明确的风险。

防范外商投资房地产企业取得国有建设用地使用权阶段的风险，应当注意以下方面：一是应当及时办理国有建设用地使用权不动产权属证书，对于已经在中、外投资者名下的国有建设用地使用权应当及时转移至外商投资房地产企业名下；对于预告登记在中、外投资者名下的国有建设用地使用权，自外商投资房地产企业设立登记之日起3个月内办理国有建设用地使用权不动产权属证书。二是应当明确土地登记实行属地登记原则，申请人应当依法向土地所在地的不动产登记机构提出国有建设用地使用权转移登记申请，由不动产登记机构依法登记并核发国有建设用地使用权不动产权属证书。三是应当明确办理国有建设用地使用权不动产权属证书的基本程序，首先由中、外投资者和外商投资房地产企业共同向不动产登记机构提出申请，并提交有关材料；其次不动产登记机构受理土地登记申请，必要时询问当事人或进行实地查看；第三不动产登记机构应当在受理登记申请之日30个工作日内办结不动产登记手续；第四不动产登记机构完成登记，依法向申请人核发国有建设用地使用权《不动产权证书》。四是应当如实向不动产登记机构提交有关材料和反映真实情况，主要包括：土地登记申请书；申请人身份证明材料；土地权属来源证明；地籍调查表、宗地图及宗地界址坐标；地上附着物权属证明；法律法规规定的完税或减免税凭证；原国有土地使用证；土地权利发生转移的相关证明材料；其他证明材料如对通过出让方式取得国有建设用地使用权的首次登记，还需提供国有建设用地使用权出让合同和土地出让价款缴纳凭证等。

10.关于外商投资房地产企业换发正式的《外商投资企业批准证书》和《营业执照》阶段。

外商投资房地产企业换发正式的《外商投资企业批准证书》和《营业执照》是指外商投资房地产企业取得《国有建设用地使用权证》后，到商务主管部门换发正式的《外商投资企业批准证书》后,再到工商行政管理机关换发《营业执照》。

外商投资房地产企业换发正式的《外商投资企业批准证书》和《营业执照》阶段的风险,主要有:一是换发正式的《外商投资企业批准证书》和《营业执照》不及时,导致1年期的《外商投资企业批准证书》和《营业执照》失效的风险;二是正式的《外商投资企业批准证书》和《营业执照》的换发机关不明确的风险;三是正式的《外商投资企业批准证书》和《营业执照》换发的条件与程序不明确的风险。

防范外商投资房地产企业换发正式的《外商投资企业批准证书》和《营业执照》阶段的风险,应当注意以下方面:一是外商投资房地产企业在取得《国有建设用地使用权证》后应当及时办理换发正式的《外商投资企业批准证书》和《营业执照》的手续。二是外商投资房地产企业应当到办理1年期的《外商投资企业批准证书》原商务主管部门和办理1年期的《营业执照》的原工商行政管理机关换发正式的《外商投资企业批准证书》和《营业执照》。三是外商投资房地产企业凭《国有建设用地使用权证》到商务主管部门换发正式的《外商投资企业批准证书》后,再凭正式的《外商投资企业批准证书》到工商行政管理机关换发与《外商投资企业批准证书》经营期限一致的《营业执照》。

11. 关于外商投资房地产企业到房地产开发主管部门的备案与取得房地产开发企业资质阶段。

根据我国《城市房地产管理法》第30条、《城市房地产开发经营管理条例》第8条、第9条及《房地产开发企业资质管理规定》的规定,外商投资房地产企业在领取正式《营业执照》之日起30日内,到工商登记机关所在地的房地产开发主管部门备案,由房地产开发主管部门核定资质等级,颁发房地产开发资质等级证书。未取得房地产开发资质等级证书的企业,不得从事房地产开发经营业务。

外商投资房地产企业到房地产开发主管部门的备案与取得房地产开发企业资质阶段的风险分析与防范详见本书《内资房地产开发企业的风险分析与防范》一文中相关内容。

(二)关于外商通过股权转让或增资认购的方式投资房地产程序的风险分析与防范

◆◆◆房地产开发法律风险防范实务

外商通过股权转让或增资认购的方式投资房地产即外商股权并购方式投资房地产，是指外国投资者通过购买境内非外商投资企业（以下称"境内公司"）股东的股权或认购境内公司增资，使该境内公司变更设立为外商投资房地产企业，从事房地产开发经营活动。

外商股权并购方式投资房地产，可以分为8个阶段，包括：通过订立外商股权并购合同预约国有建设用地使用权、外商股权并购企业房地产项目核准、外商股权并购房地产企业设立审批、外商股权并购房地产企业工商变更登记、外商股权并购房地产企业商务部备案、外商股权并购房地产企业外汇登记、外商股权并购房地产企业税务登记、房地产开发主管部门的备案与房地产开发企业资质证书的变更。

1. 关于通过订立外商股权并购合同预约国有建设用地使用权阶段。

订立外商股权并购合同预约国有建设用地使用权是指外商通过与境内房地产项目企业的股东签订股权转让协议或增资认购协议的方式预约境内房地产项目企业已经取得的国有建设用地使用权不动产权属证书或已经签订的国有建设用地使用权出让合同所确定的国有建设用地使用权。

外商股权并购境内房地产项目企业的目的是对境内房地产企业已经占有和使用的国有土地进行房地产开发和经营，我国有关房地产市场外资准入与管理的法规和政策文件对外商股权并购境内房地产项目企业规定了诸多条件，且明确股权转让协议或增资认购协议只有通过审批机关的审批方能生效，因此，外商与境内房地产项目企业的股东之间成立的股权转让协议或增资认购协议，只能是外商预约国有建设用地使用权，只有股权转让协议或增资认购协议生效后，外商方能正式取得国有建设用地使用权。在此阶段，外商既要关注国有建设用地使用权的风险防范，又要关注外商股权并购合同的风险防范。对于国有建设用地使用权的风险防范详见本文第三部分（一）中的第1阶段的内容，本文此处关注外商股权并购合同的风险分析与防范。

外商股权并购合同包括股权购买协议和境内公司增资协议，其风险主要有：一是外商股权并购合同选择适用的法律不符合我国法律、法规的规定；二是外商股权并购合同的必备条款不全面；三是外商股权并购合同对并购目标企业的职工的安置不符合中国法律、法规的规定；四是外商股权并购合同对并购目标企业的债权债务的处理不适当；五是外商支付股权转让金或增资资金的支付方式与期限不明确；六是外商在股权并购合同中未对履行《国有建设用地使用权出让合同》《建设用地规划许可证》《建设工程规划许可证》进行承诺；七是在股权并购合同中订立了保证一方固定回报或变相固定回报的条款；八是对股权并购合同的成立与生效没有进行区分。

防范外商股权并购合同的风险，应当注意以下方面：一是外商股权并购合同应当适用中国法律。二是外商股权并购合同应当具有的必备条款，包括：协议各方的状况包括名称（姓名）、住所、法定代表人姓名、职务、国籍等；购买股权或认购增资的份额和价款；协议的履行期限、履行方式；协议各方的权利、义务；违约责任；适用法律和争议解决；协议生效与终止；协议签署的时间、地点。三是外商股权并购合同应当对并购目标企业的职工进行妥善安置，并且应当符合中国的《劳动合同法》《社会保险法》等法律、法规的规定。四是外商股权并购合同应当对并购目标企业的债权债务特别是对银行债务进行妥善处理，外商、并购目标企业、债权人及其他当事人应当对并购目标企业的债权债务的处置达成协议，且该协议不得损害第三人利益和社会公共利益。五是外商股权并购合同应当明确约定支付转让金的方式与期限。六是外商股权并购合同应当明确约定，外商保证将履行《国有建设用地使用权出让合同》《建设用地规划许可证》《建设工程规划许可证》的内容。七是外商股权并购合同中不得订立保证任何一方固定回报或变相固定回报的条款。八是外商股权并购合同中应当明确，本合同自双方签字盖章之日起成立，自本合同获得商务主管部门批准之日起生效。

2. 关于外商股权并购企业房地产项目核准或备案阶段。

无论是中外合资、中外合作、外商独资项目，还是外商购并境内企业项目等，均要实行核准制或备案制。外商股权并购企业房地产项目核准或备案阶段的风险分析与防范详见本文第三部分（一）中的第3阶段的内容。

3. 关于外商股权并购房地产企业设立审批阶段。

外商股权并购房地产企业设立审批是指商务部或省级商务主管部门依照《关于外国投资者并购境内企业的规定》，对外国投资者购买境内非外商投资企业股东的股权或认购境内公司增资，使该境内公司变更设立为外商投资房地产企业的行为进行审查批准的活动。

外商股权并购房地产企业设立审批是外国投资者在中国境内进行股权并购

投资活动的前提条件，只有经过设立审批，外商的股权并购投资权益才能得到法律保护，未经依法设立审批，外商不得在中国境内进行股权并购设立外商投资房地产企业。

外商股权并购房地产企业设立审批阶段的风险，主要有：一是外商股权并购房地产企业设立审批机构不明确的风险；二是外商股权并购房地产企业设立的条件不具备的风险；三是外商股权并购房地产企业设立审批应当提交的材料不全面的风险；四是外商股权并购房地产企业设立审批的程序不明确的风险。

防范外商股权并购房地产企业设立审批阶段的风险，应当注意以下方面：

首先，应当明确外商股权并购房地产企业设立审批实行分级审批制度。除由省级审批机关负责审批外商投资企业设立外，其他外商投资企业设立审批均由商务部负责。2010年6月10日商务部发布的《关于下放外商投资审批权限有关问题的通知》（商资发〔2010〕209号）第1条规定，《外商投资产业指导目录》鼓励类、允许类总投资3亿美元和限制类总投资5000万美元（以下简称限额）以下的外商投资企业的设立及其变更事项，由省、自治区、直辖市、计划单列市、新疆生产建设兵团、副省级城市（包括哈尔滨、长春、沈阳、济南、南京、杭州、广州、武汉、成都、西安）商务主管部门及国家级经济技术开发区（以下简称地方审批机关）负责审批和管理。其中，外商投资股份有限公司的限额按注册资本计，改制为外商投资股份有限公司的限额按评估后的净资产值计，外国投资者并购境内企业的限额按并购交易额计。单次增资额在限额以下的增资事项、限额以上鼓励类且不需要国家综合平衡的外商投资企业的设立及其变更事项由地方审批机关负责审批和管理。

其次，应当明确外商股权并购房地产企业的设立条件。一是外商在股权并购后所设立的外商投资房地产企业注册资本中的出资比例高于25%的，该企业享受外商投资企业待遇。二是外商股权并购后所设外商投资房地产企业承继被并购境内公司的债权和债务；外商、被并购境内企业、债权人及其他当事人也可以对被并购企业的债权债务的处置另行达成协议，但是该协议不得损害第三人利益和社会公共利益，且需报送审批机关。三是并购当事人应以资产评估机构对拟转让的股权价值的评估结果作为确定交易价格的依据，禁止以明显低于评估结果的价格转让股权。四是并购当事人应对并购各方是否存在关联关系进行说明，如果有两方属于同一个实际控制人，则当事人应向审批机关披露其实际控制人，并就并购目的和评估结果是否符合市场公允价值进行解释。五是外商协议购买境内公司股东的股权，境内公司变更设立为外商投资企业后，该外商投资企业的注册资本为原境内公司注册资本，外商的出资比例为其所购买股权在原注册资本中所占比例；外商认购境内有限责任公司增资的，并购后所设外商投资企业的注册资本为原境内公司注册资本与增资额之和；外商与被并购境内公司原其他股东，在境内公司资产评估的基础上，确定各自在外商投资企业注册资本中的出资比例；外商认购境内股份有限公司增资的，按照我国《公司法》有关规定确定注册资本。六是外商股权并购房地产企业的注册资本与投资总额的比例应当符合规定，外商投资房地产企业的投资总额在1000万美元（含1000万美元）以上的，其注册资本应不低于投资总额的50%；投资总额在300万美元至1000万美元的，其注册资本应不低于投资总额的50%，其中投资总额在420万美元以下的，注册资本不得低于210万美元；投资总额在300万美元以下（含300万美元）的，其注册资本应不低于投资总额的70%。七是外商股权并购房地产企业应当对职工进行妥善安置。八是外商应当有保证其履行《国有建设用地使用权出让合同》《建设用地规划许可证》《建设工程规划许可证》等的书面承诺。九是外商与中方股东均不得以任何形式在合同、章程、股权转让协议以及其他文件中，订立保证任何一方固定回报或变相固定回报的条款。

　　第三，向商务主管部门报送外商股权并购房地产企业设立审批的材料应当真实、全面且符合要求，具体包括：承诺书（被并购境内企业法定代表人签字、盖公章）；办理人员授权委托书及身份证复印件；被并购境内有限责任公司股东一致同意外国投资者并购的决议；被并购境内公司依法变更设立为外商投资企业的行政许可申请表（被并购境内企业法定代表人签字、盖公章）；并购后所设外商投资企业的合同、章程（全体投资方签字、盖公章）；外国投资者购买境内公司股东股权或认购境内公司增资的协议；被并购境内公司上一财务年度的财务审计报告；外商主体资格证明文件（若外商是公司，需开业证明、法定代表人有效证明文件，包括投资方股东名单、董事会名单、董事会授权签字代表的决议，文件内容须明示被授权人的姓名及签字式样，及资信证明，则由开户银行出具，此文件无须公证；若外商是自然人，需身份证件复印件及资信证明，则由开户银行出具，此文件无须公证，证明需经所在国家公证机关公证并经我国驻该国使领馆认证，港澳台仅需提供当地公证机构的公证文件）；被并购境内公司的营业执照（副本）复印件；被并购境内公司职工安置计划；债权债务处置协议（外国投资者、被并购境内企业、债权人及其他当事人对被并购境内企业的债权债务的处置达成协议，该协议不得损害第三人利益和社会公共利益）；资产评估报告；关联关系说明（并购当事人应对并购各方是否存在关联关系进行说明，如果有两方属于同一个实际控制人，则当事人应向审批机关披露其实际控制人，并就并购目的和评估结果是否符合市场公允价值进行解释）；董事会成员名单（包括姓名、职务、委派方、任期、国籍、身份证件号码、亲笔签名等）、委派书（由每个投资方分别签字、盖章）、全体董事身份证件复印件；无董事会则需法定代表人委派书、身份证件复印件；发改委的项目核准或备案文件；国有建设用地使用权证；建设用地规划许可证；建设工程规划许可证；外商保证其履行《国有建设用地使用权出让合同》《建设用地规划许可证》《建设工程规划许可证》等的书面承诺函；审批机关要求的其他文件。

第四，应当明确外商股权并购房地产企业设立审批的程序，首先，由中方投资者、外方投资者向商务主管部门报送有关外商股权并购房地产企业设立的材料；其次，商务主管部门自收到规定报送的全部文件之日起30日内，依法决定批准或不批准；第三，对于决定批准的，由审批机关颁发《外商投资企业批准证书》；对于不批准决定不服的，中方投资者、外方投资者可以申请行政复议或提起行政诉讼。

4.关于外商股权并购房地产企业工商变更登记阶段。

外商股权并购房地产企业工商变更登记是指被并购境内公司将外商股权并购房地产企业的变更事项上报原登记管理机关，由有权登记的登记管理机关依法审查、核准后，颁发变更的营业执照的过程。

外商股权并购房地产企业变更登记、取得变更的营业执照是外商股权并购房地产企业成立的标志。外商股权并购房地产企业变更登记是外商投资房地产企业登记的主要内容之一，是外商股权并购房地产企业被赋予市场准入资格和市场主体身份的必经程序，是保护自身交易安全和秩序以及国家行政机关监督管理企业的重要途径。

外商股权并购房地产企业变更登记阶段的风险，主要有：一是外商股权并购房地产企业变更登记不及时的风险；二是外商股权并购房地产企业变更登记的管辖不明确的风险；三是外商股权并购房地产企业变更登记应当提交的资料不明确的风险；四是外商股权并购房地产企业变更登记的程序不明确的风险。

防范外商股权并购房地产企业变更登记阶段的风险，应当注意以下方面：一是被并购的境内企业应当在收到《外商投资企业批准证书》之日起尽快到工商行政管理机关办理外商股权并购房地产企业变更登记手续。二是被并购境内公司应当向原登记管理机关申请变更登记，领取外商投资企业营业执照；原登记管理机关没有登记管辖权的，应自收到申请文件之日起10日内转送有管辖权的登记管理机关办理，同时附送该境内公司的登记档案。三是外商股权并购房地产企业变更登记提交的资料应当真实、全面且有效，主要包括：变更登记申请书；外国投资者购买境内公司股东股权或认购境内公司增资的协议；修改后的公司章程或原章程的修正案和依法需要提交的外商投资企业合同；外商投资企业批准证书；外国投资者的主体资格证明或者自然人身份证明；修改后的董事会名单，记载新增董事姓名、住所的文件和新增董事的任职文件；国家工商行政管理总局规定的其他有关文件和证件。四是应当明确外商股权并购房地产企业的变更登记程序，具体包括：申请、审查、受理、准许、公示。

5. 关于外商股权并购房地产企业商务部备案阶段。

无论是外商新设投资房地产企业，还是外商股权并购房地产企业等，地方商务主管部门依法批准外商投资房地产事项后，均需将有关材料送省级商务主管部门核对后，报商务部备案。外商股权并购房地产企业商务部备案阶段的风险分析与防范详见本文第三部分（一）中的第6阶段的内容。

6. 关于外商股权并购房地产企业外汇登记阶段。

外商股权并购房地产企业外汇登记阶段的风险防范，除了应当关注本文第三部分（一）中的第7阶段的内容外，还应当注意：一是被并购的境内企业应当自收到外商投资企业营业执照之日起30日内办理外汇登记手续；二是申请外汇登记应当提交真实、全面、有效的材料，包括：并购设立外商投资企业外汇登记申请表；营业执照及组织机构代码证；商务主管部门批准并购设立外商投资企业的批复文件、批准证书（并购双方具有关联关系或外国投资者以境外股权并购境内公司的，应出具商务部的批复文件或批准证书）；批准生效的外资并购合同（外商独资企业除外）、章程；发生转股的，提供已生效的转股协议或文件；中方投资者为境内机构的，提供该境内机构的组织机构代码证及营业执照副本；中方投资者为境内自然人的，提供该自然人的身份证；外方投资者为境外个人的,提供该个人的有效身份证件;外方投资者为境外机构的,提供其机构登记注册证明文件;已通过商务部备案的证明材料、《国有建设用地使用权证》及承诺书;其他有关材料。

7.关于外商股权并购房地产企业税务变更登记阶段。

外商股权并购房地产企业的税务变更登记是指外商股权并购房地产企业经工商行政管理部门变更登记并领取营业执照后到税务机关办理税务变更登记手续的行为。

外商股权并购房地产企业税务变更登记阶段的风险,主要有:一是未及时办理税务变更登记的风险;二是税务变更登记机关不明确的风险;三是税务变更登记的程序不明确的风险;四是税务变更登记应当提交的材料不明确的风险。

防范外商股权并购房地产企业税务变更登记阶段的风险,应当注意以下方面:一是应当及时办理税务变更登记手续,外商股权并购房地产企业应当在领取外商投资企业营业执照之日起30日内办理税务变更登记手续。二是外商股权并购房地产企业应当向原主管税务机关申报办理税务变更登记。三是办理税务变更登记的基本程序是:首先由外商股权并购房地产企业持有关证件及资料向税务机关申报办理税务变更登记,如实填写税务变更登记表、工商登记变更表等。其次,经税务机关变更核准后,如纳税人税务登记表和税务登记证中的内容都发生变更的,税务机关按变更后的内容重新核发税务登记证件;纳税人税务登记表的内容发生变更而税务登记证中的内容未发生变更的,税务机关不重新核发税务登记证件。第三,税务机关应当自受理之日起30日内审核办理变更税务登记。四是外商股权并购房地产企业应当全面、真实向税务机关提交有关证件、资料,主要包括:工商变更登记表及工商营业执照;纳税人变更登记内容的有关证明文件;税务机关发放的原税务登记证件(登记证正、副本和登记表等);其他有关资料。

8.关于房地产开发主管部门的重新备案与房地产开发企业资质证书的变更阶段。

根据我国《城市房地产管理法》《城市房地产开发经营管理条例》的有关规定及《房地产开发企业资质管理规定》第15条的规定,被并购的境内房地产开发企业如发生变更名称、法定代表人和主要管理、技术负责人的,应当在变更30日内向原资质审批部门办理变更手续。

四、外商投资房地产企业解散和清算的风险分析与防范

外商投资房地产企业解散是指已成立的外商投资房地产企业基于一定的合法事由而使外商投资房地产企业消失的法律行为。外商投资房地产企业的清算是指在外商投资房地产企业解散时，为终结外商投资房地产企业作为当事人的各种法律关系，使外商投资房地产企业的法人资格归于消灭，而对企业未了结的业务、财产及债权债务关系等进行清理、处分的行为和程序。

我国《中外合资经营企业法》《中外合作经营企业法》《外资企业法》及其实施条例或实施细则对我国外商投资企业的解散与清算作出了规定。1996年颁布实施的《外商投资企业清算办法》，对于保障外商投资企业清算工作的顺利进行起到了积极作用。随着我国法律制度的逐步完善特别是2005年修订的《公司法》的实施，对内外资企业的管理趋于一致，国务院于2008年1月15日废止了该办法。此后，外商投资企业的解散和清算工作应按照公司法和外商投资法律、行政法规的相关规定办理。外商投资法律和行政法规有特别规定而公司法未做详细规定的，适用特别规定。由于外商投资房地产企业的解散和清算工作直接涉及外商投资企业、中方投资者、外方投资者及广大债权人的利益，解散事由多，清算程序复杂，适用的法律特殊，因此，风险比较大，应当注意防范。

外商投资房地产企业解散和清算的风险，主要有：一是外商投资房地产企业解散事由不明确的风险；二是外商投资房地产企业解散事由确定的程序不明确的风险；三是外商投资房地产企业解散清算的方式和程序不明确的风险；四是外商投资房地产企业注销程序不明确的风险。

防范外商投资房地产企业解散和清算的风险，应当注意以下方面：

首先，应当明确外商投资房地产企业解散事由的种类与具体情形。根据我国《中外合资经营企业法》《中外合作经营企业法》《外资企业法》及其实施条例或实施细则的规定，外商投资房地产企业解散事由可以分为五类：第一类为期限届满解散事由；第二类为合意解散事由，具体包括：发生严重亏损无力继续经营、因不可抗力遭受严重损失无法继续经营、外商投资企业合同或章程所规定的其他解散原因已经出现、合营企业未达到其经营目的同时又无发展前途等；第三类为单方面不履行义务解散事由，具体包括：合营一方不履行合营企业协议、合同、章程规定的义务，致使企业无法继续经营；中外合作者一方

或者数方不履行合作企业合同、章程规定的义务，致使合作企业无法继续经营；第四类为强制解散事由，包括外商投资房地产企业违反法律、行政法规，被依法责令关闭；第五类为请求解散事由，我国《公司法》（2013年修正）第182条规定，当公司经营管理发生严重困难，继续存续会使股东利益受到重大损失，通过其他途径不能解决的，持有公司全部股东表决权10%以上的股东可以请求人民法院解散公司。

其次，应当明确外商投资房地产企业解散事由确定的程序。根据我国外商投资的法律、法规的有关规定，外商投资房地产企业解散事由的种类不同，其确定的程序是不同的，对于第一类期限届满解散事由，无需审批直接进入清算程序；对于第二类合意解散事由及第四类强制解散事由，须向审批机关报送提前解散申请书、企业权力机构（董事会、股东会或股东大会，下同）关于提前解散企业的决议以及企业的批准证书和营业执照，审批机关收到解散申请书和相关材料后，于10个工作日内作出批准企业解散的批件，进入清算程序；对于第三类单方面不履行义务解散事由，应当向审批机关报送提前解散申请书，并提供有管辖权的人民法院或仲裁机构作出的生效判决或裁决，判决或裁决中应明确判定或裁定存在单方面不履行义务的情形，审批机关收到解散申请书和相关材料后，于10个工作日内作出批准企业解散的批件，进入清算程序；对于第五类请求解散事由，应直接向有管辖权的人民法院提出，法院作出解散企业的生效判决后，进入清算程序。

第三，应当明确外商投资房地产企业解散清算的方式和程序。根据我国《公司法》（2013年修正）、《最高人民法院关于适用〈中华人民共和国公司法〉若干问题的规定（二）》（2014年修正）的有关规定，外商投资房地产企业解散清算方式有自行清算和强制清算两种，自行清算是指外商投资房地产企业自行组织清算组进行清算；强制清算是指外商投资房地产企业逾期不成立清算组进行清算的，或者虽然成立清算组但故意拖延清算，或违法清算可能严重损害债权人或股东利益的，债权人或股东申请人民法院指定有关人员组成清算组进行清算。具体清算程序包括：一是成立清算组，包括成立清算组的时间和清算组组成。自行清算方式，清算组的成立时间分别为：对于第一类，企业应当自期限届满之日起15日内成立清算组；对于第二类、第三类 第四类，企业应在批准解散之日起15日内成立清算组；对于第五类，企业应当在法院解散企业判决生效之日起15日内成立清算组。强制清算方式由人民法院及时指定有关人员组成清算组。自行清算方式，清算组的组成人员，有限责任公司由股东组成，股份有限公司由董事或股东大会确定的人员组成。强制清算方式，清算组成员可以从下列人员或者机构中产生：公司股东、董事、监事、高级管理人员；依法设立的律师事务所、会计师事务所、破产清算事务所等社会中介机构；依法设立的律师事务所、会计师事务所、破产清算事务所等社会中介机构中具备相关专业知识并取得执业资格的人员。二是明确清算组的职权，根据我国《公司法》（2013年修正）第184条规定，清算组在清算期间行使下列职权：清理公司财产，分别编制资产负债表和财产清单；通知、公告债权人；处理与清算有关的公司未了结的业务；清缴所欠税款以及清算过程中产生的税款；清理债权、债务；处理公司清偿债务后的剩余财产；代表公司参与民事诉讼活动。三是应当明确清算工作程序，首先要登记债权，清算组应当自成立之日起10日内通知债权人，并于60日内在报纸上公告；债权人应当自接到通知书之日起30日内，未接到通知书的自公告之日起45日内，向清算组申报其债权；其次要清理公司财产，制定清算方案，清算组应当对公司财产进行清理，编制资产负债表和财产清单，制定清算方案，清算方案应当报股东会、股东大会或者人民法院确认；第三要清偿债务，公司财产在分别支付清算费用、职工的工资、社会保险费用和法定补偿金，缴纳所欠税款，清偿公司债务后的剩余财产，有限责任公司按照股东的出资比例分配，股份有限公司按照股东持有的股份比例分配。

第四，应当明确外商投资房地产企业清算结束后的注销程序。一是清算结束后，清算组应制作清算报告，经企业权力机构或人民法院确认后，报送审批机关，同时向审批机关缴销批准证书；二是审批机关收到清算报告和批准证书后，在全国外商投资企业审批管理系统中完成企业终止相关信息的录入和操作，并由系统自动生成回执；三是外商投资房地产企业凭回执向税务、海关、外汇等部门办理注销手续，向公司登记机关申请注销登记，向资质审批机关办理资质注销手续。

第二篇
国有建设用地
使用权设立取得法律风险防范

◆集体土地和房屋的征收与补偿的风险分析与防范

——从代理王某某与北京某房地产开发有限责任公司房屋拆迁合同纠纷诉讼案谈起

【案情简介】

2003年9月5日,北京某房地产开发有限责任公司委托北京某房地产价格评估有限公司对王某某居住的位于丰台区丰台镇七里庄3号院的房屋进行了房地产市场价格评估,但王某某没有收到相应的评估报告。

2004年1月,北京某房地产开发有限责任公司经北京市丰台区国土资源和房屋管理局核发取得了《房屋拆迁许可证》。该《房屋拆迁许可证》载明,拆迁范围:东至万寿路南延西红线,南至七里庄路,北至北大街东延长线,西至七里庄路。王某某及其他被拆迁人居住的位于丰台区丰台镇七里庄3号院房屋属于北京某房地产开发有限责任公司房屋拆迁范围内。

2004年12月9日,王某某(乙方)与北京某房地产开发有限责任公司(甲方)签订了《北京市住宅房屋拆迁补偿协议》(编号:3403)(以下简称"该协议")。该协议约定,乙方在拆迁范围内有正式住宅房屋8间,建筑面积185.53平方米,用地面积 192.35 平方米；被拆迁房屋补偿款共计 777 149.86 元；拆迁补助费共计 201 609 元，以上共计 978 758.86 元。双方同时约定，甲方应当在乙方腾空原住房并交甲方后 7 日内，将拆迁补偿款及补助费 978 758.86 元，向被拆迁人开具领款凭证，被拆迁人按照有关规定持领款凭证到银行支取补偿款；乙方应在 2005 年 1 月 9 日前完成搬迁，并将原住房交甲方拆除。

该协议签订后，王某某未按该协议的约定时间搬迁。2005 年 3 月，北京某房地产开发有限责任公司向北京市丰台区人民法院提起诉讼，要求王某某按该协议约定交付被拆迁房屋。2005 年 8 月 9 日，北京市丰台区人民法院作出一审判决（〔2005〕丰民初字第 7957 号），支持了原告北京某房地产开发有限责任公司的诉讼主张。

王某某不服北京市丰台区人民法院〔2005〕丰民初字第 7957 号一审判决，遂与北京市金洋律师事务所签订委托代理合同，北京市金洋律师事务所指派本律师作为诉讼代理人，依法维护王某某的合法权益。承办律师接受该案件后，认真分析了该案件的具体情况，明确提出该案件的处理方案：一是就北京市丰台区人民法院〔2005〕丰民初字第 7957 号一审判决，在上诉期限内向北京市第二中级人民法院提出上诉；二是委托具有测绘资格的单位对王某某的房屋面积进行实地测量，测绘出该房屋的实际面积；三是向人民法院提起诉讼，请求撤销该协议。

2005 年 8 月 22 日，王某某就北京市丰台区人民法院〔2005〕丰民初字第 7957 号一审判决向北京市第二中级人民法院提出了上诉。2005 年 8 月 19 日，王某某委托北京市房地产勘察测绘所对其房屋进行了测绘，北京市房地产勘察测绘所出具了正式的《房屋土地测绘技术报告书》，该房屋的总建筑面积为 247.77 平方米。2005 年 8 月 22 日，王某某正式向北京市丰台区人民法院提起诉讼，以王某某是在有重大误解以及北京某房地产开发有限责任公司的欺诈情况下签订该协议为由，请求法院撤销该协议。

北京市第二中级人民法院受理了王某某就北京市丰台区人民法院〔2005〕丰民初字第 7957 号一审判决上诉案后，于 2005 年 11 月 14 日进行了开庭审理，

2005年12月5日以本案需待另案审理结果为由裁定本案中止诉讼。

北京市丰台区人民法院受理了王某某要求撤销该协议诉讼案件后，分别于2005年10月27日、2005年11月23日、2005年11月30日、2006年7月20日、2006年10月27日、2006年12月14日、2007年11月29日进行了多达7次开庭，2007年12月3日终于作出了驳回原告王某某诉讼请求的一审判决（〔2005〕丰民初字第17753号）。王某某不服北京市丰台区〔2005〕丰民初字第17753号一审判决于2007年12月12日向北京市第二中级人民法院提起上诉。2008年7月18日，北京市第二中级人民法院作出了驳回上诉、维持原判的二审终审判决。

2008年9月，北京市第二中级人民法院恢复审理王某某就北京市丰台区人民法院〔2005〕丰民初字第7957号一审判决上诉案。后经王某某与北京某房地产开发有限责任公司协商一致达成和解协议，王某某撤回上诉，北京某房地产开发有限责任公司不要求王某某搬迁。2008年11月7日，北京市第二中级人民法院作出了准予王某某撤回上诉的终审裁定。

【一审代理意见和判决】

原告诉讼请求

原告王某某的诉讼请求是：1. 判令撤销2004年12月9日原告王某某与被告北京某房地产开发有限责任公司签订的《北京市住宅房屋拆迁货币补偿协议》（编号：3403）；2. 判令被告承担本案的诉讼费用。

原告诉讼请求的理由是：一是该协议是原告在有重大误解以及被告的欺诈情况下签订的，违背了原告的真实意思。二是该协议所依据的《北京市住宅房屋拆迁评估报告》（某某2003估字第080号）存在有重大违反房地产拆迁及房地产评估法规规定的情况。

被告答辩意见

针对原告的诉讼请求，被告北京某房地产开发有限责任公司在一审中作出如下答辩意见：原告与答辩人的房屋拆迁合同纠纷案已由北京市丰台区人民法院于 2005 年 8 月 9 日作出〔2005〕丰民初字第 7957 号民事判决书，按照民事诉讼法的原则"一事由不当二诉"。而原告已经对 2005 年 8 月 9 日作出〔2005〕丰民初字第 7957 号民事判决书向北京市第二中级人民法院提出上诉，现处于二审诉讼期间，本案尚未审结。据此，答辩人认为：本案应按照《民事诉讼法》第 136 条规定中止诉讼，待二审裁定或判决生效后，由当事人进行申诉或依法定程序重审或再审，而不当"一事二诉"。

原告一审代理意见

原告针对被告的答辩意见以及本案查明的事实，依据有关法律规定，发表了如下代理意见：

首先，本案与北京某房地产开发有限责任公司诉王某某履行住宅房屋拆迁货币补偿协议诉讼案件是两个完全不同的诉讼案件，本案不应以北京某房地产开发有限责任公司诉王某某履行住宅房屋拆迁货币补偿协议诉讼案件的审理结果为依据，本案不应中止审理。

1. 对合同的有效或无效的认定案件与对合同是否撤销的认定案件是两种完全不同性质的案件。

对合同的有效或无效的审理依据是我国《合同法》第 52 条、第 53 条的规定，无论当事人是否申请，人民法院均需要依法审查合同的有效或无效；对合同是否撤销的审理依据是我国《合同法》第 54 条的规定，并且，是否申请撤销合同是当事人的一项权利，如果当事人不申请撤销，人民法院无权进行审查。

当事人对合同行使撤销权不受合同有效或无效的影响，也就是说，合同无论有效还是无效均不影响当事人向人民法院申请撤销合同的权利。

2. 北京市丰台区人民法院 2005 年 8 月 9 日做出的〔2005〕丰民初字第 7957 号民事判决书仅仅是对该协议是否有效作出了一审判决，不应影响王某某申请撤销该协议的权利。

在北京某房地产开发有限责任公司诉王某某履行住宅房屋拆迁货币补偿协议诉讼案件中，原告仅提出了要求王某某履行该协议的要求，人民法院对该协议是否有效作出了认定。虽然北京某房地产开发有限责任公司诉王某某履行住宅房屋拆迁货币补偿协议诉讼案件仍处在二审中，二审法院也仅仅是对该协议是否有效作出认定,由于没有当事人申请撤销该协议,二审法院不可能对该协议是否撤销作出判决。因此,不论终审结果如何,原告王某某均有权向法院提出申请撤销该协议。

3. 原告王某某要求撤销该协议是我国《合同法》第54条赋予原告的合法诉讼权利,不受合同是否有效的影响。

我国《合同法》第54条规定:"下列合同,当事人一方有权请求人民法院或者仲裁机构变更或者撤销:(一)因重大误解订立的;(二)在订立合同时显示公平的。一方以欺诈、胁迫的手段或乘人之危,使对方在违背真实意思的情况下订立的合同,受损害方有权请求人民法院或者仲裁机构变更或者撤销。"原告正是因为有重大误解及被告有欺诈的情况下,向法院提出要求撤销该协议。

原告的这种合同的撤销权不受该协议有效或无效的影响,也就是说,不论该协议被法院认定有效还是无效,原告均有权向人民法院申请撤销该协议,人民法院应当依法审理。

被告北京某房地产开发有限责任公司以所谓"一事由不当二诉"及北京某房地产开发有限责任公司诉王某某履行住宅房屋拆迁货币补偿协议诉讼案件尚未终结为由要求中止审理本案,是对法律的曲解和事实的颠倒,毫无事实和法律依据。

其次,原告的诉讼请求具有充分的事实和法律依据,该协议应当依法予以撤销。

1. 该协议是在原告违背真实意愿的情况下签订。

该协议的签订,被告事先没有与原告进行协商。2004年12月9日,被告约原告在晚上5:30到拆迁办公室签订该协议,原告到约定地点后,在被告的催促的情况下,原告没有仔细阅读与审查该协议,在没有看清房屋的间数及面积的情况下,就匆忙与被告签订了两份协议,一份该协议,一份补充协议。签订完协议后,被告没有将两份协议的原件给原告。过了两天后原告又与被告签订了一份补充协议,该补充协议的原件也没有给原告。直到2005年7月通过法院才收到该协议。但另外两份补充协议,被告现在矢口否认。被告采取这种欺诈手段诱骗原告签订了该协议,是严重欺诈行为,手段极其卑劣。

该协议约定原告在拆迁范围内有正式住宅房屋8间,建筑面积185.53平方米。此约定与事实严重不符,原告在拆迁范围内有正式住宅房屋9间,建筑面积247.77平方米。原告是在有重大误解及被告欺骗的情况下签订了该协议。

2. 该协议所依据的《北京市住宅房屋拆迁评估报告》存在有重大违反城市房屋拆迁及房地产评估法规规定的情况,《北京市住宅房屋拆迁评估报告》是无效的评估报告。

原告与被告签订的该协议是依据被告单方面聘请的北京某房地产价格评估有限公司出具的《北京市住宅房屋拆迁评估报告》签订的,而《北京市住宅房屋拆迁评估报告》本身存在有重大违法的情况。

首先,被告在未取得《房屋拆迁许可证》的情况下,就对原告的房屋进行评估,这明显违反了《城市房屋拆迁管理条例》第6条规定以及原建设部发布实施的《城市房屋拆迁估价指导意见》(建住房〔2003〕234号)第11条的规定。《北京市住宅房屋拆迁评估报告》估价日期为2003年9月5日,而被告是在2004年1月20日才取得的《房屋拆迁许可证》,并且《房屋拆迁许可证》规定的拆迁期限为2004年1月20日至2005年1月20日,也就是说,被告在未取得《房屋拆迁许可证》的情况下,就对原告的房屋进行评估,这明显违反了《城市房屋拆迁管理条例》第6条规定以及原建设部发布实施的《城市房屋拆迁估价指导意见》第11条的规定。《城市房屋拆迁管理条例》第6条规定:"拆迁房屋的单位取得房屋许可证后,方可实施拆迁。"《城市房屋拆迁估价指导意见》第11条第2款规定:"拆迁估价时点一般为房屋拆迁许可证颁发之日。拆迁规模大、分期分段实施的,以当期(段)房屋拆迁实施之日为估价时点。"

其次,北京某房地产价格评估有限公司出具《北京市住宅房屋拆迁评估报告》后,被告既未进行公示,也未将评估报告交给原告,严重违反了《城市房屋拆迁估价指导意见》的有关规定,剥夺了原告申请技术鉴定的权利。被告在收到评估公司的《北京市住宅房屋拆迁评估报告》后,应根据《城市房屋拆迁估价指导意见》第18条规定进行公示,并且在公示后将评估报告交给原告,被告既未进行公示,也未将评估报告交给原告,直到2005年7月通过法院才收到该报告。被告这种违法行为剥夺了原告依据《城市房屋拆迁估价指导意见》第20条规定申请技术鉴定的权利。

鉴于以上两种重大违法情况,《北京市住宅房屋拆迁评估报告》应该是无效的评估报告。

3.该协议应依法予以撤销。

根据我国《合同法》第 54 条的规定,该协议是在原告有重大误解和被告欺诈情况下签订的,违背了原告的真实意思表示,严重损害了原告的合法权益,应当依法予以撤销。

一审法院判决

一审法院没有采纳被告要求中止审理的请求,对该案继续进行了审理。法院经审理认为,依法成立的合同受法律保护。北京某房地产开发有限责任公司与王某某就住宅房屋拆迁货币补偿事宜签订的《北京市住宅拆迁货币补偿协议》,表述清晰,书写规整,并无歧义,现王某某主张其院内 9 间房屋,补偿协议是 8 间,存在重大误解一节,因该补偿协议所依据的评估报告认定的就是 8 间,王某某所称存在误解的面积,评估单位未予计算是明确的,故本院对其该项诉称不予采信。王某某主张北京某房地产开发有限责任公司与其签订了补充协议,又不予承认构成欺诈一节,未提供证据佐证,故本院亦不予采信。综上,王某某要求撤销与北京某房地产开发有限责任公司签订的《北京市住宅拆迁货币补偿协议》,依据不足,本院不予支持。依照《中华人民共和国合同法》第 54 条的规定,判决如下:驳回原告王某某的诉讼请求。

一审判决后,原告王某某不服,向北京市第二中级人民法院提起上诉。

【二审代理意见和判决】

上诉人(原审原告)上诉意见

上诉人王某某上诉请求依法撤销北京市丰台区人民法院 2007 年 12 月 3 日〔2005〕丰民初字第 17753 号一审判决,依法直接改判支持上诉人的诉讼请求,本案一审、二审诉讼费用由被上诉人承担,其主要理由是:

1.上诉人在与被上诉人签订《北京市住宅房屋拆迁补偿协议》之前和签订过程中没有收到《北京市住宅房屋拆迁补偿协议》所依据的《北京市住宅房屋拆迁评估报告》。

2004 年 12 月 9 日,上诉人在与被上诉人签订《北京市住宅房屋拆迁补偿协议》之前和签订过程中没有收到《北京市住宅房屋拆迁补偿协议》所依据的

《北京市住宅房屋拆迁评估报告》，并不知晓《北京市住宅房屋拆迁评估报告》所述内容。上诉人直到2005年7月通过法院才收到《北京市住宅房屋拆迁评估报告》。

在一审过程中，被上诉人没有提供任何证据证明上诉人在与被上诉人签订《北京市住宅房屋拆迁补偿协议》之前和签订过程中收到过《北京市住宅房屋拆迁评估报告》。

因此，一审法院在判决书中认定的"该补偿协议所依据的评估报告认定的就是8间，王某某所称存在误解的面积，评估单位未予计算是明确的"是不能证明上诉人对《北京市住宅房屋拆迁补偿协议》的签订没有重大误解。

2. 上诉人是在有重大误解的情况下签订的《北京市住宅房屋拆迁货币补偿协议》。

《北京市住宅房屋拆迁货币补偿协议》是在上诉人有重大误解情况下签订的，该协议违背了上诉人的真实意愿。

首先，《北京市住宅房屋货币补偿协议》约定的上诉人在拆迁范围内有正式住宅房屋8间，建筑面积185.53平方米。此约定与事实严重不符，事实是上诉人在拆迁范围内有正式住宅房屋9间，建筑面积247.77平方米。在一审及二审庭审过程中，上诉人已经向法院提交相关事实证据，包括：具有相应资质证书的北京市房地产勘察测绘所出具的上诉人被拆迁房屋的面积说明；上诉人于1992年3月28日获批的《卢沟桥乡政府农民建房申请表》及北京市丰台区卢沟桥乡人民政府建设委员会出具的证明《卢沟桥乡政府农民建房申请表》真实有效的证明。

其次，上诉人签订《北京市住宅房屋拆迁货币补偿协议》是对被上诉人的行为有重大误解的情况下签订的。《北京市住宅房屋货币补偿协议》的签订，被上诉人事先没有与上诉人进行协商。2004年12月9日，被上诉人约上诉人在晚上5：30到拆迁办公室签订该协议，上诉人到约定地点后，在被上诉人的催促的情况下，上诉人没有仔细阅读与审查该协议，在没有看清房屋的间数及面积的情况下，就匆忙与被上诉人签订了两份协议，一份该协议，一份补充协议。签订完协议后，被上诉人没有将两份协议的原件给上诉人。过了两天后上诉人又与被上诉人签订了一份补充协议，该补充协议的原件也没有给上诉人。直到2005年7月通过法院才收到该协议。但另外两份补充协议，被上诉人现在矢口否认。

第三，上诉人的上述误解与该协议的签订存在因果关系，这种误解是重大的。上诉人如果没有上述误解是不可能与被上诉人签订该协议的；同时，这种误解是重大的，涉及补偿1间房、面积达60多平方米，对上诉人的利益造成重大影响。

3.《北京市住宅房屋拆迁货币补偿协议》应依法予以撤销。

上诉人在签订《北京市住宅房屋拆迁货币补偿协议》时，对协议中约定的房屋间数及面积均有重大误解，根据我国《合同法》第54条的规定，《北京市住宅房屋拆迁货币补偿协议》应当依法予以撤销。

被上诉人（原审被告）的意见

被上诉人北京某房地产开发有限责任公司同意一审法院判决。

二审法院的判决

二审法院经审理后认为：本案中，王某某对某评估公司出具的《北京市住宅房屋拆迁评估报告》提出异议后，某评估公司与拆迁人员对王某某居住的房屋重新进行了测量并再次出具《北京市住宅房屋拆迁评估报告》。此后，王某某与北京某房地产开发有限责任公司依据第二次评估结果签订《北京市住宅房屋拆迁货币补偿协议》，该协议应系合同双方真实意思表示，系经双方协商后达成的共识，现王某某以其院内应为9间房屋，补偿协议认定8间房屋为由，主张撤销协议，缺乏法律依据。王某某主张北京某房地产开发有限责任公司存在欺诈一节，王某某未就此提供事实依据，本院不予支持。综上所述，原审法院认定事实清楚，适用法律正确，本院予以维持。依据《中华人民共和国民事诉讼法》第153条第1款第1项之规定，本院判决如下：驳回上诉，维持原判。本判决为终审判决。

【案件最终结果】

王某某与北京某房地产开发有限责任公司房屋拆迁合同纠纷案件，包括北京某房地产开发有限责任公司请求王某某搬迁案和王某某请求撤销房屋拆迁货币补偿协议案两个案件。如上所述，王某某请求撤销房屋拆迁货币补偿协议案经过法院的两审终审，判决驳回原告诉讼请求；由于王某某请求撤销房屋拆迁货币补偿协议案正在审理，北京市第二中级人民法院于2005年12月5日裁定北京某房地产开发有限责任公司请求王某某搬迁二审案件中止审理，由于王某某请求撤销房屋拆迁货币补偿协议案于2008年7月18日审理终结，北京市第二中级人民法院决定对北京某房地产开发有限责任公司请求王某某搬迁二审案件恢复审理。

2008年11月3日，王某某与北京某房地产开发有限责任公司就房屋拆迁合同纠纷案件达成和解协议，内容如下：

1. 王某某向北京市第二中级人民法院申请撤回上诉，王某某自愿放弃原北京市丰台区人民法院〔2005〕丰民初字第7957号民事判决的第二项内容并承诺对该判决的关于"给付拆迁补偿款978 758.86元人民币"的内容不申请强制执行和其他形式的权利主张。

2. 北京某房地产开发有限责任公司同意王某某户与已经征地但尚未拆迁的剩余户，一同按拆迁时刻的统一的拆迁政策和拆迁方案一并予以拆迁和补偿。北京某房地产开发有限责任公司同意王某某拆迁户的宅基地面积数为227.92平方米，房屋建筑面积为221.1平方米，户口本安置人数为7人。

2008年11月7日，北京市第二中级人民法院作出了准予王某某撤回上诉的终审裁定。

【风险分析与防范】

本案作为房屋拆迁合同纠纷案件，虽然王某某请求撤销房屋拆迁货币补偿协议案没有得到法院支持，但本案最终的结果还是满足了当事人的要求，维护了其合法权益。本律师作为王某某的代理人，在办理本案过程中，体会颇深，主要有：一是作为弱势的被拆迁人与作为强势的房地产开发商对簿公堂，实属不易。本案案情并不复杂，但在一审程序中，法院开庭次数多达7次，历经近2年半时间才作出一审判决，这在本律师代理的众多案件中是绝无仅有的。二是我国城市房屋拆迁管理制度严重不健全。虽然国务院于2001年6月颁布实施了《城市房屋拆迁管理条例》，但该条例所确立的房屋拆迁管理制度存在拆迁行为性质不明确、拆迁行为由开发商主导、补偿和安置具体规则不具体、救济程序不明确等问题。本案争议的焦点是面积为 62.24 平方米的 1 间房是否应当补偿,出现争议的原因是由于当时的房屋迁拆管理制度没有规定房屋调查登记制度,对未经登记的建筑如何进行调查、认定和处理缺乏明确规定等。三是拆迁人操作不规范,被拆迁人法律意识不强。本案中拆迁人委托房地产评估机构所做的评估报告未按照当时的规范性文件的要求进行公示、评估报告未及时交付或交付时未办理登记手续;被拆迁人在签订房屋拆迁货币补偿协议及补充协议时,未认真审查并索要协议原件。该案例说明征收与补偿行为存在很大风险。征收属于行政行为,包括对集体所有的土地征收和对单位、个人的房屋及其他不动产的征收。土地和房屋是人类赖以生存和发展的最重要的资源,在我国城市化加快推进的今天,由于法律制度不健全、各种利益关系不顺,集体土地和房屋征收与补偿引发了大量群体性事件和上访事件,存在巨大风险。集体土地征收和房屋征收是在新区建设和旧区改建过程中房地产项目取得国有建设用地使用权的必经程序和重要环节,如何做好集体土地和房屋的征收与补偿的风险防范工作,应当引起政府有关征收部门、征收实施单位和被征收人的高度重视。

一、集体土地和房屋的征收与补偿概述

集体土地和房屋的征收与补偿是指国家基于公共利益的需要,通过行使征收权,依照法律规定将集体所有的土地和单位、个人的房屋的所有权转移给国家,并且依法支付补偿的法律行为。

征收行为属于行政行为,是国家取得所有权的一种方式,但由于征收导致所有权的丧失,对所有权人造成损害,应当对所有权人给予补偿。集体土地和房屋的征收,具有以下法律特征:一是具有公益性,征收集体土地和房屋应当以公共利益为目的;二是具有法定性,集体土地和房屋的征收行为的主体、权限和程序等应当符合法律的相关规定;三是具有强制性,集体土地和房屋的征收行为是一种行政行为,不需要征得被征收人同意,被征收人必须服从;四是具有补偿性,征收集体土地和房屋必须依法给予补偿。

集体土地和房屋征收与补偿可以分为三种情形:一是集体土地征收与补偿;二是集体土地上房屋征收与补偿;三是国有土地上房屋征收与补偿。

我国《宪法》(2004 年修正)第 10 条第 3 款、第 13 条第 3 款对土地和房

屋的征收与补偿作出了原则规定。我国《土地管理法》（2004年修正）第2条第4款、第45条至第51条对集体土地征收与补偿作出了规定。我国《物权法》（2007年3月16日公布、2007年10月1日施行）第42条对集体土地和房屋的征收与补偿作了较为具体规定。我国《森林法》（2009年8月27日）第18条对林地的征收作出了规定。我国《农村土地承包法》（2009年8月27日）第16条、第59条对承包地的征收与补偿及责任作出了规定。我国《草原法》（2009年8月27日）第38条、第39条、第63条对草原的征收与补偿及责任作出了规定。我国《国有土地上房屋征收与补偿条例》（2011年1月21日）对国有土地上房屋征收与补偿作出了全面、系统的规定。从这些法律、法规的规定来看，国有土地上的房屋征收与补偿主要是通过《国有土地上房屋征收与补偿条例》进行调整的；集体土地征收与补偿主要是通过《土地管理法》及授权地方性法规和规章进行调整的。

在国有土地上房屋征收与补偿的法律制度建设方面，2011年1月21日国务院颁布实施《国有土地上房屋征收与补偿条例》，取代了原《城市房屋拆迁管理条例》（2001年6月13日），在规范国有土地上房屋征收与补偿活动方面有了较大突破，主要有：一是通过明确公共利益范围，将公共利益和被征收人的个人利益统一起来；二是通过明确公平补偿、市场价格评估、补助和奖励等机制，保护了被征收人的利益，使房屋被征收人的居住条件有所改善，原有生活水平不降低；三是通过完善征收补偿程序、加大公众参与、禁止野蛮拆迁、取消行政机关自行强制拆迁等措施，密切了政府和群众的关系。《国有土地上房屋征收与补偿条例》所确立的各项制度，切合实际，易于操作，反映了我国民主法治水平和经济发展水平。

在集体土地征收与补偿的法律制度建设方面，存在诸多问题，主要有：一是由于公共利益界定不明确，导致集体土地征收权被滥用；二是集体土地征收补偿标准和范围不合理，缺乏公平；三是集体土地征收程序不规范，缺乏民主和公开；四是集体土地征收争议机制不完善，救济途径不畅。这些问题的解决，迫切需要修改《土地管理法》或制定《集体土地征收补偿条例》，目前全国人大常委会、国务院及有关部门正在抓紧起草和论证。

土地问题是中国房地产乃至中国经济的核心环节之一。根据我国《土地管理法》（2004年修正）第8条规定，城市市区的土地属于国家所有，而农村和城市郊区的土地，除由法律规定属于国家所有的以外，属于农民集体所有。而农民集体所有的土地，又分为农用地、建设用地和未利用地。农用地包括耕地、林地、草地、农田水利用地、养殖水面等；而农村的建设用地又大致可分为经营性建设用地（主要为乡镇企业用地）、村民住宅用地（宅基地）和乡（镇）村公共设施和公益事业用地。根据我国《土地管理法》第15条、我国《农村土地承包法》第32条规定，农用地的土地承包经营权是可以采取转包、出租、互换、转让等方式进行流转的。根据我国《土地管理法》第43条规定，除农村集体和村民用于兴办乡镇企业、建设村民住宅和乡（镇）村公共设施、发展公益事业外，其他任何建设均不能直接使用集体土地，需要使用集体土地必须通过征收与补偿将集体土地变为国有土地。2013年11月12日中共第十八届三中全会通过的《中共中央关于全面深化改革若干重大问题的决定》，对土地改革进行了全面部署，主要内容包括：一是赋予农用地承包经营权以"抵押、担保功能"；二是赋予了农村集体经营性建设用地与国有建设用地平等的地位和相同的权能，即"在符合规划和用途管制前提下，允许农村集体经营性建设用地出让、租赁、入股，实行与国有土地同等入市、同权同价"；三是赋予农民住房财产权，允许抵押、担保、转让，但农民对宅基地只有使用权，所有权属于农民集体；四是明确提出"缩小征地范围，规范征地程序，完善对被征地农民合理、规范、多元保障机制"。2013年12月20日，深圳市第一块农村集体用地成功拍卖上市，这是一次历史性改革破冰之举。这块位于深圳市宝安区福永街道的A217-0315宗地，占地面积1.45万平方米，由深圳市方格精密器件有限公司以低价1.16亿元竞得，土地使用期30年，规划用途为工业用地。政府提供了两种土地出让收益的分配方式：一种是由政府和村集体各分50%，另一种则是政府分70%、村集体分30%，另外，村里再持有20%的物业面积。最后凤凰社区选择了后者。

二、集体土地和房屋的征收决定的风险分析与防范

集体土地和房屋征收决定是指国家行政机关，基于社会公共利益的需要，依据法定条件、权限和程序，确定将集体所有的土地和单位或个人所有的房屋的所有权转移给国家并且依法支付补偿的具体行政行为。

集体土地和房屋的征收决定事关国家经济建设，涉及被征收群众的切身利

益和长远生计，既要保障各类建设必需用地，又要切实维护群众的合法权益。目前，在集体土地和房屋征收决定工作中，存在滥用征收权、征收程序不合法、侵犯群众利益等问题，群众反映强烈，由此引发群众与政府之间关系日益紧张，群众上访、集体上访时有发生，个别群众甚至采取焚火自杀等极端方式与政府对抗，不仅影响社会稳定、难以构建和谐社会，而且严重影响经济发展和工业化、城市化的推进，因此，集体土地和房屋的征收决定的经济和社会风险极大，应当引起各方的高度关注并加以防范。

（一）集体土地征收决定的风险分析与防范

集体土地征收决定是指国家行政机关，基于社会公共利益的需要，依据法定条件、权限和程序，确定将集体所有的土地转移给国家并且依法支付补偿的具体行政行为。

集体土地征收决定的风险，主要有：一是集体土地征收决定主体不明确的风险；二是农用地转用与集体土地征收的条件不明确的风险；三是农用地转用与集体土地征收的审批权限不明确的风险；四是农用地转用与集体土地征收申请的材料不全面的风险；五是集体土地征收决定程序不明确的风险。

防范集体土地征收决定的风险，应当注意以下方面：

首先，应当明确集体土地征收决定主体。一是集体土地的征收决定主体以及农用地转为建设用地的决定主体均为国务院和省级人民政府，其他任何地方人民政府均不得成为集体土地的征收决定主体；二是县级或县级以上地方人民政府是集体土地征收决定的组织实施主体；三是集体土地征收补偿安置决定主体是市、县人民政府；四是市、县人民政府土地行政主管部门是集体土地征收补偿安置决定的组织实施主体。

其次，应当明确集体土地征收及农用地转用的条件。根据我国《物权法》第42条、《土地管理法》第22条规定，征收集体土地必须同时具备的条件包括：一是为了公共利益的目的；二是依据法定权限和程序进行；三是足额支付各种补偿费用，安排被征地农民社会保障费用；四是符合土地利用总体规划。农用地转用方案报批具体条件包括：一是符合土地利用总体规划；二是确属必需占用农用地且符合土地利用年度计划确定的控制指标；三是占用耕地的，补充耕地方案符合土地整理开发专项规划且面积、质量符合规定要求；四是单独办理农用地转用的，必须符合单独选址条件。征收集体土地方案报批的具体条件包括：一是被征收土地界址、地类、面积清楚，权属无争议的；二是被征收土地的补偿标准符合法律、法规规定的；三是被征收土地上需要安置人员的安置途径切实可行。

第三，应当明确农用地转用与集体土地征收的审批权限。一是农用地转用的审批权限集中于国务院和省级人民政府，依建设项目的性质、是否使用土地利用总体规划确定的城市和村庄、集镇建设用地范围内的土地来具体划分国务院和省级人民政府的审批权限，具体包括：（1）省、自治区、直辖市人民政府批准的道路、管线和大型基础设施建设项目以及国务院批准的建设项目，其农用地转用由国务院批准；（2）能源、交通、水利、矿山、军事等建设项目确需使用土地利用总体规划确定的城市和村庄、集镇建设用地规模范围外的土地，除（1）中规定应报国务院批准农用地转用的以外，其余的由省、自治区、直辖市人民政府批准；（3）使用土地利用总体规划确定的城市和村庄、集镇建设用地规模范围内的土地，为实施该规划涉及农用地转用的，由原批准土地利用总体规划的机关批准，又可分为两种类型：①为实施城市规划涉及农用地转用的，由国务院或省、自治区、直辖市人民政府批准农转用；②为实施村庄、集镇规划涉及农用地转用的，由省、自治区、直辖市人民政府或其授权的设区的市、自治州人民政府批准。二是集体土地征收的审批权限集中于国务院和省级人民政府。国务院的征地批准权限，具体包括：①基本农田；②基本农田以外的耕地超过35公顷；③其他土地超过70公顷；④对于征用农用地的，先办理农用地转用手续，经国务院批准农用地转用的，即使耕地少于35公顷、其他土地少于70公顷，也由国务院同时办理征地审批手续。除应由国务院批准征收以外，其余土地的征地批准权限在省、自治区、直辖市人民政府，具体包括：①基本农田以外的耕地35公顷以下的；②其他土地70公顷以下的。

第四，农用地转用与集体土地征收的申请材料应当全面。一是农用地转为建设用地批准（单独选址或分批次）申报材料，包括：建设用地请示；《建设用地项目呈报说明书》《农用地转用方案》《补充耕地方案》；建设项目拟转用土地的《土地权属地类情况汇总表》；补偿协议（使用自有用地免交）；村民大会决议或村民代表大会决议（加盖村委会公章）；项目审批、核准或备案文件；规划部门核发的规划批准文件及附图；规划部门出具的用地钉桩成果；建设用地勘测定界技术报告书和勘测定界图；补充耕地方案或补充耕地审核意

◆◆◆房地产开发法律风险防范实务

见及附件（不占耕地的免交）；林业主管部门同意使用林地的意见（不占林地的免交）；《地质灾害危险性评估报告备案登记表》（建设项目用地预审不要求做的免交）；《建设项目不压覆重要矿产资源核查批复》或《建设项目压覆重要矿产资源核查批复》（建设项目用地预审不要求做的免交）；拟用地的土地利用现状图；拟用地的土地利用总体规划局部图；调整土地利用总体规划的，提交规划局部调整方案及附图；《土地权属审查告知书》；申请人身份证明材料。农用地转为建设用地需要报国务院审批的还需提交以下材料：项目是否符合国家产业政策等情况的说明；占用基本农田需要修改土地利用总体规划的听证会会议纪要、专家论证意见；建设项目对规划实施影响评估报告；补划基本农田位置图（不涉及占用基本农田的免交）；项目动工情况说明；公路建设项目用地审查表（非公路项目免交）；人力社保部门关于社保方案的批准文件；建设项目总平面图或线形工程平面图；项目初步设计的批复。二是征收集体土地批准申报材料，包括：建设用地请示；《建设用地项目呈报说明书》《农用地转用方案》《补充耕地方案》《征收土地方案》《供地方案》；征地情况调查表；建设项目拟征地《土地权属地类情况汇总表》；征地补偿安置协议；村民大会决议或村民代表大会决议（加盖村委会公章）；征地公示材料（文本、照片）；被征地单位、国土资源部门关于征地公示情况的证明；征地听证记录（放弃听证的免交）；项目审批、核准或备案文件；规划部门核发的规划批准文件及附图；规划部门出具的用地钉桩通知单及钉桩成果；建设用地勘测定界技术报告书和勘测定界图；补充耕地方案或补充耕地审核意见及附件（不占耕地的免交）；林业主管部门同意使用林地的意见（不占林地的免交）；《地质灾害危险性评估报告备案登记表》（建设项目用地预审不要求做的免交）；《建设项目不压覆重要矿产资源核查批复》或《建设项目压覆重要矿产资源核查批复》（建设项目用地预审不要求做的免交）；拟征土地的土地利用现状图；拟征土地的土地利用总体规划局部图；调整土地利用总体规划的，提交规划局部调整方案及附图；《土地权属审查告知书》；申请人身份证明材料。征收集体土地报国务院审批的还需提交以下材料：项目是否符合国家产业政策等情况的说明；占用基本农田需要修改土地利用总体规划的听证会会议纪要、专家论证意见；建设项目对规划实施影响评估报告；补划基本农田位置图（不涉及占用基本农田的免交）；项目动工情况说明；公路建设项目用地审查表（非公路项目免交）；

人力社保部门关于社保方案的批准文件；建设项目总平面图或线性工程平面图；项目初步设计的批复。

第五，应当明确集体土地征收决定程序。集体土地征收决定程序一般分为七个步骤：第一步为征地告知，市、县人民政府在将拟征地依法报上一级政府审批前，当地土地管理部门应将拟征地的用途、位置、补偿标准、安置途径等，在拟征地所在地的乡镇、村、村民小组以书面形式公告（一般3天以上），或者以征地告知书的形式送达给被征地集体经济组织和农户。第二步为征地调查确认，当地土地管理部门在征地告知后，应对拟征地的权属、地类、面积以及地上建筑物面积、数量等现状进行调查，调查结果由被征地农村集体经济组织、农户和地上附着物产权人依法共同确认，并在确认书上签字盖章；被征地的集体经济组织、农户或地上附着物产权人拒不签字盖章的，当地土地管理部门可以采取照相、摄像等方式取证，并将取证结果予以公证。第三步为征地方案的报批及公告，市、县人民政府土地管理部门按照规定制作报批材料，以分批次用地或单独选址项目用地等形式逐级上报审批组织征地报批材料，征地方案经国务院或省级人民政府批准后，需按规定缴纳新增建设用地土地有偿使用费和耕地开垦费等税费，市、县人民政府在收到征地方案批准文件之日起10个工作日内，应当将征收土地方案在被征地所在地的乡镇、村、村民小组予以公告，公告内容应当包括：征地批准机关、批准文号、批准时间和批准用途；被征用土地的所有权人、位置、地类和面积；征地补偿标准和农业人员安置途径；办理征地补偿登记的期限、地点。第四步为征地补偿登记，被征地的所有权人、使用权人应当在公告规定的期限内，持土地权属证书到公告指定的土地管理部门办理征地补偿登记；逾期未办理征地补偿登记的，当地土地管理部门可将征地调查结果作为征地补偿的依据。第五步为拟订征收补偿安置方案并公告，市、县人民政府土地管理部门根据经批准的征地方案，会同有关部门拟订征地补偿安置方案；征地补偿安置方案内容应当包括：本集体经济组织被征用土地的位置、地类、面积，地上附着物和青苗的种类、数量，需要安置的农业人口的数量，土地补偿费的标准、数额、支付对象和支付方式，安置补助费的标准、数额、支付对象和支付方式，地上附着物和青苗的补偿标准和支付方式，农业人员的具体安置途径；其他有关征地补偿、安置的具体措施；市、县人民政府土地管理部门应将征地补偿安置方案的全部内容在被征地所在地乡镇、村、村民小组以书面形式公告（一般公告3天以上），同时告知被征地的农村集体经济组织和农民对征地补偿标准、安置途径等有申请听证的权利。第六步为听证，土地管理部门拟定征地补偿安置方案时，应当听取被征地农村集体经济组织和农户的意见；被征地农村集体经济组织或农户申请听证的，应当在告知后5个工作日内向当地土地管理部门提出书面申请，逾期未提出申请的，视为放弃听证，对放弃听证的要作出书面记载；对申请听证的，当地土地管理部门应当依法组织听证并在组织听证会的7个工作日前通知申请人；土地管理部门组织听证时要做好听证笔录，并以此作为拟订的征地补偿安置方案的附件，报市、县人民政府；确需修改征地补偿安置方案的，应当依照有关法律、法规和经批准的征收土地方案进行修改。第七步为征收补偿安置方案的报批，征地补偿安置方案应当报市、县人民政府批准。

（二）集体土地上房屋征收决定的风险分析与防范

集体土地上房屋征收决定是指基于社会公共利益的需要，因征收集体土地或因农村建设占用集体土地，将集体土地上的单位或个人的房屋所有权进行转移并且依法给予拆迁补偿的行为。

集体土地上房屋征收，有两种情形：第一种情形是在征收集体土地的同时，对集体土地上的房屋进行征收；第二种情形是因农村建设占用集体土地，需要对集体土地上的房屋进行征收。虽然我国《物权法》第42条对集体土地上房屋征收的条件、权限和程序及补偿提出了要求，但不具体、明确，需要通过制定新的法律或修改现有法律对此作出明确具体规定。我国现行的《土地管理法》第47条和《土地管理法实施条例》对第一种情形的集体土地上房屋征收是将房屋作为地上附着物来规定的，这样的规定没有体现我国《物权法》对不动产保护的要求。对于第二种情形的集体土地上房屋征收，我国《土地管理法》和《土地管理法实施条例》没有作出规定。在北京、上海等地，就集体土地上房屋的征收与补偿出台了地方性政府规章，如2003年6月6日北京市人民政府颁布了《北京市集体土地房屋拆迁管理办法》、2011年11月4日上海市颁布实施了《上海市征收集体土地房屋补偿暂行规定》等。

集体土地上房屋征收决定风险是缺乏全国统一的明确、具体的法律规定，防范风险的关键在于尽快修改《土地管理法》，对集体土地上房屋征收与补偿作出明确、具体规定。在《土地管理法》等法律法规作出修订之前，集体土地上房屋征收，应当参照《国有土地上房屋征收与补偿条例》的规定执行。

（三）国有土地上房屋征收决定的风险分析与防范

国有土地上房屋征收决定是指国家行政机关，基于社会公共利益的需要，依据法定条件、权限和程序，确定将国有土地上的房屋所有权转移给国家并且依法支付补偿的具体行政行为。

国有土地上房屋征收决定的风险，主要有：一是国有土地上房屋征收主体不明确的风险；二是国有土地上房屋征收决定的条件不明确的风险；三是国有土地上房屋征收决定作出的方式不明确的风险；四是国有土地上房屋征收决定程序不明确的风险。

防范国有土地上房屋征收决定风险，应当注意以下方面：

首先，应当明确国有土地上房屋征收主体，具体包括：一是国有土地上房屋征收决定主体是市、县级人民政府；二是国有土地上房屋征收的实施主体是市、县级人民政府确定的房屋征收部门；三是国有土地上房屋征收的配合主体是发展改革、建设、规划土地、财政、公安、工商、监察等部门；四是国有土地上房屋征收与补偿具体工作主体是受委托的非营利性的房屋征收实施单位即房屋征收事务所。

其次，应当明确国有土地上房屋征收决定的条件。作出国有土地上房屋征收决定，应当同时具备五项条件，具体包括：一是属于因公共利益需要而需要实施的项目，包括国防和外交项目，由政府组织实施的能源、交通、水利等基础设施项目，由政府组织实施的科技、教育、文化、卫生、体育、环境和资源保护、防灾减灾、文物保护、社会福利、市政公用等公共事业项目，由政府组织实施的保障性安居工程建设项目，由政府依照城乡规划法有关规定组织实施的对危房集中、基础设施落后等地段进行旧城区改建项目，法律、行政法规规定的其他公共利益项目；二是项目应当符合各项规划和计划，包括应当符合国民经济和社会发展规划、土地利用总体规划、城乡规划和专项规划；对于保障性安居工程建设项目、旧城区改建项目，应当纳入市、县级国民经济和社会发展年度计划；三是征收补偿方案应当经过公开征求意见或进行听证；四是有社会稳定风险评估报告；五是有专户存储、专款专用、足额到位的征收补偿资金的证明。

第三，应当明确国有土地上房屋征收决定作出的方式。市、县级人民政府作出国有土地上房屋征收决定，有两种方式：一种是在一般情形下由行政机关负责人决定；二是在涉及被征收人数量较多情形下由政府常务会议讨论决定，所谓被征收人数量较多一般是指被征收人为50户以上情形。

第四，应当明确国有土地上房屋征收决定的具体程序。国有土地上房屋征收决定的程序一般分为八个步骤：第一步为房屋征收条件的确认与房屋征收范围的确定，由建设单位向建设项目所在地市、县人民政府提出征收申请，并提交项目批准文件、规划意见、土地预审意见等文件；收到申请后，市、县人民政府按照《国有土地上房屋征收与补偿条例》规定审核建设项目是否符合房屋征收条件；对于国防和外交项目，由政府组织实施的能源、交通、水利等基础设施项目，由政府组织实施的科技、教育、文化、卫生、体育、环境和资源保护、防灾减灾、文物保护、社会福利、市政公用等公共事业项目，由政府组织实施的保障性安居工程建设项目，房屋征收范围根据建设用地规划许可证确定；对于政府依照城乡规划法有关规定组织实施的对危房集中、基础设施落后等地段进行旧城区改建项目，房屋征收范围由市建设行政管理部门会同房屋管理、发展改革、规划土地、财政等行政管理部门以及相关区（县）人民政府确定；对于其他情形需要征收房屋的，房屋征收范围由市房屋行政管理部门会同相关行政管理部门和区（县）人民政府确定。第二步为暂停公告与通知，对符合房屋征收条件且征收范围确定的建设项目，市、县房屋征收部门自收到市、县人民政府的确认意见后5个工作日内，在征收范围内发布暂停公告，告知被征收人不得在房屋征收范围内实施新建、扩建、改建房屋和改变房屋用途、变更房屋权属登记等不当增加补偿费用的行为，不当增加行为还包括建立新的公有房屋租赁关系、分列公有房屋租赁户名，房屋转让、析产、分割、赠与，新增、变更工商营业登记，迁入户口或者分户等，违反规定实施的，不当增加部分不予补偿；房屋征收部门应当将前款所列事项书面通知规划、工商、公安、房管等有关部门暂停办理相关手续，暂停办理相关手续的书面通知应当载明暂停期限，暂停期限最长不得超过1年。第三步为房地产价格评估机构的确定，房屋征收部门发布暂停公告后，可以委托房屋征收实施单位或属地街道办事处（乡镇人民政府）组织被征收人在规定期限内协商选定房地产价格评估机构；协商不成的，根据多数被征收人意见确定；若无法形成多数意见，则由房屋征收部门通过公开摇号的方式随机选定，结果应当在征收范围内公布。第四步为房屋调查登记、认定与处理，房屋征收部门可以委托房屋征收实施单位对房屋征收范围内房屋的权属、区位、用途、建筑面积等情况进行调查登记，被征收人应当予以配合；对于已经登记的房屋，其性质、用途和建筑面积，一般以房屋权属证书和房屋登记簿的记载为准；房屋权属证书与房屋登记簿的记载不一致的，除有证据证明房屋登记簿确有错误外，以房屋登记簿为准；调查结果应当在房屋征收范围内向被征收人公布；对征收范围内未经登记的建筑，市、县人民政府应当组织有关行政管理部门依法进行调查、认定和处理，对认定为合法建筑和未超过批准期限的临时建筑应当给予补偿，对认定为违法建筑和超过批准期限的临时建筑不予补偿。第五步为房屋征收补偿方案的拟订、公开征求意见（包括听证）、修改和公布，一是房屋征收部门应当按照公平的原则拟定房屋征收补偿方案，房屋征收补偿方案的内容包括：房屋征收与补偿的法律依据；房屋征收的目的；房屋征收的范围；被征收房屋类型和建筑面积的认定办法；房屋征收补偿方式、标准和计算方法；补贴和奖励标准；用于产权调换房屋的基本情况和选购方法；房屋征收评估机构选定办法；房屋征收补偿的签约期限；搬迁期限和搬迁过渡方式、过渡期限；受委托的房屋征收事务所名称；其他事项；二是房屋征收部门拟订征收补偿方案后，应当报市、县人民政府，市、县人民政府应当组织有关部门对征收补偿方案进行论证并在房屋征收范围内予以公布，征求被征收人的意见，征求意见期限不得少于30日；其中，因旧城区改建需要征收房屋的，市、县人民政府还应当组织由被征收人、公众代表参加的听证会；三是市、县人民政府应当将征求意见情况和根据公众意见修改的情况及时公布。第六步为社会稳定风险评估，市、县人民政府房屋征收决定作出前，房屋征收部门应当会同相关行政管理部门、街道办事处、镇（乡）人民政府，参照重大事项社会稳定风险评估的有关规定，进行社会稳定风险评估，并报市、县人民政府审核。第七步为征收补偿资金到位、房源明确，用于货币补偿的资金在房屋征收决定作出前应当足额到位、专户存储、专款专用；用于产权调换的房屋应当明确，且在交付时应当符合国家质量安全标准和住宅交付使用许可要求，并产权清晰、无权利负担。第八步为房屋征收决定的作出和公告，房屋征收决定由市、县人民政府作出，并及时在征收范围内公告，公告应当载明征收范围、实施单位、征收补偿方案、签约期限和行政复议、行政诉讼权利等事项；市、县人民政府及房屋征收部门应当做好房屋征收与补偿的宣传、解释工作；

房屋被依法征收的，国有土地使用权同时收回。

三、集体土地和房屋的征收补偿的风险分析与防范

集体土地和房屋的征收补偿是指国家行政机关，基于社会公共利益的需要，依法将集体所有的土地和单位或个人所有的房屋的所有权转移给国家，由此使集体和单位或个人的合法权益遭受特别损失，依法予以补偿的行为。

集体土地和房屋的征收补偿是征收制度的核心，我国《宪法》《土地管理法》《物权法》等均明确规定了对被征收人的补偿是征收的重要条件。我国《物权法》第42条第2款和第3款分别就农村集体土地的征收和城市房屋的拆迁所应适用的补偿规则做了明确规定。目前，在集体土地和房屋的征收补偿工作中，存在征收不依法补偿、征收补偿费用管理混乱、安置不落实等问题，侵犯了被征收人的合法权益，导致群体上访大幅度增加，因此，集体土地和房屋的征收补偿的风险大，必须引起高度关注并加以防范。

（一）集体土地征收补偿的风险分析与防范

集体土地征收补偿是指国家行政机关，基于社会公共利益的需要，依法将集体所有的土地转移给国家所有，由此给集体、单位或个人的合法权益遭受的特别损失，依法予以补偿的行为。

集体土地征收补偿的风险，主要有：一是集体土地征收补偿项目与对象、征收补偿方式、征收补偿标准、征收补偿费用归属与管理等不明确的风险；二是集体土地征收补偿协议主体、内容与签订程序等不明确的风险；三是责令交出土地的行政决定与申请执行的条件、程序等不明确的风险。

防范集体土地征收补偿风险，应当注意以下方面：

首先，应当明确集体土地征收补偿的项目与对象、方式、标准及费用归属与管理，一是集体土地征收补偿的项目包括土地补偿费、安置补助费、地上附着物补偿费、青苗补偿费，其补偿对象为集体土地所有权、地上附着物和青苗的所有权；根据我国《物权法》第132条的规定，土地承包经营权也是集体土地征收补偿的对象；宅基地使用权作为农民的用益物权，具有独立的经济价值，应当列为集体土地征收补偿对象。二是集体土地征收补偿的方式，除货币补偿方式外，还包括非货币补偿方式，如在征收的土地范围内留出部分土地由农村集体经济组织或村民委员会使用，还应当有农村村民转为非农业户口、安排被

征地农民的社会保障费用等人员安置、就业促进、社会保险等方式，以保障被征地农民的生活。三是集体土地征收补偿的标准，根据我国《土地管理法》第47条的规定，征收耕地的土地补偿费、安置补助费的标准分别为：征收耕地的土地补偿费，为该耕地被征收前3年平均年产值的6至10倍；征收耕地的安置补助费，按照需要安置的农业人口数（需要安置的农业人口数，按照被征收的耕地数量除以征地前被征收单位平均每人占有耕地的数量计算）计算，每1个需要安置的农业人口的安置补助费标准，为该耕地被征收前3年平均年产值的4至6倍，但是，每公顷被征收耕地的安置补助费，最高不得超过被征收前3年平均年产值的15倍；征收其他土地的土地补偿费和安置补助费标准，由省、自治区、直辖市参照征收耕地的土地补偿费和安置补助费的标准规定；被征收土地上的附着物和青苗的补偿标准，由省、自治区、直辖市规定。目前，土地补偿费、安置补助费、地上附着物和青苗补偿费具体的补偿标准和数额是由征地单位与被征地农村集体经济组织或者村民委员会在不低于省级人民政府确定的征地补偿费最低保护标准的基础上双方协商确定。我国现行集体土地征收补偿标准按照土地原用途给予补偿明显不公平、不科学，应当按照被征收对象的公平市场价格给予补偿。四是集体土地征收补偿费用的归属与管理，应当区分不同情况。首先，应当明确集体土地征收补偿费用的归属，土地补偿费由村集体经济组织所有；安置补助费的归属分为三种情况：一是由农村集体经济组织安置的，安置补助费支付给农村集体经济组织，由其管理和使用；二是由其他单位安置的，安置补助费支付给安置单位；三是不需要统一安置的，安置补助费发放给被安置人员个人或经被安置人员同意后用于支付被安置人员的保险费用；青苗补偿费和附着物补偿费归青苗和附着物的所有者所有，集体所有的青苗补偿费和附着物补偿费，由被征地的村集体经济组织管理和使用。其次，土地补偿费、依法应支付给集体经济组织的安置补助费、集体所有的青苗补偿费和附着物补偿费应当在当地金融机构设立专户存放，使用情况公开，接受村民监督。第三，归农村集体经济组织所有的土地补偿费、安置补助费、青苗补偿费和附着物补偿费的分配，应当依法制定分配方案，按照我国《村民委员会组织法》第24条、第22条的规定，召开有本村18周岁以上村民的过半数或者本村三分之二以上的户的代表参加的村民会议，经村民会议讨论且经到会人员的过半数通过，方可实施。

其次，应当明确集体土地征收补偿协议的主体、内容和程序，一是集体土地征收补偿协议的签订，现行做法是由征地单位与被征地农村集体经济组织或者村民委员会签订，这种做法不仅不符合征收人应当是征收补偿款支付义务人的惯例，而且易导致征收补偿款被大量截留、拖欠、挪用、贪污等侵害被征收人利益的行为发生，因此，集体土地征收补偿协议应当由征收补偿款支付义务人，即市、县级人民政府与征收补偿款的领取权利人包括集体经济组织或个人之间签订；二是集体土地征收补偿协议的内容，应当包括补偿方式、补偿款金额及支付方式、安置人员数量及安置方式、青苗及土地附着物补偿、违约责任和纠纷处理方式等；三是签订集体土地征收补偿协议前，被征地农村集体经济组织或者村民委员会应当就协议主要内容经村民大会或者村民代表大会等民主程序形成书面决议，决议应当妥善保存；签订协议后，农村集体经济组织或者村民委员会应当向农村村民公示征地补偿安置协议；土地行政主管部门应当对农村集体经济组织或者村民委员会在签订征地补偿安置协议前是否履行民主程序、征地双方达成协议的内容是否符合法律规定进行监督，并可就监督内容听取农村村民意见。

第三，应当明确责令交出土地行政决定与申请执行的条件、程序等。责令交出土地是我国《土地管理法实施条例》第45条赋予县级以上土地行政主管部门的行政强制手段，也是目前征收集体土地领域中市、县级土地行政主管部门取得被征收人占有之土地最常用的行政手段。根据我国《行政强制法》《土地管理法实施条例》《最高人民法院关于执行〈中华人民共和国行政诉讼法〉若干问题的解释》《最高人民法院关于审理涉及农村集体土地行政案件若干问题的规定》等法律、法规和司法解释的规定，责令交出土地的行政决定与执行应当注意以下方面：一是明确作出责令交出土地行政决定的主体是县级以上土地行政主管部门。二是明确作出责令交出土地行政决定的前提条件，包括：征收集体土地方案已经有权机关依法批准；市、县人民政府和土地管理部门已经依照土地管理法和土地管理法实施条例规定的程序实施征地行为；被征收土地所有权人、使用人已经依法得到安置补偿或者无正当理由拒绝接受安置补偿，且拒不交出土地，已经影响到征收工作的正常进行。三是明确责令交出土地行政决定程序，虽然我国法律、法规尚未明确作出责令交出土地行政决定的程序，但至少应符合事先说明理由并听取陈述、制作并送达加盖行政机关印章的法律文书、法律文书应注明被征收人有行政复议和行政诉讼权利等要求。四是明确申请强制执行的时限，根据我国《行政强制法》第53条规定，被征收人在法定期限内不申请行政复议或者提起行政诉讼，又不履行责令交出土地行政决定的，市、县级土地管理行政主管部门可以自期限届满之日起3个月内，申请人民法院强制执行。五是明确申请强制执行的催告前置程序，根据我国《行政强制法》第54条规定，市、县级土地管理行政主管部门申请人民法院强制执行前，应当催告被征收人履行义务；市、县级土地管理行政主管部门催告书送达10日后被征收人仍未履行义务的，方可向不动产所在地有管辖权的人民法院申请强制执行。

（二）集体土地上房屋征收补偿的风险分析与防范

集体土地上房屋征收补偿是指基于社会公共利益的需要，依法将集体所有土地上的房屋所有权转移给国家或集体所有，由此给单位或个人的合法权益遭受的特别损失，依法予以补偿的行为。

集体土地上房屋征收补偿的风险，主要有：一是集体土地上房屋征收补偿程序不明确的风险；二是集体土地上房屋征收补偿对象、征收补偿方式、征收补偿标准、征收补偿费用归属等不明确的风险。

防范集体土地上房屋征收补偿的风险，应当注意以下方面：

首先，应当明确集体土地上房屋征收补偿的程序，集体土地上房屋征收补偿是集体土地征收补偿工作的组成部分，在以下方面应当特别注意：一是《拟征地告知书》公布后，拟征地范围内应当执行下列规定，但限制的最长期限不得超过1年：不得新建、改建、扩建建筑物、构筑物及其他设施；不得突击装修房屋；不得办理新增、变更工商营业登记；拟征地范围内已取得建房批准文件但新房尚未开工的，不得开工；不得从事其他不当增加补偿费用的行为。违反前款规定实施的，不予补偿。二是《拟征地告知书》公布后，县级征地事务机构应当会同镇（乡）人民政府或者街道办事处以及村（居）民委员会组织对拟征地范围内宅基地及房屋的权属、面积、房屋用途等情况进行调查，情况属实的，纳入征地补偿登记范围。调查结果应当经宅基地使用人、房屋所有人确认，并在拟征地范围内公布。三是征地公告后，县级征地事务机构应当根据调查结果拟订征地房屋补偿方案，并纳入征地补偿安置方案，由县级土地管理部门进行公告，公告期不少于30日。征地房屋补偿方案应当包括以下内容：房屋的补偿方式；补偿金额的计算方法；安置房屋坐落、单价；土地使用权基价；价格补贴；签约期限；其他事项。县级土地管理部门应当就征地房屋补偿方案听取相关权利人意见。相关权利人申请听证的，应当在征地房屋补偿方案公告后5个工作日内提出书面申请；符合条件的，县级土地管理部门应当按照规定组织听证。县级征地事务机构应当根据征求意见和听证会情况，修改征地房屋补偿方案。四是征地房屋补偿中涉及需要评估的，估价机构由被征地范围内的宅基地使用人或者房屋所有人在有相应资质的估价机构中协商选定；协商不成的，由镇（乡）人民政府或者街道办事处组织宅基地使用人或者房屋所有人按照少数服从多数的原则投票决定，也可以采取摇号、抽签等方式随机确定。估价机构确定后，县级征地事务机构应当与估价机构签订委托评估协议。征地房屋补偿的评估时点，为征地房屋补偿方案公告之日。评估的技术规范，按照有关规定执行。五是征地房屋补偿方案报县级人民政府批准。六是县级征地事务机构与宅基地使用人或者房屋所有人应当按照经批准的征地房屋补偿方案协商签订房屋补偿安置协议。房屋补偿安置协议应当载明补偿方式、补偿金额、安置地点、搬迁期限、临时安置过渡期限、违约责任等内容。七是在征地房屋补偿方案规定的签约期限内，县级征地事务机构与宅基地使用人或者房屋所有人达不成补偿安置协议的，由县级征地事务机构根据经批准的征地房屋补偿方案制定具体补偿方案，提供给宅基地使用人或者房屋所有人，并要求其在规定期限内给予答复。具体补偿方案应当包括补偿标准、安置房屋的地点、搬迁期限等内容。在答复期限内，县级土地管理部门应当予以协调。答复期限届满，宅基地使用人或者房屋所有人未作答复或者答复不同意的，由县级征地事务机构按照具体补偿方案实施补偿。八是宅基地使用人或者房屋所有人已经依法得到补偿或者无正当理由拒绝接受补偿，且拒不交出土地的，由县级土地管理部门责令宅基地使用人或者房屋所有人限期交出土地。县级土地管理部门作出责令交出土地决定的，应当出具行政决定书。宅基地使用人或者房屋所有人在责令交出土地的决定规定的搬迁期限内拒不搬迁的，由县级土地管理部门依法申请人民法院强制执行。

其次，应当明确集体土地上房屋征收补偿对象、征收补偿方式、征收补偿标准、征收补偿费用归属，一是明确集体土地上房屋征收补偿对象应当包括宅基地使用权和房屋所有权，目前，我国《土地管理法》《土地管理法实施条例》

仅将房屋作为地上附着物且按照所拆房屋建筑面积的重置价格结合成新计算补偿,很显然是不合理的,一方面是因为宅基地使用权作为我国一种特殊的用益物权,具有独立的经济价值,应当作为集体土地上房屋征收补偿的独立对象,给予合理补偿;另一方面,房屋所有权作为农民享有所有权的不动产,是其最重要的私有财产,也应当作为集体土地上房屋征收补偿的独立对象,给予房屋本身的价值和区位价值、庭院空地的利用价值、房屋装修费用等方面的全面补偿。二是明确集体土地上房屋征收补偿方式,应当根据房屋的性质采取不同的方式,对于居住房屋,可以采取货币补偿或产权调换两种形式;对于非居住房屋,采取货币补偿方式。三是明确集体土地上房屋征收补偿的计户标准和面积确定依据,应当以合法有效的宅基地使用证、房地产权证或者建房批准文件计户,按户进行补偿;房屋的用途和建筑面积,以宅基地使用证、房地产权证或者建房批准文件的记载为准。四是明确集体土地上房屋征收补偿的具体标准,一般分为三种情形:第一种情形是建制撤销的居住房屋补偿具体标准,选择货币补偿的,货币补偿金额计算公式为:〔房屋建安重置结合成新每平方米建筑面积的价格(由县级征地事务机构委托具有相应资质的估价机构评估,下同)+ 同区域新建多层商品住房每平方米建筑面积的土地使用权基价(房屋所在地的县级人民政府制定并公布)+ 价格补贴(房屋所在地的县级人民政府制定并公布)〕× 房屋建筑面积;选择产权房屋调换的,应当结清货币补偿金额与产权调换房屋价格的差价;还应当补偿搬家补助费、设备迁移费、过渡期内的临时安置补助费,具体标准由县级人民政府制定。第二种情形是建制不撤销的居住房屋补偿具体标准,该居住房屋户内成员全部转为非农业户籍的,补偿具体标准与第一种情形相同;该居住房屋户内成员未全部转为非农业户籍的,补偿方式为:具备易地建房条件的区域,宅基地使用人可以在镇(乡)土地利用总体规划确定的中心村或居民点范围内申请宅基地新建住房,并获得相应的货币补偿,货币补偿金额计算公式为:(房屋建安重置结合成新单价 + 价格补贴)× 房屋的建筑面积;不具备易地建房条件的区域,具体补偿标准与第一种情形相同,且不得再申请宅基地新建住房;还应当补偿搬家补助费、设备迁移费、过渡期内的临时安置补助费,具体标准由县级人民政府制定。第三种情形是非居住房屋的补偿具体标准,农村集体经济组织以土地使用权入股、联营等形式与其他单位、个人共同举办的企业所有的非居住房屋,采取货币补偿,货币补偿金额计算公式为：房屋建安重置价（县级征地事务机构委托具有相应资质的估价机构评估）+相应的土地使用权取得费用（县级征地事务机构委托具有相应资质的估价机构评估）；应当补偿设备搬迁和安装费用；无法恢复使用的设备按照重置价结合成新结算的费用；停产、停业损失补偿费用。五是集体土地上房屋征收补偿费用归宅基地使用人或者房屋所有人所有，应当由县级征地事务机构按照房屋补偿安置协议或具体补偿方案直接支付给宅基地使用人或者房屋所有人。

（三）国有土地上房屋征收补偿的风险分析与防范

国有土地上房屋征收补偿是指国家机关基于社会公共利益的需要，依法将国有土地上的房屋所有权转移给国家所有，由此给单位或个人的合法权益遭受的特别损失，依法予以补偿的行为。

国有土地上房屋征收补偿的风险，主要有：一是国有土地上房屋征收补偿内容、补偿方式和补偿标准不明确的风险；二是国有土地上的房屋征收评估不合法的风险；三是国有土地上房屋征收补偿协议的签订主体、内容、依据等不当的风险；四是国有土地上房屋征收补偿决定的适用情形、主体、程序及内容不合法的风险；五是国有土地上房屋征收补偿决定实施程序与方式不合法的风险；六是国有土地上房屋征收补偿决定申请强制执行不合法的风险。

防范国有土地上房屋征收补偿风险，应当注意以下方面：

首先，应当明确国有土地上房屋征收补偿内容、补偿方式和补偿标准。一是补偿内容，包括被征收房屋价值的补偿；因征收房屋造成的搬迁、临时安置的补偿；因征收房屋造成的停产停业损失的补偿；此外，还应当包括市、县级人民政府规定的补助和奖励；对于符合住房保障条件的，应当按照省、自治区、直辖市制定的具体办法的规定优先给予住房保障。二是补偿方式，包括货币补偿和房屋产权调换两种方式；选择房屋产权调换的，应当与被征收人计算、结清被征收房屋价值与用于产权调换房屋价值的差价；因旧城区改建征收个人住宅，被征收人选择在改建地段进行房屋产权调换的，应当提供改建地段或者就近地段的房屋。三是补偿标准，对被征收房屋价值的补偿，不得低于房屋征收决定公告之日被征收房屋类似房地产的市场价格；因征收房屋造成搬迁的，房屋征收部门应当向被征收人支付搬迁费；选择房屋产权调换的，产权调换房屋交付前，房屋征收部门应当向被征收人支付临时安置费或者提供周转用房；对因征收房屋造成停产停业损失的补偿，根据房屋被征收前的效益、停产停业期限等因素确定，具体办法由省、自治区、直辖市制定。

其次，国有土地上的房屋征收评估应当符合法律规定。一是房地产价格评估机构由被征收人协商选定；协商不成的，按照少数服从多数的原则投票决定，也可以采取摇号、抽签等随机方式确定；应当将确定的房地产价格评估机构予以公告；二是房地产价格评估机构应当独立、客观、公正地开展房屋征收评估工作，任何单位和个人不得干预；三是被征收房屋的价值，由具有相应资质的房地产价格评估机构按照房屋征收评估办法评估确定；四是征收房屋评估方法，需要根据评估对象和当地房地产市场状况，对市场法、收益法、成本法、假设开发法等评估方法进行适用性分析后，选用其中一种或者多种方法对被征收房屋价值进行评估；被征收房屋的类似房地产有交易的，应当选用市场法评估；被征收房屋或者其类似房地产有经济收益的，应当选用收益法评估；被征收房屋是在建工程的，应当选用假设开发法评估。五是被征收房屋价值评估应当考虑被征收房屋的区位、用途、建筑结构、新旧程度、建筑面积以及占地面积、土地使用权等因素；六是被征收房屋和用于产权调换房屋的价值评估时点为房屋征收决定公告之日；七是对评估确定的被征收房屋价值有异议的，应当自收到评估报告之日起10日内，向房地产价格评估机构申请复核评估；对房地产价格评估机构的复核结果有异议的，应当自收到复核结果之日起10日内，向被征收房屋所在地的房地产估价专家委员会申请鉴定；对鉴定结论仍有异议的，按照《国有土地上房屋征收与补偿条例》第26条规定处理。

第三，应当明确国有土地上房屋征收补偿协议的签订主体、内容、程序等。一是国有土地上房屋征收补偿协议应当由房屋征收部门与被征收人签订；二是国有土地上房屋征收补偿协议的内容，包括补偿方式、补偿金额和支付期限、用于产权调换房屋的地点和面积、搬迁费、临时安置费或者周转用房、停产停业损失、搬迁期限、过渡方式和过渡期限等事项；三是国有土地上房屋征收补偿协议签订依据是《国有土地上房屋征收与补偿条例》的规定。

第四，应当明确国有土地上房屋征收补偿决定的适用情形、主体、程序与内容。一是国有土地上房屋征收补偿决定适用情形，包括两种情形：一种情形是房屋征收部门与被征收人在征收补偿方案确定的签约期限内达不成补偿协议，另一种情形是被征收房屋所有权人不明确。二是国有土地上房屋征收补决定的主体是市、县级人民政府。三是由房屋征收部门报请作出房屋征收决定的市、县级人民政府依照《国有土地上房屋征收与补偿条例》的规定，按照征收补偿方案作出补偿决定，并在房屋征收范围内予以公告。四是国有土地上房屋征收补偿决定应当公平，内容包括补偿方式、补偿金额和支付期限、用于产权调换房屋的地点和面积、搬迁费、临时安置费或者周转用房、停产停业损失、搬迁期限、过渡方式和过渡期限等事项。

第五，国有土地上房屋征收补偿决定实施程序与方式应当符合法律规定。一是实施房屋征收应当先补偿、后搬迁；二是作出房屋征收决定的市、县级人民政府对被征收人给予补偿后，被征收人应当在补偿协议约定或者补偿决定确定的搬迁期限内完成搬迁；三是任何单位和个人不得采取暴力、威胁或者违反规定中断供水、供热、供气、供电和道路通行等非法方式迫使被征收人搬迁；四是建设单位不得参与搬迁活动。

第六，国有土地上房屋征收补偿决定申请法院强制执行应当符合法律、法规和司法解释的有关规定。根据我国《行政强制法》《国有土地上房屋征收与补偿条例》《最高人民法院关于办理申请人民法院强制执行国有土地上房屋征收补偿决定案件若干问题的规定》（2012年4月10日起施行）的有关规定，一是申请法院强制执行的条件是被征收人在法定期限内不申请行政复议或者不提起行政诉讼，在补偿决定规定的期限内又不搬迁；二是国有土地上房屋征收补偿决定法院强制执行申请主体是作出房屋征收决定的市、县级人民政府；三是市、县人民政府在申请人民法院强制执行前，应当依法书面催告被征收人履行搬迁义务；四是申请人民法院强制执行征收补偿决定案件一般由房屋所在地基层人民法院管辖；五是申请人民法院强制执行，市、县人民政府应当提交征收补偿决定及相关证据和所依据的规范性文件，征收补偿决定送达凭证、催告情况及房屋被征收人、直接利害关系人的意见，社会稳定风险评估材料，申请强制执行的房屋状况，被执行人的姓名或者名称、住址及与强制执行相关的财产状况等具体情况，并附具补偿金额和专户存储账号、产权调换房屋和周转用房的地点和面积等材料；六是强制执行的申请应当自被执行人的法定起诉期限届满之日起3个月内提出；七是人民法院认为强制执行的申请符合形式要件且材料齐全的，应当在接到申请后5日内立案受理，并通知申请机关；八是人民法院一般应当自立案之日起30日内作出是否准予执行的裁定；九是人民法院裁定准予执行的，一般由作出征收补偿决定的市、县级人民政府组织实施，也可以由人民法院执行。

四、集体土地和房屋的征收与补偿纠纷解决的风险分析与防范

集体土地和房屋的征收与补偿纠纷，是指国家行政机关在集体土地和房屋的征收与补偿过程中由于征收决定的目的、征收与补偿程序、征收补偿安置、征收补偿费用分配、征收补偿决定等引起的涉及国家行政机关、征收人、被征收人及相关利害关系人的有关权益的所有争议。

集体土地和房屋的征收与补偿纠纷特点，主要有：一是集体土地和房屋的征收与补偿纠纷涉及的法律主体多，包括国家行政机关，如国务院、省级人民政府、市或县级人民政府以及土地管理部门、房屋征收部门等，村集体经济组织，被征收的集体土地承包人，被征收房屋所有权人或使用权人等；二是集体土地和房屋的征收与补偿纠纷涉及的法律关系复杂，包括集体土地与房屋征收决定的行政法律关系、征收补偿安置的民事法律关系等；三是集体土地和房屋的征收与补偿纠纷种类多，包括房屋征收决定纠纷、集体土地征收补偿标准纠纷、集体土地征收补偿费用分配纠纷、宅基地使用权纠纷、房屋征收补偿协议纠纷、房屋征收补偿决定纠纷等；四是集体土地和房屋的征收与补偿纠纷大多为群体性纠纷，集体土地和房屋的征收一般为成片征收，相关区域的被征收人的权益均会受到影响，被征收人易结伴维权；五是集体土地和房屋的征收与补偿纠纷解决方式大多不明确，除国有土地上房屋征收与补偿纠纷解决方式明确外，集体土地征收与补偿和集体土地上房屋征收补偿的纠纷解决方式不明确，缺乏明确的法律规定；六是集体土地和房屋的征收与补偿纠纷处理难度大，一方面由于被征收人在集体土地征收过程中缺乏表达自己意见的机会，另一方面由于集体土地不仅是被征收人的一项重要财产，而且是其生活来源和保障，如果不能及时足额取得征收补偿款，被征收人的正常生产生活将受到严重影响，对立情绪严重。

集体土地和房屋的征收与补偿纠纷的解决方式，按照法律关系不同，可以分为集体土地和房屋的征收与补偿行政纠纷解决方式和集体土地和房屋的征收与补偿民事纠纷解决方式两种。

（一）集体土地和房屋的征收与补偿行政纠纷解决方式的风险分析与防范

集体土地和房屋的征收与补偿行政纠纷是指国家行政机关同行政相对人即集体土地和房屋的权利人或利害关系人之间由于征收与补偿行政管理而引起的纠纷。集体土地和房屋的征收与补偿行政纠纷解决方式主要有行政协调、行政裁决、行政复议、行政诉讼等。

集体土地和房屋的征收与补偿行政纠纷解决方式的风险，主要有：一是解决方式适用的范围不明确的风险；二是解决方式的申请期限不明确的风险；三是解决方式参加人不明确的风险；四是解决方式的程序不明确的风险；五是解决方式的裁决结果效力不明确的风险。

防范集体土地和房屋的征收与补偿行政纠纷解决方式的风险，应当注意以下方面：

首先，应当明确不同解决方式，其适用的范围是不同的。一是行政协调与裁决只适用集体土地征收补偿标准纠纷，具体包括征地补偿安置标准依据的适用纠纷；被征土地的地类、等级的认定纠纷；被征土地农村集体经济组织人均耕地面积的认定纠纷；被征土地前三年平均年产值的确定纠纷；区片综合地价或统一年产值的适用标准纠纷；征地补偿费倍数的确认纠纷等。二是行政复议与行政诉讼的适用范围，具体包括征用土地公告纠纷、征地补偿安置方案公告纠纷、征地听证纠纷、拟征土地调查与确认纠纷、征地补偿标准裁决纠纷、行政机关支付或干预分配征地补偿纠纷、责令交出土地决定纠纷、国有土地上房屋征收决定纠纷、国有土地上房屋补偿决定纠纷等。

其次，应当明确不同解决方式，其申请期限不同。一是申请行政协调应当自征地补偿安置方案公告之日起60日内提出；经协调未达成一致意见的，申请人自收到协调意见书之日起15日内或协调机关未在规定时间内进行协调或出具协调意见的，应在协调期满之日起15日内提出行政裁决申请。二是行政相对人认为集体土地和房屋征收与补偿过程中具体行政行为侵犯了其合法权益，应当自知道该具体行政行为之日起60日内提出行政复议申请。三是行政相对人不服行政复议决定的，应当在收到行政复议决定书之日起15日内向人民法院提起行政诉讼；行政复议机关逾期不作决定的，应当在复议期满之日起15日内向人民法院提起行政诉讼；行政相对人也可以直接向人民法院提起行政诉讼，应当自知道或应当知道作出行政行为之日起6个月内提出。

第三，应当明确不同的解决方式，其参加人的范围是不同的。一是行政协调与行政裁决的参加人，申请人应当是征地相对人或者利害关系人，即被征土地的所有权人、使用权人，可以是法人也可以是自然人，具体包括：村民委员会、农村集体经济组织、土地承包人、土地租赁人；被申请人是批准征地补偿安置方案的市、县人民政府；市、县人民政府是协调机关，省级人民政府是裁决机关，裁决的办事机构是省级国土资源部门。二是行政复议的参加人，行政复议申请人是认为行政机关在集体土地和房屋征收与补偿过程中作出的具体行政行为侵犯了其合法权益的公民、法人或其他组织，包括村民、村委会、村民小组、土地承包人、被征收房屋所有权人等；行政复议被申请人是指作出具体行政行为的行政机关，一般为市、县级人民政府；行政复议机关一般为上一级地方人民政府。三是行政诉讼参加人，原告是集体土地的权利人或利害关系人包括村民委员会、农村集体经济组织、过半数村民、土地使用权人或实际使用人、土地承包人、国有土地上房屋所有权人等；被告是作出具体行政行为的土地管理部门、市或县级人民政府、改变原具体行政行为的行政复议机关等；受到征地直接、必然影响的利害关系人，应当列为第三人。

第四，应当明确不同的解决方式，其适用的程序不同。一是行政协调的程序，一般包括申请人提出协调申请并提交有关证据材料；协调机关在收到协调申请书之日起 5 日内进行审查，决定是否受理；协调机关应当自收到申请之日起 60 日内进行协调，并作出协调意见书。二是行政裁决的程序，一般包括裁决申请及提交有关证据材料；裁决办事机构在收到裁决申请书之日起 5 日内进行审查，决定是否受理；裁决办事机构应当在收到裁决申请书之日起 7 日内，将裁决申请书送达被申请人，被申请人应当在 15 日内进行答复；裁决办事机构进行书面审查或实地调查；裁决办事机构可以再次进行协调，出具协调意见书；裁决办事机构应当自受理裁决申请之日起 60 日内，提出维持、撤销或直接变更被申请人就裁决申请事项作出的有关决定的意见，报省级人民政府审定。三是行政复议程序，行政复议机构统一受理行政复议申请；行政复议机构应当自行政复议申请受理之日起 7 日内，将行政复议申请送达被申请人，被申请人应当在 10 日内提交行政复议答复书及有关材料；行政复议一般采取书面审理方式，也可以采取召开行政复议审查会形式；行政复议机关应当自受理行政复议申请之日起 60 日内，作出维持、撤销或直接变更具体行政行为的决定。四是行政诉讼程序，原告提起行政诉讼应当符合法定条件，法院收到材料后 7 日内决定是否立案；在立案之日起5日内将起诉状副本发送被告，被告在15日内进行答辩；法院一般应当公开审理行政案件；法院应当自立案之日起6个月内作出一审判决；对一审判决不服的，可以在15日内向上一级人民法院提起上诉；二审法院应当在3个月内作出终审判决。

第五，应当明确不同的解决方式，其裁决结果的效力是不同的。一是对行政协调不服的，可以申请行政裁决；对行政裁决不服的，可以申请行政复议；对行政复议决定不服的，可以提起行政诉讼；也可以不申请行政复议，直接提起行政诉讼。二是行政复议不是必经阶段，可以不经过行政复议，直接提起行政诉讼；三是行政诉讼是集体土地和房屋的征收与补偿行政纠纷案件的最终解决方式。

（二）集体土地和房屋的征收与补偿民事纠纷解决方式的风险分析与防范

集体土地和房屋的征收与补偿民事纠纷是指集体土地和房屋的征收与补偿过程中平等主体之间发生的，以民事权利义务为内容的纠纷。集体土地和房屋的征收与补偿民事纠纷解决方式主要有商事仲裁、农村土地承包仲裁和民事诉讼。

集体土地和房屋的征收与补偿民事纠纷解决方式的风险，主要有：一是解决方式适用的范围不明确的风险；二是仲裁或诉讼时效不明确的风险；三是解决方式的程序不明确的风险；四是解决方式的裁决结果效力不明确的风险。

防范集体土地和房屋的征收与补偿民事纠纷解决方式的风险，应当注意以下方面：

首先，应当明确不同解决方式，其适用的范围是不同的。一是商事仲裁适用平等主体之间发生的合同纠纷和其他财产权益纠纷，具体包括集体土地征收补偿协议纠纷、集体土地上房屋征收补偿安置协议纠纷、国有土地上房屋征收补偿协议纠纷等。二是农村土地承包仲裁的适用范围，根据地方性法规的规定，可以包括承包地征收补偿费用分配纠纷、侵犯集体经济组织成员权益纠纷等。三是民事诉讼解决方式适用于所有集体土地和房屋的征收与补偿民事纠纷。

其次，应当明确仲裁或诉讼时效的期限。无论是通过商事仲裁或农村土地承包仲裁方式，还是通过民事诉讼方式，解决集体土地和房屋的征收与补偿民事纠纷，其仲裁或诉讼时效均为2年，自当事人知道或应当知道其权利被侵害时起计算。

第三，应当明确不同的解决方式，其适用的程序不同。一是商事仲裁的程序，具体包括：仲裁委员会受理案件的依据是当事人达成的仲裁协议；申请人提出仲裁申请并提交有关证据材料；仲裁委员会在收到仲裁申请书之日起5日内进行审查，决定是否受理；决定受理后，仲裁委员会应当在仲裁规则规定的期限内，将仲裁规则和仲裁员名册送达申请人，将仲裁申请副本、仲裁规则和仲裁员名册送达被申请人；仲裁庭一般由申请人、被申请人各选定一名仲裁员和仲裁委员会主任指定的首席仲裁员组成；仲裁应当开庭，但不公开；如果调解不成，应当及时作出裁决书；商事仲裁裁决一旦作出，即具有法律效力。二是农村土地承包仲裁程序，当事人申请仲裁，应当向纠纷涉及的土地所在地的农村土地承包仲裁委员会递交仲裁申请书及有关证据材料；农村土地承包仲裁委员会应当对仲裁申请予以审查，符合法定条件的予以受理；决定受理的，应当自收到仲裁申请之日起5个工作日内，将受理通知书、仲裁规则和仲裁员名册送达申请人，将受理通知书、仲裁申请书副本、仲裁规则和仲裁员名册送达被申请人；仲裁庭由3名仲裁员组成，首席仲裁员由当事人共同选定，其他2名仲裁员由当事人各自选定，当事人不能选定的，由农村土地承包仲裁委员会主任指定；仲裁应当开庭进行且应当公开；仲裁庭应当根据认定的事实和法律以及国家政策作出裁决并制作裁决书；当事人不服仲裁裁决的，可以自收到裁决书之日起30日内向人民法院起诉，逾期不起诉的，裁决书即发生法律效力。三是民事诉讼程序，原告提起民事诉讼应当符合法定条件，法院收到材料后7日内决定是否立案；在立案之日起5日内将起诉状副本发送被告，被告在15日内进行答辩；法院一般应当公开开庭审理民事案件；法院应当自立案之日起6个月内作出一审判决；对一审判决不服的，可以在15日内向上一级人民法院提起上诉；二审法院应当在3个月内作出终审判决。

第四，应当明确不同的解决方式，其裁决结果的效力是不同的。一是对商事仲裁实行一裁终局制度，商事仲裁裁决书一旦作出即具有法律效力。二是农村土地承包仲裁不是必经阶段，可以不经过农村土地承包仲裁，对农村土地承包仲裁裁决不服的，可以向法院提起诉讼；也可以直接提起民事诉讼；三是民事诉讼实行两审终审制，对一审判决不服的，可以提起上诉，二审判决为终审判决。

◆土地一级开发与国有建设用地使用权出让取得的风险分析与防范

——从代理北京某置业有限公司参加
北京某五金机电商城项目土地一级开发
合作合同签订法律服务非诉讼案谈起

【案情简介】

北京某五金机电商城项目位于北京市大兴区,项目定位为:立足国内市场,面向国际市场,集国内外五金机电产品高新技术研发、新技术产品生产、商贸、仓储、物流、展示、技术交流、信息网络、电子商务、金融投资为一体的国内最大的生产工具类产品科研开发、生产物流、交易展示中心,亚太地区最大的、国际第三大采购、博览中心,并逐步把其培育成"品牌"市场,最终成为世界生产工具类产品著名集散地,并将成为国内外生产工具类产品企业在中国的总部基地。

根据北京市国土资源局、北京市规划委员会、北京市发展和改革委员会、北京市建设委员会的有关文件规定,北京市大兴区土地储备分中心作为主体进行北京某五金机电商城项目土地一级开发,拟通过招标方式确定土地一级开发实施单位。北京某置业有限公司与北京某开发经营总公司拟共同投标成为北京某五金机电商城项目土地一级开发实施单位,并共同进行北京某五金机电商城项目土地一级开发。

北京市金洋律师事务所接受委托并指派郭家汉律师和严浩律师共同作为北京某置业有限公司的法律顾问,参与了北京某五金机电商城项目(以下简称"该项目")土地一级开发合作合同的起草、审查、修改等全过程,为该项目土地一级开发合作合同的签订提供了全过程的法律服务,通过非诉讼法律服务有效防范了土地一级开发合作合同纠纷的发生,维护了北京某置业有限公司的合法权益。

【代理过程与结果】

北京市金洋律师事务所接受委托后,指派律师立即开展工作,多次与北京某置业有限公司的领导进行了接触,了解了当事人的真实意图和有关情况;认真审阅了当事人提供的该项目所在地区的《控制性详细规划》《政府储备土地和入市交易土地联席会会议纪要》《北京市国土资源局关于该项目用地预审意见的函》《北京市商务局关于对建设该项目有关意见的批复》《该项目勘测定界成果及成果图》《地上物情况调查报告》等材料;了解了合作方北京某开发经营总公司的有关背景情况。

根据我国《土地管理法》《城市房地产管理法》《北京市土地储备和一级开发暂行办法》以及国家和北京市政府的其他有关规定及上述有关材料,主要从以下方面起草、修改土地一级开发合作合同:

首先,明确了进行一级开发的土地基本情况,包括具体范围仅指该项目用地中集体所有土地;具体位置明确了四至范围;土地现状情况为集体所有土地;土地规划情况,土地总面积319 092.2平方米(478.639亩),其中建设用地257 551平方米(386.307亩),代征道路面积40 937.7平方米(61.403亩),代征绿化面积20 603.5平方米(30.904亩)。

其次,明确了土地一级开发实施单位资格的取得,包括双方以联合体形式参加投标;双方积极按照招标文件的要求,提供有关资料,准备有关方案;以双方共同名义与北京市大兴区土地储备分中心签订土地一级开发委托协议;

双方均承诺各方不得再单独以自己的名义或者与其他方联合的名义参加投标活动。

　　第三，明确了土地一级开发合作的具体内容，一是土地一级开发合作内容包括筹措土地一级开发所需资金、办理规划手续、进行项目核准、征地拆迁、大市政建设等；二是明确了双方的分工，北京某开发经营总公司负责征地拆迁过程中与农民土地补偿的协商、谈判、签约工作，农民的搬迁工作及拆迁工作，大市政建设过程中与城市道路、供水、排水、供电、通信、城市燃气、供热等部门联系并办理有关批准手续，与交通、园林、文物、环保等部门的联系并办理有关手续，组织实施土地一级开发的勘察、设计、施工、材料采购、监理及竣工验收工作等；北京某置业有限公司负责规划意见、集体土地转为国有土地、项目立项等手续的办理，支付拆迁补偿所需的费用及大市政建设所需要的建设资金，按照有关部门的要求提供该宗地规划、性质及设计方案的具体要求等；三是明确了征地拆迁补偿费、大市政建设费及市政增容建设费等费用的范围、最高控制标准与支付方式；四是明确了利润计算方式、利润分配比例及成本控制方式，土地一级开发总补偿费用减土地一级开发成本为利润，按照各自投入土地一级开发成本的比例进行利润分配，土地一级开发成本按照《北京市土地储备和一级开发暂行办法》的规定范围与实际投入计算并由双方书面确认。

　　第四，明确了双方的义务。北京某开发经营总公司的义务主要包括：一是必须按照《土地一级开发委托协议》约定的进度要求，完成该用地的拆迁安置工作，不存在遗留的拆迁纠纷，保证不影响该宗地开发的进度；二是必须按照《土地一级开发委托协议》的约定的进度要求及时办理大市政建设过程中必须办理的有关手续，保证不影响该宗地的开发进度；三是必须及时筹措大市政建设所需资金，保证项目要按照《土地一级开发委托协议》约定的时间完成，并保证工程质量合格，通过有关部门的验收；四是提供大市政建设项目的招标与资金使用的情况说明，接受监督；五是协助施工单位做好所涉及居民、周边单位的协调工作，以保证该宗地开发的施工顺利进行；六是对于对方在办理该项目各项手续过程中需其提供的各种书面文件及证明，其应于接到对方通知之日起5个工作日内无条件予以提供等。北京某置业有限公司的义务主要包括：一是必须按照《土地一级开发委托协议》约定的时间，将拆迁补偿资金足额支付到位；二是必须按照《土地一级开发委托协议》约定的时间及时办理有关规划、用地、立项等手续；三是接到对方要求其应提供文件、手续等法律文件的书面通知后及时向对方提供上述符合要求的全部真实、合法、有效的文件等材料并送达对方等。

第五，明确约定了双方各自的具体违约责任，如一方违约造成土地一级开发进度延迟的，违约方除每延迟1日按对方投入资金的万分之四向对方支付违约金外，如延迟超过30日，违约方同意退出联合体，由守约方单独开发等。

第六，明确了争议解决方式。因本合同的订立、修改、履行及其他与本合同有关的一切争议，甲乙双方应首先协商解决，协商不成的，则提交北京仲裁委员会并按该委员会之现行有效仲裁规则进行仲裁。该裁决为终局性的，对双方均有约束力，仲裁费用（包含律师费用）按裁决书的规定承担。

通过北京市金洋律师事务所律师的专业法律服务，使土地一级开发合作合同达到了可签署的条件，为当事人顺利参加该项目土地一级开发的投标提供了条件和保证，有效防范了该项目土地一级开发合作过程中可能出现的法律风险。

【风险分析与防范】

本案例是房地产开发企业合作参与土地一级开发的非诉讼案例，土地一级开发是政府逐步规范国有建设用地使用权出让方式后产生的一种新的土地开发模式，是国有建设用地使用权进行熟地出让前一个重要的必经阶段。

国有建设用地使用权是指自然人、法人或其他组织依法利用国家所有的土地建造建筑物、构筑物及其附属设施的权利。

国有建设用地使用权设立是指将国家享有的土地所有权中对土地（包括地表、地上或地下）的占有、使用和收益的权利分离和独立出来而创设的一种用益物权，属于创设继受取得，反映的是土地所有权人和土地使用人之间的关系，属于土地一级市场的交易行为。

根据我国《物权法》第137条、《土地管理法实施条例》第29条的规定，国有建设用地使用权设立方式主要有出让、划拨、租赁等。出让是指国家以土地所有者的身份将国有建设用地使用权在一定年限内让与建设用地使用权人，并由建设用地使用权人向国家支付出让金的行为。划拨是指经县级以上人民政府依法批准，在建设用地使用权人缴纳补偿、安置等费用后将该幅土地交付其使用，或者将建设用地使用权无偿交付给建设用地使用权人使用的行为。国有土地租赁是指国家将国有土地出租给使用者使用，由使用者与县级以上人民政府土地行政管理部门签订一定年限的土地租赁合同，并支付租金的行为。

国有建设用地使用权的出让是国有建设用地使用权设立的主要方式。划拨方式具有无偿、无期限的特点，根据我国《土地管理法》第54条和《城市房地产管理法》第24条的规定，对于采用划拨方式设立建设用地使用权的范围是有着严格的限制的，只有下列建设用地，确属必需的，才可以由县级以上人民政府依法批准划拨：（1）国家机关用地和军事用地；（2）城市基础设施用地和公益事业用地：（3）国家重点扶持的能源、交通、水利等基础设施用地；（4）法律、行政法规规定的其他用地。根据《规范国有土地租赁若干意见》的规定，国有土地租赁是国有土地有偿使用的一种形式，是出让方式的补充；对因发生土地转让、场地出租、企业改制和改变土地用途后依法应当有偿使用的，可以实行租赁；对房地产开发用地，不实行租赁。

土地是民生之本，发展之基，是不可再生的宝贵资源。十分珍惜和合理利用每寸土地，切实保护耕地，是我国的基本国策。中共十八届三中全会明确提出，发挥市场配置资源的决定性作用是深化我国社会主义市场经济体制的重要内容。一方面，政府通过建立建设用地预审制度、建设用地审批制度、土地用途管制制度、征收与补偿制度、土地一级开发制度、土地储备制度、建设用地规划许可制度等强化土地一级市场的监管；另一方面，政府在征收补偿标准、土地一级开发运作、建设用地使用权出让方式等方面，发挥市场机制的作用。取得国有建设用地使用权是进行房地产项目建设的前提。建设单位特别是房地产开发企业既要积极参加土地一级市场的市场化运作包括参与土地一级开发、参加公开竞价方式出让取得国有建设用地使用权等，又要严格遵守土地一级市场相关法律制度，存在较大的法律风险，应当高度重视法律风险的防范工作。

一、土地一级开发的风险分析与防范

土地一级开发是指由政府或其授权委托的企业，对开发范围内的土地统一进行征收、拆迁、安置、补偿以及市政基础设施建设，以达到土地出让条件的行为。

土地一级开发模式主要有政府主导模式和企业主导模式两种。政府主导模式是指土地储备机构负责土地一级开发的资金筹措、规划、项目核准、征地拆迁及大市政建设等手续的办理，并组织实施土地一级开发的模式。企业主导模式是指房地产开发企业负责土地一级开发的资金筹措、规划、项目核准、征地拆迁及大市政建设等手续的办理，并组织实施土地一级开发的模式。这两种模式各有利弊，政府主导模式具有政府能控制地价、土地增值收益全部归政府、便于组织实施等优点，但也存在融资困难、专业人员缺乏等不足；企业主导模式具有减轻政府财政负担、运作效率高等优点，但存在土地增值收益的一部分转移给企业、法律关系复杂等不足。企业主导模式是一种市场化运作模式，在全面深化改革的今天，该模式应当成为我国土地一级开发的发展方向。

土地一级开发具有政策性强、参与主体多、法律关系复杂、行政许可量大、资金密集、融资困难、建设周期长等特点，房地产开发企业实施土地一级开发风险很大，应当高度关注风险防范工作。

土地一级开发的风险，主要有：一是土地一级开发项目合法性风险；二是房地产开发企业在投标时不重视土地一级开发风险分析与防范；三是房地产开发企业确定为土地一级开发主体的合法性风险；四是作为土地一级开发主体的房地产开发企业征询有关部门的意见和集体土地和房屋征收决定的风险；五是土地一级开发组织实施的风险；六是投资成本与收益回收的风险。

防范土地一级开发风险，应当注意以下方面：

首先，应当明确土地一级开发项目应当合法。一是应当明确土地一级开发项目已经列入年度土地储备开发计划。土地储备开发计划的编制依据是政府产业政策、城市总体规划、土地利用总体规划、控制性详细规划以及年度土地利用计划、年度土地供应计划，土地储备开发计划经省级人民政府批准后由省级国土资源部门、发展改革部门、规划部门、财政部门等联合发布实施。二是应当已经编制具体的土地一级开发实施方案，内容包括待储备开发地块的范围、土地面积、控规条件、地上物状况、储备开发成本、土地收益、开发计划、实施方式等，具体包括征地工作方案、拆迁工作方案、市政建设工作方案、土地供应方案、规划设计方案的编制与审批、规划平面位置图、地形图、控制性详细规划、用地钉桩成果报告、项目设计方案、现状情况、周边房地产市场价格、投资方案、考古勘探报告。三是前期程序应当合法，首先由原土地所有者或使用者在征得区县和乡镇政府或上级主管部门的同意后向市国土局提出土地一级开发申请，市国土局受理申请并进行土地预审；再由土地储备机构负责组织编制土地储备开发实施方案并经过有关部门的批复；最后由市国土局会同市发展改革、规划、建设、交通、环保等部门参加的联审会进行会审，对土地一级开发实施方案中土地、产业政策、城市规划、建设资质、交通及环保等条件提出原则性意见。

其次，房地产开发企业在投标时应当高度重视土地一级开发风险分析与防范工作。一是土地一级开发具有投资额大、投资回收期长、融资方式和手段受限等特点，房地产开发企业在投标前应当做好融资和资金控制的风险分析工作和风险防控设计工作，首先，应当进行详尽的财务分析，测算资金的投入总量与投入周期，制定科学合理的实施方案；其次，应当采取滚动开发和多元化融资相结合方式，一方面采取分期分块滚动开发方式以减轻资金压力，另一方面采取土地资产证券化、股权融资、私募基金融资、企业间联合融资等多种融资方式；第三，争取政府提供融资担保；第四，注意在土地一级开发委托合同的签订与履行中防范资金风险包括资金拨付、成本控制等。二是土地一级开发具有政府主导、政策性强的特点，房地产开发企业在投标前应当做好政府信用的风险分析工作和风险防控设计工作，首先，应当全面掌握土地一级开发的宏观和微观经济政策动向；其次，应当在土地一级开发委托合同中明确政策变化、规划变更、用地性质改变、开发成本与收益支付等方面，政府应当承担的责任及相应的退出通道的设计；第三，应当与政府有关部门建立有效的沟通、协调机制。三是土地一级开发具有受宏观经济政策及政府调控影响大、市场波动明显等特点，房地产开发企业在投标前应当仔细研究招标文件，对于采用熟地出让买受人支付土地一级开发成本及收益的方式，应当做好市场需求的风险分析工作和风险防控设计工作，首先，应当对项目的市场需求进行全面、系统的分析，作出科学判断；其次，应当在土地一级开发委托合同中明确该宗土地的出让时间、主要规划设计条件和出让方式，合理约定出让不能时投资保证条款。

第三，房地产开发企业确定为土地一级开发主体应当合法。一是应当采用招标的方式确定土地一级开发主体，招标方案、招标底价的确定、招标文件的编制、招标公告的发布、投标、开标、评标、定标等应当符合我国《招标投标法》和有关规定。二是由中标的房地产开发企业向市国土局提出土地一级开发申请，市国土局下达土地一级开发批复。三是应当由土地储备机构与中标的房地产开发企业签订土地一级开发委托协议，协议内容应当明确，具体包括：项目审批情况，项目基本情况，委托的工作内容、范围与实施方式，土地一级开发周期、项目进度表，土地一级开发总成本和开发利润、费用结算与支付，土地一级开发监管制度包括资金监管制度、定期报表制度、审计制度等，验收的标准、内容、程序与方式，违约责任，协议解除，争议解决方式等。

第四，作为土地一级开发主体的房地产开发企业应当根据有关规定按照有关条件、程序及时限的要求征询有关部门的意见和办理有关审批手续。一是向土地管理部门申请办理用地预审，按照项目的审批类、核准类、备案类的不同类型提供不同材料；二是向发展改革部门申请办理项目核准，提交的材料包括土地一级开发核准请示、市联席会通过的土地一级开发实施方案、规划局出具的规划意见、环保局出具的环评批复、具有工程咨询甲级资质机构编制的土地一级开发项目申请报告、土地管理部门核发的建设项目用地预审意见等；三是向规划管理部门申请办理规划意见书（选址），提交申报表、土地管理部门的土地一级开发批复文件、新征（占）用地申请、符合要求的地形图等材料；四是征求并取得有关部门的意见，包括建设部门的建设意见、交通部门的交通评价意见、园林部门的古树处理意见、文物部门的文物保护意见、环保部门的环境评价意见、市政专业部门的市政接用意见；四是土地一级开发涉及新增集体土地需要依法办理农用地征收、农用地转用手续、存量国有建设用地收回国有建设用地使用权的需依法办理国有土地上房屋征收手续，并获得市或县人民政府的批准。

第五，应当按照土地一级开发合同和有关规定依法、及时、确保质量地组织实施土地一级开发。一是在取得有审批权的人民政府的批准文件后依法办理集体土地与房屋征收补偿手续；二是依据规划意见书，及时到有关部门办理市政基础设施建设相关手续，具体包括：古树名木移植许可，临时占用城市绿地许可，树木移伐许可，公共绿地改变使用性质许可，市政公用工程穿越公园或临时占用公园内土地许可，道路上空或者建筑物、构筑物之间架设管线行政许可，临时占用城市道路批准，挖掘城市道路批准，建设工程配套环境卫生设施竣工验收许可，新建扩建改建城市公园竣工验收夜景照明方案审核许可等。三是收回国有建设用地使用权，包括原土地使用者提出收购申请、进行权属调查、征询规划意见、费用测算、编制和审批收购方案、进行收购补偿、办理权属变更、交付土地。四是组织实施集体土地征收工作，具体包括协商征地补偿、召开村民大会或村民代表大会进行表决、公示征地补偿协议、征用土地方案申报与审批、征地公告、支付征地补偿费、房屋拆迁、土地变更、办理征地结案手续。五是组织实施"三通一平"或"七通一平"工作，工作内容包括清表工程、道路管线工程、给水排水工程、电力工程、热力工程、通信工程、通气工程等；应当通过招标方式选择勘察、设计、施工、监理、设备材料供应等工程实施单位；签订具体、完备的工程勘察合同、工程设计合同、工程施工合同、设备材料采购合同等工程实施合同；严格按照工程实施合同履行各自的责任和义务，确保工程的工期、质量和造价控制。六是做好土地一级开发竣工验收工作，土地一级开发完成后由土地管理部门组织相关部门进行验收，验收审核的内容包括：审核土地一级开发成本、组织验收土地开发程度是否达到合同的要求、根据委托合同支付相应土地开发费或管理费、将土地纳入土地储备库。

　　第六，应当明确并做好土地一级开发投资成本与收益回收工作。一是明确土地一级开发成本的范围与内容，具体包括：征地、拆迁补偿费及有关税费；收购、收回和置换过程中发生的有关补偿费用；市政基础设施建设有关费用；贷款利息；土地一级开发过程中发生的审计、律师、工程监理等费用，不可预见费以及同级财政和土地管理部门核准的其他支出。二是应当明确土地一级开发投资收益的方式，主要有两种模式：一种是以土地一级开发成本为基数，按一定比例收取，该模式采用较多，但也存在实际开发成本高于合同约定成本的风险，房地产开发企业应当采取强化预算、预估通胀等损失、控制开发成本和合理压缩开发周期等方式进行防范；另一种是以熟地入市交易后的成交价与土地一级开发成本的差额的一定比例收取，此模式随着《国有土地使用权出让收支管理办法》于2007年1月1日开始实施操作越来越困难，房地产开发企业如果采用此种模式，首先，应当确定是否有相应的法规和政策性文件的明确规定作为依据；其次，应当通过当地政府确认土地收益分成列入当地的土地出让收入支出预算方案；最后，要求地方政府就此出具书面承诺或提供其他担保方式。三是应当明确投资成本及收益的支付方式，主要有三种方式：第一种方式是在土地一级开发成本审核后按照土地一级开发合同约定的比例一次性支付；第二种方式是按照土地一级开发的进度分期支付，此种方式对房地产开发企业来说比较有利，应当尽量采用此方式；第三种方式是熟地出让后由买受人向房地产开发企业支付，此种方式由于存在熟地成交价低于土地一级开发成本的可能性，对房地产开发企业来说风险最大，应当尽量避免采用。

二、国有建设用地使用权出让方式的风险分析与防范

国有建设用地使用权出让分为协议出让和公开竞价出让两种方式。协议出让是指市、县国土资源管理部门以协议方式将国有建设用地使用权在一定年限内出让给土地使用者，由土地使用者支付土地使用权出让金的行为。公开竞价出让是指市、县国土资源管理部门以招标、拍卖等方式将国有建设用地使用权在一定年限内出让给土地使用者，由土地使用者支付土地使用权出让金的行为。公开竞价出让国有建设用地使用权又分为招标出让、拍卖出让和挂牌出让三种方式。招标出让国有建设用地使用权，是指市、县人民政府国土资源行政主管部门发布招标公告，邀请特定或者不特定的自然人、法人和其他组织参加国有建设用地使用权投标，根据投标结果确定国有建设用地使用权人的行为。拍卖出让国有建设用地使用权，是指市、县人民政府国土资源行政主管部门发布拍卖公告，由竞买人在指定时间、地点进行公开竞价，根据出价结果确定国有建设用地使用权人的行为。挂牌出让国有建设用地使用权，是指市、县人民政府国土资源行政主管部门发布挂牌公告，按公告规定的期限将拟出让宗地的交易条件在指定的土地交易场所挂牌公布，接受竞买人的报价申请并更新挂牌价格，根据挂牌期限截止时的出价结果或者现场竞价结果确定国有建设用地使用权人的行为。

国有建设用地使用权出让方式，不仅关系到市场配置土地资源的程度，而且关系到防止土地出让中的腐败行为，在土地管理制度中具有非常重要的地位和作用。国有建设用地使用权出让方式具有种类多、适用范围严格、程序复杂、政策性强、涉及资金额度大等特点，风险大，应当引起参加国有建设用地使用权出让活动的有关各方，包括房地产开发企业的高度重视。

国有建设用地使用权出让方式的风险，主要有：一是不了解土地出让信息，未及时提出用地申请的风险；二是不明确国有建设用地使用权出让方式的适用范围的风险；三是参加国有建设用地使用权出让活动的申请不符合要求的风险；四是参加国有建设用地使用权出让活动的协商或竞价不符合要求的风险；五是国有建设用地使用权出让结果的确定不符合要求的风险。

防范国有建设用地使用权出让方式的风险，应当注意以下方面：

首先，应当了解土地出让信息，及时提出用地申请。一是通过市、县国土资源行政主管部门的网站和中国土地市场网（www.landchina.com），了解市、县国土资源行政主管部门公布的建设用地使用权出让信息，内容包括拟出让宗地的位置、面积、用途、套型要求、容积率、出让年限、投标（竞买）保证金、提交申请时间、出让时间等。二是对公告出让的具体地块有使用意向的，首先要关注土地出让方案，出让方案是市、县国土资源部门根据城乡规划部门出具的宗地规划设计条件拟定的，如确定为中低价位普通商品房用地的，出让方案中有房地产开发主管部门提出的住房销售价位、套数、套型面积等控制性要求；其次要关注住宅项目宗地出让面积，小城市和建制镇不得超过7公顷标准，中等城市不得超过14公顷标准，大城市不得超过20公顷标准，住宅项目宗地容积率不得低于1.0（含1.0）标准；第三要关注土地出让底价，出让底价是根据土地估价结果、供地政策和土地市场行情等，集体决策，综合确定的，土地出让最低价不得低于出让地块所在级别基准低价的70%；第四要关注竞买保证金，保证金不得低于出让最低价的20%。三是及时向国土资源行政主管部门提出用地申请，在提出申请后，要跟踪了解拟受让宗地的申请用地情况和市、县国土资源行政主管部门决定的出让方式，及时申请参加协商或竞价程序。

其次，应当明确国有建设用地使用权出让方式的适用范围。国有建设用地使用权出让须采用公开竞价方式的范围包括：一是供应工业、商业、旅游、娱乐和商品住宅等各类经营性用地；二是其他土地供地计划公布后同一宗地有两个或者两个以上意向用地者的；三是划拨土地使用权改变用途，《国有土地划拨决定书》或法律、法规、行政规定等明确应当收回土地使用权，实行招标拍卖挂牌出让的；四是划拨土地使用权转让，《国有土地划拨决定书》或法律、法规、行政规定等明确应当收回土地使用权，实行招标拍卖挂牌出让的；五是出让土地使用权改变用途，《国有土地使用权出让合同》约定或法律、法规、行政规定等明确应当收回土地使用权，实行招标拍卖挂牌出让的；六是依法应当招标拍卖挂牌出让的其他情形；七是对不能确定是否符合上述招标拍卖挂牌出让范围六种情形的出让宗地，应当经国有土地使用权出让协调决策机构集体认定，集体认定应当采取招标拍卖挂牌方式的，也应当以招标拍卖挂牌方式出让。出让国有建设用地使用权，除以上须采用招标、拍卖或者挂牌方式外，方可采取协议方式,主要包括以下情况:一是供应工业、商业、旅游、娱乐和商品住宅等各类经营性用地以外用途的土地,其供地计划公布后同一宗地只有一个意向用地者的;二是原划拨、承租土地使用权人申请办理协议出让,经依法批准,可以采取协议方式,但《国有土地划拨决定书》《国有土地租赁合同》、法律、法规、行政规定等明确应当收回土地使用权重新公开出让的除外;三是划拨土地使用权转让申请办理协议出让,经依法批准,可以采取协议方式,但《国有土地划拨决定书》、法律、法规、行政规定等明确应当收回土地使用权重新公开出让的除外;四是出让土地使用权人申请续期,经审查准予续期的,可以采用协议方式;五是法律、法规、行政规定明确可以协议出让的其他情形。此外,还应当注意上述工业用地包括仓储用地,但不包括采矿用地。

第三,参加国有建设用地使用权出让活动的申请应当符合要求。除协议出让土地的申请无特殊要求外,公开竞价出让的申请,应当符合下列要求:一是只要是中华人民共和国境内外的自然人、法人和其他组织,除法律、法规另有规定外,均可申请参加国有建设用地使用权招标拍卖挂牌出让活动;挂牌出让的,出让公告中规定的申请截止时间应当为挂牌出让结束日前 2 天,在此之前申请参加均可;但应当注意具有下列情形者之一的单位或个人参加公开竞价可能受到限制:用地者欠缴土地出让价款、闲置土地、囤地炒地、土地开发规模超过实际开发能力以及不履行土地使用合同的。二是应当通过查询充分了解拟受让地块的情况,包括但不限于宗地的面积、界址、空间范围、现状、使用年期、用途、规划指标要求等;对招标、拍卖或者挂牌文件有疑问的,应当以书面或者口头方式向出让人咨询;积极参加现场踏勘。三是应当在公告规定期限内交纳出让公告规定的投标、竞买保证金,并根据申请人类型,持相应文件向出让人提出竞买、竞投申请,申请文件包括申请书、单位或个人有效证明文件、法定代表人有效身份证明文件、保证金交纳凭证等;联合申请的,还应提交联合竞买、竞投协议;申请人竞得土地后,拟成立新公司进行开发建设的,应在申请书中明确新公司的出资构成、成立时间等内容。四是应当注意,具有下列情形之一的申请为无效申请:申请人不具备竞买资格的;未按规定交纳保证金的;申请文件不齐全或不符合规定的;委托他人代理但委托文件不齐全或不符合规定的;法律法规规定的其他情形。

第四,参加国有建设用地使用权出让活动的协商或竞价应当符合要求。对于采用协议出让方式的，意向用地者应当与市、县国土资源管理部门就土地出让价格等进行充分协商、谈判；对于经营性基础设施、矿业开采等用地，意向用地者与出让人在出让价格方面有争议难以达成一致，意向用地者认为出让人提出的出让价格明显高于土地市场价格的，可提请出让人的上一级国土资源管理部门进行出让价格争议裁决；双方协商议定的出让价格不得低于底价，协议出让底价是由市、县国土资源管理部门或国有土地使用权出让协调决策机构根据土地估价结果、产业政策和土地市场情况等，集体决策，综合确定的，且不得低于拟出让地块所在区域的协议出让最低价，协议出让底价还须报有批准权的人民政府批准。对于采用招标出让方式的，应当按照招标出让公告规定的时间、地点参加开标活动；在开标活动中，要注意检查标箱的密封情况，标箱应当众检查密封情况后当众开启；标箱开启后，应当听取招标主持人宣读投标人名称、投标价格和投标文件的其他主要内容，对主要内容应当书面记录；应当监督评标过程，包括监督评标人选是否合乎规定，评标是否在保密的情况下进行，评标结果和宣读的投标人名称、投标价格和投标文件的其他主要内容是否一致等。对于采用拍卖出让方式，在参加拍卖会之前应当确定出价的策略，确定最高出价；按照出让公告规定的时间、地点参加拍卖活动，对整个拍卖过程进行适当的记录；在拍卖过程中，应当注意拍卖程序是否合法，竞价规则是否符合规定；拍卖有底价的，如果最高出价低于底价，该应价不发生效力，拍卖师应当停止拍卖程序。对于采用挂牌出让方式的，应当填写报价单并按照规定报价；竞买人报价存在以下情形之一的，为无效报价：报价单未在挂牌期限内收到的，不按规定填写报价单的，报价单填写人与竞买申请文件不符的，报价不符合报价规则的，报价不符合挂牌文件规定的其他情形的；报价后，应当注意报价是否得到确认，对于未被确认的报价，应当查明原因，予以更正或补充；在参加挂牌截止活动之前，应当确定出价的策略，确定最高出价；在公告规定的挂牌截止时间，应当出席挂牌现场参加挂牌截止活动或现场竞价活动。

第五，国有建设用地使用权出让结果的确定应当符合要求。对于采用协议出让方式的，意向用地者与市、县国土资源管理部门经协商一致的，应当签订《国有建设用地使用权出让意向书》，市、县国土资源管理部门将意向出让地块的位置、用途、面积、出让年限、土地使用条件、意向用地者、拟出让价格等内容在当地土地有形市场等指定场所以及中国土地市场网进行公示，并注明意见反馈途径和方式，公示时间不得少于5日。对于采用招标出让方式的，应当领取《中标通知书》，《中标通知书》主要内容包括招标人与中标人的名称、出让标的、成交时间、地点、价款以及双方签订《国有建设用地使用权出让合同》的时间、地点等，《中标通知书》对招标人和中标人具有法律效力，违反约定的要承担相应的法律责任。对于采用拍卖出让方式的，竞得人应当与拍卖人当场签订《成交确认书》，《成交确认书》对拍卖人和竞得人具有法律效力，拍卖人改变拍卖结果的，或者竞得人不按约定签订《建设用地使用权出让合同》放弃竞得宗地的，应当承担法律责任。对于采用挂牌出让方式的，竞得人应当与挂牌人当场签订《成交确认书》，《成交确认书》对挂牌人和竞得人具有法律效力，挂牌人改变挂牌结果的，或者竞得人不按规定签订《国有建设用地使用权出让合同》放弃竞得宗地的，应当承担法律责任。

三、国有建设用地使用权出让合同的风险分析与防范

国有建设用地使用权出让合同是指市、县人民政府土地管理部门作为出让方将国有建设用地使用权在一定年限内让与受让方，受让方支付出让金的协议。

根据我国《物权法》第138条的规定，以出让方式设立建设用地使用权的，不论是采取拍卖、招标等公开竞价方式，还是采取协议的方式，双方当事人应当签订国有建设用地使用权出让合同，以明确双方当事人的权利和义务。国有建设用地使用权合同的性质，在法学界有不同看法，有的学者认为属于行政合同，有的学者认为属于民事合同，作者同意多数学者的意见，认为属于民事合同，理由是虽然市、县人民政府土地管理部门代表国家以土地所有人的身份与国有建设用地使用权人签订出让合同，但是该合同属于国家以民事主体的身份与其他主体从事的交易行为。

国有建设用地使用权出让合同的风险，主要有：一是国有建设用地使用权出让合同条款不全面、不具体的风险；二是国有建设用地使用权出让合同签订不符合要求的风险；三是国有建设用地使用权出让合同履行不当的风险。

防范国有建设用地使用权出让合同的风险，应当注意以下方面：

首先，国有建设用地使用权出让合同条款应当全面、具体。国有建设用地使用权出让合同条款主要包括：一是明确当事人的名称和住所，是合同中最基本的要件。二是明确宗地总面积、出让宗地面积、出让宗地的坐落、平面界址、

竖向界限，以确定出让宗地的空间范围。三是明确出让宗地的用途，土地用途可以分为工业、商业、娱乐、住宅等用途，我国对建设用地实行用途管制，不同用途的建设用地的使用期限是不同的。四是明确出让宗地的交付时间和条件，分为熟地和生地两种情形，对于生地出让应当注意与征收补偿工作和市政配套建设工作的相互衔接。五是应当明确出让宗地的使用期限及起算日期，各类用地出让的最高年限分别为居住用地 70 年，工业用地 50 年，教育、科技、文化、卫生、体育用地 50 年，商业、旅游、娱乐用地 40 年；综合或者其他用地 50 年；建设用地使用权出让的期限自出让人向建设用地使用权人实际交付土地之日起算，原划拨土地使用权补办出让手续的，出让年限自合同签订之日起算。六是明确国有建设用地使用权出让总价款、每平方米价格、定金、支付方式，根据《最高人民法院关于审理涉及国有土地使用权合同纠纷案件适用法律问题的解释》第 3 条的规定，经市、县人民政府批准同意以协议方式出让的国有建设用地使用权，国有建设用地使用权出让金低于订立合同时当地政府按照国家规定确定的最低价的，应当认定国有建设用地使用权出让合同约定的价格条款无效；根据我国《城镇国有土地使用权出让和转让暂行条例》第 14 条的规定，土地使用者应当在签订出让合同后 60 日内，支付全部土地使用权出让金；对于采取拍卖、招标等公开竞价方式设立的建设用地使用权，其出让金的支付方式应当在出让合同签订后 1 个月内必须缴纳出让价款 50% 的首付款，余款可分期缴纳，最迟付款时间不得超过 1 年。七是明确宗地开发总投资额和投资强度，特别应当注意工业用地的特殊要求。八是明确宗地范围内新建建筑物、构筑物及其附属设施应符合市、县人民政府规划管理部门确定的出让宗地规划条件，包括建筑物性质、建筑总面积、建筑容积率、建筑限高、建筑密度、绿地率等。九是明确宗地建设配套要求，工业用地应当明确服务设施的建设比例及不得建设非生产性设施的要求；住宅用地应当明确住宅总套数、套型要求及保障性住房建设要求及处理方式。十是明确宗地范围内无偿同步修建的工程配套项目的具体内容。十一是明确宗地建设项目的开工时间和竣工时间、延建程序及期限，对于生地出让的，该时间应当与征收补偿和市政配套完成时间相衔接。十二是明确有关大市政配套、土地用途改变、规划调整、提前收回等内容。十三是明确国有建设用地使用权转让、出租、抵押的要求。十四是明确使用年限期满的处理方式和程序。十五是明确不可抗力的责任承担及通知方式。十六是明确双方的违约责任，包括受让人未按期支付出让价款、终止项目建设、土地闲置、延期开工、未达到投资强度、违反规划要求进行建设等责任，出让人未按期交付土地、交付条件不具备或单方面改变土地使用条件等责任。十七是明确适用法律和争议解决方式。十八是明确合同附件内容，包括出让宗地平面界址图、出让宗地竖向界限、市（县）政府规划管理部门确定的出让宗地规划条件等。

其次，国有建设用地使用权出让合同的签订应当符合要求。一是签订时间应当符合要求，在土地出让成交后必须在10个工作日内签订出让合同。二是签订主体应当合法，出让人必须是市、县人民政府土地行政主管部门，根据《最高人民法院关于审理涉及国有土地使用权合同纠纷案件适用法律问题的解释》第2条的规定，开发区管理委员会作为出让人与受让方签订的出让合同在2005年8月1日后是无效的；受让人必须与签订协议转让意向书、中标通知书、成交确认书的受让人一致，但成立项目公司除外。三是签订形式应当合法，必须采用书面形式，根据我国《合同法》第11条的规定，书面形式包括合同书、信件、数据电文（包括电报、电传、传真、电子数据交换和电子邮件）等可以有形表现所载内容的形式。

第三，国有建设用地使用权出让合同履行应当符合有关规定。一是关于出让结果的公布，在出让合同签订后10个工作日内，出让人应当将出让结果通过中国土地市场网以及土地有形市场等指定场所向社会公布，公布内容包括土地位置、面积、用途、开发程度、土地级别、容积率、出让年限、供地方式、受让人、成交价格和成交时间等。二是关于核发建设用地批准证书和交付土地，市、县国土资源管理部门向受让人核发《建设用地批准书》，并按照《国有建设用地使用权出让合同》《建设用地批准书》确定的时间和条件将出让土地交付给受让人。三是关于延期开工，受让人不能按期开工，应提前30日向出让人提出延建申请，经出让人同意延建的，其项目竣工时间相应顺延，但延建期限不得超过1年。四是关于土地用途改变，在出让期限内，需要改变合同约定的土地用途的，有两种处理方式：第一种方式是由出让人有偿收回建设用地使用权；第二种方式是依法办理改变土地用途批准手续，由出让人和受让人签订国有建设用地使用权出让合同变更协议，或者重新签订国有建设用地使用权出让合同。受让人按照新土地用途条件下评估市场价格与原土地用途条件下评估市场价格的差额，补缴国有建设用地使用权出让价款。五是关于规划调整，在使用期限内，政府保留对出让合同项下宗地的规划调整权，原规划如有修改，宗地已有的建筑物不受影响，但在使用期限内该宗地建筑物、构筑物及其附属设施改建、翻建、重建，或者期限届满申请续期时，必须按届时有效的规划执行。六是关于土地使用权收回，对受让人依法使用的国有建设用地使用权，在合同约定的使用年限届满前，出让人不得收回；在特殊情况下，根据社会公共利益需要提前收回国有建设用地使用权的，出让人应当依照法定程序报批，并根据收回时地上建筑物、构筑物及其附属设施的价值和剩余年期国有建设用地使用权的评估市场价格及经评估认定的直接损失给予土地使用者补偿。七是关于闲置土地，根据《闲置土地处置办法》（2012年）规定，闲置土地是指国有建设用地使用权人超过国有建设用地使用权有偿使用合同约定的动工开发日期满1年未动工开发的国有建设用地；已动工开发但开发建设用地面积占应动工开发建设用地总面积不足三分之一或者已投资额占总投资额不足25%，中止开发建设满1年的国有建设用地，也可以认定为闲置土地。闲置土地既是违约行为，又是违法行为，如果按照违约行为，受让人造成土地闲置应当按照出让合同约定承担民事违约责任，闲置满1年不满2年的，应依法缴纳土地闲置费；土地闲置满2年且未开工建设的，出让人有权无偿收回国有建设用地使用权。如果按照违法行为，应当按照有关法律、法规、规章的规定承担行政法律责任，由于政府以外的原因造成土地闲置，未动工开发满1年的，由市、县国土资源主管部门报经本级人民政府批准后，向国有建设用地使用权人下达《征缴土地闲置费决定书》，按照土地出让或者划拨价款的20%征缴土地闲置费；未动工开发满2年的，由市、县国土资源主管部门按照我国《土地管理法》第37条和《城市房地产管理法》第26条的规定，报经有批准权的人民政府批准后，向国有建设用地使用权人下达《收回国有建设用地使用权决定书》，无偿收回国有建设用地使用权。

四、出让国有建设用地使用权首次登记的风险分析与防范

出让国有建设用地使用权首次登记是指将通过出让方式设立的国有建设用地使用权记载于不动产登记簿公示的行为。

根据我国《物权法》的相关规定，国有建设用地使用权属于不动产用益物权，只有经过依法登记，才发生法律效力。不动产物权登记是不动产物权的法定公

示手段，是不动产物权设立、变更、转让和消灭的生效要件，也是不动产物权依法获得承认和保护的依据。

出让国有建设用地使用权首次登记的风险，主要有：一是受理条件不明确的风险；二是受理机关不明确的风险；三是办理程序不明确的风险；四是应当提交的材料不明确的风险；五是办理时限不明确的风险。

防范出让国有建设用地使用权首次登记的风险，应当注意以下方面：一是应当明确受理条件是已签订国有建设用地使用权出让合同并且已经缴清全部土地出让价款。二是应当明确受理机关是土地所在地的县级人民政府不动产登记机构。三是应当办理的具体程序，首先，是当事人准备申请材料并向不动产登记机构提出申请；其次，不动产登记机构对申请材料齐全、符合法定形式的申请应当予以受理；第三，不动产登记机构进行审查，依法办理登记手续；第四，发放国有建设用地使用权《不动产权证书》。四是应提交符合要求的材料，主要有：登记申请书（原件）；地籍调查成果（原件），含地籍调查表、宗地界址点成果表、宗地图；国有建设用地使用权出让合同（正本）（复印件）和地价款缴纳凭证（原件）；地上有建筑物的提交《房屋所有权证》（复印件），尚未取得《房屋所有权证》的应提交《建设工程规划许可证》等地上物权属证明文件（复印件）；申请人身份证明材料，企业法人应当提交《企业法人营业执照》（复印件）和《组织机构代码证》（复印件）；法定代表人身份证明书（原件）和身份证（复印件）；委托办理的，提交登记委托书（原件）及受托人的身份证（复印件）；契税的完税凭证（复印件）或减免税凭证（原件）。五是应当明确办理时限是自受理登记申请之日起 30 个工作日内办结不动产登记手续。

第三篇
国有建设用地
使用权转让取得法律风险防范

◆国有建设用地使用权转让的风险分析与防范

——从代理银川某葡萄酿酒有限公司与
银川某保健品有限公司建设用地使用权
转让合同纠纷申请仲裁案谈起

【案情简介】

申请人银川某葡萄酿酒有限公司、被申请人银川某保健品有限公司、宁夏某房地产开发有限公司原系银川某实业股份有限公司的控股子公司。1995年9月28日，宁夏某房地产开发有限公司通过出让方式取得了位于银川开发区15号路东、面积为14 152.5平方米的土地使用权，并缴纳了土地出让金。1996年银川某实业股份有限公司下发《关于土地调拨的通知》，将涉案土地调入被申请人，作为银川某实业股份有限公司对被申请人的投资，被申请人就该土地办理了银开国用（1996）第011号国有土地使用证。1998年8月25日，银川某实业股份有限公司下发《工业用地使用权调拨通知》，将该宗土地调入申请人使用，但未办理土地使用权变更登记手续。1999年12月18日，申请人经依法审批，取得建设工程规划许可证，在该宗土地上建设了办公楼及厂房等，总建筑面积为7 849.1平方米，其中厂房面积为4 551.13平方米。2000年12月，被申请人重新换发了《国有土地使用证》(宁国用〔2000〕字第0835号)。2002年8月9日,申请人与被申请人签订《协议书》(以下简称"该协议"),该协议约定了被申请人将银川市开发区15号路东申请人办公楼及厂房用地14 152.5平方米国有土地使用权过户至申请人名下,申请人与银川某计算机高新技术有限公司协商,同意将银川高新区4号标准厂房转让给被申请人,过户至宁夏某装饰有限公司。该协议签订后,涉案土地使用权因债务纠纷发生多次变更登记。2009年执行回转,被申请人于2010年3月将涉案土地中8 837.33平方米抵顶债务转让给宁夏某装饰有限公司。2011年宁夏某装饰有限公司办理了银国用〔2011〕第60337号8 837.33平方米《国有土地使用权证》,被申请人就涉案土地中5315.17平方米办理了银国用〔2011〕第60338号《国有土地使用权证》。

2009年7月27日,申请人以原告名义向银川市金凤区人民法院提起诉讼,以1998年银川某实业股份有限公司将该宗土地调入原告使用且已经建设办公楼和厂房为事实理由,要求被告银川某保健品有限公司将涉案用地14 152.5平方米的国有土地使用权过户至原告名下。2010年8月19日,法院经审理作出了驳回原告诉讼请求的一审判决。原告不服一审判决,向银川市中级人民法院提起上诉,二审法院经审理于2011年3月18日作出了驳回上诉、维持原判的终审判决。

2012年11月,北京市金洋律师事务所接受申请人委托,指派本律师以2002年8月9日申请人与被申请人签订的《协议书》中仲裁条款为依据,于2012年11月29日向银川仲裁委员会提出了仲裁申请,请求裁决被申请人将其名下的银川市开发区15号路东5 315.17平方米国有土地使用权过户至申请人名下,被申请人赔偿因其违约造成申请人的损失752万元。银川仲裁委员会于当日受理了本案。2012年12月3日,申请人向银川仲裁委员会提出财产保全申请;2012年12月18日,银川仲裁委员会向银川中级人民法院提交了关于申请财产保全的函;2013年3月4日,银川中级人民法院作出了查封被申请人名下的银国用〔2011〕第60338号国有土地使用权或查封其相应价值的其他财产的民事裁定。银川仲裁委员会依据其仲裁规则依法进行了多次开庭审理，并于2013年10月19日作出了终局裁决，裁决被申请人银川某保健品有限公司自本裁决生效之日起30日内将银国用〔2011〕第60338号《国有土地使用权证》名下的5315.17平方米土地使用权变更登记在申请人银川某葡萄酿酒有限公司名下；申请人的其他仲裁请求不予支持。

2014年4月16日，银川某保健品有限公司不服银川仲裁委员会作出的〔2013〕银仲裁字147号裁决书，在法定期限内向银川中级人民法院申请撤销该仲裁裁决，银川中级人民法院受理后以听证方式进行了审查，于2014年7月22日作出了终审裁定，驳回银川某保健品有限公司申请撤销银川仲裁委员会作出的〔2013〕银仲裁字147号裁决的申请。

【代理意见和仲裁裁决】

申请人的代理意见

北京市金洋律师事务所接受申请人委托后，指派本律师调查收集了有关证据，根据仲裁庭查明的事实，依据我国《物权法》《土地管理法》《城市房地产管理法》及最高人民法院的有关司法解释的有关规定，发表了如下代理意见：

（一）申请人与被申请人签订的位于银川开发区15号路东14 152.5平方米的国有土地（以下简称"该宗土地"）土地使用权转让《协议书》（以下简称"该协议"）完全是真实的

2002年8月9日，申请人与被申请人签订了该宗土地使用权转让《协议书》，该协议约定了被申请人将银川市开发区15号路东申请人办公楼及厂房用地14 152.5平方米国有土地使用权过户至申请人名下，该协议自双方签字盖章（即2002年8月9日）后生效。

1. 被申请人否认该协议的真实性，缺乏法律依据。

被申请人认为该协议不真实，应当向仲裁庭申请鉴定，但被申请人不申请鉴定，说明其认可该协议中有关被申请人及其母公司的盖章和签名是真实的。

《最高人民法院关于民事诉讼证据的若干规定》第75条规定："有证据

证明一方当事人持有证据无正当理由拒不提供,如果对方当事人主张该证据的内容不利于证据持有人,可以推定该主张成立。"本案中,该协议第6条关于"本协议一式四份,甲、乙双方各执二份,具有同等法律效力"的约定,证明被申请人持有该协议2份,但被申请人拒不提供该协议,被申请人应当承担相应的不利后果,即申请人与被申请人存在国有土地使用权转让的事实成立。

2. 被申请人否认该协议的真实性,缺乏事实依据。

首先,申请人与银川某计算机高新技术有限公司在签订该协议时同为银川某实业股份有限公司的子公司,银川某计算机高新技术有限公司将其拥有的银川开发区4#标准厂房作为置换物完全合乎情理。至于他们之间是否是有偿进行,属于他们之间的商业秘密,毋庸置疑;银川某计算机高新技术有限公司未在该协议书中签字盖章,符合我国《合同法》第65条关于"当事人约定由第三人向债权人履行债务的,第三人不履行债务或者履行债务不符合约定,债务人应当向债权人承担违约责任"的规定。

其次,该协议的交易标的非常明确、真实。对该协议的土地位置、面积及现状与实际情况完全相符,至于该协议中产权证号中的(2000)打印成(2002)属于笔误,该协议的交易标的物的描述是非常清楚的,不影响该协议作为书证的真实性、关联性和合法性的存在,因此,根据《最高人民法院关于民事诉讼证据的若干规定》第64条、第65条的规定,该协议作为书证具有证明力。

第三,该协议的交易置换物真实存在,且在签订该协议时属于银川某计算机高新技术有限公司所有。

第四,该协议中将交易置换物直接过户至宁夏某装饰有限公司有充分的事实依据。在签订该协议时,银川某酒业有限公司及其全资子公司(被申请人)与宁夏某装饰有限公司已经存在债权债务关系。

3. 被申请人否认该协议的真实性的其他理由,均缺乏事实和法律依据。

首先,关于该协议没有约定履行期限问题,根据我国《合同法》第62条的规定,没有约定履行期限,当事人可以随时要求履行,以此否认该协议的真实性,毫无法律依据。

其次,该协议中土地使用权转让的对价符合当时市场价格,且价格的高低与否均不影响该协议的真实性。我国《城镇国有土地使用权出让和转让暂行条例》第26条规定:"土地使用权转让价格明显低于市场价格的,市、县人民政府有优先购买权。"因此，该协议中转让价格高低不影响该协议的真实性。

第三，2002年8月9日申请人与被申请人签订该协议时，申请人知道被申请人已经取得了涉案土地《国有土地使用证》（宁国用〔2000〕字第0835号）且该土地已经由申请人合法使用，双方签订该协议合情合法，因此，该协议真实。

第四，被申请人以申请人的签字代表不存在进行抗辩更是毫无根据。在该协议上代表申请人签字的孔某某先生当时是申请人的总经理，经申请人授权在该协议签字符合法律规定，真实有效。

（二）该协议是完全合法的

该协议是申请人与被申请人真实意思表示，没有我国《合同法》第52条、第53条规定的情形，在该协议签订时被申请人拥有该宗土地的国有土地使用权，在申请人申请仲裁前，被申请人已经取得了相应的《国有土地使用权证书》，因此，该协议属于合法有效的合同。

我国《合同法》第140条规定："标的物在订立合同之前已为买受人占有的，合同生效的时间为交付时间。"该宗土地在签订该协议之前已经由申请人占有，因此，自2002年8月至今，被申请人根据该协议的约定将该宗土地交付给申请人，申请人已经合法占有和使用该宗土地。

1.被申请人签署该协议符合我国《民法通则》《公司法》等法律、法规的规定。

首先，被申请人是经过合法注册的企业法人，根据我国《民法通则》第36条"法人是具有民事权利能力和民事行为能力，依法独立享有民事权利和承担民事义务的组织"的规定及我国《公司法》第3条"公司是企业法人，有独立的法人财产，享有法人财产权"的规定，被申请人有权对外签订其拥有的土地使用权的转让协议，该协议的签订合法有效。

其次，涉案的土地使用权是由银川某实业股份有限公司的子公司宁夏某房地产开发有限公司通过出让方式取得，后由银川某实业股份有限公司以出资方式将涉案土地转让给被申请人，涉案土地使用权并非划拨土地使用权，不需要经过有批准权的人民政府批准，被申请人签订的该协议合法有效。

第三，即使被申请人作为国有独资公司，该协议的签订也符合有关法律规定。我国1999年修订的《公司法》第66条规定："国有独资公司不设股东会，由国家授权投资的机构或者国家授权的部门，授权公司董事会行使股东会的部分职权，决定公司的重大事项，但公司的合并、分立、解散、增减资本和发行公司债券，必须由国家授权投资的机构或者国家授权的部门决定。"已经生效的银川市中级人民法院民事判决书（〔2010〕银民终字第1144号）查明了以下事实：被申请人于2002年2月2日成为某酒业公司的全资子公司，2002年4月15日某酒业公司的资产全部归银川市政府所有，由其指派原某酒业公司董事长强某某为首的领导班子行使法人权利，承担法律责任，对银川市政府及其授权管理机构负责。该协议上既有国有独资股东银川某酒业有限公司的盖章，又有强某某董事长的亲笔签名，说明该协议是经过了银川市政府及其授权管理机构指派的董事会的同意，而国有土地使用权的转让属于公司董事会有权决定的公司重大事项，不需要由银川市政府及其授权管理机构决定，因此，该协议合法有效。

2. 已经生效的法院判决并未涉及该协议的内容。

已经生效的银川金凤区人民法院民事判决书（〔2009〕金民初字第1534号）及银川市中级人民法院民事判决书（〔2010〕银民终字第1144号）判决内容，仅对1998年银川某实业股份有限公司将涉案土地调入申请人的行为的性质进行了判决，未涉及该协议的任何内容。根据我国《民事诉讼法》确立的"不告不理"原则，法院在案件审理中只能按照当事人提出的诉讼事实和主张进行审理，对超过部分不得主动审理，上述案件中原告（本案的申请人）是以1998年银川某实业股份有限公司将涉案土地调入申请人这一行为提起诉讼的，因此，法院仅对1998年调拨行为进行了裁决，而未涉及本案的土地使用权转让行为，因此，被申请人的该抗辩理由不成立。

（三）申请人要求被申请人将银川开发区15号路东的5 315.17平方米国有土地使用权过户至申请人名下，有充分的事实和法律依据

该协议签订后，由于被申请人的违约，该宗土地使用权进行了多次转让过户，并且违反该协议约定将该宗土地中的8 837.33平方米的土地使用权转让给第三人。

自1996年至2002年，被申请人对该宗土地拥有《国有土地使用权证》。

2002年，该宗土地中的5 315.17平方米的土地使用权过户至宁夏某复合肥有限公司，后宁夏某复合肥有限公司将该土地使用权过户至郭某某，2009年执行回转，2011年被申请人办理了该宗土地中的5 315.17平方米土地使用权证（证号：银国用〔2011〕字60338号）。

2003年9月，该宗土地中8 837.33平方米的土地使用权从被申请人过户至丁某某名下，后2004年3月丁某某将该土地使用权过户至张某某，2009年执行回转，2010年3月该土地抵付宁夏某装饰有限公司，2011年宁夏某装饰有限公司办理了该宗土地中的8 837.33平方米的土地使用权证（证号：银国用〔2011〕第60337号）。

根据《最高人民法院关于审理涉及国有土地使用权合同纠纷案件适用法律问题的解释》第10条第1款的规定，银川开发区15号路东的5315.17平方米国有土地使用权仍在被申请人名下，并且该土地已经由申请人合法占有进行了办公楼及厂房的建设，因此，申请人要求被申请人将其银川开发区15号路东的5 315.17平方米国有土地使用权过户至申请人名下，有充分的事实和法律依据。

（四）申请人在该宗土地上建设办公楼和厂房等是根据控股股东银川某实业股份有限公司调拨决策而合法占有和使用的，该宗土地已经成为申请人房屋不可分割的组成部分，根据我国《物权法》确立的"房地一体主义"的基本原则，申请人要求被申请人将银川开发区15号路东的5 315.17平方米国有土地使用权过户至申请人名下，有充分的法律依

申请人、被申请人、宁夏某房地产开发有限公司原系银川某实业股份有限公司的控股子公司。

位于银川开发区15号路东14152.5平方米的国有土地，原系银川高新技术产业开发区规划土地建设局所有。1995年9月28日，宁夏某房地产开发有限公司通过出让方式取得了该宗土地的土地使用权，并缴纳了土地出让金。

1996年银川某实业股份有限公司下发《关于土地调拨的通知》，将该宗土地调入被申请人银川某保健品有限公司，被申请人就该土地办理了银开国用〔1996〕第011号国有土地使用证。

1998年8月25日，银川某实业股份有限公司下发《工业用地使用权调拨通知》，将该宗土地调入申请人使用。

1998年10月19日，银川高新技术产业开发区经济发展局下发了《关于银川某葡萄酿酒有限公司项目立项的批复》，明确申请人在该宗土地上建设办公楼和灌装厂。

1999年12月18日，申请人经依法审批，取得建设工程规划许可证，在该

宗土地上建设了办公楼及厂房等。

申请人根据银川某实业股份有限公司的土地调拨决策及被申请人的同意，在该宗土地上依法立项、规划、建设了办公楼及厂房，且申请人合法拥有该办公楼及厂房营业至今，该办公楼及厂房与该宗土地在自然属性上是连为一体的，离开了该宗土地，该办公楼及厂房则失去了其作为不动产的基础，因此，该宗土地已经成为申请人合法拥有的房地产的一部分，不再独立存在。

正是基于土地与房屋的上述自然特征，我国《物权法》第146条、第147条规定了"房地一体主义"的基本原则，明确建设用地使用权与地上不动产一并处分的强制性规定，申请人是该宗土地地上建筑物的唯一合法权利主体，该办公楼所附属的该宗土地使用权理应归申请人所有，申请人要求被申请人将银川开发区15号路东的5315.17平方米国有土地使用权过户至申请人名下，符合上述法律规定。

（五）被申请人违约将该宗土地使用权的一部分转让给第三人，应当依法承担赔偿责任

由于被申请人违反该协议的约定将该宗土地中的8 837.33平方米转让给第三人（即宁夏某装饰有限公司），并且第三人已办理了该宗土地中的8 837.33平方米的土地使用权证（证号：银国用〔2011〕第60337号），根据《最高人民法院关于审理涉及国有土地使用权合同纠纷案件适用法律问题的解释》第10条的规定，申请人被迫放弃该宗土地中的8837.33平方米的土地使用权过户要求，被申请人应当承担其违约造成申请人的损失。

如上所述，申请人在被申请人违约转让给第三人的土地上已经合法建设了厂房等建筑物，合计面积为4551.13平方米，根据《最高人民法院关于审理涉及国有土地使用权合同纠纷案件适用法律问题的解释》第10条第2款的规定及我国《合同法》第97条的规定，按照该厂房等建筑物的市场重置价格计算，被申请人应当赔偿申请人损失752万元人民币。

被申请人的答辩意见

针对申请人的仲裁请求及事实理由，被申请人提供了如下答辩意见：

（一）被申请人对争议土地拥有合法使用权

就本案争议土地使用权归属，申请人曾于2009年8月向银川市金凤区人

民法院起诉。该法院于 2010 年 8 月 19 日作出〔2009〕金民初字第 1534 号民事判决书，认定该宗土地使用权归被申请人。二审和再审法院均维持了一审判决，故申请人认为争议土地使用权归其享有，没有任何法律依据。

（二）本案受理违反了一事不再理原则

在 2009 年案件起诉中，申请人以银川某实业股份有限公司于 1998 年 8 月 25 日将争议土地调拨给申请人为由，请求被申请人将争议土地过户至其名下。而在本案中，申请人以 2002 年 8 月 9 日的《协议书》中被申请人将争议土地转让给申请人为由，请求被申请人将争议土地过户至其名下。综上，就争议的同一宗土地使用权的归属，申请人前面向法院提起诉讼，现在又提起仲裁，显然违反了民事案件一事不再理原则。

（三）《协议书》是申请人凭空捏造的

在 2009 年案件中，申请人确信银川某实业股份有限公司于 1998 年 8 月 25 日将争议土地调拨给申请人是合法有效的。但申请人既然确信银川某实业股份有限公司行为合法有效，为何于 2002 年 8 月 9 日又与被申请人签订《协议书》要求被申请人将争议土地通过互换的方式转让给申请人？

（四）宁夏某装饰有限公司获得部分争议土地是合法的

2003 年 2 月 24 日，银川市中级人民法院以〔2002〕银执字第 107-2 民事裁定书，将被申请人争议土地中的 8837.34 平方米以抵偿债务的方式抵偿给宁夏某装饰有限公司。以上裁定书是人民法院生效的法律文书，所以，宁夏某装饰有限公司获得土地使用权是合法的，被申请人转让该土地使用权也是合法的。故申请人称被申请人转让"违约"，纯属不实之词。

（五）申请人未获得建设工程规划许可证

申请人称，其于 1998 年 12 月 28 日获得在争议土地上建房的《建设工程规划许可证》。但银川高新技术产业开发区规划土地建设局 1998 年 12 月 18 日颁发的《建设工程规划许可证》表明，在争议土地上进行建房的建设单位是银川某实业股份有限公司，非申请人。

综上，被申请人对本案争议土地有无可质疑的合法使用权；被申请人从未将争议土地转让给申请人；《协议书》是申请人捏造的。故请求驳回申请人的仲裁请求。

仲裁庭意见及裁决

银川仲裁委员会受理此案后，于 2013 年 5 月 7 日、7 月 2 日、9 月 25 日进行了开庭审理。仲裁庭经审理提出了如下意见：

（一）关于《协议书》的效力

根据庭审查明的事实，本庭认为：申请人与被申请人 2002 年 8 月 9 日所签订的土地使用权转让《协议书》系当事人真实意思表示，内容并不违反法律、法规的强制性规定，亦不损害他人利益，期间虽发生因其他债务诉讼人民法院查封了争议标的，出现数次土地使用权的变更登记，但申请人在本次仲裁申请时，涉案 5315.17 平方米的土地使用权因执行回转已登记在被申请人名下。

根据《最高人民法院关于审理涉及国有土地使用权合同纠纷案件适用法律问题的解释》的规定，转让方未取得出让土地使用权证书与受让方订立合同转让土地使用权，起诉前转让方已取得出让土地使用权证书或者有批准权的人民政府同意转让的，应当认定合同有效。8 837.33 平方米的土地使用权虽已变更登记在第三人名下，根据物权登记效力规定，申请人主张不能。但不影响协议书合同效力。

故本案的《协议书》为有效协议。合同条款对双方当事人都具有约束力，当事人均应按照合同约定及相关法律规定履行义务，主张权利。

（二）关于本案的争议焦点

本案的争议焦点是：1. 申请人与被申请人签订的使用权转让《协议书》是否客观真实；2. 申请人向被申请人主张违约损失 752 万元能否成立；3.《协议书》中涉及的土地使用权证公元纪年问题。

仲裁庭对双方争议焦点作如下分析认定：

1. 申请人与被申请人签订的使用权转让《协议书》是否客观真实。

从本案申请人提供的证据《协议书》来看，符合合同签订的形式要件，被申请人否认其真实性，却不申请委托鉴定机构对该协议书真伪进行司法鉴定，在仲裁庭释明后被申请人依然坚持不申请司法鉴定，根据《最高人民法院关于民事诉讼证据的若干规定》对需要鉴定的事项负有举证责任的当事人，无正当理由不提出鉴定申请，致使对案件争议的事实无法通过鉴定结论予以认定的，应当对该事实承担举证不能的法律后果。且早在 14 年前，申请人亦通过正常手续获取在该宗土地上的开发建设许可,建立了某葡萄酿酒生产基地并生产至今。反映出双方当事人在签订该《协议书》的意图是真实和清楚的。仲裁庭确认该《协议书》客观真实。

2. 申请人向被申请人主张违约损失 752 万元能否成立。

由于双方未在《协议书》中约定违约条款,且申请人损失计算依据不当,故申请人关于被申请人赔偿违约损失的主张不能成立,仲裁庭对申请人要求被申请人赔偿 752 万元违约损失的仲裁请求不予支持。

3. 关于《协议书》中涉及的土地使用权证公元纪年问题。

从双方提供的有效证据可以清晰看到《协议书》涉案土地与申请人构建物坐落的土地及其中抵顶给宁夏某装饰有限公司的土地为一宗土地,均登记在被申请人名下。该土地使用权证曾于 2000 年换发,《协议书》中书写的该宗土地证号上的公元纪年(2002)显然是书写上的疏忽,不影响土地使用权证上的真实公元纪年(2000)。

在本案审理过程中,被申请人始终没有行使和主张《协议书》中涉及被申请人的权利。

(三)关于仲裁费的负担

由于申请人的仲裁请求部分得到支持,仲裁庭认为,本案仲裁费应由双方各负担 50%。

依据以上事实和理由,根据《中华人民共和国仲裁法》第 51 条第 1 款,《中华人民共和国合同法》第 8 条、第 60 条第 1 款,《最高人民法院关于审理涉及国有土地使用权合同纠纷案件适用法律问题的解释》第 9 条之规定,裁决如下:

1. 被申请人银川某保健品有限公司自本裁决生效之日起 30 日内将银国用〔2011〕第 60338 号《国有土地使用证》名下的 5 315.17 平方米土地使用权变更登记在申请人银川某葡萄酿酒有限公司名下;

2. 申请人的其他仲裁请求不予支持;

3. 本案仲裁费 59 650 元由被申请人负担 29 825 元,申请人负担 29 825 元。

本裁决为终局裁决,自作出之日起发生法律效力。

【仲裁裁决撤销申请与法院裁定】

仲裁裁决撤销申请人意见

银川仲裁委员会作出的〔2013〕银仲裁字 147 号裁决书送达后，银川某保健品有限公司（申请人）向银川中级人民法院提出申请，请求依照我国《仲裁法》第 58 条第 1 款第 1、3、4、5、6 项及第 3 款的规定，依法撤销该仲裁裁决，具体理由如下：

（一）仲裁委仲裁该案的程序违反法定程序

1. 该案于 2012 年 11 月 29 日银川仲裁委立案，直至 2013 年 3 月 21 日银川某保健品有限公司才领取到银（仲）字〔2012〕285 号《应诉通知书》，按照法律规定应当在 7 日内送达，却无故拖延了 103 天。

2. 原《仲裁规则》规定 4 个月审结案件，仲裁委却拖延了 320 天。

3. 该案于 2013 年 7 月 2 日最后的庭审结束，到 2013 年 9 月 5 日，从未召开过合议庭，完全由首席仲裁委员一手操作，已经严重违反了《仲裁规则》和仲裁法的相关规定。

4. 7 月 15 日，首席仲裁员未经合议，以个人名义写出："此案疑点重重，需延期裁决"，申请延期报告，经秘书长批准。这直接违反了《仲裁规则》的规定。

5. 仲裁委受理本案严重违反了"一事不再理"的基本法理规则。银川某葡萄酿酒有限公司为了达到其永久性占有的目的，从 2008 年至 2012 年以建设用地纠纷为案由，在银川市金凤区法院起诉了银川某保健品有限公司，要求过户土地，赔偿经济损失。法院经过审理后，驳回了银川某葡萄酿酒有限公司的诉讼请求。银川中院〔2010〕银民终字第 1144 号《民事判决书》和宁夏高院〔2012〕宁民申字第 2 号《民事裁决书》均维持了一审法院的判决。三审法院的判决早已生效的案件，银川市仲裁委即无权立案，更无权仲裁。银川市仲裁委作为一个社会团体，根本无权推翻经三级法院审理后早已生效的《民事判决书》的判决结论。

（二）仲裁裁决所根据的证据是伪造的

仲裁裁决依据的 2002 年 8 月 9 日的《协议书》，属于明显伪造和虚假的协议。该协议涉及四家公司，其中三家竟然毫不知情，强某某本人的签名都不是自己签的，银川某葡萄酿酒有限公司在法院的诉讼中从未出示过该协议。银川某葡萄酿酒有限公司伪造仲裁协议书，试图进行诈骗国有企业银川某保健品有限公司的土地，且协议的内容在关键条款上竟然将宁国用字〔2000〕第0835号产权证号错写为宁国用字〔2002〕第0835号；该协议涉及置换的相关公司的土地、厂房，既不属实，其产权人事后均未追认。

（三）对方当事人隐瞒了足以影响公正裁决的证据

仲裁委的结果直接导致了仲裁机构变相替对方当事人隐瞒了足以影响公正裁决的证据。

1.故意隐瞒了银川某保健品有限公司提交给仲裁庭的三级法院的三份判决书。2.故意隐匿了自治区国土资源厅宁国资函〔2003〕40号文件。3.故意隐匿了银川某保健品有限公司及原负责人强某某的书证、中联公司及法定代表人韩某某的书证，从而直接影响了裁决的公正性。

（四）仲裁员在仲裁该案时有枉法裁决行为

（五）仲裁机构的裁决将严重违背社会公共利益

仲裁委明知三审法院在生效的判决书中认定的事实和判决的结论，以及驳回银川某葡萄酿酒有限公司诉求的理由，却隐匿了三级法院已生效的判决事实，干涉法院作为国家审判机关具有独立审判的权威，严重违背社会公共利益。

仲裁裁决撤销被申请人代理意见

银川某葡萄酿酒有限公司（被申请人）认为银川某保健品有限公司（申请人）的申请没有事实和法律依据，依法应当予以驳回。

（一）该裁决有明确的仲裁协议，其所根据的证据是客观真实的

申请人认为2002年8月9日被申请人与申请人签订的《协议书》（以下简称"该协议"，该协议含有仲裁条款且是该裁决所根据的证据）是伪造的，申请人由此得出该裁决具有我国《仲裁法》第58条第1款第1、4项规定的情形，申请撤销该裁决。被申请人认为申请人的上述观点是完全错误的，缺乏事实和法律依据，该协议是完全客观真实的，依据该协议的仲裁条款，银川仲裁委员会有权受理并裁决该案件。

1.从该协议的形式和条款来看，该协议是客观真实的，符合法律规定。

首先，该协议采取协议书的书面形式订立，符合我国《合同法》第11条和《城

镇国有土地使用权出让和转让暂行条例》第20条关于"土地使用权转让应当签订转让合同"的规定。

其次，该协议条款包括当事人的名称、标的、数量、质量、价款、履行方式、争议解决方式等，符合我国《合同法》第12条第1款的规定。

2. 从该协议的签字和盖章来看，该协议是客观真实的，不是伪造。

从该协议原件来看，该协议有协议双方当事人的印章（银川某保健品有限公司印章和银川某葡萄酿酒有限公司印章），有银川某保健品有限公司法定代表人强某某和银川某葡萄酿酒有限公司代表孔某某的亲笔签名，有银川某保健品有限公司股东银川某酒业有限公司的印章，有明确的签署日期（2002年8月9日）。根据我国《合同法》第32条关于"当事人采用合同书形式订立合同的，自双方当事人签字或盖章时合同成立"的规定，该协议自2002年8月9日开始成立。

申请人认为该协议是伪造的，其依据应当是银川某保健品有限公司印章是假的、强某某签字是假的、银川某保健品有限公司股东银川某酒业有限公司印章是假的。对印章和签字的真假只能通过司法鉴定来判别，申请人在该案件仲裁过程中应当向仲裁庭申请司法鉴定，但申请人不申请鉴定，并且在仲裁庭释明后依然坚持不申请司法鉴定，只能根据《最高人民法院关于民事诉讼证据的若干规定》的有关规定来认定。

首先，根据《最高人民法院关于民事诉讼证据的若干规定》第25条第2款关于"对需要鉴定的事项负有举证责任的当事人，在人民法院指定的期限内无正当理由不提出鉴定申请或者不预交鉴定费用或拒不提供相关材料，致使对案件争议的事实无法通过鉴定结论予以认定的，应当对该事实承担举证不能的法律后果"的规定，申请人对印章和签名的真假负有举证责任，其不申请鉴定，该协议上的印章和签名是真实的，也就是说，该协议是真实的，不是伪造的。

其次，根据《最高人民法院关于民事诉讼证据的若干规定》第75条关于"有证据证明一方当事人持有证据无正当理由拒不提供，如果对方当事人主张该证据的内容不利于证据持有人，可以推定该主张成立"的规定，本案中该协议第六条关于"本协议一式四份，甲、乙双方各执二份，具有同等法律效力"的约定，证明申请人持有该协议两份，但申请人拒不提供该协议，申请人应当承担该协议是客观真实的后果。

3. 从该协议的具体内容来看，该协议是客观真实的，不是伪造。

首先，该协议的土地使用权转让标的与实际情况相符。该土地的位置、面积、产权证号（除由于笔误年份有误差外）、现状均符合申请人在签订该协议时取得的《国有土地使用证》（宁国用〔2000〕字第 835 号）内容以及 1999 年以来被申请人合法占有使用该土地的实际情况。

其次，该协议置换物所有权主体即银川某计算机高新技术有限公司至 2012 年查询时一直存续，即在 2002 年 8 月 9 日签订该协议时置换物所有权主体是客观存在的。银川某计算机高新技术有限公司自 1995 年 11 月设立至 2012 年 11 月被申请人到宁夏工商行政管理局查询，一直存续，只是在 2010 年 7 月 29 日被吊销营业执照。根据我国《中外合资经营企业法》（1990 年修订）第 13 条、《中外合资经营企业法实施条例》（1983 年修订）第 107 条关于合营企业解散需要进行清算并向登记管理机构办理注销登记手续的规定，银川某计算机高新技术有限公司虽然在 2000 年有商务部门的合并批复，但合营企业未注销，作为企业主体仍然存在，因此，申请人以其提供的宁夏回族自治区对外贸易经济合作厅的三份文件为依据就认为该协议置换物所有权主体（银川某计算机高新技术有限公司）在 2000 年已不存在是不合法的，也是不符合事实的。

第三，该协议置换物即银川高新区 4# 标准厂房所有权在 2002 年 8 月 9 日签订该协议时一直归银川某计算机高新技术有限公司。银川某计算机高新技术有限公司于 1996 年 1 月 2 日购买了银川高新区 4# 标准厂房并办理了房屋所有权证（产权证号：970038），银川高新区 4# 标准厂房的房屋所有权证到 2003 年 8 月 6 日之前一直在银川某计算机高新技术有限公司名下。根据我国《城市房地产管理法》（1995 年）第 59 条关于"国家实行土地使用权和房屋所有权登记发证制度"的规定和《城市房屋权属登记管理办法》（建设部令 57 号，1997 年）第 5 条关于"房屋权属证书是权利人依法拥有房屋所有权并对房屋行使占有、使用、收益和处分权利的唯一合法凭证"的规定，该协议置换物即银川高新区 4# 标准厂房所有权在 2003 年 8 月 6 日前一直属于银川某计算机高新技术有限公司。申请人以其提供的证据四（5）、（6）、（7）三份证据为依据认为银川高新区 4# 标准厂房房屋所有权主体发生变化，不符合这些证据反映的客观情况，也不符合上述法律的有关规定。

第四，该协议中将交易置换物直接过户至宁夏某装饰有限公司是有事实依据的。在签订该协议时，银川某酒业有限公司及其全资子公司（申请人）与宁夏某装饰有限公司已经存在债权债务关系。

第五，银川某计算机高新技术有限公司将其拥有的银川开发区4#标准厂房作为置换物完全合乎情理。在签订该协议时，被申请人与银川某计算机高新技术有限公司同为银川某实业股份有限公司的子公司，他们之间相互支持是完全合乎情理的。

4. 从该协议的标的现状来看，该协议是客观真实的，不是伪造的。

早在1999年被申请人就已经通过合法方式取得了该宗土地的开发建设许可，建立了葡萄酿酒生产基地并生产至今，说明被申请人与申请人签订该协议的意图是真实和清楚的。

5. 申请人提供的证据不能得出该协议是伪造的结。

首先，申请人提供的证据四主要是对银川高新区4#标准厂房置换物及其所有权主体银川某计算机高新技术有限公司提出了质疑，退一步讲，假如申请人的质疑是真实的，此情形属于我国《合同法》第54条第2款规定的一方以欺诈手段使对方违背真实意思表示的情况下订立的合同受损害方有权请求法院或仲裁机构变更或撤销的情形，申请人可以就置换物部分提出变更或撤销，但绝不能由此就可以得出该协议是伪造的结论。

其次，申请人提供的证据三是对2002年8月9日申请人是否有涉案土地的处置权提出质疑，退一步讲，假如申请人的质疑是真实的，此情形只涉及该协议的效力，但绝不能由此就可以得出该协议是伪造的结论。根据《最高人民法院关于审理涉及国有土地使用权合同纠纷案件适用法律问题的解释》第9条关于"转让方未取得出让土地使用权证书与受让方订立合同转让土地使用权，起诉前转让方已经取得出让土地使用权证书或者有批准权的人民政府同意转让的，应当认定合同有效"的规定，申请人在被申请人申请仲裁（2011年11月2日）前已经取得了涉案土地中5 315.17平方米的土地使用权，该协议是有效的。

第三，申请人提出的该协议没有银川某计算机高新技术有限公司的盖章、该协议的交易置换物所有权主体在2003年以后已经发生了变化的情形，只是该协议的履行问题，不能由此就可以得出该协议是伪造的结论。根据我国《合同法》第65条关于"当事人约定由第三人向债权人履行债务的，第三人不履行债务或者履行债务不符合约定，债务人应当向债权人承担违约责任"的规定，银川某计算机高新技术有限公司作为第三人无法履行义务的，由被申请人承担责任。

（二）该裁决的仲裁程序符合法定程序，在仲裁程序方面没有导致该裁决被撤销的情形

根据我国《仲裁法》第58条第1款第3项及《最高人民法院关于适用〈中华人民共和国仲裁法〉若干问题的解释》第20条的规定，"违反法定程序"，是指违反仲裁法规定的仲裁程序和当事人选择的仲裁规则可能影响案件正确裁决的情形。

申请人提出仲裁委违反法定程序，主要有：一是仲裁通知书等法律文书的送达给申请人不符合《银川仲裁委员会仲裁暂行规则》（以下简称"仲裁规则"）规定的期限；二是仲裁延期不符合仲裁规则的规定；三是仲裁委受理该仲裁案件违反了"一事不再理"的原则。

被申请人认为申请人提出的上述情形缺乏事实和法律依据，不能构成撤销该裁决的理由。

1. 关于仲裁通知书等法律文书送达给申请人的期。

首先，仲裁委未能按期送达，是由于申请人在2005年10月18日被银川高新技术产业开发区工商行政管理局依法吊销了营业执照，申请人已经没有实际经营场所和人员，无法送达法律文书。

其次，仲裁委未能按期送达法律文书未影响申请人的答辩权利的行使，仲裁委送达仲裁通知书等法律文书给申请人后，按照仲裁规则的规定给予了申请人15天的答辩期限。

第三，申请人知道仲裁规则中规定的法律文书送达期限未被遵守，但仍继续参加仲裁程序且未提出异议的，视为申请人放弃提出异议的权利，说明申请人接受了该程序，并认可该程序并未对其权利产生实质影响。

总之，法律文书送达期限不属于《仲裁法》规定的强制性规定，属于当事人约定的仲裁程序，仲裁委未按期送达法律文书，是由于无法找到申请人的客观原因造成的，不影响申请人的答辩权利的行使，不影响案件的正确裁决，申请人以法律文书送达不符合规定为由申请撤销仲裁裁决，缺乏事实和法律依据。

2. 关于仲裁期限的延期。

仲裁委对本案仲裁期限的延长，符合仲裁规则的规定，申请人以此为由申

请撤销仲裁裁决,缺乏事实和法律依据。

3. 关于仲裁委对该仲裁案件的受理。

仲裁委对该仲裁案件是否应当受理,不属于《仲裁法》第58条第1款第3项规定的"仲裁的程序违反法定程序"的情形。

仲裁委对该仲裁案件的受理不违反"一事不再理"的原则,申请人以已经生效的法院判决为由认为仲裁委不应受理该仲裁案件是缺乏事实和法律依据,具体理由如下:

首先,已经生效的法院判决未涉及2002年8月9日被申请人与申请人签订的该协议(以下简称"2002年转让行为")。已经生效的银川金凤区人民法院民事判决书(〔2009〕金民初字第1534号)及银川市中级人民法院民事判决书(〔2010〕银民终字第1144号)判决内容,仅对1998年银川某实业股份有限公司将涉案土地调入被申请人的行为(以下简称"1998年调拨行为")的性质进行了判决,未涉及该协议的任何内容。根据我国《民事诉讼法》确立的"不告不理"原则,法院在案件审理中只能按照当事人提出的诉讼事实和主张进行审理,对超过部分不得主动审理,上述案件中原告(本案的被申请人)是以1998年调拨行为提起诉讼的,因此,法院仅对1998年调拨行为进行了裁决,而未涉及仲裁案件的2002年转让行为。

其次,法院诉讼案件是针对1998年的调拨行为,仲裁案件是针对2002年的转让行为,从两者的实际内容来看,法院诉讼案件属于物权确认纠纷案件,仲裁案件属于建设用地使用权转让纠纷案件,两者性质不同。法院对1998年的调拨行为的判决不可能涉及2002年的转让行为。

第三,该协议明确约定以仲裁方式解决争议,明确排除了法院的司法管辖权。根据我国《仲裁法》第5条关于"当事人达成仲裁协议,一方向人民法院起诉的,人民法院不予受理"的规定,法院不应对2002年的转让行为进行判决。

总之,已经生效的法院判决未对被申请人与申请人之间的土地使用权转让行为纠纷进行审理和判决,仲裁委以有效的仲裁条款及申请人的申请为依据依法受理并裁决被申请人与申请人之间的土地使用权转让行为纠纷,不违反"一事不再理"的原则。

(三)被申请人没有隐瞒足以影响公正裁决的证据

根据我国《仲裁法》第58条第1款第5项的规定,隐瞒足以影响公正裁决的证据的主体是对方当事人。

被申请人在仲裁过程中没有隐瞒证据（包括足以影响公正裁决的证据），就申请人所提出质疑的证据来看，也不存在被申请人隐瞒证据的问题，一是关于已经生效的法院判决书，被申请人在仲裁活动中已经提交给仲裁庭；二是关于自治区国土资源厅宁国资函〔2003〕40号函，该函是自治区国土资源厅给自治区及银川市人大常委会、自治区高级法院和银川中级法院、自治区检察院和银川检察院的说明函，被申请人不可能持有此证据；三是关于强某某和韩某某的书证，是由申请人取得的。

仲裁庭在案件调查过程中，上述证据均进行了举证、质证，在裁决书中均进行了认证。

总之，申请人以对方当事人隐瞒了足以影响公正裁决的证据为由申请撤销该裁决没有事实依据。

（四）仲裁员在仲裁该案时没有枉法裁决的行为

本案仲裁员在仲裁该案件时，忠于职守，根据事实，依照法律，遵循了公平合理原则，平等对待各方当事人，给予了当事人充分陈述意见的机会，所作该裁决客观、公正。

该协议签订生效后，由于申请人的违约致使该协议没有得到及时履行，后来置换物的主体也确实发生了变化，但这不影响该协议的效力和履行，被申请人有权依据该协议要求申请人将涉案土地使用权过户至其名下，仲裁委依据客观事实和法律规定作出该裁决是公正、客观的。

至于申请人依据该协议中所享有的权利，由于申请人在该案件审理过程中始终没有行使和主张，仲裁委无权进行裁决。这只能说明申请人自愿放弃了权利，不能由此得出仲裁员枉法裁判。

总之，申请人以仲裁员在仲裁该案时有枉法裁判行为为由申请撤销该裁决没有事实依据。

（五）该裁决不涉及社会公共利益

我国《仲裁法》第58条第3款规定，人民法院认定该裁决违背社会公共利益的，应当裁定撤销。

我国法律没有对公共利益作出明确规定，但国务院行政法规已经明确规定了公共利益的范围。国务院在2011年1月21日发布实施的《国有土地上房屋征收与补偿条例》第 8 条中明确规定，公共利益是指：国防和外交；由政府组织实施的能源、交通、水利等基础设施建设；由政府组织实施的科技、教育、文化、卫生、体育、环境和资源保护、防灾减灾、文物保护、社会福利、市政公用等公共事业；由政府组织实施的保障性安居工程建设；由政府依照城乡规划法有关规定组织实施的对危房集中、基础设施落后等地段进行旧城区改建；法律、行政法规规定的其他公共利益。

根据上述行政法规的规定，公共利益最根本的特征就是国家利益及社会不特定多数人的利益等。该裁决的内容不属于上述公共利益的范围，不具有公共利益的特征，表现在：一是该裁决所涉及的主体是被申请人与申请人，均为特定的商事主体，不具有公共利益所包含的主体不特定性的特征；二是该裁决的对象是已经出让取得的国有土地使用权的转让，不属于划拨取得的土地使用权，该裁决仅涉及被申请人与申请人的利益，不涉及国家利益和社会不特定多数人的利益。因此，该裁决不涉及公共利益。

申请人认为该裁决将违法和无效的协议认定为合法有效合同是严重违背社会公共利益的行为，被申请人认为该协议合法有效，该裁决认定该协议合法有效完全正确。具体理由如下：

首先，申请人是经过合法注册的企业法人，根据我国《民法通则》第 36 条"法人是具有民事权利能力和民事行为能力，依法独立享有民事权利和承担民事义务的组织"的规定及我国《公司法》第 3 条"公司是企业法人，有独立的法人财产，享有法人财产权"的规定，申请人有权对外签订其拥有的土地使用权的转让协议，该协议的签订合法有效。

其次，涉案的土地使用权是由银川某实业股份有限公司的子公司宁夏某房地产开发有限公司通过出让方式取得，后由银川某实业股份有限公司以出资方式将涉案土地转让给申请人，涉案土地使用权并非划拨土地使用权，不需要经过有批准权的人民政府的批准，申请人签订的该协议合法有效。

第三，即使申请人作为国有独资公司，该协议的签订也符合有关法律规定。我国 1999 年修订的《公司法》第 66 条规定："国有独资公司不设股东会，由国家授权投资的机构或者国家授权的部门，授权公司董事会行使股东会的部分职权，决定公司的重大事项，但公司的合并、分立、解散、增减资本和发行公司债券，必须由国家授权投资的机构或者国家授权的部门决定。"已经生效的银川市中级人民法院民事判决书(〔2010〕银民终字第1144号)查明了以下事实:申请人于2002年2月2日成为某酒业公司的全资子公司,2002年4月15日某酒业公司的资产全部归银川市政府所有,由其指派原某酒业公司董事长强某某为首的领导班子行使法人权利,承担法律责任,对银川市政府及其授权管理机构负责。该协议上既有国有独资股东银川某酒业有限公司的盖章,又有强某某董事长的亲笔签名,说明该协议是经过了银川市政府及其授权管理机构指派的董事会的同意,而国有土地使用权的转让属于公司董事会有权决定的公司重大事项,不需要由银川市政府及其授权管理机构决定,因此,该协议合法有效。

第四,该协议中土地使用权转让的对价符合当时市场价格,且价格的高低与否均不影响该协议的有效性。根据我国《城镇国有土地使用权出让和转让暂行条例》第26条关于"土地使用权转让价格明显低于市场价格的,市、县人民政府有优先购买权"的规定,土地使用权转让价格的高低不影响该协议的效力。

总之,申请人以该裁决严重违背社会公共利益为由申请撤销该裁决没有事实和法律依据。

法院裁定

银川市中级人民法院经审查认为,申请人银川某保健品有限公司向本院提交的证据,不能证明被申请人银川某葡萄酿酒有限公司在仲裁审理中隐瞒证据及仲裁程序违法的事实;银川某保健品有限公司提出银川某葡萄酿酒有限公司提交的2002年8月9日的《协议书》是伪造的,但其不能提出相关证据证实,且其在仲裁时放弃对该协议的鉴定。故申请人银川某保健品有限公司主张的撤销仲裁裁决的理由,不符合《中华人民共和国仲裁法》第58的规定的情形,其请求不能成立。依照《中华人民共和国民事诉讼法》第154条第1款第11项、《中华人民共和国仲裁法》第60条的规定,裁定如下:

驳回申请人银川某保健品有限公司申请撤销银川仲裁委员会〔2013〕银仲裁字147号裁决的申请。

案件受理费400元,由申请人银川某保健品有限公司承担。

本裁定为终审裁定。

◆◆◆房地产开发法律风险防范实务

【风险分析与防范】

本案作为建设用地使用权转让合同纠纷案件，由于涉案的建设用地使用权进行过多次流转，争议不断，案情复杂，具有典型性，主要有：一是1995年宁夏某房地产开发有限公司通过出让方式取得14152.5平方米涉案土地使用权后，母公司银川某实业股份有限公司于1996年将涉案土地使用权调拨给银川某保健品有限公司使用且银川某保健品有限公司办理了《国有土地使用权证》，后于1998年又将涉案土地使用权调拨给银川某葡萄酿酒有限公司使用，但未办理建设用地使用权转移登记，银川某葡萄酿酒有限公司于1999年合法建造了办公楼和厂房等；二是2002年8月9日，银川某葡萄酿酒有限公司与银川某保健品有限公司签订了涉案建设用地使用权转让协议，但未办理建设用地使用权转移登记；三是2002年至2009年，涉案建设用地使用权因债务纠纷发生多次变更，后执行回转至银川某保健品有限公司；四是2010年3月银川某保健品有限公司将涉案土地中8 837.33平方米抵顶债务转让给宁夏某装饰有限公司，银川某保健品有限公司自留涉案土地中剩余5 315.17平方米，2011年宁夏某装饰有限公司、银川某保健品有限公司各自办理了建设用地使用权登记手续。由于涉案建设用地使用权转让行为不规范及争议解决选择不恰当，导致申请人的合法权益受到严重损害，主要有：一是1998年银川某葡萄酿酒有限公司在取得涉案用地建设办公楼及厂房时，没有及时办理建设用地使用权转移登记，致使涉案建设用地使用权人和办公楼及厂房的所有权人分离，银川某葡萄酿酒有限公司无法办理房屋所有权证；二是2002年8月9日银川某葡萄酿酒有限公司与银川某保健品有限公司签订涉案建设用地使用权转让协议后，没有及时办理建设用地使用权转移登记，导致银川某葡萄酿酒有限公司不能享有不动产物权；三是在2009年解决争议时选择1998年的调拨行为而没有选择2002年转让行为导致诉讼主张得不到法院支持，银川某保健品有限公司趁机于2010年将涉案的部分土地抵顶债务而转让给第三人，导致银川某葡萄酿酒有限公司在2012年申请仲裁时无法主张涉案全部土地的建设用地使用权。建设用地使用权转让有风险，应当注意防范。

一、国有建设用地使用权转让概述

国有建设用地使用权转让是指国有建设用地使用权人将其拥有的出让国有建设用地使用权再转移给他人的行为。

国有建设用地使用权转让的特点，主要有：一是国有建设用地使用权与附着于该土地上的建筑物、构筑物及其附属设施一同转移；二是国有建设用地使用权转让中，国有建设用地使用权出让合同载明的权利、义务随之转移；三是国有建设用地使用权转让应当及时办理转移登记，转移登记是物权转移的标志，但不影响国有建设用地使用权转让合同效力。

国有建设用地使用权转让方式，主要有：一是买卖，是指以价金的支付为国有建设用地使用权的对价，是国有建设用地使用权转让的主要表现形式；二是交换，是指以特定的财产权益的置换为国有建设用地使用权的对价，如上述案例中以标准厂房的所有权作为置换物；三是出资，是指将国有建设用地使用权作价，作为财产投资入股，组建一个新的法人，原使用权人丧失国有建设用地使用权，享有在新法人中的股权，国有建设用地使用权由新法人行使；四是赠与，是指将国有建设用地使用权无偿转移给受赠人，受赠人无需支付价金或其他财产权利；五是抵债，是指债务人将其所有的国有建设用地使用权移转给债权人，用以抵偿债务；六是合建，是指一方提供国有建设用地使用权，并收取固定收益，不承担经营风险的合作开发；七是企业并购，是指因企业被收购、兼并或合并，国有建设用地使用权随之转移；八是其他，是指法律、法规规定的其他方式。

国有建设用地使用权转让是国有建设用地使用权流转的方式之一，是国家土地有偿使用制度的重要内容，不仅直接关系到土地资源的优化配置，而且关系到土地二级市场的健康发展，对我国经济的发展和社会的稳定起着重要的作用。由于国有建设用地使用权转让方式多样，大多以私下转让方式为主，信息不对称，转让操作不规范，导致风险较大，因此，应当从加强前期尽职调查、明确国有建设用地使用权转让条件、规范国有建设用地使用权转让合同的签订与履行等方面，做好风险防范工作。

二、国有建设用地使用权转让合同主要条款风险分析与防范

就国有建设用地使用权的买卖来说，国有建设用地使用权转让合同是指国

有建设用地使用权人作为转让方将出让国有建设用地使用权转让于受让方，受让方支付价款的协议。国有建设用地使用权转让合同条款是指国有建设用地使用权的转让方与受让方在要约承诺中明确的合同内容。

国有建设用地使用权转让合同条款的风险，主要有：一是合同条款的约定不符合法律规定；二是合同条款的内容不全面；三是合同条款不具体，缺乏操作性。如本文前述案例中，申请人与被申请人签订的国有建设用地使用权转让协议书的条款存在标的物的土地使用权证号描述错误、没有约定履行期限、没有约定违约责任等情形，导致双方发生纠纷的风险。

防范国有建设用地使用权转让合同条款的风险，应当明确以下内容：

首先，应当明确国有建设用地使用权转让合同主体基本情况，包括转让人与受让人的名称、住址、法定代表人、各自取得的内部和外部批准等。

其次，应当明确国有建设用地使用权转让合同标的，一是国有建设用地使用权及地上物的基本情况，包括土地坐落位置、国有建设用地使用权面积、土地规划用途、规划批准的容积率和建筑面积、土地使用期限、土地现状、国有建设用地使用权证号、国有土地使用权出让合同书号等；二是国有建设用地使用权转让，附着于该土地上的建筑物、构筑物及其附属设施一并转让；三是土地上的权利与义务一同转让，包括国有建设用地使用权出让合同载明的权利与义务一同转让，如国有建设用地使用权的使用年限为原国有建设用地使用权出让合同约定的使用年限减去原土地使用者已经使用年限后的剩余年限、不得擅自改变原国有建设用地使用权出让合同约定的土地用途等。

第三，应当明确双方的声明与保证内容，包括获得合法授权、不存在影响转让行为的或有负担等。

第四，应当明确合同价款与支付方式，包括合同价款的确定标准、价款包含的费用范围、价款支付的条件与期限。

第五，应当明确国有建设用地使用权转移登记的办理，包括办理转移登记所需资料的交付内容与期限、具体转移登记手续的办理主体与办理期限等。

第六，应当明确国有建设用地使用权转让合同签订后到交割日之间过渡期期间双方的权利与义务，如转让人应当妥善管理地上物等。

第七，应当明确违约责任，包括转让人、受让人的具体违约行为包括违反声明与保证的行为，违约行为所对应的责任包括定金、违约金及损害赔偿金的具体比例或计算方式等。

第八，应当明确国有建设用地使用权转让合同的解除，包括合同解除的条件和程序等。

第九，应当明确国有建设用地使用权转让合同争议解决方式，如约定通过仲裁方式解决争议应当明确约定仲裁机构的名称。

第十，应当明确合同生效条件。

三、国有建设用地使用权转让合同签订的风险分析与防范

国有建设用地使用权转让合同签订是指转让人、受让人通过一定程序或方式、协商一致在其相互之间建立国有建设用地使用权转让合同关系的一种法律行为。

根据我国《城市房地产管理法》第41条、《城镇国有土地使用权出让和转让暂行条例》第20条规定，国有建设用地使用权转让合同签订应当采取书面形式。

国有建设用地使用权转让合同签订的风险主要在于国有建设用地使用权转让合同效力认定上，如果国有建设用地使用权转让合同被认定无效，受让人不仅不能取得国有建设用地使用权，而且依据该合同支付给转让人的预付资金可能被转让人占用，丧失其他缔约机会。

国有建设用地使用权转让合同效力认定，应当注意以下方面：

首先，国有建设用地使用权转让合同效力与是否办理国有建设用地使用权转移登记手续无关，也就是说，国有建设用地使用权人作为转让方与受让方订立国有建设用地使用权转让合同后，当事人一方不得以双方未办理国有建设用地使用权转移登记手续为由主张合同无效。

其次，转让方未取得出让土地使用权证书与受让方订立合同转让国有建设用地使用权，为无权处分行为，该无权处分行为在转让方取得出让土地使用权证书或者有批准权的人民政府批准之前属于效力待定的法律行为。在当事人向人民法院起诉前，如转让方仍未取得出让土地使用权证书或者有批准权的人民政府没有批准，则转让行为无效，其所订立的转让合同为无效合同；如转让方取得出让土地使用权证书或者经有批准权的人民政府批准，则转让行为溯及于行为成立时有效，其所订立的转让合同为有效合同。

第三，国有建设用地使用权人未经有批准权的人民政府批准，与受让方订立合同转让划拨国有建设用地使用权的，国有建设用地使用权转让合同无效。但在当事人向人民法院起诉前，经有批准权的人民政府批准的，国有建设用地使用权转让合同有效。

第四，划拨国有建设用地使用权人作为转让方直接同受让方签订用于工业、商业、旅游、娱乐和商品住宅等经营性用地用途的转让合同，其出让方式是协议出让方式，因不符合我国《物权法》第137条第2款规定的公开竞价出让方式而得不到有批准权的人民政府批准，转让合同无效。

第五，在以下情形下签订的国有建设用地使用权转让合同属于效力待定合同，如果条件不成立，就被认定为无效合同，包括：一是共有房地产，未经其他共有人书面同意的；二是权属有争议，尚在诉讼、仲裁或者行政处理中的；三是转让人不是国有建设用地使用权证上载明的建设用地使用权人又没有得到合法授权；四是法律、行政法规规定的其他情形。

防范国有建设用地使用权转让合同签订风险，应当采取以下措施：一是对转让的国有建设用地使用权进行尽职调查，是防范国有建设用地使用权转让的风险防范的前提，尽职调查的内容包括：转让人是否持有出让的国有建设用地使用权证、划拨的国有建设用地使用权转让能否得到有批准权的人民政府的批准、转让人与国有建设用地使用权证载明的国有建设用地使用权人的名称是否一致、转让的土地用途与实际用途是否一致等；二是对属于效力待定合同的情形，需要完善相关手续后，再签订国有建设用地使用权转让合同；三是如果土地的用途不是工业、商业、旅游、娱乐和商品住宅等经营性用地，而是教育、科技、文化、卫生、体育用地或综合用地，并且也不存在两个以上意向用地者，可以通过与划拨土地使用权人签订转让合同后申请政府审批的方式获得建设用地使用权。

四、国有建设用地使用权转让合同履行的风险分析与防范

国有建设用地使用权转让合同履行是指转让人、受让人全面、正确地履行国有建设用地使用权转让合同义务，实现国有建设用地使用权转让合同目的的一种法律行为。

国有建设用地使用权转让合同履行的内容包括国有建设用地使用权转移登

记、税费交纳、土地移交等。

国有建设用地使用权转让合同履行的主要风险是能否办理国有建设用地使用权转移登记手续。根据我国《物权法》关于不动产物权登记生效的原则，如果能办理国有建设用地使用权转移登记手续，受让人就取得了该土地；如果不能办理国有建设用地使用权转移登记手续，受让人就拿不到该土地。

办理国有建设用地使用权转移登记手续，主要有以下风险：

首先，未支付全部的土地出让金。转让以出让方式取得的建设用地使用权，没有按照出让合同约定支付全部土地出让金，因行政行为的干预，国有建设用地使用权转移登记手续难以办理。

其次，未达到法定投资开发条件。转让以出让方式取得的建设用地使用权，没有按照出让合同约定进行投资开发，属于房屋建设工程的，没有完成开发投资总额的25%以上；属于成片开发土地的，达不到工业用地或其他建设用地条件的，不得办理国有建设用地使用权转移登记手续。

第三，国有建设用地使用权已被查封或以其他方式限制转移。建设用地使用权或附着于该土地上建筑物、构筑物及其附属设施已经被司法机关和行政机关依法裁定、决定查封或者以其他形式限制转移的，在建设用地使用权或附着于该土地上建筑物、构筑物及其附属设施没有被解封前，无法办理国有建设用地使用权转移登记手续。

第四，依法提前收回国有建设用地使用权。转让以出让方式取得的建设用地使用权，出让人根据社会公共利益需要，经过法定程序报批且给予相应补偿，提前收回国有建设用地使用权的。在此情形下，无法办理国有建设用地使用权转移登记手续。

第五，属于闲置土地被依法无偿收回的国有建设用地使用权。闲置土地是指国有建设用地使用权人超过国有建设用地使用权有偿使用合同约定的动工开发日期满1年未动工开发的国有建设用地；已动工开发但开发建设用地面积占应动工开发建设用地总面积不足三分之一或者已投资额占总投资额不足25%，中止开发建设满1年的国有建设用地，也可以认定为闲置土地。由于政府以外的原因造成土地闲置，未动工开发满1年的，按照土地出让或者划拨价款的20%征缴土地闲置费；未动工开发满2年的，无偿收回国有建设用地使用权。在此情形下，无法办理国有建设用地使用权转移登记手续。

第六，国有建设用地使用权转让合同签订后未及时办理国有建设用地使用权转移登记手续，转让人签订数个转让合同，需要根据合同的实际履行情况来确定能否办理国有建设用地使用权转移登记手续。对于上述情形的处理，根据《最高人民法院关于审理涉及国有土地使用权合同纠纷案件适用法律问题的解释》第10条规定，首先，该土地归已经办理国有建设用地使用权转移登记手续的受让方；其次，均未办理国有建设用地使用权转移登记手续，该土地归已先行合法占有投资开发土地的受让方；第三，均未办理国有建设用地使用权转移登记手续，又未合法占有投资开发土地，该土地归先行支付土地转让款的受让方；第四，合同均未履行，该土地归依法成立在先合同的受让方。本文前述案例中，就存在上述情形，申请人与被申请人于2002年8月签订国有建设用地使用权转让合同后没有及时办理国有建设用地使用权转移登记手续，被申请人于2010年3月将涉案土地中8 837.33平方米抵顶债务转让给宁夏某装饰有限公司，且宁夏某装饰有限公司于2011年办理了《国有土地使用权证》，导致申请人只能主张留在被申请人名下的剩余5 315.17平方米的土地使用权转移登记至申请人名下。

第七，国有建设用地使用权或附着于该土地上的建筑物、构筑物及其附属设施已经出租，转让人未事先通知承租人。承租人有可能根据我国《合同法》第230条规定的优先购买权而对抗转让合同受让方的购买权，导致无法办理国有建设用地使用权转移登记手续。

第八，国有建设用地使用权或附着于该土地上的建筑物、构筑物及其附属设施已经抵押，未经抵押权人同意。抵押权人可以根据我国《物权法》第191条规定，以国有建设用地使用权转让未经其同意，不得办理国有建设用地使用权转移登记手续。

防范国有建设用地使用权转让合同履行的上述风险，应当采取以下措施：一是对转让的国有建设用地使用权进行尽职调查，查明国有建设用地使用权是否存在妨碍国有建设用地使用权转移登记手续办理的上述情形；二是通过设定多种担保方式，包括履约保函、抵押担保等，对国有建设用地使用权可能存在的瑕疵对受让人造成的损害进行救济；三是在国有建设用地使用权转让合同中通过设置声明与担保条款、严格的违约责任条款如定金与违约金等、合同解除条款等，以确保国有建设用地使用权转让合同的履行。

五、国有建设用地使用权转让合同纠纷解决的风险分析与防范

国有建设用地使用权转让合同纠纷,是指因国有建设用地使用权转让合同的生效、解释、履行、变更、终止等行为而引起的转让人与受让人之间的所有争议。根据我国《合同法》第128条的规定,转让人与受让人可以通过和解、调解、仲裁、诉讼四种方式来解决国有建设用地使用权转让合同纠纷。和解是指转让人、受让人相互协商、相互让步,达成双方均能接受的解决纠纷方法的一种方式。调解是指通过第三者从中调停,促使转让人、受让人解决纠纷的一种方式。仲裁是指转让人、受让人根据国有建设用地使用权转让合同中规定的仲裁条款或双方在纠纷发生后达成的仲裁协议向仲裁机构申请仲裁解决纠纷的一种方式。诉讼是指转让人、受让人在国有建设用地使用权转让合同中没有订立仲裁条款,事后也没有达成仲裁协议,可以将国有建设用地使用权转让合同纠纷起诉到法院,请求法院按照法律规定作出判决解决纠纷的一种方式。

仲裁和诉讼是解决国有建设用地使用权转让合同纠纷的经常采用的主要方式,本文仅就仲裁和诉讼两种方式的风险分析与防范进行阐述。由于国有建设用地使用权转让合同是物权变动的基础和依据之一,具有债权纠纷与物权纠纷密切相关的特点,国有建设用地使用权转让合同纠纷的仲裁、诉讼解决风险较大,转让人、受让人应当认真做好风险防范工作。

国有建设用地使用权转让合同纠纷解决的风险,主要有:一是国有建设用地使用权转让合同纠纷解决方式选择不当的风险;二是国有建设用地使用权转让合同纠纷仲裁或诉讼地点选择不当的风险;三是国有建设用地使用权转让合同纠纷中未申请财产保全或申请不当的风险;四是国有建设用地使用权转让合同纠纷中证据不当的风险;五是国有建设用地使用权转让合同纠纷裁决申请执行不当的风险。

防范国有建设用地使用权转让合同纠纷解决的风险,应当注意以下方面:

首先,应当区别仲裁与诉讼的特点,恰当选择国有建设用地使用权转让合同纠纷解决方式。仲裁与诉讼相比,其特点主要有:一是程序快捷、一裁终局,仲裁实行"一裁终局"制度,没有上诉和再审程序,裁决自作出之日起即发生法律效力,具有强制执行力;二是充分的意思自治,当事人享有最大限度的自主权,包括自主选择仲裁机构、仲裁员、仲裁地、开庭地点、仲裁语言、仲裁

规则以及仲裁所适用的法律等；三是专家裁判，仲裁机构一般均聘有具有一定专业水平和能力的专家担任仲裁员，供当事人选择，仲裁员由法律专家和来自各行业领域的专家组成，以保证经济贸易各行业领域的纠纷由本行业的专业人士来审理，有利于行业纠纷的快速解决；四是程序保密，仲裁审理不公开进行，未经当事人同意和仲裁庭的允许，仲裁程序及实体内容不得向外披露，有利于保护当事人的商业秘密和商业信誉；五是裁决可在境外执行，作为1958年联合国《承认与执行外国仲裁裁决公约》的缔约国，中国的仲裁裁决能在149个缔约国的法院得到承认与执行。

其次，应当恰当选择国有建设用地使用权转让合同纠纷仲裁机构或诉讼地点。一是国有建设用地使用权转让合同纠纷仲裁机构的选择依赖于仲裁协议的有效性，仲裁协议有效条件包括：双方意思表示真实、当事人具有合法资格和能力、内容与形式合法。二是国有建设用地使用权转让合同纠纷仲裁机构的选择，应当考虑到方便、省时、省费及对我有利等因素，优先选择当事人所在城市的仲裁机构，对于选择对方所在城市或其他城市仲裁机构应当慎重。三是国有建设用地使用权转让合同纠纷诉讼地点的选择，根据我国《民事诉讼法》(2012年修正)第34条的规定，合同或其他财产权益的纠纷，当事人可以通过协议选择被告住所地、合同履行地、合同签订地、原告住所地、标的物所在地等与争议有实际联系的地点的人民法院管辖，在选择时应当明确并且尽量选择当事人所在地的法院。

第三，对于请求转让人及时办理国有建设用地使用权转移登记手续的国有建设用地使用权转让合同纠纷的仲裁或诉讼，应当及时依法申请诉讼中财产保全或诉前财产保全。一是及时向仲裁机构或人民法院提出财产保全申请，诉讼中保全或仲裁中保全，提出保全申请的时间必须是在法院受理案件后或仲裁机构受理仲裁案件后，判决或裁决作出前；申请诉前保全，必须在向法院提起诉讼前或申请仲裁前申请。二是应当按照法院要求及时提供担保。三是对于诉前财产保全，申请人应当在人民法院采取保全措施后30日内依法提起诉讼或者申请仲裁。

第四，应当收集和保存全面和具有证明力的国有建设用地使用权转让合同纠纷证据并在举证期限内提供证据。一是收集和保存在国有建设用地使用权转让过程中形成各种类型的书面资料，包括：合同书、往来函件等。二是规范书面资料的签字、签收手续，国有建设用地使用权转让合同及补充合同应当有双方的签字盖章，往来函件应有接收单位授权签收人的签收记录；在对方拒绝签收情况下，可采用特快专递或者公证送达的方式送达；对通过电子邮件发送的有关资料，应当通过公证的方式进行证据保全。三是根据《最高人民法院关于民事诉讼证据的若干规定》第34条规定，应当在举证期限向人民法院提交证据材料，逾期举证的，视为放弃举证权利，举证期限一般包括当事人商定期限、法庭指定期限及法定期限三类，在国有建设用地使用权转让合同纠纷案件中，法庭指定举证期限最多，应当特别注意。

第五，应当及时向管辖权的法院申请执行国有建设用地使用权转让合同纠纷的生效裁决。一是申请执行人必须在2年内提出强制执行申请，自生效法律文书确定的履行义务期限届满之日起算；法律文书规定分期履行的，从规定的每次履行期间的最后一日起算；法律文书未规定履行期间的，从法律文书生效之日起计算。二是申请执行人应当向有执行管辖权的法院申请强制执行，法院生效判决由第一审人民法院或者与第一审人民法院同级的被执行的财产所在地人民法院执行，仲裁裁决由被执行人住所地或者被执行的财产所在地的中级人民法院管辖。三是对于办理国有建设用地使用权转移登记手续的执行，应当做好财产保全措施的解除裁定与法院发出协助执行裁定的衔接，法院发出的协助执行裁定应当在法院财产保全措施的解除裁定之前或同时生效。四是对于办理国有建设用地使用权转移登记手续的执行，申请人应当按照不动产登记机构的要求及时提供有关材料。

◆◆◆房地产开发法律风险防范实务

◆在建工程转让的风险分析与防范

——从代理北京某房地产开发公司
受让北京某综合楼项目全过程
法律服务非诉讼案谈起

【案情简介】

2002年11月,北京某房地产开发公司因购买北京某综合楼项目(以下简称"该项目")的需要,特委托本律师所在的北京市金洋律师事务所为该项目的受让提供专项法律服务,要求指派熟知房地产专业知识及专业法律规定的律师担任法律顾问,双方签订了《工程项目全过程法律服务合同》,该律师事务所指派本律师为该项目受让方的法律顾问,负责为北京某综合楼项目的受让提供全过程的法律服务。

本律师接受委托后,为该项目的受让提供了包括审查该项目的现有全部文件、证件、材料;要求项目转让方提供和补充该项目转让必需的有关文件、材料;就该项目的立项、规划、设计、施工及土地使用权、配套设施等的真实性、合法性,进行审查,收集有关材料;就该项目的决策提出法律意见,从法律上进行论证,提供法律依据,必要时提供书面法律意见;代表受让方与该项目的转让方进行谈判,审查并准备谈判所需的各类法律文件;起草、修改、审查该项目转让合同,使之达到可正式签约的条件;协助受让方办理该项目的立项、建设用地规划许可证、土地使用权出让、建设工程规划许可证、建设工程开工许可证的变更及办理等全过程的法律服务，通过本律师的非诉讼法律服务有效地防范了该项目转让风险的发生，保证了北京某房地产开发公司顺利受让了该项目。

【代理过程和结果】

北京市金洋律师事务所接受委托后，本律师按照如下程序及步骤开展工作：首先，拟定了详细调查清单，要求项目转让方根据项目实际情况，全面、真实、客观地提交该项目的立项、规划、用地、工程等相关事项的行政审批文件或资料信息，并通过项目现场实地考察、项目原业主的访谈、规划及国土资源部门的访问核实，对该项目的现状、合法性等进行了全面调查，掌握了项目的实际情况。其次，为项目受让方提供了严密完善的项目转让方案，确保项目受让方规避风险。第三，拟定了完善的项目转让合同，确保项目依法、规范转让。第四，针对项目转让在政府行政许可过程中遇到的诸多障碍，本律师通过多方奔走协调化解困难，使该项目的各项法律手续顺利办理至受让方名下。

在整个项目转让过程中，本律师紧紧抓住以下主要问题，详细论证，做好风险控制工作，提供了优质的法律服务：

一、关于该项目转让方的主体

购买方北京某房地产开发公司先与北京某科贸有限公司进行该项目转让谈判的，北京某科贸有限公司声称其是该项目的主体，要求尽快签订项目转让合同。

经调查发现：该项目于1993年由北京市农工商联合总公司立项，建设单位为国营北京市某农场；国营北京市某农场1993年10月14日取得《建设工程规划许可证》；1995年10月8日取得《建设工程开工证》；1995年10月8日开始部分施工。1998年3月23日，国营北京市某农场将该项目转让给北京某科贸有限公司。北京某科贸有限公司在未办理立项、规划等变更手续的情况下，投资建设该项目，完成了大部分的主体结构。因此，该项目的实际主体仍为国营北京市某农场，北京某科贸有限公司只是该项目的实际投资人。

根据我国《城市房地产管理法》及《城市房地产开发经营管理条例》的有

关规定，房地产开发项目的转让实质是国有建设用地使用权的转让。在该项目的转让中，国营北京市某农场、北京某科贸有限公司必须是该项目的共同转让方。

二、关于该项目的国有建设用地使用权

该项目属非农建设违法用地房地产开发项目，该项目的国有建设用地使用权未办理出让手续，仍为划拨的国有建设用地使用权，该项目的转让能否成功的关键就在于该项目的国有建设用地使用权能否出让至受让方名下。

根据北京市人民政府《关于处理违法用地问题的意见的通知》（京政发〔1997〕12号）、《关于处理非农建设违法用地的会议纪要》（京政会〔1998〕30号）、《关于进一步加强处理非农建设违法用地工作的会议纪要》（京政会〔1998〕104号）等文件规定，该项目的国有建设用地使用权可以以出让方式取得，但应当缴纳罚款、补办有关手续，包括与国土资源部门签订国有建设用地使用权出让合同，支付土地出让金等。

三、关于行政许可手续的办理

房地产开发项目的转让涉及政府有关行政主管部门的行政许可，如立项、建设用地规划许可、建设工程规划许可、建设工程开工等的变更，行政许可能否及时变更直接关系到房地产开发项目转让的进行。

该项目属于违法在建项目，需要办理立项变更、取得建设用地规划许可证、办理建设工程规划许可证、取得建筑工程施工许可证等手续，风险较大，主要从以下方面防范风险：一是明确约定上述行政许可手续的办理责任由转让方负责，受让方协助；二是将项目转让款的支付与行政许可手续的办理挂钩，也就是说，转让方每办理完毕一项手续的变更，支付一定比例的项目转让费；三是明确约定违约责任，由于转让方的原因造成行政许可手续的办理延迟应承担较重的违约责任。

四、关于项目转让费

项目转让费是项目转让方与项目受让方均非常关注的关键问题，直接关系双方的切身利益。

项目转让费的关键在于该费用所包括的范围及计算标准，如拆迁补偿费、

已有工程的建造费、罚款等，因此，应在项目转让合同中对此作出明确、详细、具体的约定。此外，项目转让费的确定，还应考虑到项目转让所涉及税费的筹划问题。

【风险分析与防范】

本案属于在建工程转让非诉讼案例，转让的国有建设用地使用权是划拨的国有建设用地使用权，经北京市人民政府批准是可以进行国有建设用地使用权出让的，双方约定直接办理至受让方名下，根据《最高人民法院关于审理涉及国有土地使用权合同纠纷案件适用法律问题的解释》第12条的规定，转让方与受让方签订的合同属于具有补偿性质的合同。本律师在代理本案过程中，深切感受到在建工程转让具有非常大的风险，应当引起各方高度重视。

一、在建工程转让概述

在建工程转让是指建设工程权利人在建设工程竣工前以变更建设工程的建设主体和国有建设用地使用权主体的方式，将建设工程项下的国有建设用地使用权、在建工程所有权和继续建设的相关权利一并出卖给受让人，并由受让人支付对价的法律行为。

根据转让的时间不同，在建工程转让可以分为已经具备开工条件但尚未开工、已经开工但尚未开始预售、已经开始预售但尚未竣工等三种情形。

在建工程转让与已建工程转让相比，虽然转让标的均包括国有建设用地使用权，但两者的区别主要有：一是转让标的的范围不同，在建工程转让标的包括国有建设用地使用权、在建工程所有权和继续建设的相关权利，已建工程转让标的包括国有建设用地使用权及附着于该土地上的建筑物、构筑物及其附属设施的所有权；二是转让的内容不同，在建工程转让的内容除发生与不动产物权变动相关的权利与义务的变化外，还发生行政许可所确定的权利与义务变化以及与有关第三人的合同产生的权利与义务的变化，已建工程转让的内容仅发生与不动产物权变动相关的权利与义务的变化；三是转让的程序不同，除转让方以划拨方式取得的国有建设用地使用权转让时需取得有批准权的人民政府审批外，在建工程转让还需要有规划行政主管部门或其他有关行政主管部门的审批，已建工程转让则不需要有关行政主管部门的审批。

在建工程转让具有标的额大、周期长、手续繁琐、法律关系复杂、信息不对称等特点，风险很大。如何防范在建工程转让风险，是房地产项目权利人，特别是房地产开发商关注的焦点之一。在建工程转让的风险防范，除了关注国有建设用地使用权转让，如国有建设用地使用权转让合同效力认定、国有建设用地使用权转移登记手续等风险防范外（详见本书上篇文章内容），还应当关注在建工程转让合同主体、在建工程转让的标的、在建工程转让价款、在建工程转让相关合同处理、在建工程转让变更与备案、在建工程转让税费处理及在建工程转让移交等方面的风险防范。

二、关于在建工程转让合同主体的风险分析与防范

在建工程转让合同主体是指以自己的名义订立和履行在建工程转让合同并享有一定权利与承担约定义务的人，包括转让人和受让人。

在建工程转让合同主体不仅关系到在建工程转让合同的效力，而且关系到在建工程转让合同的履行，直接关系到当事人的合法权益的保护。

在建工程转让合同主体的风险，主要有：一是转让人的名称与政府批准的项目主体的名称不一致的风险；二是如转让人属国有企业，在建工程转让未经国有资产监督管理部门批准及未进行产权交易机构交易的风险；三是如转让人属非国有企业，在建工程转让未经公司章程规定的权力机关同意的风险；四是受让人不具备继续建设受让项目的法人资格与实力的风险；五是如受让人属房地产开发企业，其不具有相应的资质等级的风险；六是如受让人属外商投资房地产企业，未通过商务部门审批与备案的风险。

防范在建工程转让合同主体风险，应当注意以下方面：一是转让人的名称必须与政府批准的项目主体的名称一致；二是如转让人属国有企业，在建工程转让须经国有资产监督管理部门批准且须进入产权交易机构进行交易；三是如转让人属非国有企业，在建工程转让须经公司章程规定的权力机关的同意；四是受让人须具备继续建设受让的在建工程的法人资格与实力；五是如受让人属房地产开发企业，须具有相应的资质等级；六是如受让人属外商投资房地产企业，须通过商务部门审批与备案。

三、关于在建工程转让标的的风险分析与防范

在建工程转让标的是指转让人与受让人权利与义务共同指向的对象。

在建工程转让标的不仅关系到在建工程转让的合同的效力与履行,而且与转让价格密切相关,直接关系到转让人与受让人的切身利益。

在建工程转让标的的风险,主要有:一是在建工程现状瑕疵风险,包括在建工程性质与用地性质不一致;在建工程范围与标准和规划不同;在建工程的权利人与工程实际投资不一致;在建工程用地的取得方式不合法;在建工程建设是否符合有关标准、规范;在建工程法律手续办理不全;在建工程相邻关系紧张;土地是否存在分层利用不明等。二是在建工程转让的有关行政许可手续能否变更的风险,包括在建工程立项手续能否变更;建设用地规划手续能否变更;土地使用权证书能否变更;建设工程规划许可手续能否变更;建设工程开工手续能否变更;商品房预售许可证能否变更等。三是转让的在建工程有关的国有建设用地使用权出让合同、拆迁补偿安置合同的权利与义务转移的风险,包括土地出让金欠缴、拆迁补偿款的欠付等。四是转让的在建工程的土地现状上的建筑物、构筑物及附属设施的转移风险,包括建筑物、构筑物及附属设施的转移范围不明、在建工程质量责任转移不明确等。五是转让的在建工程涉及的债权债务风险,包括与在建工程有关的指定债权债务以及违约赔偿、抵押、担保、诉讼、查封、冻结等。

防范在建工程转让标的的风险,应当采取以下措施:

首先,应当对转让的在建工程进行尽职调查,这是在建工程转让过程中基础性、重要性的工作,是做好在建工程转让的风险防范的前提条件。尽职调查的内容包括:在建工程本身的基本情况,包括在建工程的名称、性质、范围等;在建工程的合法性情况,包括在建工程的立项、建设用地规划、土地使用权的取得、建设工程规划、开工许可、商品房预售等行政许可手续,有无抵押登记、是否被查封等;在建工程的开发情况,包括建设工程合同签订与履行情况、商品房预售合同的签订与履行情况、国有建设用地使用权出让合同及拆迁补偿合同的履行情况、在建工程的质量如何及与规划是否相符、在建工程的相邻关系是否存在现实或潜在的纠纷等。

其次,应当在尽职调查的基础上,制定科学的在建工程转让方案,正确处

理与在建工程转让标的相关的事项，包括：一是根据《城市房地产开发经营管理条例》第 22 条的规定，转让人转让在建工程时，尚未完成征收补偿安置的，原征收补偿安置合同中有关的权利、义务随之转移给受让人，转让人应当书面通知被征收人；二是转让人与受让人应当明确现场现状的时点，并通过现场拍摄、文字描述、列举清单等方式予以固定，特别是要对在建工程质量进行评估；三是受让人承担与在建工程有关的债权债务应当明确，债务转移应当符合我国《合同法》的相关规定。

第三，在建工程转让合同中应当对转让标的的范围与内容作出明确、具体的约定，转让标的的范围与内容应当包括：一是出让的国有建设用地使用权；二是国有建设用地使用权出让合同、征收补偿安置合同中有关的权利义务；三是土地现状上的建筑物、构筑物及附属设施；四是与在建工程有关的指定债权债务。

四、关于在建工程转让价款的风险分析与防范

在建工程转让价款是指转让人将建设工程项下的国有建设用地使用权、在建工程所有权和继续建设的相关权利一并转让给受让人，受让人支付的相应对价。

转让价款是在建工程转让合同的核心条款之一，关系到转让人、受让人的直接利益。

转让价款的风险，主要有：一是转让价款的组成部分不明确的风险；二是在建工程评估不符合法律规定的风险；三是转让价款的确定方式与程序不符合法律规定的风险；四是转让价款的支付方式不科学的风险。

防范转让价款的风险，应当注意以下方面：一是明确转让价款一般由两部分构成：一部分是受让人支付给转让人的净资产（包括国有建设用地使用权）的对价，另一部分是受让人承担的与在建工程有关的指定债务。二是在建工程的评估是确定在建工程转让价款的依据或参考依据，评估的对象是国有建设用地使用权和工程现场现状，如在建工程转让双方或一方系接受国有资产管理的单位，则在建工程评估必须符合国有资产管理的要求。三是如涉及国有资产，在建工程应当进入产权交易机构，通过公开竞价方式，如招拍挂方式确定转让价款；如不涉及国有资产，转让人和受让人可以协商或以评估价格为依据协议确定转让价款，协议转让应当特别注意征得债权人的同意，特别是针对转让标的享有留置权（包括工程价款法定优先权）、抵押权或相关他项权人，必要时，应在转让前公告债权债务申报。四是转让价款的支付方式一般将合同签订、工程现场移交、工程资料移交、国有建设用地使用权变更登记、行政许可主体变更等作为支付价款的参照依据。

五、关于在建工程转让相关合同处理的风险分析与防范

在建工程转让相关合同包括抵押借款合同、建设工程合同、材料与设备采购合同、商品房预售合同等。

在建工程转让相关合同处理是否恰当直接关系到在建工程转让能否顺利进行，如抵押权人不同意在建工程转让变更登记、施工企业行使工程价款优先受偿权查封在建工程等，均可能导致在建工程无法办理变更登记的风险。

在建工程转让相关合同处理风险，主要有：一是抵押借款合同处理不当的风险；二是建设工程勘察合同、设计合同、施工合同、监理合同的承接与处理不当的风险；三是材料、设备采购合同的承接与处理不当的风险；四是商品房预售合同权利与义务的转移不当的风险。

防范在建工程转让相关合同处理风险，应当注意以下方面：

首先，对于抵押借款合同的处理，可以采取以下四种方式：一是转让人经贷款银行同意转让在建工程，由转让人将其收取的在建工程转让款提前清偿银行贷款，消灭抵押权，这种方式应注意做到转让款专款专用，以防挪做他用；二是转让人经贷款银行同意转让在建工程，由受让人提前清偿银行贷款，消灭抵押权，该还款额应计入在建工程转让价款；三是转让人经贷款银行同意转让在建工程，由受让人履行还款义务，三方应重新签订借款合同和抵押合同；四是不与贷款银行协商或贷款银行不同意转让在建工程，受让人代转让人提前清偿银行贷款，消灭抵押权，这种方式三方应签订书面代为还款协议，并且该款项应计入在建工程转让价款。

其次，对于建设工程合同包括勘察合同、设计合同、施工合同、监理合同、工程分包合同的处理，涉及后续工程建设、工程质量责任的划分、工程竣工验收与备案、物权登记等重大事项，应根据具体情况，分别处理：一是对于第三方的义务已经履行完毕但价款未付清的建设工程合同，应当在在建工程转让合同中明确该款项支付主体;二是第三方尚未履行完毕的建设工程合同,经协商三方同意进行合同变更由第三方继续履行合同,三方应当签订书面协议;三是第三方尚未履行完毕的建设工程合同,经转让人与第三方协商同意解除合同,进行工程结算,由转让人承担合同终止后的债权债务;四是第三方尚未履行完毕的建设工程合同,经转让人、受让人、第三方协商同意解除合同,进行工程结算,由项目受让人承担合同终止后的债权债务;五是经转让人、受让人、第三方协商,第三方不同意解除合同或进行合同转让,原建设工程合同的权利与义务仍由转让人自行承担,可能对在建工程的转让带来一定风险。

第三,对于材料和设备采购合同,应当根据具体情况,分别处理:一是对受让人不同意继续履行的材料和设备采购合同,仍由转让人继续履行,相关债权债务仍由转让人自行承担;二是对受让人同意继续履行的材料和设备采购合同,转让人应向相关供应商发出债权债务转移通知。

第四,对于商品房预售合同的处理,如转让的在建工程属商品房开发项目且已进行预售的,在在建工程转让时,转让人应书面通知商品房购买人,以确定原商品房预售合同将解除还是由受让人继续履行。

六、关于在建工程转让变更登记与备案的风险分析与防范

在建工程转让变更登记与备案包括出让的国有建设用地使用权转移登记、行政许可变更手续以及在建工程转让备案等。

在建工程转让变更登记与备案直接关系到在建工程转让的合法性,关系到转让人、特别是受让人的合法权益的保护。

在建工程转让变更登记与备案风险,主要有:一是未及时办理出让的国有建设用地使用权转移登记手续;二是未及时办理立项、规划、开工等行政许可主体变更手续;三是未及时办理在建工程转让备案手续。

防范在建工程转让变更登记与备案风险,应当注意以下方面:一是办理出让的国有建设用地使用权转移登记手续,应当由转让人与受让人共同申请;不动产登记机构受理的条件包括取得国有建设用地使用权《不动产权证书》、取得转移证明材料、建设用地使用权未被查封或未设定异议登记、预告登记;提交的材料包括:土地登记申请书(原件)、国有建设用地使用权《不动产权证书》(原件)、地籍调查成果(原件)(含地籍调查表、宗地界址点成果表、宗地

图)、国土资源行政主管部门批准的《国有建设用地使用权转让登记表》(原件)、契税完税凭证(复印件,免税的交原件)和土地增值税完税凭证(原件)、《企业法人营业执照》(复印件)和《组织机构代码证》(复印件)、法定代表人身份证明书(原件)和身份证(复印件)等。二是及时办理在建工程立项、建设用地规划许可、建设工程规划许可、建筑工程施工许可、商品房预售许可等主体变更手续。三是转让人和受让人应当自国有建设用地使用权转移登记手续办理完毕之日起30日内,持在建工程转让合同到房地产开发主管部门办理备案手续。

七、关于在建工程转让税费处理的风险分析与防范

在建工程转让税费处理是指在建工程转让过程中,转让人、受让人依法需要交纳的各种税费。

税收是国家财政收入主要来源,是国家依靠社会公共权力依法对纳税人强制无偿征收,纳税人依法纳税不仅是其应尽的法定义务,而且是其应当履行的社会责任。转让人未缴纳相关税费,直接关系到在建工程转让能否办理权属转移登记,对受让人有很大的法律风险。

在建工程转让税费处理的风险,主要有:一是在建工程转让价款不真实的风险;二是转让人、受让人应缴纳的税种不明确的风险;三是转让人、受让人缴纳税种的各应纳税所得额不明确的风险;四是转让人、受让人应缴纳各税种税率不明确的风险。

防范在建工程转让税费处理的风险,应当注意以下方面:

首先,在建工程转让双方应当如实申报转让价格,有关管理部门将对转让双方申报的在建工程转让价格进行审核,必要时,还须到现场勘察,如发现转让双方申报的价格与有关部门核定的价格有出入的,有关管理部门有权将核定的价格作为转让双方缴纳相关税费的计算依据。

其次,转让人在在建工程转让过程中应当承担的税费有:一是营业税,根据《中华人民共和国营业税暂行条例》《财政部、国家税务总局关于营业税若干政策问题的通知》(财税〔2003〕16号)的有关规定,单位和个人转让在建项目时,不管是否办理立项人和土地使用人的更名手续,其实质是发生了转让不动产所有权或土地使用权的行为;对于转让在建项目行为应按以下办法征收

营业税：1. 转让已完成土地前期开发或正在进行土地前期开发，但尚未进入施工阶段的在建项目，按"转让无形资产"税目中"转让土地使用权"项目征收营业税；2. 转让已进入建筑物施工阶段的在建项目，按"销售不动产"税目征收营业税；单位和个人销售或转让其购置的不动产或受让的土地使用权，以全部收入减去不动产或土地使用权的购置或受让原价后的余额为营业额；营业税税率为5%，还有城建税、教育税附加、地方教育附加分别为营业税税额的7%、3%、1%。二是企业所得税，根据《中华人民共和国企业所得税法》的有关规定，企业所得税税率为25%。三是土地增值税，根据《中华人民共和国土地增值税暂行条例》的规定，土地增值税按照纳税人转让房地产所取得的增值额和规定的税率计算征收；纳税人转让房地产所取得的收入减除条例规定扣除项目金额后的余额，为增值额；计算增值额的扣除项目包括：取得土地使用权所支付的金额；开发土地的成本、费用；新建房及配套设施的成本、费用，或者旧房及建筑物的评估价格；与转让房地产有关的税金；财政部规定的其他扣除项目；土地增值税实行四级超率累进税率：增值额未超过扣除项目金额50%的部分，税率为30%；增值额超过扣除项目金额50%、未超过扣除项目金额100%的部分，税率为40%；增值额超过扣除项目金额100%、未超过扣除项目金额200%的部分，税率为50%；增值额超过扣除项目金额200%的部分，税率为60%。四是印花税，根据《中华人民共和国印花税暂行条例》的有关规定，按照产权转移书据（在建工程转让合同）所载金额缴纳，印花税税率为0.05%。

第三，受让人在在建工程转让过程中应当承担税费有：一是契税，根据《中华人民共和国契税暂行条例》的有关规定，按照在建工程转让合同价款征收，契税税率为3%~5%。二是印花税，根据《中华人民共和国印花税暂行条例》的有关规定，按照产权转移书据（在建工程转让合同）所载金额缴纳，印花税税率为0.05%。

八、关于在建工程转让移交的风险分析与防范

在建工程转让移交包括在建工程的财产移交、证照与档案移交和建设现场移交。

在建工程转让移交是在建工程转让合同履行的关键环节之一，直接关系到受让人的合法权益保护以及在建工程后续建设能否顺利进行，风险较大。

在建工程转让移交的风险，主要有：一是在建工程转让移交时间不及时的风险；二是在建工程转让移交的内容不全面的风险；三是在建工程转让移交的程序不合理的风险。

防范在建工程转让移交的风险，应当注意以下方面：

首先，在建工程转让移交应当及时。转让人、受让人应当严格按照在建工程转让合同的约定的时间和条件及时办理在建工程移交手续。

其次，在建工程转让移交内容应当全面。一是财产移交，转让人应将在建工程（土地上的建筑物、构筑物及附属设施）按合同的约定移交受让人，现场现状的设施设备的移交按转让合同所附的清单移交；二是证照与档案移交，转让人应将与在建工程有关的所有相关证照、档案包括但不限于相关批文、施工档案（包括各项合同、工程技术档案资料、专业工程相关资料）、技术资料、设计图纸等全部移交给受让人；三是建设现场移交，转让人应在施工企业配合下将建设现场全部移交给受让人。

第三，在建工程转让移交的程序应当合法、合理。财产及证照与档案移交，转让人应当登记造册，转让人移交与受让人接受应当有书面记载；建设现场的移交，不管转让双方是否与施工企业达成有关施工合同终止或者继续履行及债务承担的协议，转让人应当将在建工程转让事项事先书面通知施工企业，在施工企业的配合下进行。

◆◆◆房地产开发法律风险防范实务

◆在建工程转让合同签订和履行的风险分析与防范

——从代理北京某房地产开发有限公司参加
北京某科贸有限公司、北京某农工商联合公司诉
北京某房地产开发有限公司、北京某建筑工程公司
在建工程转让合同纠纷应诉案谈起

【案情简介】

2002年12月5日,北京某农工商联合公司(甲方)、北京某科贸有限公司(乙方)与北京某房地产开发有限公司(丙方)签订了《北京某大厦项目转让合同书》,约定:"基于甲方为北京某大厦项目之土地使用权主体、乙方作为该项目的投资人,甲乙两方作为共同转让方将位于北京市朝阳区北京某大厦项目有偿转让给丙方;总金额人民币3 000万元;丙方无条件向甲乙双方提供必要的法律文件和手续、交纳各种税费、交纳土地出让金。甲乙方共同协助丙方补办建设审批手续和土地使用权变更手续,丙方根据乙方所办理手续的进度向其分批付款"。关于付款方式,三方约定:"甲乙双方交付现有证书和资料之日丙方即付乙方100万元;立项文件的建设单位变更为丙方后3日内支付乙方400万元;《建设用地规划许可证》变更为丙方后付乙方500万元;丙方与北京市

· 164 ·

国土资源和房屋管理局签订国有土地使用权出让合同之日付乙方1 050万元；丙方取得《建设工程规划许可证》之日付乙方450万元；丙方取得《建设工程开工许可证》之日付乙方500万元"。合同还约定："如丙方不能及时支付价款，则按丙方到期应付的上述项目转让费日万分之四向甲乙双方支付违约金，逾期30日甲乙双方有权解除合同，且有权索赔。"

同日，北京某科贸有限公司（甲方）与北京某房地产开发有限公司（乙方）签订了《合同书》，约定："甲方全程协助乙方办理规划、建筑和土地等相关法律手续，乙方根据甲方的履行进度，分阶段向其支付劳务费，共计人民币100万元；乙方在与北京市国土资源和房屋管理局正式签订国有土地使用权出让合同后当日向甲方支付1 000万元"。同日，北京某建筑工程公司向北京某科贸有限公司出具了担保函，承诺为北京某房地产开发有限公司在上述两个合同中共计4 100万元的付款方式和付款时间提供担保。如北京某房地产开发有限公司不履行两个合同书或者其中任何一个合同书约定的付款义务，北京某建筑工程公司保证承担付款义务。

上述合同签订后，各方即履行各自的义务。2003年3月10日，北京某房地产开发有限公司与北京市国土资源和房屋管理局签订《国有土地使用权出让合同》，土地出让金为6 720 604元。同年4月4日，北京某房地产开发有限公司取得《建设用地规划许可证》。北京某房地产开发有限公司的付款情况为：2002年12月10日付100万元，同年12月16日付420万元，2003年2月24日付200万元，同年3月10日付1 870万元，同年4月7日付520万元，同年5月30日付100万元（以上共计3 210万元）。2003年8月13日，北京某房地产开发有限公司向北京某科贸有限公司出具承诺函，载明："我公司开具的890万元转账支票一张，号码为1346166，日期为2003年9月19日。我公司保证在到期日兑付，否则，贵方有权依法解除双方于2002年12月5日签订的两份合同书"。后于2003年9月19日，北京某科贸有限公司持该支票转账，因该票空头而被银行退回。此后北京某房地产开发有限公司于同年9月22日向北京某科贸有限公司支付100万元。在本案诉讼期间，北京某房地产开发有限

◆◆◆房地产开发法律风险防范实务

公司于 2004 年 2 月 27 日又向北京某科贸有限公司支付了 400 万元。现北京某房地产开发有限公司共计支付转让款 3 710 万元。

2003 年 6 月 23 日及同年 7 月 22 日，北京某科贸有限公司向北京某建筑工程公司分别发函，称北京某房地产开发有限公司不履行合同义务，要求北京某建筑工程公司承担保证义务。同年 6 月 25 日，北京某建筑工程公司向北京某房地产开发有限公司发函，敦促北京某房地产开发有限公司尽快履行合同约定的义务。2003 年 12 月 2 日，北京某农工商联合公司、北京某科贸有限公司共同向北京某房地产开发有限公司送达了解除合同通知，载明："因贵公司违反承诺没有交付 890 万元之事实，我们双方决定解除 2002 年 12 月 5 日签订的两份合同"。

另外，2003 年 3 月 27 日，北京某房地产开发有限公司交纳土地出让金 101 万元，余款至今未交纳。2003 年 5 月 12 日，北京市国土资源和房屋管理局发布《关于"非典"防治期间国有土地使用权出让合同执行有关问题的通知》，该通知要求各相关单位从同年 4 月 20 日开始进入合同执行顺延期，暂定为 7 月底。至 2003 年年底，北京某房地产开发有限公司未取得《建筑工程施工许可证》。

2003 年 12 月 3 日，北京某农工商联合公司、北京某科贸有限公司以北京某房地产开发有限公司为第一被告、北京某建筑工程公司为第二被告向北京市第二中级人民法院提起诉讼，请求解除北京某大厦项目转让合同，要求两被告支付违约金和赔偿损失。

北京市第二中级人民法院受理该案后，2004 年 3 月 3 日，法庭组织了该案件的证据交换与质证；2004 年 4 月 21 日，法庭对该案件进行正式开庭审理；2004 年 6 月 16 日，北京市第二中级人民法院作出了一审判决，判决北京某房地产开发有限公司支付北京某农工商联合公司、北京某科贸有限公司逾期违约金 231 880 元，驳回原告的其他诉讼请求。

一审判决后，原告不服，向北京市高级人民法院提起上诉，在二审法院主持下，双方达成调解，项目转让合同不解除，北京某房地产开发有限公司支付北京某科贸有限公司剩余项目转让款及一定数额的补偿金。

【代理意见和判决】

两原告诉讼请求

两原告诉称：由于北京某房地产开发有限公司单方面严重违约，不及时履行付款义务，两原告依法行使合同解除权利，北京某建筑工程公司应该对北京某房地产开发有限公司的赔偿责任承担连带保证责任。两原告的诉讼请求为：1. 判令北京某房地产开发有限公司返还根据合同取得的二原告方位于朝阳区的项目所有权利，并对其已拆除的部分建筑向北京某科贸有限公司补偿损失300万元；2. 判令北京某房地产开发有限公司向北京某科贸有限公司支付违约金631155元；3. 判令北京某建筑工程公司承担连带付款责任；4. 诉讼费用由两被告负担。

第一被告代理意见

针对原告的诉讼请求及事实理由，第一被告北京某房地产开发有限公司发表了如下意见：

1. 原告只提供了《承诺函》的复印件，没有原件，原告仅以《承诺函》的复印件为依据提出解除北京某大厦项目转让合同请求缺乏事实依据。

原告提出解除北京某大厦项目转让合同的依据是2003年8月13日被告北京某房地产开发有限公司的《承诺函》，由于原告只提供了复印件，没有证据原件，因此，根据《最高人民法院关于民事诉讼证据的若干规定》第69条的规定，无法与原件核对的复印件，不能作为认定案件事实的依据。

2. 原告北京某科贸有限公司在起诉后仍然接受项目转让款，说明原告以自己行为撤销了解除合同的请求。

原告于2003年12月3日向贵院递交起诉状后，北京某房地产开发有限公司法定代表人与北京某科贸有限公司法定代表人积极进行了协商，并于2004年2月27日达成了口头协议，在北京某科贸有限公司撤诉、撤出施工现场、立即开具发票的前提下，北京某房地产开发有限公司当日支付400万元转让款。北京某房地产开发有限公司当日即履行了自己的义务，支付给北京某科贸有限公司400万元项目转让款，但北京某科贸有限公司却一项义务也没有履行，尽管如此，北京某科贸有限公司于2004年2月27日接受了400万元该项目转让款，其以自己的行为表明原告已经撤回 2003 年 12 月 2 日发出的解除合同的要求，要继续履行北京某大厦项目转让合同。

3. 项目目前的现状和法律权属已经使原告要求恢复原状成为不现实，从社会经济发展方面来衡量，应当继续履行原合同。

被告与原告签订合同后，被告北京某房地产开发有限公司随即进行了大量的投入和工作，向原告北京某科贸有限公司支付转让款项也接近尾声。项目的进展获得了同业和有关部门的好评。此外，该项目的用途具有涉外性，涉及一些国际机构和人员，具有较大的国际影响。

从项目目前的权属状态来看，2003 年 1 月 3 日，北京市发展计划委员会已经将该项目的立项转至北京某房地产开发有限公司名下。2003 年 3 月 10 日，北京市国土资源和房屋管理局与北京某房地产开发有限公司正式签署了《北京市国有土地使用权出让合同》，将合同约定的项目用地有偿转让给北京某房地产开发有限公司，北京某房地产开发有限公司为此支付了大量的转让费用。2003 年 4 月 4 日，北京市规划委员会已经给北京某房地产开发有限公司核发了该项目《建设用地规划许可证》。从法律权属来讲，该项目用地及建设权利属于北京某房地产开发有限公司是确定的、无异议的。

履行合同和处理合同纠纷，应当遵循有利于社会经济发展，有利于保护当事人合法权益的原则。北京某房地产开发有限公司受让并建设该项目，手续完善，程序合法，具有较大国际影响，人民法院裁决本案件纠纷应当充分考虑该项目的特殊性、持续性和不可逆转性，从最大限度维护社会经济秩序稳定的高度，依法对本案作出公正判决。

4. 拆除部分建筑是北京某房地产开发有限公司依法享有的合同权利，原告北京某科贸有限公司要求恢复原状、赔偿损失的请求没有事实和法律依据。

按照合同的约定，北京某房地产开发有限公司享有该项目及其附属设施的全部权益，当然也包括项目的建筑物，拆除该项目原部分建筑物是该项目进行建设的重要步骤，是北京某房地产开发有限公司享有的权利，原告要求恢复原状、赔偿损失的请求没有事实和法律依据。

5. 被告北京某房地产开发有限公司严格按北京某大厦项目转让合同履行了自己的义务。

北京某大厦项目转让合同签订后，被告北京某房地产开发有限公司严格按合同的约定支付了该项目的转让款。按合同约定，被告北京某房地产开发有限公司与北京市国土资源和房屋管理局签订《北京市国有土地使用权出让合同》后，被告北京某房地产开发有限公司应支付原告北京某科贸有限公司3 110万元，至2003年4月7日，被告北京某房地产开发有限公司已支付完毕。并且，在原告北京某科贸有限公司未办理《建设工程规划许可证》和《建筑工程施工许可证》的情况下，至2003年9月，被告北京某房地产开发有限公司已提前支付了200万元项目转让款。

6. 原告以被告北京某房地产开发有限公司没有及时缴纳土地出让金、没有支付项目转让款为由要求解除合同缺乏事实和法律依据。

①原告以被告北京某房地产开发有限公司没有及时缴纳土地出让金为由要求解除合同缺乏依据。

根据《项目转让合同书》第5条的付款方式、第9条违约责任约定，北京某科贸有限公司办理该项目相应变更法律手续后，北京某房地产开发有限公司才支付相应的项目转让款，并且只有北京某房地产开发有限公司逾期支付转让款超过30日，对方才有权解除合同。合同并没有约定北京某房地产开发有限公司不及时缴纳土地出让金，原告可以解除合同，原告以此为由要求解除合同缺乏依据。

②被告北京某房地产开发有限公司不支付剩余转让款给原告北京某科贸有限公司是应原告北京市某农工商联合公司的要求作出的。

2003年4月24日，被告北京某房地产开发有限公司收到北京市某农工商联合公司《关于支付"某楼"项目补偿费的函》，该函明确要求被告北京某房地产开发有限公司暂停支付原告北京某科贸有限公司285.9万元，并且要求由北京某房地产开发有限公司直接支付给北京市某农工商联合公司，原因是北京某科贸有限公司尚欠北京市某农工商联合公司该项目补偿费及滞纳金共计285.9万元，因此，被告北京某房地产开发有限公司不支付剩余转让款给原告北京某科贸有限公司是应原告北京市某农工商联合公司的要求作出的。

③被告北京某房地产开发有限公司不支付剩余转让款给原告北京某科贸有限公司是由于原告北京某科贸有限公司对已付的项目转让款没有开具正式发票造成的。

被告北京某房地产开发有限公司至今已支付原告北京某科贸有限公司3710

万元项目转让款,但只开了 50 万元正式发票,其余均未开正式发票。2003 年 12 月 17 日,被告北京某房地产开发有限公司委托北京市金洋律师事务所给原告北京某科贸有限公司发了正式的《律师函》,要求其在 12 月 25 日前开具正式发票,但原告北京某科贸有限公司至今仍未开具正式发票,此行为既严重违反了国家有关法律、法规的规定,又严重影响了被告北京某房地产开发有限公司对该项目进行正常的财务管理,因此,根据我国法律的有关规定,被告北京某房地产开发有限公司有权暂停支付剩余的项目转让款。

④被告北京某房地产开发有限公司没有支付土地出让金是由于受"非典"的不可抗力的影响造成的。

根据《项目转让合同书》第 10 条第 4 项不可抗力免责的约定以及《北京市国土资源和房屋管理局关于"非典"防治期间国有土地使用权出让合同执行有关问题的通知》的规定,被告北京某房地产开发有限公司延迟交付土地出让金是由于受"非典"不可抗力的影响,属于免责范围,不承担违约责任。

⑤被告北京某房地产开发有限公司不支付剩余转让款给原告北京某科贸有限公司是由于原告北京某科贸有限公司非法侵占项目现场,被告北京某房地产开发有限公司行使抗辩权的结果。

根据《项目转让合同书》第 6 条的约定,被告北京某房地产开发有限公司自 2002 年年底进入该项目施工现场并进行施工前期准备工作,但是从 2003 年 6 月 24 日开始,原告北京某科贸有限公司即非法侵占施工场地至今,为此,被告北京某房地产开发有限公司于 2003 年 6 月 24 日、12 月 14 日两次拨打 110 报警,并且委托律师发出了正式的《律师函》,要求其撤走项目现场的人员及车辆,但原告北京某科贸有限公司置国家法律及被告北京某房地产开发有限公司要求于不顾,非法侵占该项目场地至今,在原告北京某科贸有限公司违法及不履行合同义务的情况下,被告北京某房地产开发有限公司有权暂停支付剩余项目转让款。

7. 被告北京某房地产开发有限公司同意解除合同的承诺函与原告的《解除合同的通知》不具有法律效力。

首先,解除合同的形式不符合《项目转让合同书》第 10 条的要求。《项目转让合同书》第 10 条约定:"本合同规定之内容,需经各方协商并取得一致意见后方可修改。各方均应严格执行本合同的各项条款,非经三方同意,任何一方不得终止合同。"被告北京某房地产开发有限公司同意解除合同的《承诺函》与原告北京某科贸有限公司的《解除合同的通知》不是各方共同确认的条款，不符合《项目转让合同书》第10条的约定，因此，不具有法律效力。

其次，原告的《解除合同通知》并没有我方法定代表人的签字，因此，原告的《解除合同的通知》不具有法律效力。

综上所述，原告的诉讼请求缺乏法律和事实依据，恳请法院依法驳回原告的诉讼请求。

第二被告答辩意见

第二被告北京某建筑工程公司答辩称，我公司为北京某科贸有限公司出具了《担保函》，担保范围是保证北京某房地产开发有限公司按两个合同书约定付款方式和付款时间提供担保，保证北京某房地产开发有限公司按两个合同书约定的方式和时间向北京某科贸有限公司支付该项目转让款项，如果北京某房地产开发有限公司不履行两个合同书或其中任何一个合同书约定的付款义务，我公司保证按合同书约定的义务承担付款义务。二原告的诉请不在我公司的担保范围内，我公司对担保主合同的解除所产生的后果不承担保证责任。而且北京某科贸有限公司要求北京某房地产开发有限公司提前支付890万元违反主合同的约定，对此，我单位不应承担责任。综上所述，请求法院依法驳回二原告对我公司的诉讼请求。

一审法院判决

法院认为，当事人协商一致，可以变更合同，并可以约定一方解除合同的条件。解除合同的条件成就时，合同相对方可以解除合同。北京某房地产开发有限公司于2003年8月13日向北京某科贸有限公司出具的《承诺函》包含对原合同的付款期限进行了变更，并对解除条件进行了约定。在2003年9月19日北京某房地产开发有限公司未将890万元兑付，解除条件成就，北京某农工商联合公司、北京某科贸有限公司有权解除合同。但是在北京某农工商联合公司、北京某科贸有限公司通知北京某房地产开发有限公司解除合同后，北京某房地产开发有限公司又陆续向北京某科贸有限公司支付转让款500万元的行为系要求继续履行合同的意思表示。而北京某农工商联合公司、北京某科贸有限公司对北京某房地产开发有限公司的给付行为予以接受，可以证明北京某农工商联合公司、北京某科贸有限公司以实际行动同意继续履行原两份合同。应当指出，北京某房地产开发有限公司在履行《承诺函》的过程中存在违约行为，但是该行为并非根本违约，不能导致无法实现合同目的。纵观北京某房地产开发有限公司的履约行为，合同约定的转让款已支付绝大部分，相应的国有土地使用权及《建设用地规划许可证》亦已经取得，为了保证市场交易的稳定性及现有秩序，两份合同应以继续履行为宜。故北京某农工商联合公司、北京某科贸有限公司以北京某房地产开发有限公司违约为由要求解除合同的理由本院不予支持。

因北京某房地产开发有限公司在履行《承诺函》中存在违约行为，其应当按照《项目转让合同书》的约定承担违约责任，按照应付转让款每日万分之四向北京某农工商联合公司、北京某科贸有限公司支付违约金。北京某农工商联合公司、北京某科贸有限公司要求北京某房地产开发有限公司承担至2003年12月1日止的违约责任，该项诉讼请求本院予以支持。

北京某农工商联合公司、北京某科贸有限公司要求对北京某房地产开发有限公司已拆除的部分建筑向其补偿损失300万元，该请求因无证据佐证，本院不予支持。

因北京某房地产开发有限公司出具的《承诺函》对原主合同进行了变更，债权人与债务人对主合同履行期限作了变动，未经保证人书面同意的，保证期间为原合同约定的或者法律规定的期间。而北京某农工商联合公司、北京某科贸有限公司未能证明该变更征得了保证人北京某建筑工程公司的同意，故因北京某房地产开发有限公司因违反《承诺函》而承担的违约责任北京某建筑工程公司不承担连带保证责任。

综上所述，依据《中华人民共和国合同法》第107条、《中华人民共和国担保法》第24条之规定，本院判决如下：

1. 北京某房地产开发有限公司于本判决生效后15日内给付北京某科贸有限公司、北京某农工商联合公司逾期付款违约金231 880元。

2. 驳回北京某科贸有限公司、北京某农工商联合公司其他诉讼请求。

【风险分析与防范】

本案是一起在建工程转让合同纠纷诉讼案件，本案主要焦点是关于在建工程转让合同的解除、在建工程转让合同变更、在建工程转让中保证担保等问题以及与此相关的在建工程转让合同的效力问题，现就上述问题的风险分析与防范进行阐述。

一、在建工程转让合同效力的风险分析与防范

在建工程转让合同纠纷案件的审查，首先是要审查在建工程转让合同的效力，这是在建工程转让合同变更或解除的前提，而在建工程转让合同的效力的认定是目前大量在建工程转让纠纷的焦点问题之一。

在建工程转让合同的效力是指依法成立的在建工程转让合同所产生的法律后果。

在建工程转让合同的效力主要表现在：一是依法成立的在建工程转让合同在转让人、受让人之间设定一定的权利、义务关系；二是依法成立的在建工程转让合同对转让人、受让人具有法律拘束力；三是依法成立的在建工程转让合同，当事人一方违反合同或不履行合同所应承担的义务。

在建工程转让合同的效力状态，包括四种情形：一是符合完全生效条件的确定生效情形；二是符合不完全生效条件的效力待定情形；三是符合不具有生效条件的无效情形；四是因撤销权人行使撤销权而使合同归于自始无效的相对有效状态。

在建工程转让合同的效力的法律适用，首先，应当适用我国《合同法》第3章的规定；其次，应当适用我国《城市房地产管理法》第38条、第39条、第40条关于房地产的转让条件的规定；第三，应当适用《最高人民法院关于审理涉及国有土地使用权合同纠纷案件适用法律问题的解释》中有关土地使用权转让合同纠纷的规定。

在建工程转让合同效力的风险，主要有：一是国有建设用地使用权转移登记手续是否是在建工程转让合同的有效条件认识不清的风险；二是对转让方未取得出让建设用地使用权证书与受让方订立的房地产项目转让合同的效力状态认识不清的风险；三是转让的土地达到法定投资开发条件是否是在建工程转让

合同有效条件认识不清的风险；四是对未经有批准权的人民政府批准的划拨的土地使用权的在建工程转让合同效力认识不清的风险；五是转让人将同一在建工程订立数个在建工程转让合同如何处理不明确的风险；六是对划拨土地使用权的在建工程转让合同的性质认识不清的风险。

防范在建工程转让合同效力的风险，应当注意以下方面：

首先，正确认识在建工程转让合同的效力条件。一是在建工程转让合同有效条件是符合我国《民法通则》第55条规定的条件、不具有我国《合同法》第52条规定的情形。二是国有建设用地使用权权属转移手续不是在建工程转让合同有效条件，是物权变动的条件。我国《合同法》第44条第2款规定："法律、行政法规规定应当办理批准、登记等手续生效的，依照其规定"。《最高人民法院关于适用〈中华人民共和国合同法〉若干问题的解释（一）》第9条明确规定："依照合同法第44条第2款的规定，……法律、行政法规规定合同应当办理登记手续，但未规定登记后才生效的，当事人未办理登记手续不影响合同的效力，合同标的物所有权及其他物权不能转移。"我国《城市房地产管理法》第39条虽然规定了以出让方式取得土地使用权的房地产转让应按照出让合同约定支付全部土地使用权出让金并取得土地使用权证书的条件，但没有规定房地产项目转让合同在办理土地使用权权属转移登记手续后生效。《最高人民法院关于审理涉及国有土地使用权合同纠纷案件适用法律问题的解释》第8条规定："土地使用权人作为转让方与受让方订立土地使用权转让合同后，当事人一方以双方之间未办理土地使用权变更登记手续为由，请求确认合同无效的，不予支持。"三是转让的土地达到法定投资开发条件不是在建工程转让合同有效条件，是物权变动的条件。我国《城市房地产管理法》第39条虽然有以出让方式取得土地使用权的房地产转让应按照出让合同约定进行投资开发，属于房屋建设工程的，完成开发投资总额的25%以上，属于成片开发土地的，形成工业用地或其他建设用地条件的规定，但没有规定在建工程转让合同在土地达到法定投资开发条件后生效。因此，《城市房地产管理法》第39条规定的法定投资开发条件是从行政管理的角度明确办理国有建设用地使用权权属转移登记手续的条件，不是在建工程转让合同有效的条件。四是转让方未取得出让国有建设用地使用权证书与受让方订立的在建工程转让合同属于效力待定合同，效力待定时间限定在向人民法院起诉前，如果未取得出让国有建设用地使用权证书，该在建工程转让合同是无效合同。我国《合同法》第51条规定"无处分权的人处分他人财产，经权利人追认或无处分权的人订立合同后取得处分权的，该合同有效。"《最高人民法院关于审理涉及国有土地使用权合同纠纷案件适用法律问题的解释》第9条规定："转让方未取得出让土地使用权证书与受让方订立合同转让土地使用权，起诉前转让方已经取得出让土地使用权证书或有批准权的人民政府同意转让的，应当认定合同有效。"五是未经有批准权的人民政府批准的划拨的土地使用权的在建工程转让合同属于效力待定合同，效力待定时间限定在向人民法院起诉前，如未取得有批准权的人民政府批准，该在建工程转让合同为无效合同。《最高人民法院关于审理涉及国有土地使用权合同纠纷案件适用法律问题的解释》第11条规定："土地使用权人未经有批准权的人民政府批准，与受让方订立合同转让划拨土地使用权的，应当认定合同无效。但起诉前经有批准权的人民政府批准办理土地使用权出让手续的，应当认定合同有效。"

其次，正确认识同一在建工程订立多个在建工程转让合同效力以及处理方法。同一在建工程订立多个在建工程转让合同只要符合上述合同有效条件，其合同均为有效。根据《最高人民法院关于审理涉及国有土地使用权合同纠纷案件适用法律问题的解释》第10条的规定，在受让方均要求履行合同的，按照如下情形进行处理：一是已经办理国有建设用地使用权转移登记手续的受让方，有优先取得土地等权利；二是均未办理国有建设用地使用权转移登记手续，已先行合法占有投资开发土地的受让方，有优先获得土地使用权转移登记的权利；三是均未办理国有建设用地使用权转移登记手续，又未合法占有投资开发土地，先行支付土地转让款的受让方，有优先取得土地和办理国有建设用地使用权转移登记的权利；四是合同均未履行，依法成立在先的合同受让方有优先履行合同的权利。未能取得土地使用权的受让方有权根据我国《合同法》《最高人民法院关于适用〈中华人民共和国合同法〉若干问题的解释（二）》的有关规定，解除合同，要求转让方承担违约责任和赔偿损失。

第三，正确认识划拨土地使用权的在建工程转让合同的性质。根据《最高人民法院关于审理涉及国有土地使用权合同纠纷案件适用法律问题的解释》第12、13条的规定，土地使用权人与受让方订立合同转让划拨土地使用权，起诉前经有批准权的人民政府同意转让由受让方办理土地使用权出让手续的或者经有批准权的人民政府决定不办理土地使用权出让手续并将该划拨土地使用权直接划拨给受让方使用的，土地使用权人与受让方订立合同属于补偿性质的合同。

第四，做好尽职调查工作，把好在建工程转让合同的签订和履行关。一是调查清楚在建工程的土地性质是出让的国有建设用地使用权还是划拨的国有建设用地使用权、划拨的国有建设用地使用权的转让是否已经过批准、转让方是否是土地使用权人等直接关系到在建工程转让合同效力的情况；二是调查清楚在建工程的权属登记情况、土地投资情况、是否项目多次买卖情况，这些虽然与在建工程转让合同的效力无关，但直接关系到合同的履行及物权变动，关系到受让人合法权益的保护；三是在调查在建工程权属情况时，不仅要查验国有建设用地使用权《不动产权证书》是否合法有效，还应当核实国有建设用地使用权不动产权证记载的事项与不动产登记簿是否一致，如不一致，应当以不动产登记簿为准。我国《物权法》第14条规定："不动产物权的设立、变更、转让和消灭，依照法律规定应当登记的，自记载于不动产登记簿时发生效力。"该法第17条规定："不动产权属证书是权利人享有该不动产物权的证明。不动产权属证书记载的事项，应当与不动产登记簿一致；记载不一致的，除有证据证明不动产登记簿确有错误外，以不动产登记簿为准。"四是根据在建工程调查情况，针对不同的风险，采取回避策略或通过签订如将款项支付与转移登记手续办理挂钩、加大违约责任等完善的合同，采取合理担保措施，严格履行合同等措施将在建工程转让的风险降到最低。

二、在建工程转让合同变更的风险分析与防范

本案中被告北京某房地开发有限公司在诉讼中之所以非常被动，其重要原因是北京某房地开发有限公司在该在建工程转让合同履行中对原在建工程转让合同进行了变更，北京某房地开发有限公司于2003年8月13日给北京某科贸有限公司出具的承诺函包含对原合同的付款期限进行了变更，增加了合同解除条件的约定。

合同变更有广义与狭义之分。广义的合同变更，包括合同内容的变更与合同主体变更。狭义的合同变更是指合同成立后，当事人经过协商或依法申请裁决机构对原合同的内容进行修改或补充。本文的在建工程转让合同变更，主要是狭义的合同变更，是指转让人、受让人对在建工程转让合同的标的、价款、

履行期限、履行方式、所附条件的增减等进行修改或补充。

合同变更的条件，主要有：一是当事人之间存在生效的合同关系。合同变更，是改变原合同关系，没有原合同关系就没有变更的对象。二是当事人约定或依法由法院或仲裁机构裁决。如我国《合同法》第 77 条第 1 款的规定当事人协商一致可以变更合同；该法第 54 条规定当事人因重大误解或显失公平有权请求法院或仲裁机构变更合同；《最高人民法院关于适用〈中华人民共和国合同法〉若干问题的解释（二）》第 26 条规定的情势变更有权请求法院变更合同等。

在建工程转让合同变更的风险，主要有：一是没有经过慎重考虑随意变更合同带来风险；二是合同变更内容约定不明带来风险；三是合同变更的形式要件不符合法律规定带来的风险；四是没有考虑主合同的变更给相关合同如保证合同带来的风险；五是对合同变更的效力认识不清的风险。

防范在建工程转让合同变更的风险，主要应注意以下方面：一是变更合同应经过慎重考虑，必要时应聘请专业律师提供专业的法律意见。合同依法变更后就具有法律约束力，当事人就应该按照变更后的合同履行各自的权利和义务，否则就应当承担相应的法律后果。二是合同变更的内容应当具体、明确，否则当事人对合同变更的目的就难以达到。我国《合同法》第 78 条规定："当事人对合同变更的内容约定不明确的，推定为未变更。"三是合同变更的形式应符合法律规定的要件。我国《合同法》第 77 条第 2 款规定："法律、行政法规规定变更合同应当办理批准、登记等手续的，依照其规定。"对于在建工程转让合同来说，变更合同是不需要办理批准、登记等手续的。四是合同变更应当考虑到对相关合同如保证合同等的影响。如果合同变更的内容涉及保证担保责任且没有经过保证人书面同意，保证人就不承担保证担保责任。五是合同的变更的效力仅针对变更部分且只对将来发生法律效力，对未变更部分及已经履行的部分不产生影响；合同变更不影响当事人追究责任人违约及赔偿责任的权利。

三、在建工程转让合同解除的风险分析与防范

本案中原告以合同变更内容中增加附条件解除合同的条件为依据且条件成就为由，向法院提起诉讼要求解除在建工程转让合同，法院经审理后驳回了原告的解除在建工程转让合同的请求。

在建工程转让合同解除是指在在建工程转让合同成立后，尚未全部履行前，当事人基于双方协商、合同约定或法律规定，使在建工程转让合同关系归于消灭的一种法律行为。

在建工程转让合同解除有四种方式：第一种是协商解除，合同成立后经当事人协商一致解除合同。第二种是约定解除，当事人可以在合同中约定合同解除，包括我国《合同法》第45条规定的附解除条件的合同及该法第93条规定的附条件解除。第三种是法定解除，具备我国《合同法》第94条规定的解除条件，当事人一方通知另一方解除合同。第四种情形请求法院判决解除，具备《最高人民法院关于适用〈中华人民共和国合同法〉若干问题的解释（二）》第26条规定的情势变更情形，请求法院判决解除合同。

在建工程转让合同解除总体风险较大，不同的合同解除方式，风险又各不相同，风险主要有：一是合同解除的后续事项协商或约定不明的风险，如转让的项目如何处置、法律手续如何处理、赔偿如何确定和支付等。二是就约定解除来说，存在附解除条件的合同与附条件解除的合同区分不清、对附条件解除的条件成就认识不当等风险。三是就法定解除来说，存在对法定解除的条件理解错误、迟延履行催告合理期限内催告不当等风险。四是合同解除通知义务履行不当的风险。五是合同解除权行使期限与异议期限认识不清的风险。六是情势变更的合同解除权行使不当的风险。七是合同解除的法律后果与合同无效法律后果区分不清的风险。

根据我国《合同法》及其相关司法解释的规定，在建工程转让合同解除权的行使，既有严格的条件限定，又必须按照严格的法定程序进行，防范在建工程转让合同解除的风险，主要应从以下方面应对：

首先，应当审慎解除合同。从我国《合同法》及其相关司法解释对合同解除条件的规定可以看出，我国法律的相关规定倾向于对合同解除采取限制态度。只有在不可抗力、根本违约等情形下，允许当事人行使合同解除权，这不仅在于维护合同关系的稳定，更在于维护社会经济秩序的稳定。对于在建工程转让来说，合同解除不仅涉及转让款的回转，而且涉及在建工程法律手续的变更、在建工程的处理等，如果项目已经预售，还涉及大量的商品房预购人等第三人的利益，尤其需要审慎选择。

其次，应当正确理解和把握合同解除的条件。一是正确区分附解除条件的合同与附条件解除的合同的区别。我国《合同法》第 45 条规定是约定解除条件的合同，只要解除条件具备合同即解除；我国《合同法》第 93 条规定是约定解除权的合同，具备一定条件当事人可以行使解除权，只有在当事人行使解除权时合同才解除。二是正确理解和把握合同解除条件的成就。合同解除条件成就时，一方当事人有权解除合同，但在条件成就后如以默示的行为表示继续履行合同，则当事人就无权解除合同。本案中法院不支持原告解除合同请求的重要原因之一是原告在合同解除条件成就后仍然收取了被告的 500 万元的转让款，就属于上述情况。三是正确理解和把握合同法定解除的条件。我国《合同法》第 94 条规定了合同法定解除条件，主要有两类：一类是发生不能实现合同目的不可抗力情形；一类是根本违约，包括以明示或默示表示的预期违约、催告后合理期限内仍未履行主要义务的迟延履行、导致合同目的不能实现的延迟履行等违约行为等。在催告时应当采取书面形式，延期履行期限应当合理。四是正确理解和把握情势变更合同解除的条件。我国《合同法》虽然没有明确规定情势变更解除的情形，但《最高人民法院关于适用〈中华人民共和国合同法〉若干问题的解释（二）》第 26 条对情势变更合同解除的条件作出了明确限定，包括客观情况无法预见、既非不可抗力又非商业风险、继续履行明显不公平或不能实现合同目的。

第三，应当协商或约定清楚合同解除后续事项。在协商解除或约定解除时，当事人双方应当具体、详细、明确约定在建工程转让合同解除的后续事项，包括合同解除前已经履行事项的处理、对无过错方损害的赔偿或违约责任、在建工程法律手续的变更等，合同解除后续事项的解决方案应当与合同解除协议同时签署。

第四，应当严格按照合同解除的程序进行。一是约定解除或法定解除时应当采取书面形式通知对方。主张解除合同的一方应当通知对方，合同自通知到达对方时解除，通知的形式应当采取书面形式，以有效保存证据。二是正确理解和把握合同解除权的行使期限与对方异议期限。根据我国《合同法》第 95 条规定，在法律规定或当事人约定期限内不行使或者法律没有规定或当事人没有约定经对方催告后在合理期限内不行使的，合同解除权消灭。根据《最高人民法院关于适用〈中华人民共和国合同法〉若干问题的解释（二）》第 24 条的规定，在一方解除合同通知到达对方当事人后，对方当事人应在约定的异议期限内或在3个月内行使异议权，否则，异议权丧失。

第五，应当正确理解和把握合同解除的法律后果。一是合同解除后，当事人应当遵循诚实信用原则，根据交易习惯履行通知、协助、保密等义务。二是合同解除后，尚未履行的，终止履行；已经履行的，根据履行情况和合同性质，当事人可以请求恢复原状、采取其他补救措施，并有权要求赔偿损失；三是合同解除不影响合同中结算和清理条款的效力；四是正确区别合同解除法律后果与合同无效法律后果的区别，无效的合同自始没有法律约束力；合同无效后，因该合同取得的财产，应当予以返还；不能返还或没有必要返还的，应当折价补偿；合同当事人应根据过错程度承担相应责任；恶意串通损害国家、集体或第三人利益的，其取得的财产应收归国家所有或返还集体、第三人。

四、保证担保的风险分析与防范

本案中原告要求北京某建筑工程公司承担连带保证责任，法院以主合同履行期限变更未经保证人书面同意为由驳回了原告的此项诉讼请求。

保证担保是指保证人与债权人约定，当债务人不履行债务时，保证人按照约定履行债务或者承担责任的行为。保证担保又称为信用担保、人的担保。

保证担保分为一般保证担保和连带责任保证担保。

一般保证担保是指当事人在保证合同中约定，债务人不履行债务时，由保证人承担保证责任的担保。一般保证人承担保证责任的条件是债权人必须要先行通过诉讼或者仲裁方式要求债务人履行义务，只有在采取强制措施后，债务人仍旧不能履行的，保证人才承担保证责任。

连带责任保证担保是指当事人在保证合同中约定保证人与债务人对债务承担连带责任的担保。在连带责任保证担保下，债务人在主合同规定的履行期限届满没有履行债务的，债权人可以要求债务人履行债务，也可以要求保证人在保证范围内承担保证责任。

保证担保的风险，主要有：一是保证人主体资格不合格的风险；二是保证人不具备担保能力的风险；三是共同保证担保约定不明的风险；四是对保证担保的不同形式认识不清的风险；五是保证方式约定不明确的风险；六是保证担保的范围约定不明确的风险；七是主合同变更或转让导致保证责任免除的风险；八是不及时向保证人主张权利的风险；九是物的担保与人的担保先后顺序认识不清的风险；十是对无效保证的情形认识不清的风险。

针对以上保证担保的风险，保证担保应采取如下风险防范措施：

首先，严格审查保证人的主体资格。根据我国《担保法》及《最高人民法院关于适用〈中华人民共和国担保法〉若干问题解释》的有关规定，保证担保人必须是符合法律规定，具有代为清偿债务能力的法人、其他组织或个人。不可以担当保证人的有：无民事行为能力的自然人；国家机关（为政府转贷的情况除外）；法人分支机构（在有法人书面授权的情况下可以作为保证人）、职能部门；公益事业单位、社会团体（从事经营活动的事业单位、社会团体可以作为保证人）。

其次，加强对保证人保证能力的审查，审慎选择保证人。商业银行、担保公司作为保证人出具银行保函风险较低；其他法人作为保证人应注意综合审查其资质信誉、资产负债结构、担保人财产状况、经营状况等，同意对上述情况良好的企业作为担保人。

第三，正确认识共同保证担保的种类，明确约定共同保证担保的责任。根据我国《担保法》第12条规定，共同保证分为按份共同保证和连带共同保证两种。按份共同保证是指各保证人与债权人订立合同时约定了各自保证份额。连带共同保证是指债务人不能到期清偿时，各保证人就保证责任承担连带责任。如果保证人对共同保证担保未约定保证份额的，保证人将承担连带保证责任，这将加大保证人的保证责任。

第四，正确认识保证担保合同的形式，选择恰当的保证担保合同形式。根据我国《担保法》及相关司法解释的规定，保证担保合同的形式主要有：一是书面担保合同形式；二是单方面出具债权人接受且没有提出异议的保证书形式；三是保证人在主合同上以保证人的身份签字或盖章的。显然，第三种形式往往由于约定不明确，担保人的担保风险最大。

第五，正确认识保证担保的方式，恰当选择保证担保方式。在可以选择保证担保方式的情况下，力争选择一般保证担保，回避连带责任保证担保，将被保证企业推为第一债务人，这样可以在主合同纠纷未经审判或仲裁，并就债务人财产依法强制执行仍不能履行债务前，担(„保保证人对债权人可以拒绝承担保证责任。

第六，明确约定保证担保的范围。根据我国《担保法》第21条的规定，当事人应当在保证合同中对保证范围作出明确约定，如果没有约定或约定不明确的，保证人将对全部债务承担保证责任，全部债务包括主债权及利息、违约金、损害赔偿金和实现债权的费用。

第七，正确理解和把握主合同变更或转让对保证责任承担的规定。根据我国《担保法》及相关司法解释的规定，主要有三种情形：一是主债权转让的，保证人继续承担原保证责任，但是如果保证人与债权人明确约定仅对特定的债权人承担保证责任或禁止债权转让，保证人不承担保证责任。二是主债务转让的，保证人继续承担保证责任的条件是：经债权人许可及经保证人书面同意。三是主合同内容（包括债权数额、履行期限）变更，应经保证人书面同意的，保证人继续承担保证责任。

第八，正确理解保证期间，及时向保证人主张权利。根据我国《担保法》及相关司法解释的规定，保证人与债权人未约定保证期间的，保证期间为主债务履行期届满之日起6个月。在合同约定的保证期间和法律规定的保证期间，债权人未要求保证人承担保证责任的，保证人免除保证责任。债权人在向债务人提出偿还债务要求的同时，应当向保证人提出其应承担保证责任的要求。

第九，依法正确处理物的担保与人的担保的关系。被担保的债权既有物的担保又有人的担保的，根据我国《物权法》第176条的规定，一是债务人不履行到期债务或者发生当事人约定的实现担保物权的情形，债权人应当按照约定实现债权；二是没有约定或者约定不明确，债务人自己提供物的担保的，债权人应当先就该物的担保实现债权；三是第三人提供物的担保的，债权人可以就物的担保实现债权，也可以要求保证人承担保证责任。

第十，正确理解和把握无效保证的规定，保护自身的权益。根据我国《担保法》及相关司法解释的规定，无效担保有五种情形：一是主合同当事人双方串通，骗取保证人提供保证的；二是主合同债权人采取欺诈、胁迫等手段，使保证人在违背真实意思表示的情况下提供保证的；三是主合同当事人以新贷还旧贷，保证人不知情；四是主债务人以胁迫、欺诈手段使保证人提供保证，且主债权人知情的；五是主债务人、保证人共同欺骗债权人，订立主合同和保证合同的，债权人可以请求法院撤销。

◆房地产项目转让其他方式的风险分析与防范

——从代理中国寰球工程公司科研设计基地项目建设全过程法律服务非诉讼案谈起

【案情简介】

中关村科技园区电子城西区 B10 地块位于北京市朝阳区来广营乡来广营村；规划总用地面积为 9 万平方米，其中建设用地面积为 5.1 万平方米；规划总建筑面积为 13 万多平方米，其中地上 7.7 万平方米，地下 5.5 万平方米；规划建设用地性质为高新技术产业用地。

包括 B10 地块在内的中关村科技园区电子城西区土地的一级开发单位为北京中关村电子城建设有限公司。2003 年 5 月，北京中关村电子城建设有限公司与北京朝阳区来广营乡签订《征地转用协议书》，约定北京中关村电子城建设有限公司负责按电子城西区规划征用规划范围内的全部土地，北京朝阳区来广营乡配合办理有关征地的前期各项手续；土地征用取得征地批复后，北京中关村电子城建设有限公司负责将包括 B10 地块在内的 4 个地块划归北京朝阳区来广营乡全权使用，并将土地征用手续办理至北京朝阳区来广营乡所属公司名下，由北京朝阳区来广营乡负责开发建设。2005 年 9 月，北京朝阳区来广营乡授权北京某置业有限责任公司负责中关村科技园区电子

◆◆◆房地产开发法律风险防范实务

城西区 B10 地块的开发、建设和租售工作。

2005 年 10 月，中国寰球工程公司与北京某置业有限责任公司就中关村科技园区电子城西区 B10 地块的开发签订了《合作意向书》。

2005 年 12 月，中国寰球工程公司因受让中关村科技园区电子城西区 B10 地块并建设科研设计基地项目（以下简称"该项目"）的需要，特委托本律师所在的北京市金洋律师事务所为该项目提供全过程的专业法律服务，要求指派熟知房地产和工程建设专业知识及专业法律规定的律师担任法律顾问，双方签订了《工程项目法律服务合同》，该律师事务所指派本律师担任该项目法律顾问，负责为该项目提供全过程的法律服务。

本律师接受指派后，通过尽职调查、依法设计该项目建设运作模式、起草该项目建设管理合同及修改该项目相关合同、参与该项目相关谈判、出具法律意见书、提供法律咨询等方式，为中国寰球工程公司受让中关村科技园区电子城西区 B10 地块并建设科研设计基地项目提供了全过程法律服务，通过本律师的非诉讼法律服务保证了该项目建设的顺利进行，现该项目的立项、规划、国有建设用地使用权等法律手续早已办理至中国寰球工程公司名下，该项目的工程建设也已顺利完工，并投入使用。

【代理过程和结果】

本律师在为中国寰球工程公司受让中关村科技园区电子城西区 B10 地块并建设科研设计基地项目提供法律服务过程中，根据《工程项目法律服务合同》的约定和中关村科技园区电子城西区 B10 地块（以下简称"B10 地块"）及科研设计基地项目建设的具体情况，围绕该项目的重点和关键工作，依据我国《城市房地产管理法》《土地管理法》等法律法规的有关规定，进行详细法律论证，采取切实可行的措施防范法律风险，维护当事人的合法权益。

一、通过尽职调查，掌握了 B10 地块及拟建项目的具体情况

本律师尽职调查的方式主要有：一是拟定了详细调查清单，要求北京某置业有限责任公司全面、真实、准确地提交 B10 地块及该项目的全部文件和资料；二是认真、仔细审核了 B10 地块及该项目的有关文件和资料，包括但不限于：

北京市朝阳区人民政府关于研究解决朝阳区绿化隔离地区有关乡规划调整问题的会议纪要、北京市朝阳区人民政府关于姚某副主任到朝阳区现场办公时有关议定事项的函、中关村科技园区规划建设协调小组第 32 次工作会会议纪要、中关村科技园区建设项目前期工作协调小组第 25 次工作会会议纪要、北京市规划委员会关于《中关村科技园区电子城西区控制性详细规划》的批复、北京市发展计划委员会关于进行中关村科技园区电子城西区二期工程土地统一开发的批复、2003 年 12 月 24 日北京市规划委员会《规划意见书》（B 类）、2003年 5 月 12 日北京中关村电子城建设有限公司与来广营乡人民政府签订的《征地转用协议书》、北京市朝阳区来广营乡政府给北京某置业有限责任公司《授权委托书》、《合作意向协议书》、北京某置业有限责任公司企业法人营业执照和公司章程等；三是到 B10 地块的土地一级开发单位北京中关村电子城建设有限公司、中关村电子城管理委员会、北京市国土资源局进行了调查、核实，咨询了 B10 地块及拟建项目的有关情况。

通过调查、了解，B10 地块及拟建项目的具体情况包括：一是 B10 地块所处的中关村科技园电子城西区三期土地是由北京中关村电子城建设有限公司进行统一开发；二是根据《中关村科技园区建设项目前期工作协调小组第 25 次工作会议纪要》，按照朝政会〔2002〕1 号、朝政文〔2002〕80 号及相关会议精神，B10 地块由北京朝阳区来广营乡政府开发建设；三是北京朝阳区来广营乡政府于 2005 年 9 月 6 日授权北京某置业有限责任公司负责 B10 地块的开发建设工作；四是 B10 地块的当时规划用地面积为 5 万多平方米，用地性质为工业用地，使用 B10 地块的企业应为高新技术企业，国有建设用地使用权的取得方式为协议出让；五是拟建项目按基本建设程序单独申报。

二、创新设计了受让 B10 地块及该项目建设的运作模式，得到了各方的认可

根据 B10 地块及拟建项目的实际情况，具体分析了各方的要求和主张，创新设计了受让 B10 地块及该项目建设的合法且具有操作性的运作模式。

北京某置业有限责任公司（以下简称"某置业公司"）主张采取"项目合作和转让"模式，即项目按照中国寰球工程公司（以下简称"寰球公司"）的要求进行建设、项目建设资金由寰球公司承担、由某置业公司与寰球公司两家

公司名义办理立项手续、以两家公司名义办理建设用地规划手续、将国有建设用地使用权办理至寰球公司的名下、以两家公司名义办理建设工程施工许可手续、将房屋所有权证办理至寰球公司的名下、项目建设由某置业公司全权负责,这种模式虽然有利于保护某置业公司的利益,但也存在诸多不足之处:一是根据京政办发〔2002〕33号文件规定以及北京市国土资源局关于国有土地使用权协议出让行政许可的规定,办理土地使用权协议出让手续,主体必须一致,即立项、规划、征地与受让的主体必须是同一投资者,这种运作模式明显违反了上述规定;二是这种运作模式是将B10地块作为经营性土地进行运作的,经营性土地是不能协议出让的,按照国家有关土地出让的法律法规的规定是需要进行招拍挂的公开竞价方式出让,这种运作模式与B10地块的实际情况不符;三是这种运作模式实际上是先进行合作开发后又进行项目的转让,不符合我国《城市房地产管理法》第38条规定的条件;四是这种运作方式,由于寰球公司对该项目的建设没有最终决定权,监督权难以落实,该项目的工期、质量、安全无法得到保证,寰球公司承担了较大的投资风险和建设风险;五是按照这种运作模式进行建设和进行项目转让,各方将承担房地产转让的税费,增加了交易成本。

寰球公司主张采取"直接受让B10地块并自行进行项目建设"模式,即项目按照寰球公司的要求进行建设、项目建设资金由寰球公司承担、以寰球公司的名义办理立项手续、以寰球公司的名义办理建设用地规划手续、将国有建设用地使用权办理至寰球公司的名下、以寰球公司的名义办理建设工程施工许可手续、将房屋所有权证办理至寰球公司的名下、项目建设由寰球公司全权负责,这种模式有利于保护寰球公司的利益,但某置业公司因担心其利益无法得到保证表示难以接受。

根据B10地块及拟建项目的实际情况,考虑双方的各自主张,依据国家有关法律法规的规定,本律师提出了"直接受让B10地块并采取项目管理承包进行建设"新模式,即项目按照寰球公司的要求进行建设、项目建设资金由寰球公司承担、以寰球公司的名义办理立项手续、以寰球公司的名义办理建设用地规划手续、将国有建设用地使用权办理至寰球公司的名下、以寰球公司的名义办理建设工程施工许可手续、将房屋所有权证办理至寰球公司的名下、项目建设按照项目管理承包模式进行,寰球公司作为项目业主负责审核监督项目的实施工作,某置业公司作为项目管理承包商负责项目行政许可手续的办理、组织实施项目的施工和工程货物采购的招标工作、负责现场管理等具体工作,项目管理承包费用的结余由寰球公司直接支付给某置业公司。

"直接受让 B10 地块并采取项目管理承包进行建设"新模式,一是主体资格符合我国有关法律规定,我国法律、行政法规对从事项目管理的单位是否需要具备相应资质未作规定,建设部只是在其颁发的规范性文件,即《建设工程项目管理试行办法》中要求项目管理企业应当具有工程勘察、设计、施工、监理、造价咨询、招标代理等一项或多项资质,某置业公司虽然不具备工程勘察、设计、施工、监理、造价咨询、招标代理资质,但其具备房地产开发经营的资质,因此,某置业公司作为项目管理承包商,符合有关规定;二是保护了寰球公司的权益,由于相关的行政许可手续直接办理至寰球公司名下,保证了寰球公司顺利取得该项目的《国有建设用地使用权证》和《房屋所有权证》;三是某置业公司的利益也得到了保证,由于项目管理承包费的总额及计算方式确定,除项目建设成本外,结余部分的利益归某置业公司,保证了某置业公司应得的利益。通过协商谈判,各方均同意采用此种新模式进行项目运作。

三、起草了明确、具体的《项目建设管理合同》,防范了该项目建设的法律风险

本律师根据该项目的具体情况以及项目建设的上述运作方式,全面分析了项目管理承包模式可能存在的风险,依据我国《合同法》《担保法》等法律法规的规定,采取了有针对性的风险防范措施,拟订了详细、具体、全面且具有操作性的合同条款,通过征求意见和多次修改,使《项目建设管理合同》达到了可签署的程度。

《项目建设管理合同》从项目情况、项目建设管理的内容和要求,包括项目用地开发管理、项目法律手续的办理、项目实施的招标与合同管理、项目实施的进度管理、项目实施的质量管理、项目实施的安全及环境管理、项目实施的费用控制管理、项目实施的信息管理;项目竣工验收、交接与保修;项目产权登记;合同价款与支付;担保与工程保险;甲乙双方的权利与义务;违约责任;不可抗力;合同变更与终止;争议的解决和法律适用和附则及 11 个附件等方面对双方的权利、义务、责任等做出了详细的约定,对可能存在的风险规定了

具体防范措施，保护了寰球公司的合法权益。

2006年9月28日，寰球公司与某置业公司作为合同当事人、北京朝阳区来广营乡作为见证方共同签订了《中国寰球工程公司科研设计基地项目建设管理合同》。

四、积极发挥项目法律顾问在该项目建设运作过程中的作用，维护了寰球公司的合法权益

在《项目建设管理合同》履行过程中，发生了征地拆迁不顺利、北京奥运会的召开等影响项目工期的情形，期间发生了北京市规划委员会批复的关于中关村科技园区电子城西区三期土地《规划意见书》对B10地块的影响、土地开发款支付保函的开具及延期、基础设施配套建设费的缴纳等问题，另外在项目建设期间还有增加项目建设内容等，通过本律师以包括出具《法律意见书》、参与谈判、具体起草合同、提供咨询等方式提供的法律服务以及各方的共同努力和相互协商，化解了这些困难和矛盾，维护了寰球公司的合法权益。

总之，通过本律师的专业法律服务，保证了寰球公司顺利受让B10地块及科研设计基地项目的顺利建设，防范了该项目运作过程中可能出现的法律风险，化解了该项目运作过程中出现的矛盾和问题，协调解决了该项目建设运作过程中出现的纠纷，该项目现已竣工验收并交付使用。

【风险分析与防范】

本案的运作模式是本律师根据该项目的实际情况，依据有关法律法规的规定，创新设计的房地产项目转让的一种新形式。本律师在代理本案过程中，深深体会到熟悉房地产与工程建设的法律法规，掌握房地产开发经营的规律，根据项目的具体情况，创新房地产项目运作模式，做好法律风险防范工作，更好地为当事人服务是非常重要的。由于受项目的条件限制以及房地产法律法规的约束，房地产项目转让除了在建工程转让这种形式外，还出现了很多其他变通形式，如房地产项目公司股权转让、商品房包销、房地产项目承包经营等，这些变通的房地产项目转让形式与在建工程转让有很大不同，应当高度关注房地产项目转让其他方式的法律风险防范工作。

一、房地产项目公司股权转让的风险分析与防范

房地产项目公司股权转让是指房地产项目公司股东将其持有的房地产项目公司股权转让给他人，从而由受让人间接取得房地产项目的全部权益。

房地产项目公司股权转让是房地产项目转让的一种特殊形式，其特点主要有：一是目的单一，即获得国有建设用地使用权及房地产项目；二是手续简便，只需办理工商变更登记，无需办理房地产项目行政许可变更和房地产权属转移登记手续；三是节省税费，由于无需办理房地产权属转移登记，相应免缴契税；四是限制条件较少，股权转让一般没有投资比例的限制条件。

房地产项目公司股权转让的风险，主要有：一是房地产项目公司股权转让标的不明晰的风险；二是房地产项目公司股权转让条件不具备的风险；三是房地产项目公司股权转让价款的确定不合法与支付方式不合理的风险；四是房地产项目公司股权转让过渡期权利与义务不明确的风险；五是房地产项目公司债权债务承担不明确的风险；六是房地产项目公司股权转让合同不明确、不全面的风险；七是房地产项目公司股权转让合同履行不全面的风险。

防范房地产项目公司股权转让的风险，应当采取以下应对措施：

首先，应当对房地产项目公司及房地产项目进行周密、严谨的尽职调查。一是对房地产项目公司的合法性与经营情况进行调查，具体包括：公司营业执照及年检情况、公司注册成立文件、公司股东的合法性、股权转让是否存在障碍、公司的资质等级及年检情况、公司财务与税收情况、对外签订经营合同与担保情况等；二是对房地产项目的合法性与开发情况进行调查，具体包括：国有建设用地使用权取得情况、项目性质与容积率等规划指标、项目行政许可手续的办理情况、在建工程抵押情况、项目建设工程合同签订与履行情况、房屋预售合同的签订与履行情况等。

其次，应当按照我国《公司法》和公司章程的规定履行相关程序，满足房地产项目公司股权转让的条件。一是如房地产项目公司的股东向该公司股东以外的人转让股权，应当按照《公司法》规定的程序获得该公司过半数股东同意或者符合公司章程的另有规定；如属中外合资或中外合作房地产项目公司，则应取得合资或合作他方的书面同意；二是按照《公司法》规定的程序取得房地产项目公司其他股东放弃优先购买权的承诺或者符合公司章程的另有规定；三

是转让人、受让人各自取得了为股权转让所需的内部决议文件和外部批准文件，如涉及国有资产的，应根据国有产权转让规定报经国有资产监督管理部门的批准；如涉及外资的，应当符合有关外商投资房地产的规定并履行相应的报批手续；四是应当符合《国有建设用地使用权出让合同》中有关改变房地产项目公司投资人及投资人的出资比例的约定。

第三，应当依法确定房地产项目公司股权转让价款，合理确定转让价款的支付方式。转让人、受让人不涉及国有资产的，双方协商确定股权转让价格；如涉及国有资产，股权转让应履行相应的批准手续，委托有资质的评估机构进行评估，并进入产权交易中心进行挂牌交易，确定交易价格；如果涉及外商投资管理，应报商务部门进行批准。股权转让价款的支付应当与转让人完成一定的义务挂钩，受让人在办理完股权变更手续后应预留部分尾款，以抵扣可能的支出。

第四，应当对房地产项目公司股权转让过渡期作出合理安排，明确转让人与受让人在过渡期期间的权利与义务。股权转让过渡期是指股权转让合同签订之日至股权交割之日的期间。在过渡期，转让人应当妥善经营和管理目标公司，不得有减损目标公司资产或其他利益的行为；转让人签订新的重大合同或有重大投资行为应征得受让人同意；受让人先期进入目标公司参加公司经营管理的程序与方式等。

第五，应当妥善处理房地产项目公司的债权债务承担并做好风险防范工作。对未披露的债务，全部责任由转让人承担；对已披露的债务，转让人与受让人应明确约定债务的承担主体及相应责任。为了规避目标公司的或有债务风险，应当采取的防范措施包括：一是在股权转让合同中要求转让人对房地产项目公司情况进行如实披露并承担披露不实的违约责任；二是在股权转让合同中设定声明与保证条款，如转让人保证已提供的文件与资料均真实且无遗漏，除已披露的债权债务外不存在其他债权债务，房地产项目公司未设定披露外的保证、抵押、质押等担保，公司的财产完整无瑕疵等；三是应当对转让人的上述保证约定相应的违约责任以及合同解除权，并由转让人提供相应的担保。

第六，应当签订完备、详细的股权转让合同，主要条款包括：当事人条款；鉴于条款；定义与释义条款；目标公司、房地产项目及转让标的条款；股权转让前提条件条款；股权转让方式条款；股权转让价款及支付条款，包括税费承担等；股权转让交割事项包括项目及文件移交等条款；过渡期安排条款；未缴纳出资的责任承担条款；债权债务处理条款；声明与保证条款，包括主体适格、诚信履约及意思表示真实等；保密条款；担保与公告条款；违约责任条款；不可抗力条款；合同变更和解除条款；管辖及争议解决方式条款、合同生效条款等。

第七，应当全面履行股权转让合同。一是及时到工商部门办理股权变更登记手续；二是在股权转让过渡期期间，应严格按照股权转让合同约定的目标公司对外经营、签署法律文件、公司印章保管与使用等规则进行；三是依法及时缴纳各项税款；四是及时办理公司、项目、证照、文件档案等移交手续。

二、商品房包销的风险分析与防范

商品房包销是房地产开发企业与包销人之间构成的一种特殊的承包销售商品房的行为，是包销人以房地产开发企业的名义或同时以自己作为包销人的名义，在约定的包销期限内对外承包销售房地产开发企业的一定数量的商品房，并按约定支付包销价款，获取销售差价利益；包销期限届满，由包销人承购未售完的商品房的行为。

《最高人民法院在关于审理商品房买卖合同纠纷案件适用法律问题的解释》中确认了商品房包销的法律地位。商品房包销是一种特殊的附条件的商品房买卖行为，同时由于商品房包销的对象大多为在建的房地产项目，因此，商品房包销是房地产项目转让的一种特殊形式，其特点主要有：一是法律关系复杂，商品房包销过程中涉及三种法律关系，即包销关系、代理关系、买卖关系；二是手续简便，商品房包销无需办理国有建设用地使用权转移登记和立项、规划等行政许可变更手续；三是限制条件少，既没有在建工程转让需要有投资比例等条件要求，也没有商品房预售需要有预售许可证的要求。

商品房包销的风险，主要有：一是商品房的包销条件不明确的风险；二是商品房的包销范围不明晰的风险；三是商品房的包销权限不明确的风险；四是商品房的包销价款确定与支付不明确的风险；五是商品房建设管理与交付不明确的风险；六是商品房包销纠纷各方诉讼地位不明确的风险。

防范商品房包销的风险，应当注意以下方面：

首先，应当明确商品房包销的条件。一是商品房包销的委托方是房地产开发企业，应当具有相应房地产开发资质；商品房包销的受托方即包销人的主体资格没有法律限制,既可以是房地产开发企业或是中介服务机构、其他公司,也可以是个人。二是商品房包销合同的签订的时间可以在商品房预售许可证取得之前或之后,但只要在包销期满之日前取得了预售许可证,商品房包销合同中的买卖条款的约定仍可认定为有效,因此,应当在商品房包销合同中明确约定商品房预售许可证取得的时间,且该时间应当是在包销期满之日前的合理时间;此外,与购房人签订商品房买卖合同的行为必须是在取得商品房预售许可证之后,否则,商品房买卖行为无效。

其次,应当明确商品房包销的范围。一是应具体、详细地约定包销商品房所在的项目的名称、具体位置、现状、项目性质与用途、商品房预售许可证取得等情况,包销的商品房的性质、房号、套数、分户建筑面积及分户平面图等;二是应当明确包销人在包销期限内对约定的包销商品房拥有占用权和排他权,房地产开发企业既不得自行销售也不得自由处分;三是应当明确房地产开发企业保证对包销的商品房无抵押、无任何债权债务纠纷;四是应当明确房地产开发企业自行销售已经约定由包销人包销的商品房的违约责任,包括支付违约金的数额、赔偿包括实际损失和可得利益损失的具体计算方法。

第三,应当明确商品房的包销权限,包括房地产开发企业与包销人在销售广告策划、商品房买卖合同签署、售房款的收取与监管、房屋按揭手续的办理、商品房买卖合同的备案等方面的权限划分。一是在销售广告策划方面,房地产开发企业应当要求包销人的销售广告策划资料须得到其事先认可,明确约定因包销人的不实宣传与承诺等行为造成房地产开发企业损失的,应由包销人负责赔偿;二是在商品房买卖合同签署方面,房地产开发企业应当对商品房买卖合同进行审查并负责签章,同时应当保障包销人的正常经营活动;三是在购房款的收取和监管方面,在包销人尚未向房地产开发企业支付全部包销款的情况下,房地产开发企业和包销人应当设立双方共管账户,共同对购房款进行监管。

第四,应当明确商品房的包销价款确定方法与支付方式。一是应当明确具体约定商品房包销的基价;二是应当明确约定包销保证金的数额、支付方式、抵扣与退还;三是应当明确销售价款的结算方式,房屋销售价低于包销基价的,包销人应当在约定期限内补足;房屋销售价高于包销基价的部分,属于包销人的包销服务费,房地产开发企业应当在约定期限内支付给包销人;四是应当明确包销期限届满后,如有商品房未售出,包销人应按包销基价向房地产开发企业购入全部未售出部分的包销商品房，并在约定期限内向房地产开发企业支付未售出商品房按包销基价计算的购房款。

第五，应当明确商品房建设管理与交付。一是应当明确包销人对前期支付的包销款的使用享有监督权、从提供商品房的品质和市场的准确定位方面对商品房的设计方案享有建议权、对商品房建设进度与质量有参与管理的权限等；二是应当明确商品房的交付的设备与装饰标准以及交付的时间、房地产权属登记手续的办理，并明确具体的违约责任包括支付违约金、解除合同及赔偿损失等。

第六，应当明确商品房包销纠纷各方诉讼地位。一是房地产开发企业、包销人、购房人对各自的权利义务有明确约定的，按照约定的内容确定各方的诉讼地位；二是房地产开发企业、包销人、购房人对各自的权利义务约定不明确的，购房人如对商品房买卖合同中有关房屋交付期限、房屋质量、房屋面积、违约责任的承担等权利义务发生争议，会直接向房地产开发企业主张权利，包销人应当以无独立请求权的第三人参加诉讼。

三、房地产项目承包经营的风险分析与防范

房地产项目承包经营是指房地产开发企业作为发包人将房地产项目的策划、建设、销售的经营管理权在一定期限内发包给承包人，由承包人进行房地产项目经营管理并承担建设资金，向发包人支付固定承包费，承担经营风险并获取一定的房地产项目经营收益。

房地产项目承包经营采取"承包费包干、超额留成、自主经营、自负盈亏"模式，实际是房地产项目转让的一种特殊方式，一般分为两种类型：一种是单个项目的承包经营，即由项目公司与承包人签订承包经营合同；另一种是项目公司的承包经营，即由项目公司股东与承包人签订承包经营合同。房地产项目承包经营的模式的特点主要有：一是操作简单，只需发包人与承包人签订房地产项目承包经营合同，无需改变项目公司的股权结构和项目的权属；二是法律限制较少，法律对对承包人资格及项目承包经营的条件没有明确的限制性规定。

房地产项目承包经营的风险，主要有：一是因承包人主体资格导致房地产项目承包经营合同效力的风险；二是承包经营权的约定不明确的风险；三是承包费的确定与支付不明确的风险；四是承包期限的确定不明确的风险；五是债

权债务承担不明确的风险;六是风险保证金或履约担保未约定或不明确的风险;七是项目经营管理权移交不明确的风险。

防范房地产项目承包经营的风险,应当注意以下主要方面:

首先,我国法律、行政法规对承包人的主体资格没有作出明确的规定,在实际操作中对此意见分歧较大,法院对此认定也有较大差异,为防范因承包人主体资格不合格导致房地产项目承包经营合同被认定为无效的风险,一是应当尽量由具有房地产开发资质的房地产开发企业担任承包人;二是应当由发包人即房地产项目公司内部机构与人员担任承包人;三是尽量避免发包人即房地产项目公司员工以外的自然人担任承包人。

其次,应当明确发包人、承包人在承包经营权利方面的具体分工。一是承包人负责项目的策划、报批、设计、招标、施工、售楼等全部开发建设与经营管理工作,发包人不得干涉影响承包人对项目的正常经营开发活动;二是承包人进行项目融资包括以项目公司名义直接借款或以项目的国有建设用地使用权或在建工程设定抵押以承包人名义借款,须事先征得发包人书面同意,并且应当对所融资金的使用进行监管;三是发包人应当积极配合承包人对项目的经营开发工作(包括但不限于售房、按揭手续工作等),在需要发包人出具证明、报告或使用印鉴时,应当在约定期限内且无条件提供给承包人。

第三,应当明确承包费的数额与支付方式。一是明确承包费的总额或计算方式,承包人承包经营后取得利润高于承包费的部分,由承包人享有;项目承包经营利润低于承包费的部分,由承包人负责补足;二是应当明确承包费的组成部分包括项目的开发成本和利润;三是应当明确发包人、承包人各自承担费用的范围与数额;四是应当明确税费的承担范围与方式;五是应当明确承包费包括利润的支付方式。

第四,应当明确承包的具体期限及计算方式。承包期限一般是约定自承包合同签订之日起至项目开发经营完成之日止。"开发经营完成"一般是指项目完成销售并收回全部销售款;或虽未完成销售但已经对项目经营情况进行税务汇算;或向购房人交付房产完毕,办妥产权登记所需的手续,物业管理移交完毕;或发包人与承包人双方同意的其他时间。

第五,应当妥善处理房地产项目的债权债务承担并做好风险防范工作。对未披露的债务,全部责任由发包人承担;对已披露的债务,发包人与承包人应明确约定债务的承担主体及相应责任。为了规避房地产项目的债务风险，应当采取的防范措施包括：一是在项目承包经营合同中要求发包人对房地产项目情况进行如实披露并承担披露不实的违约责任；二是在项目承包经营合同中设定声明与保证条款，如发包人保证不存在任何违反税收、工商管理等法律、法规而需承担或可能承担法律责任的情形；保证房地产项目真实、合法、有效和独立完整，不存在被政府收回的潜在风险；保证没有任何第三方对该项目提出权益主张；保证截止至本合同签订时不存在，而且将来未经承包人同意也不会发生将该项目为发包人或任何第三方的债务提供抵押或其他任何可能损害承包人权益的行为或事实；保证不存在任何已发生或潜在的其他诉讼、仲裁或其他司法机关、执法机关的行为对本合同的签署、履行构成法律障碍的情形；保证不存在未向承包人披露的与该项目有关的任何合同性文件或其他债权债务；保证发包人的其他经营不致影响承包人对该项目的开发建设和经营且不会损害承包人权益等；三是应当对发包人的上述保证约定相应的违约责任以及合同解除权，并由发包人提供相应的担保。

第六，应当明确约定风险保证金或履约担保的金额与方式。一是发包人可以要求承包人提供支付承包费的风险保证金或履约担保，如《银行保函》；二是承包人可以要求发包人提供房地产项目债务担保的风险保证金或《银行保函》。

第七，应当明确项目经营管理权移交的时间、内容和方式。一是在移交财务资料之前应当对财务进行审计；二是发包人与承包人在项目承包经营合同签订后应当对发包人营业执照、文件档案、验资报告、财务凭证、项目批文等资料的原件及发包人现有全部印鉴进行共管，并共同做好书面记录；三是在承包人未付清全部承包费之前，发包人与承包人应当设立共管账户，对项目资金进行监管。

第四篇
国有建设用地
使用权合作开发取得法律风险防范

第四篇 国有建设用地使用权合作开发取得法律风险防范

◆房地产合作开发的风险分析与防范

——从代理北京某房地产开发有限公司参与
北京某大厦项目合作开发法律服务非诉讼案谈起

【案情简介】

北京某大厦项目位于北京市朝阳区，建设用地性质为综合商贸用地，建设用地面积12828平方米，代征道路2600平方米，总建筑面积18916平方米，预计总投资1.334亿元，项目用途为办公、培训等，由北京某房地产开发有限公司和北京某单位合作开发。

2003年1月，北京某房地产开发有限公司委托北京市金洋律师事务所为该项目的合作开发提供法律服务，要求指派熟知房地产专业知识及专业法律规定的律师担任法律顾问。北京市金洋律师事务所指派本律师为特邀法律顾问，为该项目的合作开发提供专项的法律服务。

本律师接受指派后，为该项目的合作开发提供了尽职调查、项目合作开发模式设计、项目合作开发合同的起草与项目合作开发合同履行的指导等法律服务，保证了该项目合作开发的顺利进行。

【代理过程和结果】

本律师在为该项目合作开发提供法律服务过程中，根据该项目的具体情况和委托人的要求，主要开展了如下工作：

首先，对合作双方的主体资格与资信情况、国有建设用地使用权取得情况、该项目的现状等进行了尽职调查。一是北京某房地产开发有限公司合法注册、有效存续，拥有房地产开发资质；二是北京某单位合法存续，从事教育培训，有雄厚的资金实力；三是北京某房地产开发有限公司已经通过出让方式取得该项目国有建设用地使用权；四是该项目的立项、建设用地规划许可、建设工程规划许可等办理至北京某房地产开发有限公司名下。

其次，根据上述尽职调查了解的情况及有关法律规定，设计了该项目合作开发的模式为合伙型合作开发模式，即双方不设立项目公司，一方以国有建设用地使用权和资金、另一方以资金共同投资开发，通过合作协议约定该项目的开发管理、投资比例和利益分配。

第三，起草了详细、完备的《项目合作开发合同》，主要内容有：项目基本情况，包括项目名称、地点、项目规划指标、项目用途、项目现状等；项目总投资及双方的投资方式、投资比例、投资追加与投资比例的调整等；项目建设管理机构的组成与权限；项目建设中双方的具体权利与义务；双方合作期限及提前终止的处理；收益的分享与损失的分担；承诺与保证；合同修改、变更与解除；违约责任；不可抗力；争议的解决；合同生效与其他。

第四，协调、指导了《项目合作开发合同》的履行，通过指导有关该项目行政许可的办理、参加项目合作开发协调会、提供有关法律咨询等方式，帮助委托人依法处理了该项目合作开发中出现的矛盾与问题。

通过本律师的房地产专业法律服务，针对该项目合作开发的关键环节和重点内容采取了切实可行的措施，防范了法律风险，维护了委托人的合法权益。

【风险分析与防范】

本案是一起典型的一方提供国有建设用地使用权、一方提供资金，以合同的形式，明确项目运作方式，约定各方投资比例且以投资比例确定利润和风险的紧密非法人型的房地产合作开发操作案例。根据我国《城市房地产管理法》第28条关于"依法取得的土地使用权，可以依照本法和有关法律、行政法规的规定，作价入股、合资、合作开发经营房地产"的规定，房地产合作开发有多种形式，其实质是国有建设用地使用权投资合作的一种方式。由于房地产合作开发具有形式多样、参与主体多、法律关系复杂、限制条件严格等特点，房地产合作开发法律风险大，房地产开发企业和有关单位应当高度关注房地产合作开发法律风险防范工作。

一、房地产合作开发概述

房地产合作开发是指当事人以提供国有建设用地使用权、资金等作为共同投资，合作开发房地产项目，共享利润，共担风险的房地产开发方式。

房地产合作开发必须具备三个条件：一是共同出资是房地产合作开发的必备的首要条件，出资的方式包括货币、国有建设用地使用权、实物、知识产权等；二是共享利润是房地产合作开发的必备条件之一，是当事人共同出资合作开发房地产的最终目的；三是共担风险是房地产合作开发的必备条件之一，是民事权利义务相一致原则的要求与具体体现。

房地产合作开发模式，根据是否以独立法人形式进行为标准，可以分为法人型合作开发模式和非法人型合作开发模式两种。法人型合作开发模式又可分为新设立项目法人合作开发模式、增资入股项目法人合作开发模式两种。新设立项目法人合作开发模式是指当事人一方以合作项目的国有建设用地使用权出资，另一方以货币等方式出资共同设立项目公司进行合作开发房地产；增资入股项目法人合作开发模式是指通过增资入股已设立的项目公司进行合作开发房地产。非法人型合作开发模式也可以分为紧密型非法人合作开发模式和松散型非法人型合作开发模式。紧密型非法人合作开发模式是指当事人一方以合作项目的国有建设用地使用权出资，另一方以货币等方式出资，不设立项目法人，以协议方式进行合作开发房地产，合作方组建合作管理机构来协调关系、决定重大事项；松散型非法人合作开发模式是指当事人一方以合作项目的国有建设用地使用权出资，另一方以货币等方式出资，不设立项目法人，以协议方式进行合作开发房地产，合作方不组建合作管理机构，只按照合作开发协议的约定各自独立履行义务。

房地产合作开发是房地产开发企业在房地产开发经营中经常采用的一种形式，其最大优势是将资金和国有建设用地使用权进行有机结合，促进了拥有国有建设用地使用权但缺乏资金的企业与拥有资金但缺乏国有建设用地使用权企业之间的融合和取长补短，满足了社会各方的需求，在房地产市场的繁荣与发展中发挥了积极推动作用。

二、法人型房地产合作开发的风险分析与防范

法人型房地产合作开发是指一方以合作项目的国有建设用地使用权出资，一方以货币等方式出资共同组建项目公司，合作各方作为项目公司股东，其权利与义务由项目公司章程明确规定，以其认缴的出资额为限对项目公司承担责任，以项目公司的名义办理房地产合作开发项目行政许可手续。

法人型房地产合作开发的好处主要有：一是由于有我国《公司法》和项目公司章程的规范，合作各方权利义务明确，操作较规范；二是由于合作各方是以认缴的出资额对外承担责任，责任有限，法律风险较低；三是国有建设用地使用权作价入股是公司注册资本出资的一种法定形式，不受我国《城市房地产管理法》第39条规定的投资比例的限制；四是根据我国财政部和国家税务总局的有关规定，可以免缴营业税和土地增值税，节省税费支出。同时，法人型房地产合作开发也存在需要办理房地产开发资质、手续办理时间较长等不足之处。

法人型房地产合作开发，一般采取有限责任公司形式，其风险主要有：一是项目公司的注册资本不符合法律、行政法规的规定的风险；二是国有建设用地使用权出资不合法的风险；三是利益分配与责任承担不明确的风险；四是未依法进行工商登记和办理房地产开发资质的风险。

防范法人型房地产合作开发的风险，应当注意以下方面：

首先，组建项目公司的注册资本应当符合法律、行政法规的规定。虽然2014年3月1日起施行的新修改的我国《公司法》将注册资本的登记制度由实缴登记制改革为认缴登记制，但根据《公司法》（2013年修正）第26条第2款"法律、行政法规及国务院决定对有限责任公司注册资本实缴、注册资本最低限额另有规定的，从其规定"的规定：组建项目公司的注册资本应当符合《城市房地产开发经营管理条例》的有关规定：一是房地产开发项目公司的注册资本仍实行实缴登记制；二是房地产开发项目公司注册资本的最低限额为100万元；三是房地产开发项目公司的注册资本金占项目总投资的比例不得低于20%。

其次，以国有建设用地使用权作为出资应当符合有关法律规定。一是作为

入股的国有建设用地使用权不存在法律上的瑕疵，包括：应当依法登记领取权属证书；以出让方式取得国有建设用地使用权的合作方应当已经支付全部的土地出让金；以划拨方式取得的国有建设用地使用权应当按照国务院规定报有批准权的人民政府审批；地上建筑物与其他附着物应当一并处理；国有建设用地使用权及其地上建筑物与其他附着物的出租、抵押、共有等情形应当依法处理；不存在司法机关和行政机关依法裁定、决定查封或以其他方式限制国有建设用地使用权及其地上建筑物、其他附着物权利情形；不存在被国家有关机关收回国有建设用地使用权情形；不存在权属有争议情形；不存在改变土地用途和用地规划情形等。二是入股的国有建设用地使用权作为非货币资产出资，应当依据我国《公司法》（2013年修正）第27条的规定，进行评估，评估时应当考虑到国有建设用地使用权剩余使用年限，合作各方协商确定价格。三是根据我国《公司法》（2013年修正）第28条的规定，作为以国有建设用地使用权入股的合作方应当按照出资协议约定的出资期限，在履行国有建设用地使用权出资义务时，不仅应当将所出资的国有建设用地使用权交付给项目公司使用，而且还应当办理国有建设用地使用权转移登记手续，将出资的国有建设用地使用权办理至项目公司名下。

第三，应当明确利益的分配和责任的承担。一是项目公司章程应当对利益的分配作出明确规定，根据我国《公司法》（2013年修正）第34条规定，股东一般按照实缴的出资比例分取红利，但全体股东也可以约定不按照出资比例分取红利，而是根据项目的实际情况，考虑对项目的贡献因素，确定收益的具体分配比例；二是应当对项目公司成立前后的权利与义务的转移包括项目公司成立前所发生费用的补偿等作出明确约定；三是以国有建设用地使用权作为出资的合作方应当及时履行交付土地和将国有建设用地使用权转移登记至项目公司名下的义务，未交付土地或未办理国有建设用地使用权转移登记手续的，应承担继续出资的责任、其他股东或项目公司的发起人连带认缴的责任以及由此给项目公司造成损害的赔偿责任；四是根据我国《城市房地产管理法》《城市房地产开发经营管理条例》的规定，项目公司承担的责任包括民事违约责任、民事赔偿责任等，但项目公司是独立的公司法人，以其全部财产对公司债务承担责任，股东只依法以其认缴的出资额为限对公司承担责任。

第四，法人型房地产合作开发应当依法办理项目公司设立工商登记、备案和房地产开发资质。一是依法办理项目公司的设立登记,首先应当办理项目公司名称的预核准;其次应当起草公司章程和确定公司住所;第三应当向公司登记机关提交公司设立申请材料,包括公司设立登记申请书、公司章程、企业名称预先核准通知书、股东资格证明、委托书、住所使用证明、企业联系人登记表等;第四公司登记机关对到现场的申请或通过信函方式的申请予以受理的应当当场或15日内作出准予登记的决定。二是依法办理备案手续,项目公司应当在领取营业执照之日起30日内向房地产开发主管部门办理备案手续,提交的材料包括:营业执照复印件、企业章程、出资证明、企业法定代表人的身份证明、专业技术人员的资格证书和聘用合同。三是依法取得房地产开发资质证书,项目公司为新设立的房地产开发企业只能取得《暂定资质证书》,承担建筑面积25万平方米以下的房地产开发项目。

三、非法人型房地产合作开发的风险分析与防范

非法人型房地产合作开发是指一方以合作项目的国有建设用地使用权为投资,一方以资金等作为投资,不组建项目公司,合作各方以协议方式明确各方的权利、义务及责任,以协议约定的一方名义或各方共同名义办理房地产合作开发项目行政许可手续。

非法人型房地产合作开发具有手续简单、成本较低、效率高等优势,但也有操作较不规范、责任较大、法律风险较高等不足之处。

非法人型房地产合作开发的风险主要有:一是房地产合作开发主体不合格导致房地产合作开发合同无效的风险;二是房地产合作开发的投资方式不合法导致房地产合作开发合同无效,或资金投入不足导致项目的合作开发难以正常进行的风险;三是房地产合作开发项目不合法导致合作方的利益不受法律保护或承担责任的风险;四是房地产合作开发合同约定不当导致合同名不符实或产生纠纷的风险;五是房地产合作开发合同履行不规范导致项目合作开发难以正常完成的风险。

防范非法人型房地产合作开发的风险,应当采取以下应对措施:

首先,应当对合作方、投资方式及合作项目的状况进行尽职调查。一是对合作方调查的内容,主要包括:合作方注册资金、法人治理结构、可持续经营能力、潜在风险、诚信等主体资格情况;房地产开发资质的取得情况;合作方

如果是有限责任公司或股份公司，合作投资取得董事会、股东会同意的情况。二是对投资方式调查的内容，主要包括：拟投资的国有建设用地使用权权属状况，包括如果拟投资的国有建设用地使用权是通过划拨方式取得的是否经有批准权的人民政府的批准、是否存在法律上的瑕疵等；拟投资的资金数额、来源及保障状况等。三是对合作项目调查的内容，主要包括：房地产合作项目是否已经有批准权的人民政府主管部门的批准如立项等；房地产合作开发项目是否取得建设工程规划许可证；合作方是否擅自变更建设工程规划等。

其次，根据查明的实际情况，采取不同的处理措施，进行科学决策。一是根据《最高人民法院关于审理涉及国有土地使用权合同纠纷案件适用法律问题的解释》第15条关于房地产合作开发至少应有一方具有房地产开发经营资质的规定，最好是在房地产合作开发合同签订时房地产合作开发主体至少一方已取得房地产开发经营资质，但如果合作开发的房地产是用于自用，则不受此条件的限制。二是对拟投资的国有建设用地使用权，如果是通过划拨方式取得的，应当取得有批准权的人民政府的批准；如果有地上建筑物、其他附着物，应当一并处理；如果有设置抵押等他项权利，应当取得他项权利人的书面同意等。三是提供资金的合作方应当实力雄厚，资金来源可靠，有足够的融资能力。四是对房地产合作开发项目应当依法取得立项、规划等手续，应当能满足合作各方的要求，如需要变更建设用地规划或建设工程规划应当依法办理变更手续。

第三，应当签订完备、详细的房地产合作开发合同。房地产合作开发合同的主要内容包括：项目概况（包括项目名称、地点、用地性质、项目规模、已取得的批准文件等）；合作投资方式；国有建设用地使用权；项目总投资及合作各方出资数额、比例、出资时间与方式；合作模式（包括合作运行机制、权力机构组成及议事规则等）；合作开发过程中具体分工（包括项目立项、规划、施工许可等行政许可手续的办理，项目发包与工程管理、资金监管、财务管理等）；利益分配与亏损承担（物业交付与产权过户、利润分配、亏损的弥补等）；履约担保；违约责任；声明与保证；合同的变更与解除（包括变更与解除的条件、方式与程序等）；合同转让；保密；争议处理；不可抗力；合同生效等。房地产合作开发合同除内容应当全面外还应当特别注意以下条款：一是国有建设用地使用权条款，具体应当包括坐落地点、面积、四至范围，获得方式和使用期限，规划用途和规划条件，合作年限，作价，交付期限与方式，地上建筑物与其他附着物的处理方式，有关行政审批事项等；二是资金投入条款，具体应当包括合作双方资金投入的金额与比例，实际投资数额超出房地产合作开发合同约定的增加投资额的承担比例，未足额交纳出资的处理方式及责任，不得将房屋预售款冲抵投资等；三是利益分配特别是以房屋作为分配方式的条款，具体应当包括房屋分配的房屋性质、具体位置、楼层、朝向、建筑面积或套内建筑面积等，房屋实际建筑面积少于房地产合作开发合同的约定时房屋实际建筑面积的分配比例，房屋实际建筑面积超出规划建筑面积经批准后对超出部分房屋的分配比例等；四是风险承担条款，不得设定"保底条款"，具体应当包括不得约定提供国有建设用地使用权的当事人不承担经营风险、只收取固定利益，不得约定提供资金的一方不承担经营风险、只分配固定数量房屋，不得约定提供资金的一方不承担经营风险、只收取固定数额货币，不得约定提供资金的一方不承担经营风险、只以租赁或其他形式使用房屋，否则，以上四种情形将不属于房地产合作开发行为，而是分别属于土地使用权转让行为、房屋买卖行为、借款行为、房屋租赁行为。

　　第四，应当全面、规范履行房地产合作开发合同。一是严格按照房地产合作开发合同的约定，及时组建合作管理机构或按照约定履行各自义务，加强内部监督和相互制约；二是设立共管账户，强化项目投入资金、运行资金及房屋预售款的监管与使用，共管账户的预留印鉴中的财务章和人名章应当分别由合作各方掌管；三是及时依法办理房地产合作开发项目需要办理的立项、规划、施工、预售等行政许可手续；四是对房地产合作开发过程中发生涉及双方权利义务变更事项或其他事项通过补充协议或会议纪要等书面方式予以确认；五是及时办理履约担保的手续包括银行保函的开具、抵押物的登记手续的办理等；六是建立和完善房地产合作开发相关制度如会签制度、项目进展报告制度等，以便沟通信息，相互监督；七是对对方的违约行为，应当固定证据，及时行使索赔权利。

第五篇
房地产开发建设法律风险防范

◆房地产开发建设的风险分析与防范

——从代理中共中央组织部办公楼建设全过程法律服务非诉讼案谈起

【案情简介】

2000年12月,中共中央组织部办公楼建设办公室因办公楼建设需要,特委托本律师所在的律师事务所为该工程建设提供工程专项法律服务,要求指派熟知工程建设专业知识及专业法律规定的律师担任法律顾问,双方签订了《工程专项法律服务合同》,该律师事务所指派本律师为该工程的特邀法律顾问,负责为中共中央组织部办公楼建设办公室提供所委托的工程建设全过程的法律服务。

本律师接受委托后,为该办公楼的工程建设提供了包括项目实施前期阶段、项目招标投标阶段、项目合同签订与履行阶段等全过程的法律服务,通过本律师的非诉讼法律服务有效地防范了该办公楼的工程建设纠纷的发生,保证了该办公楼工程建设的顺利进行,现该办公楼的工程建设早已顺利完工,并投入使用。

【代理过程和结果】

在该办公楼的建设过程中,本律师根据服务合同以及该工程建设进度的具体情况及委托人的要求，就该工程的建设用地使用权取得与移交、拆迁工作的范围、工程招标文件、工程评标、合同备案、工程结算等提供了书面专项法律意见和建议，起草、修改、审查了该工程的工程设计合同、工程施工合同、工程监理合同、租赁协议、专业工程承发包管理委托合同、编标代理服务合同、工程分包合同、设备采购及安装合同、装饰工程施工合同、定作合同、物业管理委托合同等法律文件。

通过本律师的专业法律服务，协调消除了该工程在建设过程中的纠纷隐患，帮助了委托人依法处理该工程在建设过程中出现的矛盾与问题，预防了该工程在建设过程中法律风险，保证了该工程的顺利竣工与交付使用。

【风险分析与防范】

本案是房地产与建设工程专业律师为房地产项目的建设前期、建设准备、建设实施和竣工验收提供全过程法律服务的非诉讼案例，由于房地产项目具有投资额大、建设周期长、性质复杂、受项目所在地自然环境影响大等特点，同时又关系到国有资金投资、社会公共利益、公众安全等，房地产开发建设具有非常大的风险，因此，建设单位（包括房地产开发企业）聘请房地产与建设工程专业律师为房地产开发建设提供全过程法律服务对防范法律风险是非常必要的。

一、房地产开发建设概述

房地产开发建设是指在依法取得国有建设用地使用权的土地上进行各类房屋建筑及其附属设施的建造和与其配套的线路、管道、设备的安装活动。

房地产开发建设一般分为房地产开发建设前期、房地产开发建设准备、房地产开发建设实施、房地产开发建设竣工验收四个阶段。

根据我国《城市房地产管理法》《建筑法》《城市房地产开发经营管理条例》《建设工程质量管理条例》《建设工程安全生产管理条例》的规定，房地产开发建设应当遵循以下原则：一是全面规划、合理布局的原则，房地产开发建设应当符合土地利用总体规划和城市规划，坚持旧区改建和新区建设相结合，注重开发基础设施薄弱、交通拥挤、环境污染严重以及危旧房集中的区域，保护和改善生态环境，保护历史文化遗产；二是综合开发、配套建设的原则，房地产开发建设应当统筹安排建设项目和配套基础设施，分期施工，协调发展，小区住宅与市政公用基础设施、公共服务设施应当同步建设、同步交付使用；三是严格执行建设程序的原则，房地产开发建设应按照先地下、后地上，先勘察、后设计、再施工的原则实施，严格依法办理项目立项、建设用地规划许可、建设工程规划许可、施工图设计审查、建筑工程施工许可、质量监督、安全监督、竣工验收备案等行政许可或备案手续；四是确保工程质量和安全的原则，严格执行工程质量和安全标准，全面落实工程质量和安全责任制，完善工程质量与安全监督、监理机制，强化房地产开发项目手册备案监督制度。

房地产开发建设具有如下特征：一是参与主体多，除房地产开发企业或建设单位外，有工程勘察单位、工程设计单位、工程施工企业、工程监理单位、材料和设备供应单位等参与，还要涉及规划、建设、市政、供电、通讯、房管、环保、园林、文教卫生等部门；二是行政干预强，房地产开发建设的对象是特定不动产，涉及社会公共利益，国家对房地产开发建设实施较强的行政干预，除规定了严格的房地产开发建设程序外，还要求房地产开发企业、建设工程企业等参与主体必须具备资质证书，同时对房地产项目开发建设动工期限进行限制，房地产开发建设需要严格执行强制性标准，明确参与各方的法定责任等；三是建设内容多，无论是新区开发还是旧区改建，需要进行成片开发建设，房地产开发建设规模大，工程项目多不仅包括住宅、办公楼，还包括商店、学校等，建设类型复杂包括房屋建设、管线敷设、道路建设、绿化建设等；四是建设周期长，房地产开发建设从立项、规划设计、组织施工到竣工验收、交付使用，由于建设内容不同，少则2年至3年，多则4年至5年，甚至需要更长时间；五是投入资金大，除了取得国有建设用地使用权需要投入大笔资金外，由于建设内容多、建设周期长、建设程序复杂，房地产开发建设投入的资金数额也非常大且投资回收周期长。

房地产开发建设在房地产开发经营中处于中间环节，对实现房地产开发经营的经济效益、社会效益、环境效益相统一的目标起到关键性作用。房地产开发建设的规范运作，有利于城乡规划的顺利实施，有利于新型城镇化的健康推进，有利于提高建设工程的综合效益，有利于促进和保障房地产业的健康发展。

二、房地产开发建设前期阶段的风险分析与防范

房地产开发建设前期阶段是房地产开发建设的起初阶段，该阶段的工作主要包括：申请并取得建设项目规划意见、申请并取得建设项目用地预审意见、编制并报批建设项目环境影响评价文件、编制并报批固定资产投资项目节能评估报告、编制并报批建设项目核准文件。

房地产开发建设前期阶段是房地产开发建设的基础和前提，前期阶段的工作涉及面广、工作复杂、难点较多、耗时较长、风险较大，应当注意防范。

（一）关于建设项目规划意见申请与取得的风险分析与防范

根据我国《城乡规划法》及有关法规的规定，建设项目规划意见是建设项目在城市规划区进行选址和布局的法律依据，主要有两种情形：一种情形是按照国家规定需要有关部门批准或者核准的建设项目，以划拨方式提供国有建设用地使用权的，建设单位应当向城乡规划行政主管部门申请核发选址意见书；另一种情形是以出让方式提供国有建设用地使用权的建设项目，应当向城乡规划行政主管部门申请并取得建设项目规划条件。

建设项目规划意见的申请与取得的风险主要是建设项目规划意见的申请主体、提交的材料、审查标准、内容及作用等不明确的风险。

防范建设项目规划意见的申请与取得的风险，应当注意以下方面：

首先，对于选址意见书的申请和取得，应当注意：一是申请主体是建设单位。二是申请时应当提交的材料包括：包含项目性质、建设规模、选址意向等情况说明的选址申请书，证明该建设项目属于需要有关部门批准或者核准、以划拨方式取得国有建设用地使用权的相关文件，有关部门同意申请单位作为项目建设主体的批准文件，标绘有拟建项目用地范围的规定比例尺地形图，法律、法规、规章规定的其他材料。三是城乡规划行政主管部门审查的内容包括：申请单位是否与有关部门同意建设主体的文件相符，有关文件是否确认建设项目属于按照国家规定需要有关部门批准或者核准的建设项目，有关文件是否确认建设项目属于按照国家规定应当以划拨方式取得国有建设用地使用权的建设项目，建设项目的性质、规模、布局是否符合批准的控制性详细规划的要求，确定建设用地及代征城市公共用地范围和面积，其他法律、法规、规章中要求审查的内容。四是选址意见书的内容包括：规划土地使用要求（用地性质、用地规模、

用地位置、建筑规模、容积率、建筑高度、绿地率等)、居住建筑(含居住区、居住小区、居住组团)的公共服务设施配套要求，建设项目退让用地边界、城市道路、铁路干线、河道、高压电力线等距离要求，建设项目交通出入口方位及停车指标等规划要求，建筑风貌的要求。

其次，建设项目规划条件是城市、县人民政府城乡规划主管部门依据控制性详细规划对出让地块的位置、使用性质、开发强度等提出的要求，是国有建设用地使用权出让合同的组成部分。建设项目规划条件主要有土地储备前期整理建设项目规划条件、土地储备供应建设项目规划条件、自有土地建设项目规划条件、授权供地建设项目规划条件四类，对于建设项目规划条件的申请和取得，应当注意：一是申请主体不同，土地储备前期整理建设项目规划条件和土地储备供应建设项目规划条件的申请主体均为土地储备机构，自有土地建设项目规划条件的申请主体是依法取得国有建设用地使用权的单位，授权供地建设项目规划条件的申请主体是政府授权的建设项目实施主体单位；二是提交的材料不同，除均需要提交主体授权批准文件、关于开展相应项目的情况说明、标绘有相应项目用地范围的规定比例尺地形图等资料外，申请自有土地建设项目规划条件还需提供用地权属或使用土地的证明文件、拟建项目规划设计方案示意图等；三是作用不同，土地储备前期整理建设项目规划条件是土地一级开发的规划依据，土地储备供应建设项目规划条件是土地储备供应的规划依据且是国有建设用地使用权出让合同的组成部分。房地产开发项目的国有建设用地使用权大多是通过招标拍卖挂牌出让方式取得，房地产开发企业在签订国有建设用地使用权出让合同时就已经取得了建设项目规划条件。

(二)关于建设项目用地预审意见的申请与取得风险分析与防范

根据我国《土地管理法》《土地管理法实施条例》《建设项目用地预审管理办法》等法律、法规的规定，建设项目用地预审是国土资源管理部门在建设项目审批、核准、备案阶段，对其涉及的土地利用事项进行的审查，可以分为四种情形：已批准可行性研究报告的审批类建设项目用地预审、直接审批类建设项目用地预审、核准类建设项目用地预审、备案类建设项目用地预审。这四种情形在申请条件、提交资料等方面均有所不同，本文仅就核准类建设项目用地预审进行分析。

建设项目用地预审申请与取得的风险主要是建设项目用地预审的审

批机关、程序、提交的材料、预审审查内容、预审意见有效期等不明确的风险。

防范建设项目用地预审意见的申请与取得的风险，主要应当注意以下方面：

首先，应当明确建设项目用地预审机关是与建设项目核准机关同级的国土资源管理部门。

其次，应当明确建设项目用地预审的程序，由建设单位向国土资源管理部门提出申请并提交符合要求的材料，国土资源管理部门自收到申请材料之日起20日内完成审查工作并出具建设项目用地预审文件。

第三，应当明确核准类建设项目用地预审应当提交的材料，主要包括：建设项目用地预审申请表，建设项目用地预审申请报告（内容包括拟建项目的基本情况、拟选址占地情况、拟用地面积确定的依据和适用建设用地指标情况、补充耕地初步方案、征地补偿费用和矿山项目土地复垦资金的拟安排情况等），申请人身份证明材料，城乡规划行政主管部门核发的《建设项目选址意见书》及附件和附图或《建设项目规划条件》及附件和附图等。

第四，应当明确建设项目用地预审审查的内容，主要包括：建设项目用地规模是否符合有关建设用地指标的规定，建设项目占用耕地的补充耕地初步方案是否可行，征地补偿费用和矿山项目土地复垦资金的拟安排情况等。

第五，应当明确建设项目用地预审文件的有效期，建设项目用地预审文件的有效期为2年，自批准之日起计算。

（三）关于编制并报批建设项目环境影响评价文件的风险分析与防范

根据我国《环境保护法》《环境影响评价法》《建设项目环境保护管理条例》等法律、法规的规定，建设项目环境影响评价是指对规划和建设项目实施后可能造成的环境影响进行分析、预测和评估，提出预防或者减轻不良环境影响的对策和措施，进行跟踪监测的方法与制度，根据建设项目对环境的影响程度，分为三类：建设项目环境影响报告书、建设项目环境影响报告表、建设项目环境影响登记表。这三类在审批主体与程序、内容要求、编制主体、征求意见的范围与内容等方面均有所不同。

编制并报批建设项目环境影响评价文件的风险主要是对建设项目环境影响评价文件编制主体要求、内容要求、基本要求与项目类别要求、审批机关、申请与审批程序、提交的材料、批准的环境影响评价文件有效期等不明确的风险。

防范编制并报批建设项目环境影响评价文件的风险，主要应当注意以下方面：

首先，应当明确建设项目环境影响评价文件编制主体资格要求，建设项目环境影响评价文件中环境影响报告书或环境影响报告表的编制主体应当具有相应的环境影响评价资质。

其次，应当明确环境影响评价文件要符合要求，一是建设项目环境影响报告书的内容应当包括：建设项目概况，建设项目周围环境现状，建设项目对环境可能造成影响的分析、预测和评估，建设项目环境保护措施及其技术、经济论证，建设项目对环境影响的经济损益分析，对建设项目实施环境监测的建议，环境影响评价的结论。二是建设项目环境影响报告表、建设项目环境影响登记表应当符合国务院环境保护行政主管部门规定的格式和内容。

第三，应当明确建设项目要符合环境保护的基本要求和项目类别要求，一是环境保护的基本要求包括：符合保护环境禁止建设项目、禁止建设地区和严格控制建设地区名录要求，符合国家产业政策，符合城市功能区划和环境保护规划，要合理利用自然资源、防止环境污染和生态破坏，采用的技术与装备政策须符合清洁生产的要求，污染物排放不得超过国家和当地规定的环境保护排放标准，满足国家和地方规定的污染物总量控制要求，建成后须能维持地区环境质量、符合环境功能区要求，建设单位应当承诺在项目投入使用前向利害关系人如实说明该地区的环境质量现状及拟采取的防护措施，需要征求公众意见的结果，符合有关标准的强制性规定。二是项目类别要求，如房地产项目所在地区环境质量超标应采取的必要防护措施，房地产项目应当与周围产生污染的工业项目保持一定的防护距离，临近铁路、轨道交通、高速公路、城市快速路、城市主干路、机场等情形时应符合城市规划部门划定的防噪声距离并按照国家声环境质量标准和民用建筑隔声设计规范进行设计。

第四，应当明确建设项目环境影响评价文件的审批机关，实行分级审批，具体由国务院规定，根据2013年11月15日环境保护部《关于下放部分建设项目环境影响评价文件审批权限的公告》，环境保护部已经将部分建设项目环境影响评价文件的审批权限下放至省级环境保护行政主管部门。

第五，应当明确建设项目环境影响评价文件申请与审批的程序，由建设单位向环境保护行政主管部门提出申请并提交符合要求的材料，审批部门自收到环境影响报告书之日起60日内、收到环境影响报告表之日起30日内、收到环境影响登记表之日起15日内作出审批决定（不含委托评估、征求公众意见和进行专家评议所需时间）。

第六，应当明确申请环境影响评价文件审批应提交的材料，主要包括：建设项目环境管理申请登记表和建设项目环境保护审批登记表、环境影响评价文件、建设项目情况说明、拟建项目实施地点地形图（图上应标出拟建项目周围情况）、征求公众和专家意见结果等。

第七，应当明确建设项目环境影响评价文件的有效期，建设项目的环境影响评价文件自批准之日起超过5年，方决定该项目开工建设的，其环境影响评价文件应当报原审批部门重新审核，原审批部门应当自收到建设项目环境影响评价文件之日起10日内，将审核意见书面通知建设单位。

（四）关于编制并报批固定资产投资项目节能评估报告的风险分析与防范

根据我国《节约能源法》《固定资产投资项目节能评估和审查暂行办法》等法律、规章的规定，固定资产投资项目节能评估和审查是指根据节能法规、标准，对固定资产投资项目的能源利用是否科学合理进行分析评估，编制节能评估文件（包括节能评估报告书、节能评估报告表）或填写节能登记表，并由发展改革部门对项目节能评估文件进行审查并形成审查意见或对节能登记表进行登记备案的行为。固定资产投资项目节能评估文件及其审查意见、节能登记表及其登记备案意见是项目审批、核准或开工建设的前置性条件以及项目设计、施工和竣工验收的重要依据，根据项目建成投产后年能源消费量，节能评估分为节能评估报告书、节能评估报告表、节能登记表三类，这三类在适用范围、节能评估内容、节能评估编制主体、审批管理等方面均有所不同。

编制并报批固定资产投资项目节能评估报告的风险主要是对节能评估文件的编制主体资格要求、节能评估文件和节能登记表的内容、节能审查机关、节能审查程序、节能审查申请提交的材料、节能审查的内容和意见等不明确的风险。

防范编制并报批固定资产投资项目节能评估报告的风险，主要应当注意以下方面：

首先，应当明确节能评估文件的编制主体资格要求。节能评估报告书、节能评估报告表的编制主体应当具有相应的工程咨询资质等级，节能登记表可由建设单位自行填写。

其次，应当明确节能评估文件和节能登记表的内容。一是固定资产投资项目节能评估报告书的内容，主要应当包括：评估依据，项目概况，能源供应情况评估包括项目所在地能源资源条件以及项目对所在地能源消费的影响评估，项目建设方案节能评估包括项目选址、总平面布置、生产工艺、用能工艺和用能设备等方面的节能评估，项目能源消耗和能效水平评估包括能源消费量、能源消费结构、能源利用效率等方面的分析评估，节能措施评估包括技术措施和管理措施评估，存在问题及建议，结论。二是节能评估报告表和节能登记表应当符合发展改革部门规定的内容深度和格式要求。

第三，应当明确节能审查权限。固定资产投资项目节能审查按照项目管理权限实行分级管理，根据2013年5月24日国家发展和改革委员会办公厅发出的《关于做好固定资产投资项目节能评估和审查同步取消和下放有关工作的通知》，根据国务院规定取消和下放行政审批项目，节能评估和审查同步取消和下放，如北京市发展改革委员会进行节能评估和审查的项目包括：建筑面积（包括地上和地下建筑面积的总和）在2万平方米以上（含）的公共建筑项目，建筑面积在20万平方米（包括地上和地下建筑面积的总和）以上（含）的居住建筑项目，其他年耗能2000吨标准煤以上（含）的项目。

第四，应当明确节能审查的程序。固定资产投资项目节能审查的申请由建设单位在项目审批、核准或备案申请时同时提出；节能审查机关在收到项目节能评估文件后2个工作日内委托中介机构评审，对于申报材料不齐全或者不符合要求的应在5个工作日内一次告知申报单位补正；节能审查机关应在收到固定资产投资项目节能评估报告书后15个工作日内、收到节能评估报告表后10个工作日内形成节能审查意见，应在收到节能登记表后5个工作日内予以登记备案，节能评估文件委托评审的时间不计算在前款规定的审查期限内，节能审查（包括委托评审）的时间不得超过项目审批或核准时限。

第五，应当明确固定资产投资项目节能审查申请提交的材料，主要包括：申请文件（内容包括项目建设地点、建设内容及规模、项目总投资；项目主要用能方案、年综合能耗、年二氧化碳排放量；项目已取得的相关批复文件及实际进展情况；下级发展改革委或行业主管部门对项目的初审意见）、具有相应资质等级工程咨询资质单位编制的固定资产投资项目节能专篇、涉及规划、国土的项目应提供规划部门批准文件和国土资源部门批准文件、可行性研究报告或项目建议书或项目建设情况说明、申请人主体资格文件等。

第六，明确节能审查机关对节能评估文件审查的内容，主要包括：节能评估依据的法律、法规、标准、规范、政策等准确适用，节能评估文件的内容深度符合要求，项目用能分析客观准确、评估方法科学、评估结论正确，节能评估文件提出的措施建议合理可行。

第七，应当明确节能审查意见的印发形式，固定资产投资项目的节能审查意见与项目审批或核准文件一同印发。

（五）关于编制并报批建设项目核准文件的风险分析与防范

根据国务院《关于投资体制改革的决定》（国发〔2004〕20号）的规定，我国政府对建设项目实行分类管理，对政府投资的建设项目实行审批制；对企业不使用政府投资建设的项目，政府仅对重大项目和限制类项目从维护社会公共利益的角度实行核准制；其他项目，实行备案制。为了进一步简政放权，2013年12月2日国务院发布实施了《政府核准的投资项目目录》，2014年5月14日国家发展和改革委员会发布了《政府核准投资项目管理办法》（自2014年6月14日起施行），而房地产开发建设项目大多属于政府核准投资项目，本文仅就建设项目核准进行阐述。

编制并报批建设项目核准文件的风险主要是对项目申请报告的编制主体和内容、项目核准申请应提交的材料、项目核准权限、项目核准程序、项目核准审查条件、项目核准文件的效力和有效期等不明确的风险。

防范编制并报批建设项目核准文件的风险，主要应当注意以下方面：

首先，应当明确项目申请报告的编制主体与内容。项目申请报告的编制主体应当具有相应的工程咨询资质等级。项目申请报告的主要内容应当包括：项目单位情况、拟建项目情况、资源利用和生态环境影响分析、经济和社会影响分析。

其次，应当明确项目核准申请应当提交的材料，主要包括：项目申请报告，城乡规划行政主管部门出具的选址意见书（仅指以划拨方式提供国有土地使用权的项目），国土资源行政主管部门出具的用地预审意见（不涉及新增用地，在已批准的建设用地范围内进行改扩建的项目，可以不进行用地预审），环境保护行政主管部门出具的环境影响评价审批文件，节能审查机关出具的节能审查意见，根据有关法律法规的规定应当提交的其他文件。

第三，应当明确项目核准权限，实行核准制的投资项目范围和项目核准机关的核准权限由国务院颁布的《政府核准的投资项目目录》确定。

第四，应当明确建设项目申请核准程序，主要包括六个阶段，一是由项目单位向项目核准机关提出申请并提交符合要求的材料；二是项目核准机关在5个工作日内决定是否受理并出具书面凭证，对申报材料不齐全或不符合要求的应当一次告知项目单位补正；三是项目核准机关受理申报材料后对需要评估的应当在4个工作日内按照有关规定委托工程咨询机构进行评估；四是根据规定和项目实际需要征求有关行业管理部门意见、公众意见、专家意见；五是项目核准机关应当在正式受理申报材料后20个工作日内做出是否予以核准的决定，或向上级项目核准机关提出审核意见，此期限经本机关负责人可延长10个工作日，咨询评估和专家评议时间不计算在内；六是对于同意核准的项目，项目核准机关应当依法将核准决定向社会公开。

第五，应当明确项目核准机关对项目审查的条件，主要包括：符合国家法律法规和宏观调控政策，符合发展规划、产业政策、技术政策和准入标准，合理开发并有效利用了资源，不影响我国国家安全、经济安全和生态安全，对公众利益特别是项目建设地的公众利益不产生重大不利影响。项目的市场前景、经济效益、资金来源、产品技术方案等均由企业自主决策、自担风险，项目核准机关不得干预企业的投资自主权。

第六，应当明确项目核准文件的效力，项目核准文件是项目单位依法办理规划许可、土地利用、资源利用、安全生产等相关手续的依据。

第七，应当明确项目核准文件的有效期，项目核准文件自印发之日起有效期2年；在有效期内未开工建设的，项目单位应当在有效期届满前的30个工作日之前向原项目核准机关申请延期，原项目核准机关应当在有效期届满前作出是否准予延期的决定；在有效期内未开工建设也未按照规定向原项目核准机关申请延期的，原项目核准文件自动失效。

三、房地产开发建设准备阶段的风险分析与防范

房地产开发建设准备阶段是房地产开发建设实施阶段的铺垫阶段，该阶段的工作主要包括：办理建设用地规划手续、确定建设主体、明确建设依据、具备建设条件、筹措建设资金、办理施工许可证。

◆◆◆房地产开发法律风险防范实务

房地产开发建设准备阶段是房地产开发建设中承上启下的关键阶段，准备阶段的工作涉及主体多、程序复杂，直接关系到房地产项目的质量与安全以及市场前景，风险较大，应当注意防范。

（一）关于办理建设用地规划手续的风险分析与防范

根据我国《城乡规划法》第37条、第38条的规定，以划拨方式取得国有建设用地使用权的建设项目，应当先申请并取得建设用地规划许可证，再申请用地，经县级以上人民政府批准后由国土资源管理部门划拨土地；以出让方式取得国有建设用地使用权的建设项目，在签订国有建设用地使用权出让合同后，再申请并取得建设用地规划许可证。房地产开发项目大多是通过出让方式取得国有建设用地使用权且前文已作论述，本文仅就建设用地规划许可证的申请与取得进行阐述，建设用地规划许可证是城乡规划主管部门颁发的确定建设用地的位置、面积、允许建设范围的法律凭证。

办理建设用地规划手续的风险主要是申请与审批程序、受理条件与提交的材料、审查依据和内容、审查时限、救济手段等不明确的风险。

防范办理建设用地规划手续的风险，应当注意以下方面：

首先，应当明确建设用地规划许可证的申请与审批程序，一是由建设单位向城乡规划主管部门提出申请并提交规定的材料；二是城乡规划主管部门对符合受理条件的予以受理，对申请材料不齐全或不符合法定形式的应当在5日内告知补正材料；三是城乡规划主管部门依据有关法律法规规章的规定进行审查，作出准予或不予行政许可的决定并送达申请人。

其次，应当明确申请建设用地规划许可证的受理条件和提交的材料，主要包括：建设单位出具的申报委托书；建设单位填写完整并加盖单位印章的《建设项目规划许可及其他事项申报表》；规划部门及相关部门的批准文件包括申请以划拨方式取得国有建设用地使用权的，提交《选址意见书》附件及附图，建设项目批准、核准、备案文件；或通过土地市场以招标、拍卖、挂牌方式取得国有建设用地使用权的，提交《建设项目规划条件（土地储备供应）》及附图，提交《国有建设用地使用权挂牌出让成交确认书》及《国有建设用地使用权出让合同》，建设项目批准、核准、备案文件；《建设用地钉桩测量成果报告书》（含《建设用地钉桩通知书》和《钉桩坐标成果通知书》原件）；测绘单位按照规划要求确定的建设用地范围成果和依成果绘制的规定比例尺地形图；法律、法规、规章规定要求提供的其他相关材料。

第三，应当明确城乡规划主管部门的审查依据和内容，审查依据是控制性详细规划以及有关法律、法规、规章，审查内容包括确定建设用地的规划性质，建设用地及代征城市公共用地范围和面积，确定需要同期实施的其他用地范围和面积，其他法律、法规、规章中要求审查的内容。

第四，应当明确城乡规划主管部门的审查时限，审查、决定时限一般为7个工作日，可以延长10个工作日，制证和送达时限为10个工作日。

第五，应当明确不服城乡规划主管部门作出的不予行政许可的救济手段，建设单位对城乡规划主管部门作出的不予行政许可的决定有权提出行政复议或提起行政诉讼。

（二）关于确定建设主体的风险分析与防范

根据我国《招标投标法》《招标投标法实施条例》的规定，对于国务院确定的范围和规模标准的建筑物和构筑物的新建、改建、扩建及其相关的装修、拆除、修缮等，构成工程不可分割的组成部分且为实现工程基本功能所必需的设备、材料等的采购以及为完成工程所需的勘察、设计、监理等服务，必须通过招标方式确定工程勘察单位、工程设计单位、施工企业和工程监理单位和工程货物供应单位。招标分为公开招标和邀请招标两种。

确定工程勘察单位、工程设计单位、施工企业和工程监理单位以及工程货物供应单位等建设主体的风险主要是选定的建设主体资格、发包方式、招标发包程序等不符合法律规定的风险。

防范确定工程勘察单位、工程设计单位、施工企业和工程监理单位以及工程货物供应单位等建设主体的风险，应当注意以下方面：

首先，无论采取何种方式，选定的工程勘察单位、工程设计单位、施工企业和工程监理单位应当具有相应资质等级。

其次，招标人应当严格依法确定招标范围、招标方式和招标组织形式，并向发展和改革部门办理招标方案核准手续，一是依法必须招标的建设项目，不得采取直接发包的方式；二是标段划分应当合理，不得肢解工程发包；三是依法应当公开招标的，不得采取邀请招标方式；四是除具有编制招标文件和组织评标能力可自行招标外，应当委托招标代理机构进行招标；五是应当向发展和改革部门办理招标方案核准手续，提交的材料包括项目核准文件，如不招标应提交范围与理由说明，如自行招标应提交招标能力的材料，如邀请招标的依据材料等，招标方案核准一般与项目核准同时申请、同时决定。

第三，建设单位委托招标应当通过招标方式确定具有相应资格的招标代理机构，签订完备、具体的书面委托合同，并向建设工程招标投标管理机构办理委托招标代理合同备案手续。

第四，招标人在依法必须进行招标项目的招标过程中，一是资格预审公告或招标公告应当在国务院发展改革部门指定的媒介发布，且不同媒介发布的同一招标项目的公告内容应当一致；二是资格预审文件和招标文件应当使用国务院发展改革部门会同有关行政监督部门制定的标准文本，且应当向建设工程招标投标管理机构办理资格预审文件和招标文件备案手续；三是应当按照资格预审公告、招标公告或者投标邀请书规定的时间、地点发售资格预审文件或者招标文件，资格预审文件或者招标文件的发售期不得少于5日；四是资格预审应当按照资格预审文件载明的标准和方法进行，资格预审结束后应当及时向资格预审申请人发出资格预审结果通知书，未通过资格预审的申请人不具有投标资格，通过资格预审的申请人少于3个的，应当重新招标；五是采用资格后审办法对投标人进行资格审查的，应当在开标后由评标委员会按照招标文件规定的标准和方法对投标人的资格进行审查；六是投标人编制投标文件所需的时间自招标文件开始发出之日起至投标人提交投标文件截止之日止最短不得少于20日；七是资格预审文件或招标文件可以进行澄清或者修改，但如内容可能影响资格预审申请文件或者投标文件编制的，应当在提交资格预审申请文件截止时间至少3日前或者投标截止时间至少15日前以书面形式通知所有获取资格预审文件或者招标文件的潜在投标人，不足3日或者15日的应当顺延提交资格预审申请文件或者投标文件的截止时间；八是在招标文件中要求投标人提交投标保证金的，投标保证金不得超过招标项目估算价的2%，投标保证金有效期应当与投标有效期一致；九是如决定编制标底，一个招标项目只能有一个标底，标底必须保密，设有最高投标限价的，应当在招标文件中明确最高投标限价或者最高投标限价的计算方法，不得规定最低投标限价；十是不得组织单个或者部分潜在投标人踏勘项目现场；十一是招标人不得以不合理的条件限制、排斥潜在投标人或者投标人，不得有下列行为：就同一招标项目向潜在投标人或者投标人提供有差别的项目信息；设定的资格、技术、商务条件与招标项目的具体特点和实际需要不相适应或者与合同履行无关；以特定行政区域或者特定行业的业绩、奖项作为加分条件或者中标条件；对潜在投标人或者投标人采取不同的资格审查或者评标标准；限定或者指定特定的专利、商标、品牌、原产地或者供应商；非法限定潜在投标人或者投标人的所有制形式或者组织形式；以其他不合理条件限制、排斥潜在投标人或者投标人。

第五，招标人禁止与投标人串通投标，不得有下列行为：招标人在开标前开启投标文件并将有关信息泄露给其他投标人；招标人直接或者间接向投标人泄露标底、评标委员会成员等信息；招标人明示或者暗示投标人压低或者抬高投标报价；招标人授意投标人撤换、修改投标文件；招标人明示或者暗示投标人为特定投标人中标提供方便；招标人与投标人为谋求特定投标人中标而采取的其他串通行为。

第六，招标人在开标、评标和中标过程中，一是应当按照招标文件规定的时间、地点开标；二是评标委员会的专家成员应当从评标专家库内相关专业的专家名单中以随机抽取方式确定，招标人应当向评标委员会提供评标所必需的信息，但不得明示或者暗示其倾向或者排斥特定投标人，招标人应当根据项目规模和技术复杂程度等因素合理确定评标时间；三是依法必须进行招标的项目，招标人应当自收到评标报告之日起3日内公示中标候选人，公示期不得少于3日；四是国有资金占控股或者主导地位的依法必须进行招标的项目，招标人应当确定排名第一的中标候选人为中标人；五是中标人确定后，招标人应当向中标人发出中标通知书，招标人和中标人应当自中标通知书发出之日起30日内签订书面合同。

第七，招标人应当自确定中标人之日起15日内向建设工程招标投标管理机构办理招投标情况书面报告备案手续，备案应当提交的材料包括：招投标情况书面报告备案表、中标人的投标文件、中标通知书、开标会签到表、招标人及投标人参加开标会的法定代表人身份证明书或法定代表人对其委托代理人的授权委托书、投标文件签收记录表、开标情况记录表、评标专家名单、评标委员会成员签到表、评标专家声明书、评标委员会提出的书面评标报告、评标委员会负责人对评标结果复核确认意见表、招标人对评标结果复核确认意见表、各投标人的电子投标文件、其他评标资料。

第八，应当依据有关规定办理工程勘察合同、工程设计合同、工程施工合同、工程监理合同备案手续，其中施工合同备案可分为施工合同签订备案、施工合同变更（包括项目经理变更和规模标准变更）备案和施工合同解除备案三种。

（三）关于确定建设依据的风险分析与防范

根据我国《建筑法》《城乡规划法》《人民防空法》《消防法》《建设工程勘察设计管理条例》等法律、法规、规章的规定，工程勘察文件是工程设计的重要依据之一；工程设计文件是工程施工的依据，工程设计文件一般包括方案设计文件、初步设计文件和施工图设计文件；确定建设依据过程中的行政许可、审查手续包括人防工程审查、超限高层建筑工程抗震设防审查、建设工程规划许可证、消防工程审查、施工图设计文件审查等。

确定建设依据的风险主要是未依法完成工程勘察文件和工程设计文件的编制工作，未依法办理建设工程规划许可证、施工图设计文件审查等行政许可、审查手续的风险。

防范确定建设依据的风险，应当注意以下方面：

首先，建设单位在工程勘察阶段，一是应当向工程勘察单位提供准确、可靠的工程勘察所需的资料包括地形图、原始资料等或委托工程勘察单位收集；二是不得向工程勘察单位提出不符合建设工程质量和安全生产法律、法规和强制性规定标准的要求；三是应当依法审查工程勘察单位提交的工程勘察文件的真实性、准确性，且能满足工程方案设计和工程初步设计的需要；四是不得修改工程勘察文件，工程勘察文件只能由原工程勘察单位或委托经原工程勘察单位同意的其他具有相应资质的工程勘察单位修改。

其次，建设单位在方案设计和初步设计阶段，一是应当向工程设计单位提供准确可靠的方案设计、初步设计所需的资料，包括项目审批、核准和备案文件，建筑红线图，建筑钉桩图，规划设计条件，工程勘察报告，市政条件（包括上下水、暖通、电力、热力、通讯等）等；二是不得向工程设计单位提出不符合建设工程质量和安全生产法律、法规和强制性规定标准的要求；三是根据《人民防空工程建设管理规定》需要建设人防工程的，应当委托具有相应资质的工程设计单位依法编制人民防空工程初步设计文件并报人民防空主管部门审批，人民防空工程初步设计文件的内容主要包括：设计依据、设计总说明、建筑总面图、平面图、主要剖面图、主体结构形式、剖面和防护系统图、风水电专业系统图、主要设备材料表、主要技术措施和各项技术经济指标、各专业设计计算书、工程设计概算；四是对于超限高层建筑工程，应当根据《超限高层建筑工程抗震设防管理规定》向住房和城乡建设主管部门申请抗震设防专项审查，审查内容包括建筑的抗震设防分类、抗震设防烈度（或者设计地震动参数）、场地抗震性能评价、抗震概念设计、主要结构布置、建筑与结构的协调、使用的计算程序、结构计算结果、地基基础和上部结构抗震性能评估等，建设行政主管部门应当自接到抗震设防专项审查全部申报材料之日起25日内，组织专家委员会提出书面审查意见，并将审查结果通知建设单位；五是应当依法审查工程设计单位提交的方案设计文件能满足编制初步设计和控制概算的需要，提交初步设计文件能满足编制施工招标文件、主要设备材料订货和编制施工图设计文件的需要；六是不得修改工程方案设计文件和初步设计文件，工程方案设计文件和初步设计文件只能由原工程设计单位或委托经原工程设计单位同意的其他具有相应资质的工程设计单位修改。

第三，在申领建设工程规划许可证阶段，建设工程规划许可证是城乡规划主管部门依法核发的确认有关建设工程符合城市、镇规划要求的法律凭证，一是应当明确程序，由建设单位向城乡规划主管部门提出申请并提交规定的材料，城乡规划主管部门对符合受理条件的予以受理，对申请材料不齐全或不符合法定形式的应当在5日内告知补正材料，城乡规划主管部门依据有关法律、法规、规章的规定进行审查，作出准予或不予行政许可的决定并送达申请人；二是应当明确受理条件，提交相应证明材料，主要包括：建设单位出具的申报委托书，建设单位填写完整并加盖单位印章的《建设项目规划许可及其他事项申报表》，建设项目批准、核准、备案文件或相关文件，选址意见书或规划条件，使用国有土地的有关证明文件，建设工程设计方案，具有相应资质的工程设计单位按规定要求绘制的施工图纸的主要部分包括图纸目录、无障碍设施设计说明、设计总平面图、各层平面图、剖面图、各向立面图、各主要部位平面图、基础平面图、基础剖面图，其他法律、法规、规章规定要求提供的相关材料；三是应当明确审查依据和内容，审查依据是控制性详细规划和规划条件以及有关法律、法规、规章，审查内容包括：申报图纸的用地范围与规划确定的范围一致，建设项目的性质符合城乡规划的要求，容积率符合城乡规划的要求，建筑高度符合城乡规划的要求，建筑密度与空地率或绿地率符合城乡规划的要求，停车位数量符合法律、法规、规章和城乡规划的要求，建筑间距符合法律、法规、规章和城乡规划技术标准的要求，绿化率符合城乡规划的要求，居住公共服务设施符合法律、法规、规章和《居住公共服务设施规划设计指标》的规定，建设项目后退道路红线的距离符合法律、法规、规章和城乡规划管理技术规定的要求，已安排了必要的水、电、气、热等市政基础设施，其他法律、法规、规章中要求审查的内容；四是应当明确城乡规划主管部门的审批时限，审查、决定时限自受理之日起一般为20个工作日（可延长10个工作日），制证、送达时限为10个工作日；五是对城乡规划主管部门作出的不予行政许可的决定有权提出行政复议或提起行政诉讼；六是应当注意建设工程规划许可证的有效期，一般要求在取得建设工程规划许可证后2年内要取得建筑工程施工许可证，期满经城乡规划主管部门批准可以延期1次，期限不得超过2年。

  第四，建设单位在施工图设计阶段，一是应当向工程设计单位提供建设工程规划许可证、有关主管部门对上一阶段设计文件的审批意见等；二是不得向工程设计单位提出不符合建设工程质量和安全生产法律、法规和强制性规定标准的要求；三是根据《人民防空工程建设管理规定》需要建设人防工程的，应当根据批准的初步设计文件，委托具有相应资质的工程设计单位依法编制人民防空工程施工图设计文件并报人民防空主管部门审批，人民防空工程施工图设计文件的内容主要包括：设计依据，设计总说明，建筑、结构、地基基础、防护系统工程施工图，通风空调、给排水、供电、通信工程施工图，各种设备、材料表，基础处理、结构及各专业设计计算书，工程施工图预算；四是应当根据《建设工程消防监督管理规定》（2012年修订）的规定，对需要进行消防设计审核的消防设计文件应当向公安机关消防机构申请消防审核，提交建设工程规划许可证、消防设计文件、设计单位资质证明等材料，公安机关消防机构审核内容包括设计单位具备相应资质、消防设计文件的编制符合公安部规定的消防设计文件申报要求，建筑的总平面布局和平面布置、耐火等级、建筑构造、安全疏散、消防给水、消防电源及配电、消防设施等消防设计符合国家工程建设消防技术标准、选用的消防产品和具有防火性能要求的建筑材料符合国家工程建设消防技术标准和有关管理规定，公安机关消防机构应当自受理消防审核申请之日起20日内出具书面审核意见；五是应当依法审核工程设计单位提交的施工图设计文件能满足设备材料采购、非标准设备制作和施工的需要；六是不得修改施工图设计文件，施工图设计文件只能由原工程设计单位或委托经原工程设计单位同意的其他具有相应资质的工程设计单位修改；七是应当根据《房屋建筑和市政基础设施工程施工图设计文件审查管理办法》（自2013年8月1日起施行）的规定办理施工图设计文件审查手续，建设单位应当向施工图审查机构提交作为设计依据的政府有关部门的批准文件及附件、全套施工图等材料，施工图审查机构对施工图审查的内容包括是否符合工程建设强制性标准、地基基础和主体结构的安全性、是否符合民用建筑节能强制性标准、对执行绿色建筑标准的项目还应当审查是否符合绿色建筑标准、勘察设计企业和注册执业人员以及相关人员是否按规定在施工图上加盖相应的图章和签字、法律法规规章规定必须审查的其他内容，施工图审查时限分别为大型房屋建筑工程为15个工作日、中型及以下房屋建筑工程为10个工作日，施工图审查机构进行审查后对审查合格的应当向建设单位出具审查合格书，对审查不合格的应当将施工图退建设单位并出具审查意见告知书以说明不合格原因，未经审查或审查不合格的施工图不得使用。

（四）关于确定建设条件的风险分析与防范

根据我国《建筑法》《建设工程安全生产管理条例》《建设工程质量管理条例》《建筑工程施工许可管理办法》（自2014年10月25日起施行）等法律、法规、规章的规定，确定建设条件的内容包括具备施工场地的施工条件、有施工需要的技术资料、有保证工程质量和安全的具体措施、办理了工程质量、安全监督手续。

确定建设条件的风险主要有：一是施工场地不具备施工条件的风险；二是技术资料不能满足施工需要的风险；三是没有保证工程质量和安全的具体措施的风险；四是没有办理工程质量、安全监督手续的风险。

防范确定建设条件的风险，建设单位应当注意以下方面：

首先，施工场地应当具备施工条件，一是施工现场供水和排水、供电以及施工道路能满足施工要求；二是施工场地平整，能满足施工企业进场的需要；三是建设工程规划许可确定的用地红线范围内和代征地范围内施工现场房屋征收进度应当符合施工要求。

其次，提供能满足施工需要的真实、准确、完整的技术资料，主要包括：经审查合格的施工图设计文件，工程勘察文件，施工现场及毗邻区域内供水、排水、供电、供气、供热、通信、广播电视等地下管线资料，气象和水文观测资料，相邻建筑物和构筑物、地下工程的有关资料等。

　　第三，有保证工程质量和安全的具体措施，一是要求和监督施工企业在编制的施工组织设计中有根据房地产开发项目的特点制定的相应质量、安全技术措施，如施工围档的设置、地下管线的防护或者改移措施、毗邻建筑物的安全防护措施以及空中架设障碍物的排除情况等应当符合规定；二是专业性较强的项目应当编制专项质量、安全施工组织设计，如施工现场临时用电、基坑支护与降水工程、土方开挖工程、模板工程、起重吊装工程、脚手架工程（含塔吊、施工电梯或井架卸料平台架）、垂直运输机械安装与拆除（塔吊、施工电梯、井架等）、建筑幕墙安装施工等应单独编制安全专项施工方案；三是建设单位、施工单位、监理单位均应当建立工程质量安全责任制度并落实到具体责任人。

　　第四，应当按照有关规定向工程质量监督机构办理工程质量监督手续，一是办理时间为施工招标投标工作完成之后申领施工许可证之前；二是提交的资料包括建设工程规划许可证，施工合同、监理合同及其单位资质证书，施工图设计文件审查报告和批准书，建设单位、施工单位和监理单位工程项目的负责人和机构组成，施工组织设计和监理大纲、监理规划、监理实施细则，建筑工程消防设计审核意见书，质保体系和质量通病防治措施及专项施工方案，地基勘察报告和图纸会审记录，一套完整的施工图纸等；三是工程质量监督机构应在规定的时限内审核完毕，发给建设单位《建筑工程质量监督书》和《工程质量监督计划》。

　　第五，应当按照有关规定向建设工程安全监督机构办理建设工程安全监督备案手续，一是办理时间为施工招标投标工作完成之后申领施工许可证之前；二是提交的资料包括建设工程施工合同或中标通知书，施工企业相应的企业法人营业执照、资质证书和安全生产许可证，总的施工组织设计和各危险性较大工程安全专项施工方案，建设工程安全防护、文明施工措施费用计取、支付与使用计划表，安全管理机构及人员登记表、项目管理人员安全资格审查登记表、特种作业人员资格审查登记表并提供各管理人员相应的岗位资格、执业资格、技术职称、三类人员（施工单位主要负责人、项目经理、专职安全管理人员）安全生产考核合格证（A、B、C证）等证件和特种作业人员的职业资格证、特种作业操作资格证、场内机动车驾驶证等证件，安全文明施工达标计划，事故应急救援组织机构和事故应急救援预案等；三是建设工程安全监督在规定的时限内审核完毕，发给建设单位《建设工程安全监督书》。

（五）关于筹措建设资金的风险分析与防范

房地产项目建设资金主要由自有资金、借入资金、销售回款三个部分组成，自有资金包括股东投入的注册资本、发行股票并上市募集的资金、房地产信托股权融资、房地产私募基金股权融资、资本公积金、留存利润等；借入资金包括向商业银行申请贷款、发行债券筹集的资金、房地产信托债权融资等；销售回款是指向购房业主收取的房款包括定金、预付款等。

房地产项目建设资金具有占用量大且集中、占用时间长、周转速度慢等特点，房地产项目建设资金的筹措有很大的风险，主要有：一是建设资金筹措的资本结构、方式结构、来源结构、成本结构、期限结构不合理的风险；二是自有资金筹集的方式、条件、程序等不明确的风险；三是借入资金的种类、条件、程序等不明确的风险；四是销售回款不及时的风险。

防范筹措房地产项目建设资金的风险，应当注意以下方面：

首先，应当合理确定建设资金筹措方案，一是由于取得国有建设用地使用权及前期工作的投入很大，而受国家对房地产宏观调控和法律规定的影响，金融机构贷款和销售条件又不具备，房地产开发建设只能依靠自有资金来运作，提高自有资金在筹资资本结构中的比例是非常必要的；二是采取股权筹资、债券筹资、金融机构借款筹资、企业内部筹资等多种方式筹措建设资金，避免依靠单一筹资方式；三是既要发挥内部筹资的作用，又要重视外部筹资的运作，根据项目特点安排好不同筹资来源的衔接；四是综合分析比较各种筹资方式成本，筹资成本包括筹资费、资金使用费、机会成本等，影响筹资成本的因素包括资金使用时间、资金风险、资金供求状况等，应当努力将筹资成本降至最低；五是合理安排长期筹资与短期筹资的组合方式，避免因短期筹资集中偿还导致资金链断裂的财务风险。

其次，应当依法筹措自有资金，主要应当注意：一是股东投入房地产项目资本金比例应当符合国务院的有关规定，根据《国务院关于调整固定资产投资项目资本金比例的通知》（国发〔2009〕27号）的规定，保障性住房和普通商品住房项目的最低资本金比例为20%，其他房地产开发项目的最低资本金比例为30%。二是发行股票并上市募集资金应当符合我国《证券法》和中国证券监督管理委员会的有关规定，对于首次公开发行股票并上市的，应当根据《首次公开发行股票并上市管理办法》（证监会令第32号）的规定，首先应当符合主体资格、独立性、规范运行、财务与会计、募集资金运用等方面的发行条件，其次应当遵循发行人董事会与股东会决策、保荐人申报、初审、核准决定、发行股票等程序，第三应当履行信息披露义务；对于上市公司配股、增发和非公开发行股票，应当符合《上市公司证券发行管理办法》（证监会令第30号）规定的条件、程序和信息披露的要求。三是房地产信托股权融资应当符合我国《信托法》《公司法》等法律法规的规定，此种筹资模式为：信托公司先以发行信托产品的方式募集资金，后以股权投资的方式（包括收购股权或增资扩股）向项目公司注入资金，同时项目公司或关联第三方承诺在一定期限后溢价回购信托公司持有的股权；此种模式的运作特点：首先项目公司股权结构应当简单清晰、项目盈利能力强，其次信托公司采取向项目公司委派董事、财务经理或要求提供股权质押、第三方担保等方式进行风险控制，第三筹资金额是根据项目的资金需求协商确定、筹资期限一般为1~2年或更长、筹资成本高于同期银行贷款利率；此种模式一方面增加了项目公司的资本金，另一方面股东一般不参与项目公司的经营决策。四是房地产私募基金股权融资应当符合我国《证券投资基金法》《公司法》等法律法规的规定，此种筹资模式为：通过非公开方式募集资金，依法设立基金组织（包括公司型、合伙型、信托型），以公司股权为投资对象，通过阶段性持有目标企业的股权，以期在最终退出时转让权益获得溢价，实现投资收益；此种模式的特点：首先私募基金的资金募集对象与方式、基金管理人的设立、基金合同等应当符合有关法律、法规、规章的规定，其次私募基金对房地产项目的选择既要考察项目的盈利能力，又要考察企业管理机制，还要考察管理团队管理经验与市场把握能力，第三私募基金的投资需要制定周密的投资方案和签署全面、具体的投资协议，第四投资后需要参与公司深度管理和提供增值服务，第五通过上市转让、并购与股权回购或清算方式退出；此种模式一方面增加了公司资本金、提升了企业管理能力，另一方面企业需要让渡部分决策权、管理权。

　　第三，应当依法筹措借入资金，一是应当明确商业银行贷款的贷款条件、办理程序及应当注意事项，首先关于商业银行贷款的贷款条件，根据中国银行业监督管理委员会发布的《商业银行房地产贷款风险管理指引》（银监发〔2004〕57号）的规定，应当同时具备两个条件：一个是房地产开发项目资本金比例不低于35%，另一个是房地产开发项目已取得国有建设用地使用证、建设用地规划许可证、建设工程规划许可证、建筑工程施工许可证；其次关于商业银行贷款程序，一是与银行沟通拟定贷款方案、企业提出贷款申请，二是银行进行项目评估和尽职调查，三是银行审贷会过会，四是落实四证和担保手续、签署借款合同与担保合同等法律文件，五是银行分期发放贷款，六是银行贷款资金转出、企业取得借款；第三关于办理银行贷款应当注意事项，一是合理确定贷款额度，二是做好项目进度款的支付与贷款期限的匹配以防止资金不足或闲置，三是担保方面应当综合考虑抵押和担保等多种方式，四是贷款资金只能用于所贷款项目、不得挪作他用。二是应当明确房地产债券筹资的种类、特点、条件和程序，首先关于房地产债券筹资的种类，一般分为企业债券（含公司债券）、可转换债券、短期融资券三种；其次房地产债券融资具有融资规模大、具有财务杠杆效应、对企业原有的治理结构不受影响、债券利息计入成本降低应纳税所得额等特点，除短期融资券外，其他债券融资还具有周期长、用途限制少等特点；第三关于房地产债券融资的条件和程序，企业债券发行条件与程序应当符合《企业债券管理条例》的规定，公司债券的发行与上市应当符合《公司债券发行试点办法》的规定，可转换公司债券的发行与上市应当符合《上市公司证券发行管理办法》的规定，短期融资券发行应当符合中国人民银行发布实施的《银行间债券市场非金融企业债务融资工具管理办法》的规定。三是应当明确房地产信托债权融资的运作模式、条件及特点，首先关于房地产信托债权融资的运作模式，由信托公司作为受托人，接受不特定投资者的委托，以信托合同形式将资金集合，通过信托贷款方式贷给房地产开发企业，房地产开发企业定期支付利息并于信托计划期限届满时偿还本金给信托公司，信托公司定期向投资者支付信托收益并于信托计划期限届满时支付最后一期信托收益和偿还本金给投资者；其次关于信托贷款条件，根据中国银行业监督管理委员会办公厅发布的《关于加强信托公司房地产、证券业务监管有关问题的通知》（银监办发〔2008〕265号）的规定，应当同时具备三个条件：一是房地产项目已经取得国有土地使用证、建设用地规划许可证、建设工程规划许可证、建筑工程施工许可证，二是房地产开发企业资质应不低于国家建设行政主管部门核发的二级房地产开发资质，三是房地产开发项目的资本金比例应不低于35%；第三关于房地产信托债权融资的特点，一是需要提供土地或房产等不动产抵押、股权质押、第三方担保等，二是需要设置独立账户监管资金的使用，三是融资金额协商确定，四是融资期限灵活，五是融资成本比商业银行贷款高。

第四，应当依法加快销售回款，销售回款是指向购房业主收取的房款，一是应当明确房地产预售的条件是取得房地产项目预售许可证，否则不得对外销售；二是应当明确销售回款公司领导、部门包括销售部门、财务部门的职责，将责任落实到人并与业绩挂钩；三是应当在销售定价、折扣优惠等方面制定考虑加快销售签约因素，在现场宣传、认购书签订、资料提供、合同签署等方面考虑加快销售的流程；四是加快银行按揭的办理，优化收款流程，调动各方面积极性，及时清收逾期欠款；五是加快他项权证的办理，尽早解除房地产开发企业的担保责任。

（六）关于申请并取得建筑工程施工许可证的风险分析与防范

建筑工程施工许可证是对房地产项目符合施工条件、允许开工的行政许可，是建设单位进行工程施工的法律凭证。

申请并取得建筑工程施工许可证的风险主要有：一是施工许可证的申请条件和提交的材料不明确的风险；二是施工许可证申请与取得的程序不明确的风险；三是施工许可证的公开要求不明确的风险；四是施工许可证的有效期限不明确的风险。

申请并取得建筑工程施工许可证应当符合我国《建筑法》《建筑工程施工许可管理办法》（自2014年10月25日起施行）的有关规定，注意以下方面：

首先，应当符合规定的条件、提交相应的证明文件，具体包括：一是依法应当办理用地批准手续的、已经办理该建筑工程用地批准手续，提交国有建设用地使用权出让合同或国有建设用地使用权证；二是在城市、镇规划区的建筑工程、已经取得建设工程规划许可证，提交建设工程规划许可证、附件、附图；三是施工场地已经基本具备施工条件，需要征收房屋的，其进度符合施工要求，提交由施工企业主要技术负责人签署的已经具备施工条件的意见，发证机关可在审批前到施工场地进行现场踏勘；四是已经确定施工企业，依法必须招标的工程项目提交中标通知书和施工合同，直接发包的工程项目提交直接发包批准手续和施工合同，按照规定应当招标的工程没有招标，应当公开招标的工程没有公开招标，或者肢解发包工程，以及将工程发包给不具备相应资质条件的企业的，所确定的施工企业无效；五是有满足施工需要的技术资料，施工图设计文件已按规定审查合格，提交由施工图审查机构出具的审查合格书；六是有保证工程质量和安全的具体措施，施工企业编制的施工组织设计中有根据建筑工程特点制定的相应质量、安全技术措施，建立工程质量安全责任制并落实到人，专业性较强的工程项目编制了专项质量、安全施工组织设计，并按照规定办理了工程质量、安全监督手续，提交施工组织设计、工程质量安全责任书、专项质量安全施工组织设计、建筑工程质量监督书、建设工程安全监督书；七是按照规定应当委托监理的工程已委托监理，提交工程监理合同；八是建设资金已经落实，建设工期不足1年的到位资金原则上不得少于工程合同价的50%，建设工期超过1年的到位资金原则上不得少于工程合同价的30%，提交银行出具的到位资金证明或银行付款保函、第三方担保函、本单位截至申请之日无拖欠工程款情形的承诺书或者能够表明其无拖欠工程款情形的其他材料；九是法律、行政法规规定的其他条件，提交相应证明材料。

其次，应当明确申请办理施工许可证的程序。一是建设单位向发证机关领取《建筑工程施工许可证申请表》；二是建设单位持加盖单位及法定代表人印鉴的《建筑工程施工许可证申请表》，并附上述规定的证明文件，向发证机关提出申请；三是发证机关在收到建设单位报送的《建筑工程施工许可证申请表》和所附证明文件后，对于符合条件的，应当自收到申请之日起15日内颁发施工许可证；对于证明文件不齐全或者失效的，应当当场或者5日内一次告知建设单位需要补正的全部内容，审批时间可以自证明文件补正齐全后作相应顺延；对于不符合条件的，应当自收到申请之日起15日内书面通知建设单位，并说明理由。

第三，应当按规定公开施工许可证的内容，施工许可证应当放置在施工现场备查并按规定在施工现场公开。

第四，应当明确施工许可证的有效期，一是建设单位应当自领取施工许可证之日起3个月内开工；二是因故不能按期开工的，应当在期满前向发证机关申请延期，并说明理由；三是延期以两次为限，每次不超过3个月；四是既不开工又不申请延期或者超过延期次数、时限的，施工许可证自行废止。

四、房地产开发建设实施阶段的风险分析与防范

房地产开发建设实施阶段是房地产开发建设计划正式付诸实施的阶段。该

阶段的工作主要包括：房屋与市政公用基础设施和公共服务设施的施工建造、设备的采购和安装、设计现场服务、建设监理服务等。该阶段的工作涉及工程进度、工程质量与安全、工程造价等关键要素的控制。

房地产开发建设实施阶段是房地产开发建设的核心阶段，是房地产开发项目成功的关键，具有投资额大、周期长、参与主体多、法律关系复杂、与周边环境关系密切等特点，风险很大，应当高度重视风险防范工作。

（一）关于房地产开发建设实施阶段施工主体的风险分析与防范

房地产开发建设实施阶段施工主体应当是通过招标方式或直接发包方式并以施工合同形式确定的施工单位，但在房地产开发建设实施阶段存在实际施工主体与施工合同约定的施工主体不一致的情形。

房地产开发建设实施阶段施工主体的风险主要有：一是通过挂靠方式取得房地产开发建设实施阶段施工主体，包括通过出租、出借资质证书或者收取管理费等方式允许他人以本单位名义承接工程；无资质证书的单位、低资质等级的单位或个人通过各种途径或方式，利用有资质证书或高资质等级单位的名义承接工程。二是通过转包方式取得房地产开发建设实施阶段施工主体，包括施工单位不履行合同约定的责任和义务，将中标项目全部工程转给他人或将中标项目全部工程肢解后以分包的名义分别转给他人。三是施工分包主体未经建设单位同意。

防范房地产开发建设实施阶段施工主体的风险，应当采取以下措施：一是建设单位应当加强对房地产开发建设实施阶段施工主体的检查，建设单位要随时依据招标文件和中标单位的投标文件承诺及施工合同，检查施工单位的现场的人员、机械、资金到位情况；检查工作要做到全覆盖，要使每个施工单位，每年至少接受一次全面检查；检查中要着重核实施工合同中的施工单位的人员是否确实在岗、机械设备是否确实属施工单位自有或由其租用、材料采购是否由施工单位自行经办、人员工资是否由施工单位发放、施工单位实际使用的账户是否确属施工单位、资金流动是否在施工单位的账户外流动、农民工是否由施工单位直接管理等。二是建设单位通过检查发现施工单位挂靠、转包或违法分包的，应当立即要求施工单位改正，拒不改正的，应当依法或依据施工合同约定解除施工合同，追究其违约责任及要求其赔偿损失，并向有关监管部门举报其行政违法行为，由有关监管部门追究其行政责任。

（二）关于房地产开发建设实施阶段项目负责人的委派与职责的风险分析与防范

房地产开发建设实施阶段项目负责人包括建设单位委派的项目负责人及项目管理团队和施工单位委派的项目经理及项目管理团队。

房地产开发建设实施能否顺利、能否有效组织和控制的关键在于项目负责人及其团队的能力、水平和经验，应当高度重视项目负责人的委派并明确其职责，风险主要有：一是建设单位委派项目负责人的条件、程序及职责等不明确的风险；二是施工单位委派项目经理的条件、程序及职责等不明确的风险；三是施工单位委派的人员更换条件不明确的风险。

防范房地产开发建设实施阶段项目负责人的委派与职责的风险，应当注意以下方面：首先，关于建设单位委派项目负责人和项目管理团队，一是项目负责人应具有相应的资格和相应能力；二是建设单位委派的项目负责人的姓名、地址、任务和权力应当符合施工合同的约定或提前14天书面通知施工单位；三是项目负责人除非有须经建设单位事先批准的专门约定外应具有合同约定的全部权力，但无权修改合同、无权终止合同；四是项目负责人的任何批准、同意等不应解除施工单位根据合同应当承担的任何责任和义务，不影响建设单位拒绝接受施工单位不符合合同要求的工作、设备、材料；五是项目负责人有权书面委托或撤销其助手，助手应在明确的范围内履行职责；六是项目负责人或助手的指示应当采取书面形式；七是建设单位有权更换项目负责人但应当提前通知施工单位，如施工单位有详细依据，可以提出合理的意见；八是如果建设单位委托工程监理单位进行监理，总监理工程师的委派与职责应符合上述要求。其次，关于建设单位应当检查和督促施工单位委派符合要求的项目经理及项目管理团队，一是项目经理应当获得施工单位授予的根据合同采取行动所需的全部权力；二是项目经理的任命应当符合施工合同的约定或经过建设单位的书面同意；三是未经建设单位事先同意，施工单位不得更换项目经理；四是项目经理应当将其全部时间用于指导项目的施工；五是项目经理可以书面委托或撤销其助手，助手应在明确的范围内履行职责，施工单位派驻项目的人员应具有相应资质、技能和经验。第三，关于施工单位项目管理人员更换，建设单位如发现施工单位的人员有经常行为不当或工作漫不经心，无能力履行义务或玩忽职守，不遵守合同规定，坚持有损安全、健康或有损环境保护等行为之一的，有权要求施工单位撤换该人员。

（三）关于房地产开发建设实施阶段工程工期的风险分析与防范

房地产开发建设实施阶段工程工期是指房地产项目从正式开工到全部建成所经历的时间，包括合同工期总日历天数、开工日期、竣工日期、工期延长等内容。

工程工期是房地产开发建设实施中关键因素之一，建设单位希望缩短工程工期以便早日建成交付使用，施工单位希望工程工期合理以确保工程质量，但工程工期受多种因素影响存在工期延误的风险，主要表现在：一是缺乏科学、合理且认可的进度计划；二是实际施工进度与进度计划不一致时缺乏有效的进度调整方法；三是对工程进度的过程没有及时采取有效的监控措施；四是对工程进度的迟延缺乏有效的处理措施；五是对工期延误的签证未区分造成的原因以及不注意默示条款的运用。

防范房地产开发建设实施阶段工程进度的风险，应当采取以下措施：一是建设单位应当检查、督促施工单位制定科学、合理的总进度计划、月进度计划、周进度计划，并由施工单位书面确认。二是建设单位应当加强对进度计划的监督检查，发现实际进度与计划进度有偏差时，督促施工单位采取改变工作顺序、缩短工作时间、增减施工内容、增减工程量等方法对工程进度进行调整。三是建设单位应当加强对工程进度的过程监控，如发生施工单位延迟进场、工期严重延误等，建设单位应及时发函催促或通过会议纪要、往来函件等形式，告知施工单位工期延误的事实及违约责任后果，收集并保存好相关证据。四是建设单位应当根据施工合同约定及实际情况，分别采取工程进度款的支付与工程进度挂钩、暂停支付工程款、调整施工范围、解除施工合同等措施。五是对于由于建设单位未按约定提供图纸、开工条件、施工场地、支付工程款、提供指令或批准等导致工期延长的，施工单位应当在规定期限内书面通知建设单位并提供详情报告，建设单位在收到报告后的规定期限内予以确认或提出修改意见，逾期不确认也不提出修改意见的，如施工合同有约定的视为同意延长工期；如施工单位未在规定期限内提出延期要求，视为上述情形不影响工期。

（四）关于房地产开发建设实施阶段工程质量风险分析与防范

房地产开发建设实施阶段工程质量是指满足建设单位要求的，符合国家法律法规、技术标准规范，达到施工合同约定的对工程的安全、适用、经济、与环境相协调的综合要求。

确保工程质量合格是施工单位应尽的担保责任,也是房地产开发实施阶段的重要的关键因素之一,由于工程质量具有涉及面广、影响因素多、各部分关联密切、隐蔽性强、终检局限性大等特点,风险大,主要有:一是没有进行书面的技术交底,对工程质量要求标准没有书面要求;二是施工单位没有编制适合工程特点的施工组织设计或施工方案,特别是缺乏有针对性的施工质量保证计划;三是施工单位没有建立全面、科学的工程质量保证措施,包括人员、材料与构配件、施工方法、施工机械设备、环境、成品保护等方面质量控制;四是没有建立健全工程质量过程监控体系,缺乏有效的惩罚手段;五是没有对工程的最终产品及工程资料进行有效的验收和质量控制;六是工程的保修制度不健全,包括工程质量出现问题通知施工单位缺乏书面的通知记录、工程质量是否修复缺乏有效的书面记录等。

防范房地产开发建设实施阶段工程质量风险,应当采取以下对策:一是建设单位组织设计单位、施工单位进行设计交底和图纸会审时,应当将施工合同中明确约定质量标准和质量管理要求落实到施工工程的具体部位,明确具体的技术要求,同时应做好技术交底记录,要求施工单位相关技术人员在交底记录上签字,以作为质量监控和追究其违约责任的具体依据。二是建设单位应当审查施工单位提交的施工组织设计或施工方案,特别是审查施工单位在保证工程质量方面有可靠的技术措施。三是审查和督促施工单位建立健全全面、科学的工程质量保证措施,在人员方面,施工单位的项目管理人员应当专业齐全、施工人员中技工达到合同要求、特殊工种应当持证上岗;在材料与构配件方面,进场时必须具备正式的出厂合格证和材质化验单或厂家批号,钢筋要按批次做试验,在尚未出具试验报告前严禁使用;在施工方法方面,施工单位应当严格施工工法的编写和审核批准程序,综合考虑采取适用的施工方法;在施工机械设备方面,其性能、型号、功率上一定要符合施工工艺要求;在环境因素方面,应在进行调查研究的基础上做好相应预测,制定相应对策;在成品保护方面,应当明确相应的保护措施。四是建设单位应当加强对工程质量的控制和监督,坚决制止未经建设单位核验进行下一道工序施工的行为,对工程出现的质量问题,除应当责令返工或修复、对相应部分不予计价外,还应当按照施工合同约定直接扣除施工单位的违约金。五是建设单位应当及时组织单位工程与单项工程竣工验收；及时进行质量评定，对在验收中发现的问题及时要求施工单位整改；审核竣工图及其他技术文件资料；不使用未经竣工验收的工程。六是建设单位应当审核施工单位的工程保修书，对于工程质量缺陷，及时书面通知施工单位修复，做好书面记录并由施工单位签字确认；对施工单位不履行或不适当履行质量保修义务，建设单位应当根据施工合同约定由其他人代为履行，其费用从工程保修金中直接扣除，并且还应当依据施工合同的约定追究施工单位的违约责任。

（五）关于房地产开发建设实施阶段工程职业健康安全与环境风险分析与防范

房地产开发建设实施阶段工程职业健康安全与环境（简称"HSE"）是指符合法律法规规章和标准规范的规定，达到施工合同约定的在房地产开发建设实施活动中有关健康、安全和环境方面的综合要求。

工程职业健康安全与环境管理不仅关系到广大劳动者的安全健康和家庭幸福，而且关系到保障人民群众生命和财产安全，还关系到维持和改善人类生存和发展环境，由于房地产开发建设实施阶段具有施工周期长、立体交叉作业、影响因素多等特点，风险大，主要有：一是没有进行书面的安全施工的技术交底；二是施工单位施工组织设计中缺乏安全技术措施或施工安全方案；三是施工单位没有建立全面、科学的HSE制度及保证措施；四是没有建立健全HSE过程监控体系，缺乏有效的惩罚手段。

防范房地产开发建设实施阶段HSE的风险，应当采取以下措施：一是在施工前，建设单位应当检查督促施工单位负责项目管理的技术人员对有关安全施工的技术要求向施工作业班组、作业人员作出详细说明，并签字确认。二是建设单位应当督促和审查施工单位提交的在施工组织设计中编制安全技术措施和施工现场临时用电方案，特别要审查施工单位对达到一定规模的危险性较大的分部分项依法编制专项施工方案。三是审查和督促施工单位依法建立健全面、科学的HSE制度及保证措施，包括HSE责任制度、HSE教育培训制度、专职管理人员制度、特种作业人员持证上岗制度、安全技术措施费专款专用制度、强制意外伤害保险制度等。四是建设单位应当加强对HSE的控制和监督检查，对施工单位的HSE进行严格审批，督促施工单位全面贯彻落实HSE制度，开展全方面、多层次的HSE检查，对施工中出现的HSE问题，及时报告、督促整改，坚决制止违章指挥、违章作业，并依据施工合同追究施工单位的违约责任。

（六）关于房地产开发建设实施阶段工程价款的风险分析与防范

房地产开发建设实施阶段工程价款包括工程价款的确定、工程价款的组成与支付、工程价款调整与抵扣等内容。

工程价款是房地产开发建设实施阶段的重要的关键因素之一，一方面关系到建设单位对整个工程的投资控制，另一方直接关系到施工单位的成本和利润，由于房地产项目具有投资额大、建设内容多、建设周期长等特点，工程价款的确定、支付、调整、结算等风险大。主要风险有以下几种：一是施工合同约定为固定价（俗称"闭口价"）的，对工程量增加或减少的部分如何进行调整不明确的风险。二是施工合同约定工程价款据实结算或通过审价确定（俗称"开口价"）的，建设单位对施工过程中形成的文件包括补充协议、会议纪要、工程量变化资料、技术变更、核定资料和施工图纸等签署不当的风险。三是工程进度款的支付条件不明确的风险。四是工程结算中竣工结算文件的接受及答复存在很大风险，包括建设单位接受竣工结算文件后退还未提出明确意见、建设单位接受竣工结算文件后未在合同约定的期限内答复视为建设单位认可竣工结算文件等。五是工程价款的支付与收取主体与合同约定不一致的风险。六是工程价款变更与索赔不规范的风险。七是工程扣款的计算标准不明确与扣除款项未确认风险。

防范房地产开发建设实施阶段工程价款的风险，应当采取以下措施：一是对于闭口价施工合同，对工程量增加或减少部分如何确定其价格，应当按照合同约定进行调整，如果合同没有约定或约定不明确的，应当通过签署补充协议或会议纪要加以明确，应当注意增加或减少部分的价格调整方法应当一致、合同中已有价格或有类似价格的适用或参照适用合同中的价格，此外，对合同内容以外的工程量易产生争议，建设单位应当注意收集保留有关委托他人施工的合同、付款凭证及施工资料等。二是对于开口价施工合同，建设单位应当特别谨慎签署施工过程中形成的文件如补充协议、会议纪要、工程量变化资料、技术变更、核定资料和施工图纸等。三是工程进度款的支付应当依据施工合同约定与工程进度、工程质量挂钩。四是建设单位接受竣工结算文件后应当在施工合同约定的期限内提出明确答复意见包括同意、不同意或修改意见，以避免发生建设单位接受竣工结算文件后未在合同约定的期限内答复视为建设单位认可竣工结算文件。五是根据合同相对性原则，工程价款的支付主体是建设单位、收取主体是施工单位，在施工合同履行中可能会发生变化，在转包和违法分包情形下，根据《最高人民法院关于审理建设工程施工合同纠纷案件适用法律问题的解释》的规定，工程价款支付主体可以是发包人；工程款的收取主体应当是施工单位或施工单位明确授权的人；此外，建设单位在为施工单位代为付款时，必须由施工单位出具书面的委托付款书，并由第三人签字确认。六是严格掌握工程变更，公正处理索赔事项。七是对工程施工过程中发生的水费、电费等，应当单独计量，书面确认量与金额，并根据施工合同的约定及时从工程款中扣除。

（七）关于房地产开发建设实施阶段工程签证的风险分析与防范

房地产开发建设实施阶段工程签证是指建设单位、施工单位在工程施工过程中，按合同约定对涉及工程的款项、工程量、工程期限、赔偿损失等所达成的双方意思表示一致并通过书面签字确认的行为。

工程签证在工程变更和工程索赔中具有非常重要的作用，《最高人民法院关于审理建设工程施工合同纠纷案件适用法律问题的解释》第19条的规定为工程签证提供了法律依据，由于房地产项目的工程规模和投资额大、建设周期长、受通货膨胀影响大，工程签证大量存在且风险较大，主要有：一是工程签证日期与实际不符，忽视了预算定额、材料指导价、人工费调整、机械费调整等时间限制；二是签证的内容缺乏施工合同依据及相应的证据材料依据；三是工程签证流程不科学，工程签证单的格式不统一。

防范房地产开发建设实施阶段工程签证风险，应当采取以下措施：一是严格执行施工合同约定的工程签证的办理期限，对施工单位逾期提交工程签证的视为放弃签证权利。二是对施工单位提交签证的内容进行严格审查，凡预算定额或间接费定额、有关文件有规定的项目，不得另行签证；现场签证内容、数量、项目、原因、部位、日期等要素要明确，价款的结算方式、单价的确定应明确；对于一些重大的现场变化，还应及时进行拍照或录像，以保存第一手原始资料，对辅助证据资料不完整的、缺乏原件的，不予签证。三是严格按照完善的签证流程和统一的签证单格式进行签证，由施工合同约定的有权签字人员按照其权限及规定的签证流程进行，并且应当有多人参与，以强化监督。

五、房地产开发建设竣工验收阶段的风险分析与防范

房地产开发建设竣工验收阶段是指房地产项目竣工后,建设单位会同监理单位、勘察单位、设计单位、施工单位以及有关行政主管部门,对该项目是否符合规划设计要求以及工程施工质量进行全面检验,取得竣工合格资料和凭证的阶段。房地产开发建设竣工验收主要包括建设单位验收、城乡规划主管部门规划核验、消防工程验收与备案、环境保护验收、人防工程验收、民用建筑节能验收与备案、房屋建筑工程竣工验收备案。

竣工验收阶段是房地产开发建设的最后阶段,是房地产项目转入使用的标志。根据我国《建筑法》第61条规定,房地产项目竣工经验收合格后,方可交付使用;未经验收或验收不合格的,不得交付使用。由于房地产开发建设竣工验收的种类多、条件严格、程序复杂等,风险较大,应当注意防范。

(一)关于建设单位验收的风险分析与防范

建设单位验收是指房地产项目竣工具备验收条件时,建设单位组织监理单位、施工单位、设计单位、勘察单位对工程设计和施工合同约定的内容的完成情况及有关资料等作出全面评价。根据《建设工程质量管理条例》第16条的规定,建设工程经验收合格的,方可交付使用。

建设单位验收的风险主要有:一是建设单位验收条件不明确的风险;二是建设单位验收程序不明确的风险;三是建设单位整理及移交档案不明确的风险。

防范建设单位验收风险,应当注意以下方面。

首先,应当明确建设单位验收条件,一是完成建设工程设计和合同约定的各项内容;二是有完整的技术档案和施工管理资料;三是有工程使用的主要建筑材料、建筑构配件和设备的进场试验报告;四是有勘察、设计、施工、工程监理等单位分别签署的质量合格文件;五是有施工单位签署的工程保修书。

其次,应当明确建设单位验收的程序,一是由建设单位组织施工单位、监理单位进行分户验收;二是由建设单位、监理单位、施工单位、设计单位、勘察单位进行五方验收,具体内容包括五方分别汇报工程合同履约情况以及在工程建设各个环节执行法律、法规和工程建设强制性标准的情况,审阅五方的工程档案资料,实地查验工程质量,对工程勘察、设计、施工、设备安装质量、竣工决算等方面作出全面评价并签署的工程验收意见;三是建设工程质量监督

站派员进行现场监督。

第三，建设单位应当严格按照国家有关档案管理的规定，及时收集、整理建设项目各环节的文件资料，建立、健全建设项目档案，并在建设工程竣工验收后，及时向建设行政主管部门或者其他有关部门移交建设项目档案。

（二）关于城乡规划主管部门规划核验的风险分析与防范

城乡规划主管部门规划核验是指城乡规划主管部门对房地产项目是否符合规划许可内容进行的核查和检验。根据我国《城乡规划法》第45条规定，未经规划核验或者经核验不符合规划条件的，建设单位不得组织竣工验收。

城乡规划主管部门规划核验的风险主要有：一是规划核验的依据不明确的风险；二是规划核验提交的资料不明确的风险；三是规划核验的程序不明确的风险；四是竣工验收资料的报送期限不明确的风险。

防范城乡规划主管部门规划核验的风险，应当注意以下方面：

首先，应当明确规划核验的依据是建设用地规划许可证的内容和建设工程规划许可证的内容。

其次，应当明确规划核验提交的资料，包括：建设项目规划许可及其他事项申报表、建设项目法人授权委托书、城市建设工程竣工档案登记表、建筑工程施工许可证、建设工程规划许可证、建设用地规划许可证、具有资质的测绘部门出具的建设工程竣工测量成果报告书、具有资质的测绘部门出具的房屋土地测绘技术报告书、工程实测总平面图和设计施工（竣工）图纸（包括设计图纸目录、各层平面图、各朝向立面图、各主要部位剖面图、基础平面图、基础剖面图）及各朝向立面完整的现状照片等。

第三，应当明确申请规划核验的程序，先由建设单位向城乡规划主管部门提出申请并提交符合要求的材料，城乡规划主管部门受理并进行审查，在7个工作日内对审查合格的核发《规划核验[城镇建筑工程（验收）]》。

第四，应当明确竣工验收资料的报送期限，建设单位应当在竣工验收后6个月内向城乡规划主管部门报送有关竣工验收资料。

（三）关于消防工程验收与备案的风险分析与防范

消防验收与备案是指按照国家工程建设消防技术标准需要进行消防设计的建设工程竣工，大型的人员密集场所和其他特殊建设工程的建设单位应当向公安机关消防机构申请消防验收；其他建设工程的建设单位在验收后应当报公安机关消防机构备案，公安机关消防机构应当进行抽查。根据我国《消防法》《建设工程消防监督管理规定》的规定，依法应当进行消防验收的建设工程，未经消防验收或者消防验收不合格的，禁止投入使用；其他建设工程经依法抽查不合格的，应当停止使用。

消防工程验收与备案的风险主要有：一是申请消防工程验收与备案应提交的材料不明确的风险；二是消防工程验收与备案的程序不明确的风险；三是消防工程验收与备案的依据与结果处理不明确的风险。

防范消防工程验收与备案的风险，应当注意以下方面。

首先，应当明确消防工程验收与备案应当提交的材料，一是申请消防验收提供的材料包括：建设工程消防验收申报表，工程竣工验收报告和有关消防设施的工程竣工图纸，消防产品质量合格证明文件，具有防火性能要求的建筑构件、建筑材料、装修材料符合国家标准或者行业标准的证明文件、出厂合格证，消防设施检测合格证明文件，施工、工程监理、检测单位的合法身份证明和资质等级证明文件，建设单位的工商营业执照等合法身份证明文件、法律、行政法规规定的其他材料；二是申请消防工程备案提供的材料包括：备案申报表，工程竣工验收报告和有关消防设施的工程竣工图纸，消防产品质量合格证明文件，具有防火性能要求的建筑构件、建筑材料、装修材料符合国家标准或者行业标准的证明文件、出厂合格证，消防设施检测合格证明文件，施工、工程监理、检测单位的合法身份证明和资质等级证明文件，建设单位的工商营业执照等合法身份证明文件、法律、行政法规规定的其他材料如施工图审查机构出具的审查合格文件复印件。

其次，应当明确消防工程验收与备案的程序，一是消防工程验收程序，先由建设单位向公安机关消防机构提出申请并提供规定材料，公安机关消防机构应当自受理消防验收申请之日起20日内组织消防验收，并出具消防验收意见；二是消防工程竣工验收备案程序，由建设单位在工程竣工验收合格之日起7日内，通过省级公安机关消防机构网站进行竣工验收消防备案或者到公安机关消防机构业务受理场所进行竣工验收消防备案。

第三，应当明确消防工程验收与备案的依据与结果处理，一是公安机关消防机构对申报消防验收的建设工程，应当依照建设工程消防验收评定标准对已经消防设计审核合格的内容组织消防验收，对综合评定结论为合格的建设工程，公安机关消防机构应当出具消防验收合格意见；对综合评定结论为不合格的，应当出具消防验收不合格意见，并说明理由。二是公安机关消防机构收到竣工验收消防备案申报后，对备案材料齐全的，应当出具备案凭证；备案材料不齐全或者不符合法定形式的，应当当场或者在5日内一次告知需要补正的全部内容；公安机关消防机构应当在已经备案的竣工验收工程中，随机确定检查对象并向社会公告；对确定为检查对象的，公安机关消防机构应当在20日内按照建设工程消防验收评定标准完成工程检查，制作检查记录；检查结果应当向社会公告，检查不合格的，还应当书面通知建设单位；建设单位收到通知后，应当停止使用，组织整改后向公安机关消防机构申请复查；公安机关消防机构应当在收到书面申请之日起20日内进行复查并出具书面复查意见。

（四）关于房地产项目竣工环境保护验收的风险分析与防范

房地产项目竣工环境保护验收是指房地产项目竣工后，环境保护行政主管部门依据环境保护验收监测或调查结果，并通过现场检查等手段，考核该房地产项目是否达到环境保护要求的活动。根据《建设项目环境保护管理条例》《建设项目竣工环境保护验收管理办法》的规定，建设项目竣工环境保护验收申请报告、建设项目竣工环境保护验收申请表或者建设项目竣工环境保护验收登记卡未经批准的建设项目，不得正式投入生产或者使用。

房地产项目竣工环境保护验收的风险主要有：一是环境保护验收的范围不明确的风险；二是环境保护验收条件不明确的风险；三是环境保护验收程序不明确的风险。

防范房地产项目竣工环境保护验收的风险，应当注意以下方面：

首先，应当明确环境保护验收的范围，一是与建设项目有关的各项环境保护设施，包括为防治污染和保护环境所建成或配备的工程、设备、装置和监测手段，各项生态保护设施；二是环境影响报告书（表）或者环境影响登记表和有关项目设计文件规定应采取的其他各项环境保护措施。

其次，应当明确环境保护验收的条件，一是建设前期环境保护审查、审批手续完备，技术资料与环境保护档案资料齐全；二是环境保护设施及其他措施等已按批准的环境影响报告书（表）或者环境影响登记表和设计文件的要求建成或者落实，环境保护设施经负荷试车检测合格，其防治污染能力适应主体工程的需要；三是环境保护设施安装质量符合国家和有关部门颁发的专业工程验收规范、规程和检验评定标准；四是具备环境保护设施正常运转的条件，包括：经培训合格的操作人员、健全的岗位操作规程及相应的规章制度，原料、动力供应落实，符合交付使用的其他要求；五是污染物排放符合环境影响报告书（表）或者环境影响登记表和设计文件中提出的标准及核定的污染物排放总量控制指标的要求；六是各项生态保护措施按环境影响报告书（表）规定的要求落实，建设项目建设过程中受到破坏并可恢复的环境已按规定采取了恢复措施；七是环境监测项目、点位、机构设置及人员配备，符合环境影响报告书（表）和有关规定的要求；八是环境影响报告书（表）提出需对环境保护敏感点进行环境影响验证，对清洁生产进行指标考核，对施工期环境保护措施落实情况进行工程环境监理的，已按规定要求完成；九是环境影响报告书（表）要求建设单位采取措施削减其他设施污染物排放，或要求建设项目所在地地方政府或者有关部门采取"区域削减"措施满足污染物排放总量控制要求的，其相应措施得到落实。

　　第三，应当明确环境保护验收的程序，一是房地产项目竣工后，由建设单位委托有相应资质的环境监测站或环境放射性监测站编制环境保护验收监测报告（表）或环境保护验收调查报告（表）。二是建设单位向有审批权的环境保护行政主管部门申请该建设项目竣工环境保护验收，对编制环境影响报告书的建设项目，提交建设项目竣工环境保护验收申请报告并附环境保护验收监测报告或调查报告；对编制环境影响报告表的建设项目，提交建设项目竣工环境保护验收申请表并附环境保护验收监测表或调查表；对填报环境影响登记表的建设项目，提交建设项目竣工环境保护验收登记卡。三是环境保护行政主管部门收到环境保护验收申请后，应组织建设项目所在地的环境保护行政主管部门和行业主管部门等成立验收组（或验收委员会），验收组（或验收委员会）应对建设项目的环境保护设施及其他环境保护措施进行现场检查和审议并提出验收意见，建设单位、设计单位、施工单位、环境影响报告书（表）编制单位、环境保护验收监测（调查）报告（表）的编制单位应当参与验收。四是环境保护行政主管部门应自收到建设项目竣工环境保护验收申请之日起30日内，对符合条件的房地产项目批准建设项目竣工环境保护验收申请报告、建设项目竣工环境保护验收申请表或建设项目竣工环境保护验收登记卡。五是环境保护行政主管部门定期向社会公告建设项目竣工环境保护验收结果。六是县级以上人民政府环境保护行政主管部门应当于每年 6 月底前和 12 月底前,将其前半年完成的建设项目竣工环境保护验收的有关材料报上一级环境保护行政主管部门备案。

(五)关于人防工程验收的风险分析与防范

人防工程验收是指对人民防空工程是否符合人防设计要求以及工程质量进行全面检验,并向人民防空主管部门进行备案的活动。根据我国《人民防空法》《人民防空工程建设管理规定》的规定,人民防空工程经验收合格的,方可交付使用。

人防工程验收的风险,主要有:一是人防工程竣工验收条件不明确的风险;二是人防工程验收的程序不明确的风险;三是人防工程档案的整理与移交不明确的风险。

防范人防工程验收的风险,主要注意以下方面:

首先,应当明确人防工程验收条件,一是完成工程设计和合同约定的各项内容;二是有完整的工程技术档案和施工管理资料;三是有工程使用的主要建筑材料、建筑构配件和设备的产品质量出厂检验合格证明和技术标准规定的进场试验报告;四是有勘察、设计、施工、工程监理等单位分别签署的质量合格文件;五是有施工单位签署的质量保修书。

其次,应当明确人防工程验收的程序,一是人防工程竣工后由建设单位组织设计、施工、工程监理等有关单位进行竣工验收;二是人防验收合格后,建设单位报工程质量监督机构及有关部门认可;三是建设单位应当自工程竣工验收合格之日起 15 日内,将工程竣工验收报告和接受委托的工程质量监督机构及有关部门出具的认可文件报人民防空主管部门备案。

第三,应当明确人防工程档案的编制与移交要求,人民防空工程建设单位应当严格按照国家和人民防空主管部门有关档案管理的规定,及时收集、整理建设项目各环节的文件资料,建立健全建设项目档案,并在工程竣工验收后,及时向城建档案馆和人民防空主管部门移交建设项目档案。

(六)关于民用建筑节能验收与备案的风险分析与防范

民用建筑节能验收与备案是指房地产项目竣工后,建设单位对民用建筑是否符合民用建筑节能强制性标准进行的专项查验,并报民用建筑节能管理机构备案的活动。根据《民用建筑节能条例》的规定,对不符合民用建筑节能强制性标准的，不得出具竣工验收合格报告。

民用建筑节能验收与备案的风险主要有：一是民用建筑节能验收与备案的程序不明确的风险；二是民用建筑节能备案应当提交的材料不明确的风险；三是民用建筑节能验收标准不明确的风险。

防范民用建筑节能验收与备案的风险，应当注意以下方面：

首先，应当明确民用建筑节能验收与备案的程序，一是房地产项目竣工后由建设单位委托具有相应资质的检测机构出具外墙节能构造钻芯检验报告、外窗气密性与水密性现场实体检测报告、系统节能性能检测报告；二是建设单位进行建筑节能专项验收；三是建设单位完成建筑节能专项验收后将节能工程竣工验收报告及有关材料报建筑节能管理机构备案。

其次，应当明确民用建筑节能验收备案提交的材料，包括民用建筑节能专项验收备案登记表、节能工程专项验收报告、建筑节能设计审查备案登记表、建筑节能分部工程质量验收表、外墙节能构造钻芯检验报告、外窗气密性和水密性现场实体检测报告、系统节能性能检测报告等。

第三，应当明确民用建筑节能验收标准，包括居住建筑节能保温工程施工质量验收规程和有关的建筑节能施工质量验收规程。

（七）关于房屋建筑工程竣工验收备案的风险分析与防范

房屋建筑工程竣工验收备案是指房地产项目竣工验收后，建设单位将工程竣工验收事由及有关材料报告建设行政主管部门存案以备查考。根据《建设工程质量管理条例》《房屋建筑和市政基础设施工程竣工验收备案管理办法》的规定，房屋建筑工程竣工验收备案是房地产开发建设竣工验收的必经程序，是建设行政主管部门加强工程质量监督的重要手段。

房屋建筑工程竣工验收备案的风险，主要有：一是房屋建筑工程竣工验收备案的程序不明确的风险；二是房屋建筑工程竣工验收备案应当提交的文件不明确的风险；三是房屋建筑工程竣工验收备案监督的依据、程序及后果不明确的风险。

防范房屋建筑工程竣工验收备案的风险，应当注意以下方面：

首先，应当按照房屋建筑工程竣工验收备案的程序进行备案，一是建设单位应当自工程竣工验收合格之日起15日内向工程所在地的县级以上地方人民政府建设主管部门（简称"备案机关"）提交文件进行备案；二是工程质量监督机构应当在工程竣工验收之日起 5 日内向备案机关提交工程质量监督报告；三是备案机关收到建设单位报送的竣工验收备案文件，验证文件齐全后，应当在工程竣工验收备案表上签署文件收讫，工程竣工验收备案表一式两份，一份由建设单位保存，一份留备案机关存档。

其次，建设单位办理工程竣工验收备案应当提交的文件，包括：工程竣工验收备案表；工程竣工验收报告，内容应当包括工程概况，工程报建日期，建设单位执行基本建设程序情况，对工程勘察、设计、施工、监理方面的评价，工程竣工验收时间、程序、内容和组织形式，工程竣工验收意见等；施工图设计文件审查意见；建筑工程施工许可证；勘察、设计、施工、工程监理等单位分别签署的质量合格文件；验收人员签署的竣工验收原始文件；建设工程规划许可证；法律、行政法规规定应当由规划、环保等部门出具的认可文件或者准许使用文件；法律规定应当由公安消防部门出具的对大型的人员密集场所和其他特殊建设工程验收合格的证明文件；施工单位签署的工程质量保修书；《住宅质量保证书》和《住宅使用说明书》；建设工程档案预验收意见书；法规、规章规定必须提供的其他文件。

第三，备案机关发现建设单位在竣工验收过程中有违反国家有关建设工程质量管理规定行为的，应当在收讫竣工验收备案文件 15 日内，责令停止使用，重新组织竣工验收。

第六篇
商品房销售法律风险防范

◆商品房销售的风险分析与防范

——从代理北京泰跃房地产开发有限责任公司
开发的北京太阳园小区商品房
交付法律服务非诉讼案谈起

【案情简介】

北京太阳园小区位于北京市海淀区大钟寺东、北三环西路北,总占地面积约 15 万平方米,总建筑面积约 40 万平方米,建有 14 栋高层建筑及其他配套公建,能容纳近 3000 户、8000 多人居住。

2001 年 7 月,北京泰跃房地产开发有限责任公司因其开发的北京太阳园小区商品房交付给买受人的需要,特委托本律师当时所在律师事务所为该商品房的交付提供专项法律服务,要求指派熟知房地产专业知识及专业法律规定的律师担任法律顾问,双方签订了《专项法律顾问协议》,该律师事务所指派郭家汉律师、吕钦良律师为该商品房交付的法律顾问,负责为北京太阳园小区商品房交付提供全过程的法律服务。

本律师接受律师事务所指派后,为该商品房的交付提供了包括审查该商品房交付时间、交付标准、交付资料及交付程序等合法性、完整性;起草该商品房交付的有关入住与物业管理的法律文件;协助处理该商品房交付过程中发生的争议和纠纷;提供与该商品房交付有关的法律咨询等全过程的法律服务,通

◆◆◆房地产开发法律风险防范实务

过本律师的非诉讼法律服务有效地防范了该商品房交付风险的发生,保证了北京泰跃房地产开发有限责任公司交付北京太阳园小区商品房的顺利进行。

【代理过程和结果】

在北京太阳园小区商品房交付过程中,指派律师根据顾问协议、该商品房建设实际情况及委托人的要求,主要开展了如下工作:

首先,拟定了详细的商品房交付调查清单,要求委托人全面、真实地提交该商品房买卖合同、广告宣传资料、样板房资料等,对该商品房的交付期限、交付条件、市政设施、实测面积等方面的情况及合法性等进行了全面调查,掌握了该商品房的实际情况。

其次,起草并审查、修改了有关该商品房交付的法律文件包括太阳园入住通知书、业主办理入住手续说明书及流程图、财务结算说明书,业主公约,北京太阳园房屋使用、管理、维修公约,北京太阳园异产毗连装修协议书,消防安全协议书、收费协议书、业主承诺书、业主手册等,并就上述文件、资料内容的合法性出具了《法律意见书》。

第三,指导委托人向买受人发出书面交付通知书,应载明交付程序,以及买受人需要携带的证件等资料。

第四,协助委托人与买受人共同实地验房,提示委托人应当在交房前进行一房一验,对买受人在验房后提出的有关验收程序、公摊面积、房屋质量、装修管理费等有关收费标准、环境绿化、电梯运行、宽带接入等问题,事先经律师审核后应当及时予以答复说明,对能整改的及时予以补正。

第五,协助委托人办理房屋的交接手续,一是签署交接书、业主公约、承诺书及有关协议等;二是按照实际面积与买受人最终结算房款,收取有关费用;三是与买受人一同核对水、电、燃气的底数,并做好记录;四是办理房屋钥匙、住宅质量保证书、住宅使用说明书、业主手册等移交。

通过本律师的专业法律服务,保证了该商品房交付的顺利进行,协调解决了该商品房交付过程中出现的矛盾和问题,防范了该商品房交付的法律风险。

【风险分析与防范】

本案是商品房销售中商品房交付的非诉讼案例，商品房销售是房地产开发企业实现自己预期投资收益目的的关键阶段，商品房销售存在很大风险，主要有政策法规风险、销售方式风险、销售广告风险、买卖合同风险等，房地产开发企业应当高度重视商品房销售风险防范工作。

一、商品房销售概述

商品房是指由房地产开发企业开发建设，在具备销售条件后，向社会公开出售的新建房屋。商品房按照其用途进行划分可以分为住宅、商住两用房、纯商铺、酒店式公寓、办公用房、工业用房等。

商品房销售是指房地产开发企业将尚未建成或者已竣工的房屋向社会出售并转移房屋所有权于买受人，买受人支付价款的行为。

商品房销售包括商品房现售和商品房预售两种。商品房现售是指房地产开发企业将竣工验收合格的商品房出售给买受人，并由买受人支付房价款的行为。商品房预售是指房地产开发企业将正在建设中的商品房预先出售给买受人，并由买受人支付定金或房价款的行为。

商品房销售的特征，主要有：一是商品房销售主体的特定性，商品房销售主体只能是具有相应资质的房地产开发企业；二是商品房销售对象的特殊性，商品房销售对象不仅包括国有建设用地使用权和房屋，而且包括公用设施设备的所有权和/或使用权，且以不动产登记作为财产权转移的标志；三是商品房销售条件的法定性，商品房预售应当取得《商品房预售许可证》，商品房现售应当符合规定条件并备案；四是商品房销售行为的公开性，商品房销售是向社会公开销售，不针对特定群体。

我国商品房销售方面的法律、法规、规章和司法解释主要有：《城市房地产管理法》《城市房地产开发经营管理条例》《商品房销售管理办法》《城市商品房预售管理办法》《商品房销售明码标价规定》《房地产广告发布暂行规定》《最高人民法院关于审理商品房买卖合同纠纷案件适用法律问题的解释》《最高人民法院关于审理建筑物区分所有权纠纷案件具体应用法律若干问题的解释》等。

商品房销售是房地产开发企业实现最大利益和进行风险防范的重要环节。房地产开发企业规范运作商品房销售，不仅有利于最大限度实现自己的投资收益，而且有利于防范自身的法律风险，还有利于规范房地产市场，促进房地产业的健康发展。

二、商品房销售条件和销售方式的风险分析与防范

商品房销售条件是指房地产开发企业向社会出售商品房前应当达到的要求和需办理的行政许可或备案手续。商品房销售方式是指房地产开发企业可以自行销售商品房，也可以委托房地产中介服务机构销售商品房，但不得违反法律、法规、规章的禁止性规定。

商品房销售条件是商品房销售的前提，不具备商品房销售条件的，房地产开发企业不得销售商品房，否则房地产开发企业将承担商品房买卖合同无效等民事法律责任和罚款等行政法律责任。规范商品房销售方式是规范房地产市场，保护各方当事人特别是处于弱势地位的买受人的合法权益的需要。

商品房销售条件和销售方式的风险，主要有：一是商品房现售的条件和需要办理的手续不明确的风险；二是商品房预售的条件和办理商品房预售许可应当提交的资料和程序不明确的风险；三是受委托的房地产中介服务机构销售商品房行为不规范的风险；四是商品房销售方式违反法律、法规、规章的禁止性规定的风险。

防范商品房销售条件和销售方式的风险，应当注意以下方面：

首先，商品房现售应当具备法规规定的条件并办理备案手续。一是商品房现售应当同时具备的条件，包括：现售商品房的房地产开发企业应当具有企业法人营业执照和房地产开发企业资质证书；取得国有建设用地使用权证书或者使用土地的批准文件；持有建设工程规划许可证和施工许可证；已通过竣工验收；拆迁安置已经落实；供水、供电、供热、燃气、通讯等配套基础设施具备交付使用条件，其他配套基础设施和公共设施具备交付使用条件或者已确定施工进度和交付日期；物业管理方案已经落实。二是房地产开发企业应当将房地产开发项目手册及符合商品房现售条件的有关证明文件报送房地产开发主管部门备案。

其次，商品房预售应当具备法律规定的条件并办理商品房预售许可手续，

未取得《商品房预售许可证》的，不得进行商品房预售。一是商品房预售应当同时具备的条件，包括：已交付全部国有建设用地使用权出让金，取得国有建设用地使用权证书；持有建设工程规划许可证和施工许可证；按提供预售的商品房计算，投入开发建设的资金达到工程建设总投资的25%以上，并已经确定施工进度和竣工交付日期。二是申请商品房预售许可应当提交的证件（复印件）及资料，包括：商品房预售许可申请表；开发企业的《营业执照》和资质证书；国有建设用地使用权证、建设工程规划许可证、施工许可证；投入开发建设的资金占工程建设总投资的比例符合规定条件的证明；工程施工合同及关于施工进度的说明；商品房预售方案。预售方案应当说明预售商品房的位置、面积、竣工交付日期等内容，并应当附预售商品房分层平面图。三是商品房预售许可的办理程序，首先是受理，房地产开发企业按规定要求提交上述有关材料，材料齐全的，房地产开发主管部门应当当场出具受理通知书，材料不齐的，应当当场或者5日内一次性书面告知需要补充的材料；其次是审核，房地产开发主管部门对房地产开发企业提供的有关材料是否符合法定条件进行审核；第三是许可，经审查，房地产开发企业的申请符合法定条件的，房地产开发主管部门应当在受理之日起10日内，依法作出准予预售的行政许可书面决定，并自作出决定之日起10日内向房地产开发企业颁发、送达《商品房预售许可证》；经审查，房地产开发企业的申请不符合法定条件的，房地产开发主管部门应当在受理之日起10日内，依法作出不予许可的书面决定，书面决定应当说明理由，告知房地产开发企业享有依法申请行政复议或者提起行政诉讼的权利，并送达房地产开发企业；商品房预售许可决定书、不予商品房预售许可决定书应当加盖房地产开发主管部门的行政许可专用印章，《商品房预售许可证》应当加盖房地产开发主管部门的印章；第四是公示，房地产开发主管部门作出的准予商品房预售许可的决定，应当予以公开，公众有权查阅。

第三，应当高度重视防范委托的中介服务机构商品房销售的风险，一是应当选择依法设立并取得工商营业执照、资信好、从业人员能力强的房地产中介服务机构；二是应当签订书面、明确、完整的委托合同，明确约定委托期限及代理服务内容，合理确定销售目标，准确界定中介服务费用及支付方式等；三是严格审查和监督委托的中介服务机构对外发布的商品房销售广告内容和宣传行为，不得进行虚假广告宣传；四是对委托的中介服务机构的商品房销售款的收取应当采取保证金、银行专用账户等安全有效方式,加强对商品房销售款的监管;五是严禁房地产中介服务机构转委托,对转委托行为应当采取解除委托合同、没收保证金、追究违约责任等方式进行处理。

第四,商品房销售方式不得违反法律、法规、规章的禁止性规定,主要有:一是房地产开发企业不得采取返本销售或者变相返本销售的方式销售商品房,所谓返本销售是指房地产开发企业以定期向买受人返还购房款的方式销售商品房的行为;二是房地产开发企业不得采取售后包租或者变相售后包租的方式销售未竣工商品房,所谓售后包租是指房地产开发企业以在一定期限内承租或者代为出租买受人所购该企业商品房的方式销售商品房的行为;三是商品住宅按套销售,不得分割拆零销售,所谓分割拆零销售是指房地产开发企业以将成套的商品住宅分割为数部分分别出售给买受人的方式销售商品住宅的行为。

三、商品房销售广告宣传的风险分析与防范

商品房销售广告宣传是指房地产开发企业、房地产中介服务机构以媒体、宣传资料、样板房等方式发布的商品房预售、出售以及其他商品房介绍的广告宣传。

商品房销售广告宣传是房地产开发企业向社会公开出售商品房的最主要形式。据统计,商品房买卖90%以上是以广告宣传形式向社会公开销售的,但商品房销售广告宣传也存在虚假广告、不实宣传等不规范行为,导致法律纠纷大量存在,可能给房地产开发企业带来承担违约责任、行政处罚等民事和行政法律责任风险。

商品房销售广告宣传的风险,主要有:一是对不具备广告发布条件的商品房发布广告的风险;二是商品房销售广告载明事项不全面的风险;三是商品房销售广告内容违反了法律、法规、规章的禁止性规定的风险;四是商品房销售广告具体内容不符合有关法律、法规、规章的要求的风险;五是商品房广告宣传包含有商品房买卖合同中不涉及的属于要约性质的内容,导致视为合同内容,如违反将承担违约责任的风险;六是商品房销售广告发布提供的资料不真实、不合法、不全面或不符合媒体要求,导致商品房销售广告无法发布的风险;七是实际交付的商品房质量、设备及装修与样板房是否一致未作说明导致承担商品房交付标准不一致的风险。

防范商品房销售广告宣传的风险，应当注意以下方面：

首先，商品房销售广告的发布应当符合法律、法规、规章的有关规定，禁止发布的不得发布，禁止发布商品房销售广告的情形包括：在未经依法取得国有建设用地使用权的土地上开发建设的；在未经国家征用的集体所有的土地上建设的；司法机关和行政机关依法裁定、决定查封或者以其他形式限制房地产权利的；预售房地产，但未取得该项目预售许可证的；权属有争议的；违反国家有关规定建设的；不符合工程质量标准，经验收不合格的；法律、行政法规规定禁止的其他情形。

其次，商品房销售广告载明事项必须全面，应当包括房地产开发企业名称；中介服务机构代理销售的，载明该机构名称；预售或者销售许可证书号。广告中仅介绍房地产项目名称的，可以不必载明上述事项。

第三，商品房销售广告内容不得违反法律、法规、规章的禁止性规定，主要包括：不得含有风水、占卜等封建迷信内容，对项目情况进行的说明、渲染，不得有悖社会良好风尚；不得出现融资或者变相融资的内容，不得含有升值或者投资回报的承诺；不得含有广告主能够为入住者办理户口、就业、升学等事项的承诺；不得利用其他项目的形象、环境作为本项目的效果；预售商品房广告不得涉及装修装饰内容。

第四，商品房销售广告具体内容应当符合有关法律、法规、规章的要求，主要包括：涉及所有权或者使用权的，所有或者使用的基本单位应当是有实际意义的完整的生产、生活空间；对价格有表示的，应当清楚表示为实际的销售价格，明示价格的有效期限；表现项目位置，应以从该项目到达某一具体参照物的现有交通干道的实际距离表示，不得以所需时间来表示距离，项目位置示意图应当准确、清楚、比例恰当；涉及的交通、商业、文化教育设施及其他市政条件等，如在规划或者建设中，应当在广告中注明；涉及面积的，应当表明是建筑面积或者使用面积；涉及内部结构、装修装饰的，应当真实、准确；使用建筑设计效果图或者模型照片的，应当在广告中注明；涉及贷款服务的，应当载明提供贷款的银行名称及贷款额度、年期；涉及物业管理内容的应当符合国家有关规定，涉及尚未实现的物业管理内容应当在广告中注明；涉及资产评估的，应当表明评估单位、估价师和评估时间；使用其他数据、统计资料、文摘、引用语的，应当真实、准确，表明出处。

第五，商品房广告宣传应当避免包含有商品房买卖合同中不涉及的属于要约性质的内容。根据《最高人民法院关于审理商品房买卖合同纠纷案件适用法律问题的解释》第3条的规定，房地产开发企业在商品房销售广告和宣传资料中的说明和允诺同时符合以下条件的视为要约：一是该内容是对开发规划范围内的房屋及相关设施所作的说明和允诺，二是对房屋的说明和允诺具体确定，三是该说明和允诺对商品房买卖合同的订立和房屋价格的确定有重大影响；具备以上条件的说明和允诺即使未订入商品房买卖合同中也视为合同内容；如果房地产开发企业交付的房屋及相关设施与该说明和允诺不符，就应承担违约责任。房地产开发企业在进行商品房销售广告宣传时应当注意：一是具体广告形式应注意符合有关法规规定的"真实、合法、科学、准确"的标准；二是对不确定内容应当尽量采用形象、描述性表述，不要采用数字或确定具体的表述，如在商品房小区规划尚未通过政府批准前不应在广告中将小区中绿化率、容积率、配套设施等进行详细描述；三是涉及商品房小区规划、设计等可能发生变更的情况应当作出说明；四是应当在广告宣传文案中加上"具体以现场实物为准"的救济性用语。

第六，商品房销售广告发布应当提供真实、合法、有效、全面的证明文件，符合广告发布媒体的要求。商品房销售广告发布应当提供的证明文件包括：房地产开发企业、房地产权利人、房地产中介服务机构的营业执照或者其他主体资格证明；建设主管部门颁发的房地产开发企业资质证书；土地主管部门颁发的项目国有建设用地使用权证明；工程竣工验收合格证明；发布房地产项目预售、出售广告，应当具有地方政府建设主管部门颁发的预售、销售许可证明；中介机构发布所代理的房地产项目广告，应当提供业主委托证明；工商行政管理机关规定的其他证明。由于广告发布媒体的不同，各个媒体的相关广告发布审核标准也不尽相同，而且一些具体的广告内容也需要提供相应的证明资料，应当按照各媒体的要求及时提供有关资料。

第七，实际交付的商品房质量、设备及装修与样板房是否一致应当作出书面说明。根据《商品房销售管理办法》第31条的规定，开发商没有说明实际交付的房屋的质量、设备及装修与样板房是否一致的，实际交付的房屋应该与样板房一致。房地产开发企业应当在样板房内的显著位置标明"本样板房仅供参考，以商品房买卖合同约定为准"字样。

四、商品房认购的风险分析与防范

商品房认购是指房地产开发企业、买受人为将来订立确定性商品房买卖合同而达成的预先约定。

虽然《最高人民法院关于审理商品房买卖合同纠纷案件适用法律问题的解释》第4条对商品房认购作出了规定，但对商品房认购书性质未作明确规定，2012年3月31日最高人民法院发布实施的《关于审理买卖合同纠纷案件适用法律问题的解释》（法释〔2012〕8号）首次明确了"预约合同"法律制度，填补了我国《合同法》对"预约合同"没有规定的法律空白。房地产开发企业与买受人达成的商品房认购书是商品房买卖合同的预约合同，两者之间的关系是预约与本约的关系，其区别主要有：一是从合同内容来看，认购书是约定房地产开发企业、买受人有义务在一定期限内签订商品房买卖合同，商品房买卖合同的内容是约定当事人在商品房买卖中的应当履行的具体义务；二是从合同的形式来看，认购书的形式有预约合同书、订购书、预订书等，商品房买卖合同的形式主要是合同书、协议书等；三是从合同的签约过程来看，认购书是发生于商品房买卖合同磋商过程中，商品房买卖合同是发生在房地产开发企业与买受人就商品房的买卖的具体内容达成一致后。

商品房认购在商品房销售过程中是经常采用的一种方法，有利于稳定乃至固定对自己有利的交易机会。商品房认购在商品房买卖中一方面有利于稳定双方的买卖关系，另一方面签订预约合同有可能给自己带来法律风险，应当注意防范。

商品房认购的风险，主要有：一是认为商品房认购只是合同意向，不需要承担任何责任，从而轻率对待商品房认购行为的风险；二是商品房认购书的内容不全面的风险；三是商品房认购书签订不合法、不规范的风险；四是商品房认购书的履行不规范的风险。

防范商品房认购的风险，房地产开发企业应当采取以下措施：

首先，应当充分认识商品房认购是一种签约行为，高度重视商品房认购工作。《最高人民法院关于审理买卖合同纠纷案件适用法律问题的解释》第2条明确规定，预约合同一方不履行订立合同的义务，对方请求其承担预约合同违约责任或者要求解除预约合同并主张损害赔偿的，人民法院应予支持。商品房认购书是预约合同，当事人不履行预约合同，不仅要按照定金罚则承担责任，而且要按照合同约定承担违约责任或依法承担损害赔偿责任。

其次，应当对商品房认购书进行全面、具体的约定，一是商品房认购书的内容，应当包括：当事人姓名或名称、预订的商品房的坐落地点、面积、价格、预订期限、定金数额及定金处理办法、违约责任等；二是不要将商品房认购书中"定金"错写成"押金"或"订金"，根据《最高人民法院关于适用〈中华人民共和国担保法〉若干问题的解释》第118条的规定，当事人交付留置金、担保金、保证金、订约金、押金或者订金等，但没有约定定金性质的，当事人主张定金权利的，人民法院不予支持；三是明确约定具体的违约责任，包括定金的具体数额、违约金的具体数额以及丧失交易机会所造成的具体损失的具体数额或计算方法等。

第三，签订商品房认购书应当符合规定条件和价格规定，加强对买受人资格的审查，一是如果商品房认购书约定有定金内容，根据《城市商品房预售管理办法》的规定，该商品房认购书的签订应当以房地产开发企业取得商品房预售许可证为前提条件；二是在公开房源时，商品房销售应当明码标价，包括实行一套一标、在规定时间内一次性公开全部销售房源、不得在标价之外加价销售、不得收取任何未予标明的费用等；三是应当认真审查认购人的资格，包括其国籍、身份、年龄、工作及资产状况，共有人的情况等。

第四，应当谨慎、规范履行商品房认购书，一是应当注意如果商品房认购书具备《商品房销售管理办法》第16条规定的商品房买卖合同的主要内容，并且房地产开发企业已经按约定收取购房款的，该认购书就被认定为商品房买卖合同，并承担相应的责任；二是房地产开发企业通过认购书向买受人收受定金作为订立商品房买卖合同担保的，如果因当事人一方原因未能订立商品房买卖合同，定金就按法律规定没收或双倍返还处理，但是如果因不可归责于当事人双方的事由，导致商品房买卖合同未能订立的，房地产开发企业应当将定金返还买受人；三是如在认购书约定的预约签订正式合同的期限内，买受人没有前来与房地产开发企业协商正式合同的或者双方经协商但无法就《商品房买卖合同》的内容达成一致的，或其他认购书中约定的解约理由出现时，房地产开发企业应当将解除认购书的通知发送至对方并留下记录（必要时，可通过公证邮寄的方式送达），避免被买受人以重复出售房屋为由追究责任。

五、商品房买卖合同条款的风险分析与防范

商品房买卖合同条款是指房地产开发企业与买受人在要约承诺中明确的合同内容。

商品房买卖合同是买卖合同的一种形式。我国《合同法》第9章对"买卖合同"作了专章规定。2003年4月28日最高人民法院发布的《关于审理商品房买卖合同纠纷案件适用法律若干问题的解释》对商品房买卖合同作出了专门的规定。2012年3月31日最高人民法院发布的《关于审理买卖合同纠纷案件适用法律问题的解释》对买卖合同作出了进一步明确的规定。2000年,建设部、国家工商行政管理局联合发布了《商品房买卖合同示范文本》(GF-2000-0171)。2014年4月9日,住房和城乡建设部、国家工商行政管理总局联合发布实施了《商品房买卖合同(预售)示范文本》(GF-2014-0171)、《商品房买卖合同(现售)示范文本》(GF-2014-0172),对《商品房买卖合同示范文本》(GF-2000-0171)进行了修订。

商品房买卖合同具有种类多、房屋及其附属设施占用范围内的建设用地使用权一并转让、不动产转移登记、法律关系复杂、特别是商品房预售合同交易周期长、受各种因素影响大等特点,风险很大,完善商品房买卖合同条款是防范商品房买卖合同风险的基础和前提,因此,防范商品房买卖合同条款风险是房地产开发企业做好商品房销售工作、防范商品房销售风险重点关注的内容之一。

(一)关于商品房基本情况的风险分析与防范

商品房基本情况主要包括项目建设依据、商品房的销售依据以及商品房的用途、结构、建筑层数、坐落、面积、层高、阳台、房屋平面图、权利现状及房屋权利状况保证。

商品房基本情况即商品房买卖合同的标的,是商品房买卖合同法律关系的客体,是房地产开发企业和买受人权利与义务共同指向的对象,是商品房买卖合同成立的必要条件,是房地产开发企业向买受人交付商品房的一项基本依据。

商品房基本情况条款的风险,主要有:一是项目建设依据约定不明确的风险;二是商品房的销售依据约定不明确的风险;三是商品房的规划用途约定不明确的风险;四是商品房的结构与建筑总层数约定不明确的风险;五是坐落位

置约定不明确的风险；六是商品房的房产测绘机构、建筑面积、套内建筑面积、分摊共有建筑面积约定不明确的风险；七是商品房层高、阳台数量与封闭情况约定不明确的风险；八是与商品房有关的抵押及商品房屋租赁情况约定不明确的风险；九是房屋权利状况保证及责任不明确的风险。

防范商品房基本情况条款的风险，应当注意以下方面：

首先，应当明确商品房所在项目的建设依据。一是明确国有建设用地使用权的取得方式、国有土地使用证号、土地使用权面积、土地用途、土地使用权终止日期；二是明确商品房项目核准名称；三是明确建设工程规划许可证号；四是明确建筑工程施工许可证号。

其次，应当明确商品房销售依据。商品房预售的，应当明确预售许可证的许可机关及证号；商品房现售的，应当明确建设工程竣工验收备案证明文件备案号及备案机构名称或房屋所有权证号及房屋登记机构。

第三，应当明确商品房的规划用途如住宅、办公楼、商业用房等。一是不同用途的商品房，在价格、土地使用年限、税负等方面均有区别；二是在合同中应当明确，如买受人改变商品房用途应当征得有利害关系的其他业主的同意；三是如商品房用途是住宅，还应当明确约定买受人不得用于经营餐饮、丧葬、有伤风化以及其他可能产生油烟、污染、噪音等严重影响小区居民居住与生活环境的业务。

第四，应当明确商品房所在建筑物的主体结构和建筑总层数。主体结构一般分为钢结构、钢与钢筋混凝土结构、钢筋混凝土结构、混合结构、砖木结构、其他结构，建筑总层数应当区分地上层数与地下层数。

第五，应当明确商品房的具体位置，包括幢（或座）号、单元号、层数及门号，并且应当通过房屋平面图、该房屋在整个楼栋（或项目分区）中的位置图进行明确。

第六，应当明确约定商品房的房产测绘机构、建筑面积、套内建筑面积、分摊共有建筑面积。一是房产测绘机构应当具有相应的资质；二是明确房屋建筑面积是指房屋外墙（柱）勒脚以上各层的外围水平投影面积，包括阳台、挑廊、地下室、室外楼梯等，且具备上盖、结构牢固、层高2.20米以上（含2.20米）的永久性建筑；三是明确套内建筑面积是指成套房屋的套内建筑面积，由套内使用面积、套内墙体面积、套内阳台建筑面积三部分组成；四是明确共有建筑面积是指各产权人共同占有或共同使用的在功能上为整幢建筑服务的公共部位和公用房屋，包括电梯井、管道井、楼梯间、垃圾道、变电室、设备间、公共门厅、过道、地下室、值班警卫室以及其他功能上为整幢建筑服务的公共用房和管理用房的建筑面积，套（单元）与公共建筑空间之间的分隔墙以及外墙（包括山墙）墙体水平投影面积的一半；五是应当具体明确商品房的共用部位，并通过附件形式明确纳入商品房分摊的共用部位的名称、面积和所在位置及未纳入商品房分摊的共用部位的名称和所在位置。

第七，应当明确商品房层高、阳台数量与封闭情况。一是商品房层高是指该房屋的设计标准层高，在符合相关标准的前提下，该房屋局部可以高于或低于该层高；二是商品房阳台是否封闭与房屋的面积的确定直接相关，应当以规划设计文件为准。

第八，应当明确与商品房有关的抵押情况、商品房现售还应当明确商品房的租赁情况。一是如果设定了抵押，应当明确抵押类型、抵押人、抵押权人、抵押登记机构、抵押登记日期、债务履行期限，还应当取得抵押权人同意商品房转让的书面证明、明确解除抵押的条件和时间等；二是商品房进行了出租，应当明确租赁的具体期限、房屋收益的归属，如买受人不是承租人还需取得承租人放弃优先购买权的书面声明。

第九，应当明确房屋权利状况保证及责任。一是房地产开发企业应当保证对该商品房享有合法权利、没有出售给他人、没有司法查封或其他限制转让的情况等；二是应当明确违反上述保证的责任，包括买受人有权解除合同、返还已付全部房款（含已付贷款部分）、支付利息、支付已付房价款1倍的赔偿金。

（二）关于建筑物区分所有权的风险分析与防范

建筑物区分所有权是指业主对建筑物的与其他部分区别开来的某一特定部分所享有的所有权。建筑物区分所有权由建筑物各业主享有的对专有部分的所有权、对共有部分的共有权和对建筑物进行共同管理的成员权三部分组成。

建筑物区分所有权的风险，主要有：一是建筑物的专有部分与建筑区划共有部分的法定范围不明确的风险；二是建筑物的专有部分与建筑区划共有部分的划分通过合同约定不明确的风险；三是建筑区划内的人防工程的使用不符合要求的风险。

防范建筑物区分所有权的风险，应当注意以下方面：

首先，应当明确建筑区划内的专有部分与共有部分的法定范围。一是根据我国《物权法》和《最高人民法院关于审理建筑物区分所有权纠纷案件具体应用法律若干问题的解释》关于建筑物专有部分应当具有构造上的独立性且能够明确区分、具有利用上的独立性且可以排他使用、能够登记为特定业主所有权的客体的条件的规定，建筑区划内专有部分法定范围，包括：符合上述条件的房屋、车位、摊位等特定空间，规划上专属于特定房屋且销售时已根据规划列入该特定房屋买卖合同中的露台；二是根据我国《物权法》和《最高人民法院关于审理建筑物区分所有权纠纷案件具体应用法律若干问题的解释》的有关规定，建筑区划内共有部分法定范围，包括：建筑物的基础、承重结构、外墙、屋顶等基本结构部分，通道、楼梯、大堂等公共通行部分，消防、公共照明等附属设施、设备，避难层、设备层或者设备间等结构部分，建筑区划内的道路（属于城镇公共道路除外）、绿地（属于城镇公共绿地或明示属于个人的除外）、占用业主共有的道路或其他场地用于停放汽车的车位，建筑区划内的土地（属于业主专有的整栋建筑物的规划占地或者城镇公共道路、绿地占地除外），其他不属于业主专有部分、也不属于市政公用部分或者其他权利人所有的场所及设施如公共场所、公用设施和物业服务用房等。

其次，应当明确建筑物的专有部分与建筑区划共有部分的划分可以通过合同进行约定的范围。一是建筑区划内规划用于停放汽车的车位首先应当满足业主的需要，其归属由房地产开发企业与买受人通过买卖合同、租赁合同或赠与合同等方式进行约定；二是商品房外墙面和屋顶的使用权归属可以在买卖合同中约定；三是小区、楼宇的命名申请权可以在买卖合同中约定；四是建筑物及其附属设施的费用分摊、收益分配等可以通过合同约定或管理规约规定。

第三，房地产开发企业利用建筑区划内人防工程作为车位出租的，在出租前应向人民防空主管部门办理人防工程平时使用审批手续，并向承租人告知人防工程的性质及使用时应遵守相关人防法律法规的规定。

（三）关于商品房质量、设施设备与装修标准的风险分析与防范

商品房质量、设施设备与装修标准是指符合国家法律法规、技术标准规范，满足买受人要求的对商品房及相关设施设备、装饰装修及相关设备的综合要求。

商品房质量、设施设备与装修标准条款是商品房买卖合同中的主要关键条款之一，是买受人查验商品房的基本依据，是商品房买卖合同中容易出现风险

的条款。

商品房质量、设施设备与装修标准条款的风险，主要表现在：一是商品房质量、设施设备与装修标准的约定不全面的风险；二是商品房质量、设施设备与装修标准的约定不具体的风险；三是商品房质量、设施设备与装修标准的表示方法不适当的风险；四是商品房、设施设备与装修质量担保不明确的风险。

防范商品房质量、设施设备与装修标准条款的风险，房地产开发企业应当注意以下方面：

首先，应当对商品房质量、设施设备与装修的标准和要求进行全面约定，包括：一是商品房的地基基础和主体结构工程质量标准和要求；二是商品房的基础设施设备包括供水与排水工程、供电工程、供暖工程、燃气工程、电话通信工程、有线电视工程、宽带网络工程的质量标准和要求；三是商品房的公共服务及其他配套设施包括小区内绿化工程、小区内非市政道路工程、规划的车位与车库、物业服务用房、医疗卫生机构用房、幼儿园与学校用房的建设标准和要求；四是装饰装修及相关设备的质量标准和配置要求；五是商品房室内空气质量、建筑隔声和民用建筑节能的标准。

其次，应当对商品房质量、设施设备与装修的标准和要求进行具体约定。一是明确商品房的地基基础和主体结构工程合格并符合国家及行业现行有效的标准，包括建筑地基基础设计规范、钢筋混凝土结构设计规范、建筑抗震设计规范、建筑设计防火规范、高层民用建筑设计防火规范、木结构工程施工及验收规范、屋面工程施工及验收规范、住宅设计规范、城市居住区规划设计规范等。二是应当明确商品房的基础设施设备包括供水与排水工程、供电工程、供暖工程、燃气工程、电话通信工程、有线电视工程、宽带网络工程等符合有关工程质量规范、标准和施工图设计文件的要求，包括室外排水设计规范、电气装置安装工程施工及验收规范、采暖与卫生工程施工及验收规范等。三是应当明确商品房的公共服务及其他配套设施包括小区内绿化工程、小区内非市政道路工程、规划的车位与车库、物业服务用房、医疗卫生机构用房、幼儿园与学校用房的质量标准和建设要求，质量应当符合有关标准、规范的要求，建设配置应当达到建设工程规划许可证的要求。四是应当具体明确装饰装修及相关设备的质量标准和配置要求，首先装饰装修工程质量应当符合有关标准规范的要求包括建筑装饰装修工程质量验收规范、住宅装饰装修工程施工规范等；其次如果在签订合同时设备、材料的品牌、规格型号、产地已经确定的,应在合同中明确,确实难以确定的可以在合同中约定最低标准,且应当明确同等标准的设备可以替换;第三应当通过附件方式对包括外墙、起居室(含室内地面、内墙、顶棚)、厨房(含地面、墙面、顶棚)、卫生间(含地面、墙面、顶棚)、阳台、管道、窗户的装饰装修主要材料以及厨具、电梯等设备的品牌、产地、规格、数量等进行详细约定。五是应当明确商品房室内空气质量、建筑隔声和民用建筑节能的具体标准,商品房室内空气质量、建筑隔声应当明确具体标准名称和标准文号如室内空气质量标准、民用建筑工程室内环境污染控制规范等,商品房民用建筑节能应当符合国家有关民用建筑节能强制性标准的要求。

第三,应当通过合同明确约定的方式对商品房质量、设施设备与装修标准进行明确表示,如果房地产开发企业设置的样板房与实际交付的商品房质量、设施设备及装修不一致的,应在商品房买卖合同中作出明确说明。

第四,应当通过工程质量保证担保、工程质量保证保险等手段,将商品房、设施设备与装修的质量担保及保修责任转移给担保公司或保险公司,并在商品房买卖合同中对此作出明确约定。

(四)关于商品房价款的风险分析与防范

商品房价款一般包括价格内容、计价方式、付款方式、付款期限以及预售资金的监管等。

商品房价款条款是商品房买卖合同的关键条款之一,直接关系到房地产开发企业、买受人的切身利益,买受人承担的主要合同义务是支付价款,而对商品房价款影响的因素很多包括计价方式、付款方式等,因此,商品房买卖合同中的价款条款风险很大。

商品房买卖合同中的价款条款的风险主要有:一是商品房的价格内容不明确的风险;二是商品房价款的计价方式约定不明确的风险;三是商品房价款的付款方式与付款期限约定不明确的风险;四是商品房预售资金的监管不明确的风险。

防范商品房价款条款的风险,应当注意以下方面:

首先,应当明确约定商品房价格的内容,一是商品房的总价款应当明确、具体;二是商品房价款的计价货币应当明确;三是采取按建筑面积计算价格的,应当明确单价即每平方米的价格。

其次，应当明确商品房价款的计价方式，计价方式主要有三种：一是按照套内建筑面积计算；二是按照房屋建筑面积计算；三是按照套（单元）计算。对于按套（单元）计价方式，应当注意：一是按套（单元）计价的现售商品房，房地产开发企业和买受人应当共同对现售商品房进行实地勘察或买受人放弃考察权后在合同中直接约定总价款，不应约定单价。二是按套（单元）计价的预售商品房，应当按照合同中附所售房屋的平面图的详细尺寸约定商品房总价款及误差范围，并详细约定：如房屋交付时，套型与设计图纸一致，相关尺寸也在约定的误差范围内，商品房总价款不变；如套型与设计图纸不一致或者相关尺寸超出约定的误差范围的，应当明确相应处理方式。

第三，应当明确商品房价款的付款方式与付款期限，商品房付款方式主要有一次性付款、分期付款、贷款方式付款三种形式，在合同约定时应当注意：一是如果买受人已经支付定金，应当明确该定金抵作商品房价款的时间如合同签订时或交付首付款时等；二是如果采取一次性付款方式，应当明确支付商品房全部价款的具体日期；三是如果采取分期付款方式，应当明确分期的次数以及每一期付款的具体日期；四是如果采取贷款方式付款，应当明确贷款的种类包括公积金贷款或商业贷款，首期房价款的支付日期、具体数额及所占总价款的比例，余款数额及贷款机构的名称，余款支付的具体时间，贷款不成或贷款未按期付款的处理方式，如果房地产开发企业为买受人的贷款提供连带保证责任的还应当明确买受人办理房屋所有权证的具体期限等；五是无论采取何种付款方式，均应当约定在商品房交付时买受人已经支付全部商品房价款。

第四，应当明确商品房预售资金监管内容，一是明确商品房预售资金监管机构的名称；二是明确商品房预售资金监管账户具体名称及账号；三是明确商品房预售资金只能用于该商品房所在项目的工程建设。

（五）关于商品房交付与权属登记的风险分析与防范

商品房交付是指商品房的转移占有。商品房交付与权属登记一般包括商品房交付条件、交付时间、交付通知、交付程序、风险责任转移、房地产权属登记等。

商品房交付与权属登记是商品房买卖合同中主要关键条款之一。商品房交付是房地产开发企业履行商品房买卖合同的重要义务之一，也是房地产开发企业与买受人争议最多的焦点问题之一，同时由于商品房买卖具有标的物的交付和财产权利转移相分离的特点，因此，风险很大。

商品房交付与权属登记条款的风险主要有：一是商品房交付的条件约定不明确的风险；二是商品房的交付时间及允许延期交付的条件约定不明确的风险；三是商品房交付通知约定不明确的风险；四是商品房交付的程序约定不明确的风险；五是商品房风险责任转移不明确的风险；六是房地产权属登记的约定时间与责任约定不明确的风险。

防范商品房交付与权属登记条款，应当注意以下方面：

首先，应当明确商品房交付的具体条件。一是明确商品房交付条件，主要包括：已取得建设工程竣工验收备案证明文件、房屋测绘报告，商品房为住宅的还需提供《住宅使用说明书》和《住宅质量保证书》。二是应当明确商品房相关基础设施设备的交付条件，主要包括：交付时供水、排水配套设施齐全并与城市公共供水、排水管网连接，如使用自建设施供水的，供水水质符合国家规定的饮用水卫生标准，由房地产开发企业负责办理开通手续并承担相关费用；交付时供电纳入城市供电网络并正式供电，由房地产开发企业负责办理开通手续并承担相关费用；交付时供热系统符合供热配建标准，使用城市集中供热的，纳入城市集中供热管网，由房地产开发企业负责办理开通手续并承担相关费用；交付时完成室内燃气管道的敷设并与城市燃气管网连接，保证燃气供应，由买受人自行办理开通手续；交付时电话通信线路、有线电视线路、宽带网络线路敷设到户，由买受人自行办理开通手续。三是应当明确商品房相关公共服务及其他配套设施的交付条件，主要包括小区内绿化工程、小区内非市政道路工程、规划的车位与车库、物业服务用房、医疗卫生机构用房、幼儿园与学校用房达到使用要求的具体时间。

其次，应当明确商品房的交付的具体时间及允许延期交付的条件。一是明确商品房的交付时间的具体年月日；二是应当明确房地产开发企业可以延期交付的情形，主要包括不可抗力、法律法规规章颁布与修改、政府行为、重大公共传染性疫情、买受人未履行付款义务等。

第三，应当明确商品房交付通知的时间、形式与内容。一是应当明确房地产开发企业发出商品房交付通知的具体时间，一般应当在交付日期届满前10日；二是应当明确房地产开发企业发出商品房交付通知的形式，应当采取书面形式；三是应当明确商品房交付通知的内容，包括查验房屋的时间、办理交付手续的时间地点、应当携带的证件材料。

第四,应当明确商品房交付的程序。首先由房地产开发企业向买受人发出商品房交付的书面通知;其次由房地产开发企业向买受人出示满足商品房交付条件的证明文件;第三买受人对商品房进行查验;第四如果查验时发现商品房屋面、墙面、地面渗漏或开裂,管道堵塞,门窗翘裂、五金件损坏,灯具、电器等电气设备不能正常使用等,房地产开发企业应当按照有关工程和产品质量规范在合同约定时间内负责修复并承担修复费用;第五签署商品房交接单;第六交纳合同约定费用和相关税费、签署物业管理文件等。

第五,应当明确商品房风险责任转移的时间和程序,一是明确商品房风险责任的含义,是指因不可抗力或意外事件等不可归责于当事人的事由而导致商品房毁损、灭失;二是应当明确商品房风险责任转移的时间,一般以商品房交付为时间点,交付前由房地产开发企业承担,交付后由买受人承担;三是买受人接到房地产开发企业的书面交房通知,无正当理由拒绝接受的,商品房风险责任一般自书面交房通知确定的交付之日起由买受人承担。

第六,应当明确房地产权属登记办理主体、时间与责任,一是应当明确房地产开发企业和买受人共同申请办理房地产权属登记;二是应当明确约定房地产权属登记办理的时限且应当自商品房交付之日起计算;三是应当明确房地产权属登记办理责任及处理方式。

(六)关于商品房预售的面积差异处理与规划设计变更处理的风险分析与防范

商品房面积差异处理是指对房地产开发企业交付的商品房套内建筑面积或者建筑面积与商品房买卖合同约定面积不符的处理方式。商品房规划设计变更处理是指房地产开发企业在开发建设过程中依法对建设工程规划许可证规定的条件或对建筑工程施工图设计文件内容进行更改的处理方式。

房地产开发企业在进行开发建设过程中,由于受各种因素的影响,难免会出现交付的商品房面积与商品房预售合同约定的面积不一致的情形以及可能会发生对已核发的建设工程规划许可证的条件或已经通过审查的施工图设计文件进行更改的情况,一方面对规划设计的变更应当经过依法批准或审查,另一方面需要通过合同的明确约定处理好与预售商品房买受人的关系,以防范风险。

商品房预售面积差异处理与规划设计变更处理条款的风险,主要有:一是商品房面积差异处理方式不明确的风险;二是商品房规划变更处理不明确的风险；三是商品房设计变更处理不明确的风险。

防范商品房预售面积差异处理与规划设计变更处理条款的风险，应当注意以下方面：

首先，应当明确商品房预售面积差异的处理方式。一是对于按套内建筑面积或建筑面积计价的，面积误差比绝对值在3%以内（含3%），按照合同约定的价格据实结算，买受人无权解除合同。二是对于按套内建筑面积或建筑面积计价的，面积误差比绝对值超出3%，买受人可以解除合同，要求房地产开发企业返还已付购房款及支付利息（应不低于中国人民银行公布的同期贷款基准利率）；买受人同意继续履行合同的，商品房实际面积大于合同约定面积的，面积误差比绝对值在3%以内（含3%）部分的房价款由买受人按照约定价格补足，面积误差比绝对值超出3%部分的房价款由房地产开发企业承担，所有权归买受人；商品房实际面积小于合同约定面积的，面积误差比绝对值在3%以内（含3%）部分的房价款及利息由房地产开发企业返还买受人，面积误差比绝对值超出3%部分的房价款由房地产开发企业双倍返还买受人。三是对于按套计价的，应当明确约定商品房交付时套型与设计图纸不一致或相关尺寸超出的误差范围以及处理方式。四是因设计变更造成面积差异的，如不解除合同的，双方应当签署补充协议。

其次，应当明确商品房规划变更内容、程序及处理方式。一是明确规划变更的内容包括：商品房规划用途、面积、容积率、绿地率、基础设施、公共服务及其他配套设施等。二是明确规划变更的处理程序，首先规划许可内容的变更须经城乡规划主管部门的批准，其次房地产开发企业应当在变更确立之日起10日内书面通知买受人，第三买受人应在通知送达之日起15日内做出是否解除合同的书面答复，第四买受人解除合同的应当书面通知房地产开发企业。三是应当明确处理方式，对于买受人解除合同的，房地产开发企业应当自解除合同通知送达之日起15日内退还买受人已付全部房款（含已付贷款部分），并支付利息（不低于中国人民银行公布的同期贷款基准利率）及双方约定的违约金；对于买受人不解除合同的，买受人有权要求房地产开发企业赔偿由此造成的损失。

第三，应当明确商品房设计变更内容、程序及处理方式。一是明确设计变更的内容包括：商品房结构形式、户型、空间尺寸、朝向以及供热、采暖方式等。

二是明确设计变更的处理程序,首先设计变更应当按照法定程序进行,其次房地产开发企业应当在变更确立之日起 10 日内书面通知买受人,第三买受人应在通知送达之日起 15 日内做出是否解除合同的书面答复,第四买受人解除合同的应当书面通知房地产开发企业。三是应当明确处理方式,对于买受人解除合同的,房地产开发企业应当自解除合同通知送达之日起 15 日内退还买受人已付全部房款(含已付贷款部分),并支付利息(不低于中国人民银行公布的同期贷款基准利率)及双方约定的违约金;对于买受人不解除合同的,买受人有权要求房地产开发企业赔偿由此造成的损失。

(七)关于商品房质量保修与前期物业管理的风险分析与防范

商品房质量保修是指房地产开发企业对商品房交付后在保修期限内出现的不符合工程建设强制性标准及合同约定的质量缺陷予以修复的活动。前期物业管理是指在业主、业主大会选聘物业服务企业之前由房地产开发企业选聘的物业服务企业提供物业管理服务的活动。

商品房质量保修与前期物业管理是商品房交付后的重要阶段,是保证商品房正常使用和维护物业区域内正常秩序的要求,由于服务对象多、服务内容复杂、服务要求严格、服务周期长等,商品房质量保修与前期物业管理风险较大。

商品房质量保修与前期物业管理条款的风险主要有:一是对商品房保修范围、保修期限、保修责任范围及保修程序约定不明确的风险;二是对前期物业服务企业名称、服务时间、物业服务计费方式及标准以及权利与义务约定不明确的风险。

防范商品房质量保修与前期物业管理条款的风险,应当注意以下方面:

首先,应当明确商品房保修的内容、期限、责任及程序。一是明确商品房保修的范围包括地基基础和主体结构,房屋屋面防水工程、有防水要求的卫生间、房间和外墙面的防渗漏,供热、供冷系统和设备,电器管线、给排水管道、设备安装,装修工程等;二是明确商品房保修期的开始计算日期及具体的保修期限,商品房的保修期自房屋交付之日起计算,地基基础和主体结构保修期不得低于设计文件规定的该工程的合理使用年限,房屋屋面防水工程、有防水要求的卫生间、房间和外墙面的防渗漏保修期不得低于 5 年,供热、供冷系统和设备保修期不得低于 2 个采暖期、供冷期,电器管线、给排水管道、设备安装的保修期不得低于 2 年,装修工程的保修期不得低于 2 年;三是应当明确商品房保修责任范围,在商品房保修范围和保修期限内发生的质量问题均应当承担保修责任,但因不可抗力或买受人不当使用造成的房屋及其附属设施的损害,房地产开发企业不承担保修责任;四是应当明确商品房保修的程序,买受人发现商品房质量问题应当及时通过书面形式通知房地产开发企业,房地产开发企业应当在合同约定的期限内及时派人维修,如果在合同约定期限内既不履行保修义务也不提出书面异议的,买受人可以自行或委托他人进行维修,维修的费用及维修期间造成的其他损失由房地产开发企业承担。

其次,应当明确前期物业服务企业名称、服务时间、物业服务计费方式及标准以及权利与义务。一是明确房地产开发企业依法选聘的前期物业服务企业的名称。二是明确物业服务的具体期限。三是明确物业收费的具体计费方式和物业服务费的标准。四是应当明确各方的权利与义务,包括:房地产开发企业应当监督物业服务企业按照前期物业服务合同提供物业服务;买受人同意前期物业服务企业代为查验并承接物业共用部位、共用设施设备,房地产开发企业应当将物业共用部位、共用设施设备承接查验的备案情况书面告知买受人;买受人已详细阅读前期物业服务合同和临时管理规约,同意由房地产开发企业依法选聘的物业服务企业实施前期物业管理,遵守临时管理规约;前期物业服务合同、临时管理规约应当作为商品房买卖合同的附件。

(八)关于商品房买卖合同违约责任的风险分析与防范

商品房买卖合同违约责任是指房地产开发企业或买受人不履行商品房买卖合同义务或履行商品房买卖合同义务不符合约定而应当承担的民事责任。

违约责任条款是商品房买卖合同中重要条款之一。商品房买卖合同中对违约责任的约定是否明确、具体直接关系到商品房买卖合同的法律效力,关系到房地产开发企业、买受人的责任承担,关系到商品房买卖合同的履行,关系到房地产开发企业、买受人的切身利益,因此,风险很大。

违约责任条款的风险,主要表现在:一是对违约行为没有进行具体明确约定;二是对具体违约行为处理方式与程序、承担责任的具体方式及数额等约定不明确;三是惩罚性赔偿责任不明确。

防范商品房买卖合同中违约责任条款的风险,主要注意以下方面:

首先,应当对商品房买卖合同中房地产开发企业、买受人的违约行为作出具体明确约定。房地产开发企业主要违约行为有:不按合同约定交付商品房、商品房质量不符合工程建设强制性标准或合同约定、由于房地产开发企业的原因不能按期办理权属证书等。买受人主要违约行为有：不按合同约定支付房款、房地产开发企业提供担保的贷款方式付款未履行相应义务等。

其次，应当对具体违约行为处理方式与程序、承担责任的具体方式及数额等作出明确约定。就买受人而言，一是房地产开发企业提供担保的贷款方式付款的，买受人未在合同约定期限内办理房屋所有权证书造成房地产开发企业损失的，应当承担赔偿责任；二是由于买受人逾期偿还贷款致使房地产开发企业承担保证责任的，买受人应当承担支付违约金、赔偿损失的责任；三是买受人逾期付款应当承担支付违约金、房地产开发企业有权解除合同的责任。就房地产开发企业而言，一是逾期交付商品房的，应承担支付违约金、买受人有权解除合同、返还已付房价款及支付利息的责任；二是商品房质量不合格或装饰装修及设备不符合合同约定的，承担更换、修理、赔偿损失的责任以及买受人有权解除合同、返还已付全部房款及支付利息的责任；三是由于房地产开发企业的原因不能在合同约定期限内办理权属证书的，承担支付违约金以及买受人有权解除合同、返还已付全部房款及支付利息的责任。当然，这里应当注意：一是违约金的约定应当适当，违约金一般为不超过造成损失的30%，违约金过高或低于损失的，当事人可以请求法院或仲裁机构予以适当减少或增加；二是应当明确约定损失赔偿额计算方法，利息的计算应当以中国人民银行公布的贷款基准利率计算；三是应当注意商品房买卖合同解除权的行使期限，经催告的，解除权的行使期限为3个月；没有催告的，解除权的行使期限为1年，自解除权发生之日起计算。

第三，应当明确商品房买卖中有关惩罚性赔偿的规定。根据《最高人民法院关于审理商品房买卖合同纠纷案件适用法律若干问题的解释》第8条、第9条、第14条的规定，惩罚性赔偿是指买受人对有恶意违约或欺诈行为的房地产开发企业可以要求其承担不超过已付购房款1倍的赔偿责任，主要有六种情形：一是商品房买卖合同订立后，出卖人未告知买受人又将该房屋抵押给第三人；二是商品房买卖合同订立后，出卖人又将该房屋出卖给第三人；三是故意隐瞒没有取得商品房预售许可证明的事实或者提供虚假商品房预售许可证明；四是故意隐瞒所售房屋已经抵押的事实；五是故意隐瞒所售房屋已经出卖给第三人或者为拆迁补偿安置房屋的事实；六是房屋实际面积小于合同约定面积，面积误差比超过 3% 的部分的房价款由出卖人双倍返还买受人。

（九）关于商品房买卖合同争议解决方式的风险分析与防范

商品房买卖合同争议解决方式是指因商品房买卖合同引起或与商品房买卖合同有关的任何争议通过何种方式解决。根据我国《合同法》第 128 条的规定，合同争议的解决方式有四种：和解、调解、仲裁和诉讼。和解和调解并非解决合同争议常用方式，因此，商品房买卖合同争议常用解决方式主要是仲裁和诉讼两种方式。

争议解决条款是商品房买卖合同的通用条款之一。商品房买卖合同发生争议能否及时、公正的解决直接关系房地产开发企业、买受人的切身利益，因此，争议解决条款是否明确、具体，风险很大。

商品房买卖合同中争议解决方式条款的风险，主要有：一是仲裁约定不明确、具体；二是诉讼约定违反法律规定；三是争议解决的影响范围不明确。

防范商品房买卖合同争议解决方式条款的风险，应当注意以下方面：

首先，对仲裁的争议解决方式，关键是对仲裁条款的约定是否有效，是否明确、具体。仲裁条款应当对仲裁意思表示、仲裁范围、仲裁机构、仲裁地、仲裁规则、仲裁语言、仲裁效力等作出明确具体的约定。

其次，对诉讼的争议解决方式的约定不得违反法律规定。根据《最高人民法院民事案件案由规定》（2011 年修订）的规定，对物权变动的原因关系的纠纷包括商品房买卖合同的纠纷属于合同纠纷，适用协议管辖；因物权设立、权属、效力、使用、收益等物权关系产生的纠纷属于不动产纠纷。根据我国《民事诉讼法》（2012 年修正）第 33 条、第 34 条的规定，因不动产纠纷提起的诉讼，只能由不动产所在地人民法院管辖；合同或其他财产权益的纠纷，当事人可以通过协议选择被告住所地、合同履行地、合同签订地、原告住所地、标的物所在地等与争议有实际联系的地点的人民法院管辖。

第三，应当明确约定在仲裁、诉讼期间，除正在进行仲裁、诉讼的部分以外，商品房买卖合同的其他部分应继续执行。

六、商品房买卖合同签订的风险分析与防范

商品房买卖合同签订是指房地产开发企业、买受人通过一定程序、协商一致在其相互之间建立商品房买卖合同关系的一种法律行为。

商品房买卖合同的签订是设立商品房买卖合同关系的关键步骤，是保障房地产开发企业合法权益的重要基础环节。由于商品房买卖包括现售与预售两种形式，特别是商品房预售在规划、设计、面积、价款等方面可能存在变更与调整情形，同时商品房买卖受到国家对房地产宏观政策调整的影响，商品房买卖风险很大，房地产开发企业防范商品房买卖风险必须首先做好商品房买卖合同签订的风险防范工作。

（一）关于买受人资格与资信能力的风险分析与防范

买受人资格与资信能力包括商品房买卖合同买受人购房资格、主体资格、履约能力及资信情况等内容。

买受人的购房资格与主体资格是否合格是商品房买卖合同能否签订的前提，买受人的履约能力与资信情况直接关系到商品房买卖合同能否顺利履行，这些均关系到房地产开发企业的切身利益的保护，因此，在签订商品房买卖合同时应当做好买受人购房资格与主体资格、履约能力与资信情况的风险防范工作。

买受人资格与资信能力的风险，主要有：一是买受人不具有购房资格，导致商品房买卖合同无法备案和无法办理房屋产权登记手续的风险；二是买受人的主体资格不合格导致商品房买卖合同无效或效力待定的风险；三是买受人委托他人办理商品房买卖合同签订事宜的手续不合法导致商品房买卖合同效力出现瑕疵的风险；四是买受人不具有履约能力导致房地产开发企业在按揭贷款中承担担保责任或资金无法回笼影响项目建设的风险；五是买受人信誉不佳导致商品房买卖合同履行不符合合同约定的风险。

防范买受人资格与资信能力的风险，应当注意以下方面：

首先，应当尽职调查买受人的购房资格，一是对国内居民购房应当符合有关住房限购政策规定，根据2011年1月26日国务院办公厅发布的《关于进一步做好房地产市场调控工作有关问题的通知》（国办发〔2011〕1号）第6条规定以及各城市政府的规定如2011年2月15日北京市人民政府办公厅颁发的《关于贯彻落实国务院办公厅文件精神进一步加强本市房地产市场调控工作的通知》第10条关于自本通知发布次日起对已拥有1套住房的本市户籍居民家庭（含驻京部队现役军人和现役武警家庭、持有有效《北京市工作居住证》的家庭，下同）、持有本市有效暂住证在本市没拥有住房且连续5年（含）以上在本市缴纳社会保险或个人所得税的非本市户籍居民家庭限购1套住房（含新建商品住房和二手住房），对已拥有2套及以上住房的本市户籍居民家庭、拥有1套及以上住房的非本市户籍居民家庭、无法提供本市有效暂住证和连续5年（含）以上在本市缴纳社会保险或个人所得税缴纳证明的非本市户籍居民家庭暂停在本市向其售房的规定，首先在实行限购政策的城市应当要求买受人提供有关购房资格审查的材料如北京市购房资格的审核应提交的资料包括本市户籍居民家庭提交家庭成员身份证、婚姻证明、户籍证明的原件和复印件及拟购房人签字的《家庭购房申请表》《购房承诺书》，驻京部队现役军人和现役武警家庭还应提供军（警）身份证件原件和复印件及团级以上政治部开具的婚姻和家庭情况证明原件，持有有效《北京市工作居住证》的家庭还应提交《北京市工作居住证》的原件和复印件，非本市户籍居民家庭提交家庭成员身份证明、婚姻证明、户籍证明的原件和复印件及拟购房人签字的《家庭购房申请表》《购房承诺书》、有效暂住证等，其次应当认真审查有关购房资格材料，以确认买受人是否具有购房资格；二是对于境外机构和人士在中国境内购买商品房应当符合有关规定，根据建设部、商务部、国家发展和改革委员会、中国人民银行、国家工商行政管理总局、国家外汇管理局于2006年7月11日颁布的《关于规范房地产市场外资准入和管理的意见》（建住房〔2006〕171号）关于境外机构在境内设立的分支、代表机构（经批准从事经营房地产的企业除外）和在境内工作、学习时间超过1年的境外个人可以购买符合实际需要的自用、自住的商品房但不得购买非自用、非自住商品房，在境内没有设立分支、代表机构的境外机构和在境内工作、学习时间1年以下的境外个人不得购买商品房，港澳台地区居民和华侨因生活需要可在境内限购一定面积的自住商品房的规定，首先应当加强对境外机构和个人主体资格真实性审查，其次应当审查境外机构是否持中国政府有关部门批准设立驻境内机构的证明材料以及境外个人来境内工作、学习的中国批准证明材料，以确认境外机构和人士在中国境内购买商品房是否符合有关规定。

其次，应当认真审查买受人的主体资格，一是买受人为中国公民时应当审核居民身份证（无居民身份证的提交户口簿），暂住证（需要办理暂住证的城市），军警居民身份证和军官证、军（警）官文职干部证、警官证；二是买受人为中国法人及其他经济组织时应当审核企业法人营业执照、上级单位批准证明、法定代表人或负责人身份证明、董事会购房决议，其他经济组织的营业执照、有关的批准文件和具备其他经济组织条件的证明，机关、事业单位成立的批准文件、上级主管部门批准购房的文件，中央机关、所属企事业单位需有国务院机关事务管理局批准购房文件、单位成立的批准文件，银行、保险企业等分支机构的营业执照、上级企业法人出具的授权委托书和承担法律责任保证书；三是买受人为中国港、澳、台同胞时应当审核香港、澳门特别行政区居民身份证或香港、澳门特别行政区护照、港澳居民来往内地通行证及港澳同胞回乡证，台湾居民来往大陆通行证或台胞证；四是买受人为华侨时应当审核中华人民共和国护照；五是买受人为外国公民、法人时应当审核外国人所在国护照和外国人居留证（无外国人居留证的，提交中国公证机构公证的护照中文译本），境外法人（含港、澳、台法人）、其他组织（含港、澳、台组织）须有经公证的法人或者其他组织的商业登记或注册书或批准该法人、其他组织成立的文件且外国法人或其他组织的公司注册文件在注册地公证后需中国驻该国使、领馆认证。

第三，应当认真审核买受人的委托是否合法、有效，一是委托代理人购房的应当审核授权委托书原件、委托人身份证明、受托人身份证明、如授权委托书不是当面签署的应当经过公证；二是无（限制）民事行为能力人购房的，由其监护人代理购买，应当审核监护人关系身份证明、被监护人居民身份证或户口簿、证明法定监护关系的户口簿（监护人由法院指定的，提交法院出具的证明文件）；三是中国港、澳、台法人，其他组织、个人的委托书应当审核公证书，香港出具的公证书应由中国法律服务（香港）有限公司加盖转递专用章，澳门有权限的公证机构出具的公证书在内地可以直接认可使用，台湾出具的公证书应由中国公证员协会或者省、自治区、直辖市公证员协会确认；四是外国法人、其他组织、个人的委托书应当审核公证书，在外国公证的委托书需要中国驻该国使、领馆认证，与中国没有外交关系的国家由该国和中国都有外交关系的第三国的中国使、领馆认证。

第四，应当认真审核买受人的履约能力和资信情况，一是对买受人为公民的，应当通过审查职业背景、个人收入、家庭收入、已缴个人所得税或家庭财产税的税单、其他财产所有权证等材料，审核买受人的履约能力，通过查询征信中心的信用记录来审核买受人的信用状况；二是对买受人为法人或其他组织的，应当通过审查注册资金、营业额、资产负债表等财务报表、纳税情况以及银行信用情况，审核其履约能力及资信状况。

（二）关于商品房买卖合同形式的风险分析与防范

商品房买卖合同的形式是指房地产开发企业与买受人确定双方商品房买卖合同关系的具体方式。

我国《合同法》第10条规定，订立合同有书面形式、口头形式和其他形式。根据我国《城市房地产管理法》第41条、《城市房地产开发经营管理条例》第28条的规定，商品房买卖合同应当采用书面形式。我国《合同法》第11条规定："书面形式是指合同书、信件和数据电文（包括电报、电传、传真、电子数据交换和电子邮件）等可以有形地表现所载内容的形式。"我国《合同法》第33条还规定："当事人采用信件、数据电文等形式订立合同的，可以在合同成立之前要求签订确认书。签订确认书时合同成立。"

商品房买卖合同采取书面形式，具有内容明确、责任清楚、便于履行、也便于处理争议的特点，但由于商品房买卖合同书面形式种类多，特点各异，风险较大。

商品房买卖合同书面形式的风险，主要有：一是采用合同书形式有被撤换的风险；二是采用信件形式有不被另一方认可的风险；三是采用数据电文形式有易改动、易丢失、保密性差的风险。

防范商品房买卖合同书面形式的风险，应当注意以下方面：

首先，商品房买卖合同应当尽量采用合同书形式，在签订合同书时应当注意：一是在签字页上应当有房地产开发企业和买受人的亲笔签字、盖章；二是在每一个附件上也应当有双方的签字、盖章；三是在商品房买卖合同的每一页上应当有骑缝签名与盖章。

其次，商品房买卖合同如果采用信件形式，根据我国《合同法》第33条规定，房地产开发企业与买受人应当在合同成立前签订确认书，签订确认书时合同成立。

第三，商品房买卖合同如果采用数据电文形式，也应当根据我国《合同法》第33条的规定在合同订立后的合理期限内签订确认书，也可以采用律师见证、公证机关公证等形式予以确认。

（三）关于商品房买卖合同格式条款的风险分析与防范

商品房买卖合同格式条款是指房地产开发企业为了重复使用而预先拟定，

并在订立商品房买卖合同时未与对方协商的条款。

格式条款在商品房买卖合同签订过程中是经常采用的一种方式，具有提高效率、简化缔约程序、降低交易成本的优点，但也有对方以权利、义务与责任不对等为由请求格式条款无效的缺点。我国《合同法》第39条、第40条、第41条也对格式条款作出了明确规定。

商品房买卖合同格式条款的风险，主要有：一是提供格式条款的一方违反公平原则，利用自身有利地位，确定有利自己、损害相对人利益的权利与义务的风险；二是对免除或限制自身责任条款，如不以适当方式提请相对人注意或作出说明将导致对相对人不产生约束力的风险；三是具有《合同法》第52条和第53条规定情形的或者提供格式条款的一方免除其责任、加重对方责任、排除对方主要权利的格式条款无效的风险；四是格式条款与非格式条款不一致将采用非格式条款的风险；五是对格式条款有两种以上解释的应当做出不利于提供格式条款一方的解释的风险。

防范商品房买卖合同格式条款的风险，房地产开发企业应当注意以下方面：

首先，应当基于公平的原则确定房地产开发企业与买受人的权利与义务，具体包括：一是确定双方的权利与义务应当平等；二是确定双方的风险分配应当合理；三是确定双方的违约责任应当对等。

其次，应当采用合理方式，提示买受人注意"免除责任""限制责任"的条款，合理方式包括采取要求买受人签字或对这些条款以更醒目字体、字号标明或作出特别说明，应当在合同书中明确特别标识部分的内容涉及免除、限制房地产开发企业的责任或限制买受人的权利，但买受人均认可的内容。

第三，按照买受人的要求对格式条款予以说明，应当将有关说明事项与内容在合同书中予以明确。

（四）关于商品房买卖合同备案的风险分析与防范

商品房买卖合同备案是指房地产开发企业与买受人签订商品房买卖合同后，将商品房买卖合同报有关房地产主管部门，由房地产主管部门对商品房买卖合同是否符合法律法规的规定进行监督检查的行为。

为了规范商品房销售行为，维护商品房买卖双方的合法权益，提高商品房交易信息的透明度，维护房地产市场秩序，目前，北京、上海等城市实行商品房买卖合同包括商品房预售合同、商品房现售合同网上签约制度。商品房买卖合同网上签约是指在签订商品房买卖合同过程中房地产主管部门要求商品房交易当事人对商品房买卖的基本信息进行登记备案的一种行政程序。根据我国《城市房地产管理法》第45条、《城市房地产开发经营管理条例》第27条的规定，商品房预售合同应当办理备案登记手续。

商品房买卖合同备案的风险，主要有：一是商品房买卖合同未进行网上签约将导致无法办理商品房预售合同登记备案手续和无法办理房屋权属转移登记手续的风险；二是商品房买卖合同网上签约的程序不明确的风险；三是网上签约的商品房买卖合同主体变更的办理程序不明确的风险；四是向社会公布的网上签约项目的信息不明确的风险；五是商品房预售合同备案登记的时间、提交的资料、程序及条件等不明确的风险。

防范商品房买卖合同备案的风险，应当注意以下方面：

首先，应当明确商品房买卖合同网上签约是办理商品房预售合同登记备案手续和房屋权属转移登记手续的必经程序。一是房地产开发企业和买受人应当自网上签约之日起90日内持网上打印的现房合同和《房屋权属转移登记申请表》及其他材料到房屋行政管理部门申请房屋权属转移登记；二是房地产开发企业和买受人应当首先进行商品房预售合同网上签约，再进行商品房预售合同备案登记后，方可申请房屋权属转移登记。

其次，应当明确商品房买卖合同网上签约的程序，一是房地产开发企业与买受人就可销售的房屋协商拟订商品房买卖合同的相关条款；二是经双方当事人确认后，通过管理系统在线填写商品房买卖合同的内容，买受人自行设置查询密码，网上提交后，系统自动生成合同编号；三是房地产开发企业从网上正式打印商品房买卖合同，同时在管理系统联机备案，并下载打印商品房买卖合同签约证明和登记申请书；四是楼盘表标识公示，即商品房楼盘表内及时标明该单元（套）商品房已销售。

第三，应当明确网上签约的商品房买卖合同主体变更的办理程序，网上签约后买受人退房或换房的，买卖双方应当签订解除商品房买卖合同的协议，通过管理系统填写打印《解除商品房买卖合同申请表》后，共同到房屋行政管理部门办理注销合同手续，买受人退房后该房屋在楼盘表内及时恢复可售标识。

第四，应当明确向社会公布的网上签约的信息，一是现房合同网上签约的项目向社会公布的信息包括：商品房现房项目相关信息包括：房屋所有权证号、房屋所有权人名称、房屋坐落和发证日期,土地使用权证号、土地用途及年限;楼盘表信息包括楼栋的层数、总建筑面积,每套房屋的房号、建筑面积;用不同颜色对楼盘房屋已认购、已签约和未签约状态进行标识;按楼栋现售的拟售参考均价及该项目已签订现房合同的成交均价;退房情况;二是预售项目在取得商品房预售许可证后向社会公布的信息包括:商品房预售许可证的相关信息包括房地产开发企业名称,预售许可证编号、发证机关和发证日期,预售商品房的项目名称、坐落位置、批准预售部位、面积,预售商品房的建设工程规划许可证编号,土地用途和使用期限;预售商品房的楼盘表信息包括楼栋的建筑结构、层数、建筑面积、分摊情况、竣工日期等,每"套"住宅的房号、用途、户型、建筑面积、套内建筑面积等,商业、办公等房屋的最小销售"单元"的房号、用途、建筑面积等;开发企业选择使用的商品房预售合同文本样式;楼盘表内网上已预订和已签约房屋的标识;商品房按楼栋预售的参考均价及预售项目已签约合同的成交均价。

第五,应当明确商品房预售合同备案登记的时间、提交的资料、程序及条件,一是房地产开发企业应当在网上签约后30日内办理商品房预售合同备案登记手续;二是办理商品房预售合同备案登记手续应当提交的资料包括:网上打印的商品房预售合同一式四份(双方当事人已签字或盖章),网上打印的商品房预售合同签约证明和预售登记申请书一份,房地产开发企业的营业执照复印件、法定代表人(或负责人)身份证明书复印件、授权委托书原件各一份,国有土地使用权证原件及复印件各一份,买受人身份证明复印件,预售已被抵押的商品房还需提交抵押权人同意预售的材料;三是办理商品房预售合同备案登记手续的具体程序,首先由房地产开发企业在规定时间内向房屋行政管理部门提出申请并提交有关材料,其次房屋行政管理部门受理并审查有关材料,第三房屋行政管理部门对符合规定条件的预售商品房在商品房预售合同上加盖预售登记章;四是房屋行政管理部门不予办理备案登记手续的情形包括:该商品房不在预售许可范围内;该商品房已取得房地产权属证书或取得竣工备案表超过4个月;该商品房已被其他买受人联机签约或已预售登记;房地产开发企业名称与核准预售许可的预售人名称不一致;该商品房被司法机关和行政机关依法裁定、决定查封或以其他方式限制房地产权利。

（五）关于商品房买卖合同预告登记的风险分析与防范

商品房买卖合同预告登记是指房地产开发企业与买受人签订商品房买卖合同后，为保障将来实现物权，按照约定向不动产登记机构申请办理的预先登记。预告登记后，未经预告登记的权利人同意，处分该不动产的，不发生物权效力。

商品房买卖合同预告登记与商品房买卖合同网上签约虽然均发生在商品房买卖合同签订阶段，均有防止一房多卖及保护买受人利益的作用，但两者区别主要有：一是商品房买卖合同预告登记有明确的法律依据即《物权法》第20条的规定，而商品房买卖合同网上签约缺乏明确的法律依据，只有部门规章和地方规范性文件作为依据；二是商品房买卖合同预告登记作为民事权利，是自愿性质的，而商品房买卖合同网上签约作为行政行为，则是强制性的；三是商品房买卖合同预告登记的效力是有期限的，而商品房买卖合同网上签约的效力是长期的。

商品房买卖合同预告登记的风险，主要有：一是商品房买卖合同是否进行预告登记未进行约定的风险；二是商品房买卖合同预告登记的法律效力不明确的风险；三是商品房买卖合同预告登记效力期限不明确的风险；四是商品房买卖合同预告登记申请主体不明确的风险；五是商品房买卖合同预告登记申请应当提交的材料不明确的风险。

防范商品房买卖合同预告登记的风险，应当注意以下方面：

首先，房地产开发企业和买受人应当就商品房买卖合同预告登记事项进行明确约定，既可以在商品房买卖合同中约定，也可以就预告登记进行专项约定。

其次，应当明确商品房买卖合同预告登记的法律效力，商品房买卖合同预告登记后，未经买受人同意，房地产开发企业处分该商品房不发生物权效力，不动产登记机构也不予办理该商品房的权属登记事宜。

第三，应当明确商品房买卖合同预告登记效力期限，商品房买卖合同预告登记后，债权消灭或能够进行相应的房屋登记之日起3个月内未申请登记的，预告登记失效。

第四，应当明确商品房买卖合同预告登记申请主体，房地产开发企业与买受人订立商品房买卖合同后，房地产开发企业未按照约定与买受人申请预告登记，买受人可以单方申请预告登记。

第五，应当明确商品房买卖合同预告登记申请应当提交的材料，包括：登记申请书、申请人的身份证明、已登记备案的商品房预售合同、当事人关于预告登记的约定、其他必要材料。买受人单方申请预购商品房预告登记，房地产开发企业与买受人在商品房预售合同中对预告登记附有条件和期限的，买受人应当提交相应的证明材料。

（六）关于商品房买卖合同效力的风险分析与防范

商品房买卖合同效力是指法律赋予依法成立的商品房买卖合同所产生的约束力。商品房买卖合同效力主要有合同有效、合同无效、合同效力待定、合同被撤销四类。

商品房买卖合同效力是商品房买卖合同签订的最为重要的关键因素。只有商品房买卖合同有效，才能在房地产开发企业和买受人之间发生法律约束力，才能实现当事人的商品房交易的目的。根据我国《民法通则》第55条和《合同法》第52条的规定，商品房买卖合同有效的条件包括：行为人具有相应的民事行为能力；意思表示真实；不违反法律、行政法规的强制性规定或者社会公共利益。由于受多种因素影响，房地产开发企业与买受人签订的商品房买卖合同可能发生无效、效力待定或被撤销的风险。

商品房买卖合同效力的风险，主要有：一是对商品房买卖合同无效的情形不明确的风险；二是对商品房买卖合同效力待定情形不明确的风险；三是对商品房买卖合同被撤销的情形不明确的风险；四是对商品房买卖合同无效或被撤销的法律后果不明确的风险。

防范商品房买卖合同效力的风险，应当注意以下方面：

首先，应当明确商品房买卖合同无效的情形，根据我国《合同法》《最高人民法院关于审理商品房买卖合同纠纷案件适用法律若干问题的解释》的有关规定，商品房买卖合同无效的情形主要有：一是一方以欺诈、胁迫的手段订立合同，损害国家利益的；二是恶意串通，损害国家、集体或者第三人利益的，如出卖人与第三人恶意串通，另行订立商品房买卖合同并将房屋交付使用，买受人可请求法院确认出卖人与第三人订立的商品房买卖合同无效；三是以合法形式掩盖非法目的的；四是损害社会公共利益的；五是违反法律、行政法规的强制性规定的；六是当事人约定以办理登记备案为商品房预售合同生效要件而合同未办理登记备案的，但当事人一方已经履行主要义务、对方接受的除外；七是在划拨土地上进行商品房开发，未经政府部门批准的，签订的商品房买卖合同无效。

其次，应当明确商品房买卖合同效力待定情形，根据我国《合同法》《最高人民法院关于审理商品房买卖合同纠纷案件适用法律若干问题的解释》的有关规定，商品房买卖合同效力待定的情形主要有：一是限制民事行为能力人订立的商品房买卖合同；二是代理人没有代理权、超越代理权或者代理权终止后以被代理人名义订立的商品房买卖合同；三是无处分权的人处分他人财产签订的商品房买卖合同；四是在起诉前房地产开发企业未取得商品房预售许可证明与买受人签订的商品房买卖合同。上述四种情形，如果在规定期限内出现法定代理人追认、被代理人追认、权利人追认或取得商品房预售许可证明的，则商品房买卖合同有效，否则，商品房买卖合同无效。

第三，应当明确商品房买卖合同被撤销的情形，根据我国《合同法》《最高人民法院关于审理商品房买卖合同纠纷案件适用法律若干问题的解释》的有关规定，商品房买卖合同被撤销的情形主要有：一是因重大误解订立的合同，当事人请求撤销的；二是在订立合同时显失公平的，当事人请求撤销的；三是一方以欺诈、胁迫的手段或者乘人之危，使对方在违背真实意思的情况下订立的合同，受损害方请求撤销的；四是出卖人故意隐瞒所售房屋已经抵押、所售房屋已经出卖给第三人，或者为拆迁补偿安置房屋的事实，买受人请求撤销的；五是限制民事行为能力人订立的商品房买卖合同，在被法定代理人追认之前，善意相对人要求撤销的；六是代理人没有代理权、超越代理权或者代理权终止后以被代理人名义订立的合同，在被代理人追认前，善意相对人要求撤销的。

第四，应当明确商品房买卖合同无效或被撤销的法律后果：一是无效的合同或者被撤销的合同自始没有法律约束力；二是合同部分无效而并不影响其他部分效力的，其他部分仍然有效；三是合同无效、被撤销的，不影响合同中独立存在的有关解决争议方法条款的效力；四是合同无效或者被撤销后，因该合同取得的财产应当予以返还，不能返还或者没有必要返还的应当折价补偿；五是有过错的一方应当赔偿对方因此所受到的损失，双方都有过错的，应当各自承担相应的责任；六是当事人恶意串通，损害国家、集体或者第三人利益的，因此取得的财产收归国家所有或者返还集体、第三人。

七、商品房买卖合同履行的风险分析与防范

商品房买卖合同履行是指房地产开发企业、买受人全面、正确地履行商品房买卖合同义务，实现商品房买卖合同目的的一种法律行为。

商品房买卖合同履行是商品房销售的核心，商品房买卖合同的签订是商品房买卖合同履行的前提，商品房买卖合同履行是实现商品房买卖合同目的的关键。由于商品房买卖合同履行具有标的额大、履行周期较长、履行方式多等特点，商品房买卖合同履行风险大，因此，房地产开发企业防范商品房销售风险必须认真做好商品房买卖合同履行风险的防范工作。

（一）关于商品房价款采取按揭贷款付款方式的风险分析与防范

按揭贷款付款是指不能或不愿一次性支付房价款商品房买受人向提供贷款的银行（按揭银行）提出申请，由买受人将其与房地产开发企业所签订的商品房买卖合同项下的预售商品房抵押于按揭银行，或将其因与房地产开发企业所签订的商品房买卖合同而取得的商品房抵押于按揭银行，按揭银行将一定数额的借款贷给买受人并以买受人名义将借款交由房地产开发企业用于支付房款的行为。

按揭贷款付款涉及的法律主体多、法律关系复杂，一般存在三方主体、三个合同关系，三方主体是借款人（担保人、买受人）、贷款人（担保权人、按揭银行）、保证人（出卖人、房地产开发企业），三个合同关系是房地产开发企业与买受人之间的商品房买卖合同关系、买受人与按揭银行之间的按揭贷款合同关系、房地产开发企业与按揭银行之间的保证担保关系。商品房买卖合同与按揭贷款合同之间有密切联系但又相互独立，商品房买卖合同被确认无效或者被撤销、解除并不能直接认定按揭贷款合同对合同当事人双方失去约束力，反之亦然。房地产开发企业对买受人的按揭贷款合同提供连带责任保证，一般为阶段性保证即房地产开发企业仅对自按揭贷款合同生效之日起到买受人取得房屋所有权证、办妥抵押权登记并将房屋他项权证及其他相关资料凭证交按揭银行保管之日止的买受人应还借款本息提供保证。由于按揭贷款付款具有上述特点，风险较大。

商品房价款采取按揭贷款付款方式的风险，主要有：一是按揭贷款付款的程序不明确的风险；二是房地产开发企业与按揭银行合作不明确的风险；三是

按揭贷款的对象与条件不明确的风险；四是按揭贷款合同、抵押合同、保证合同签订的风险；五是按揭贷款合同履行的风险。

防范商品房价款采取按揭贷款付款方式的风险，应当注意以下方面：

首先，应当明确按揭贷款付款的具体程序。一是按揭银行与房地产开发企业签订按揭贷款合作协议书。二是申请按揭贷款的买受人向按揭银行提出申请，递交各类证明文件。三是按揭银行对申请者进行资信审查，对合格的购房者予以批准，发给同意贷款书或按揭贷款承诺书。四是房地产开发企业与购房者签订商品房买卖合同，购房者付清首付款，并取得交纳购房款的凭证；如果房地产开发企业与买受人签订的是商品房预售合同，购房者付清首付款后，先办理商品房预售合同备案登记，然后再办理预购商品房预告登记，并取得预购商品房预告登记证明。五是按揭银行与买受人签订按揭贷款合同和抵押合同、房地产开发企业向按揭银行出具保证函或与按揭银行签订保证合同。六是房地产开发企业、买受人和按揭银行一起持相关证明文件以及商品房买卖合同和按揭贷款合同到不动产登记机构办理登记手续，房地产开发企业与买受人办理房屋所有权转移登记，买受人取得房屋所有权证（买受人还另行取得国有建设用地使用权证），买受人与按揭银行办理房屋抵押登记，按揭银行取得房屋抵押《不动产登记证明》；如果是预售商品房，按揭银行与买受人持按揭贷款合同、抵押合同和预购商品房预告登记证明前往不动产登记机构办理预购商品房抵押权预告登记，按揭银行取得预购商品房抵押权预告登记证明；商品房竣工后，房地产开发企业与买受人一起办理房屋所有权转移登记手续，买受人取得房屋所有权证和国有建设用地使用权证，将预购商品房抵押权预告登记转为房屋抵押权登记。七按揭银行抵押权成立后，按揭银行向买受人放款，并将此款拨入房地产开发企业在按揭银行开立的账户，房地产开发企业收到此笔款后，视为买受人已交纳房款，给买受人开具房价款发票。八是买受人在按揭银行同时开立还款账户，根据按揭贷款合同约定的方式，按期向该账户还本付息，直至全部还清贷款，再与按揭银行办理解除抵押手续。

其次，房地产开发企业应当与按揭银行建立良好的合作关系，一是选择好的按揭银行，审查的内容包括银行的整体实力（存贷款规模、营业网点数量、审批权限等）、银行信誉和服务质量、银行在按揭内容方面的历史和经验、银行对按揭贷款申请者审批的宽严尺度、银行在提供按揭服务时的利率上浮或下浮幅度、按揭额度、按揭期限、审批放款期限、按揭条件等；二是签订具体、完备的按揭贷款合作协议书，主要内容包括商品房抵押贷款额度、购房者首付比例和借款期限、房地产开发企业保证、房地产开发企业的回购责任和竞拍责任、银行监管、在建工程保险等。

第三，应当明确按揭贷款的对象与条件。按揭贷款的借款人须同时具备的条件主要包括：在中国境内具有常住户口或有效居留身份；具有稳定的职业和经济收入，信用良好，有偿还贷款本息的能力；已经签署购买商品房的合同或协议；支付符合相关监管规定要求的首付款；提供经按揭银行认可的有效担保；按揭银行规定的其他条件。关于首付款和贷款利率，直接受国家对房地产市场宏观调控政策的影响。根据2014年9月29日中国人民银行、中国银行业监督管理委员会联合发布的《关于进一步做好住房金融服务工作的通知》第2条的规定，对于贷款购买首套普通自住房的家庭，贷款最低首付款比例为30%，贷款利率下限为贷款基准利率的0.7倍，具体由银行业金融机构根据风险情况自主确定；对拥有1套住房并已结清相应购房贷款的家庭，为改善居住条件再次申请贷款购买普通商品住房，银行业金融机构执行首套房贷款政策；在已取消或未实施"限购"措施的城市，对拥有2套及以上住房并已结清相应购房贷款的家庭，又申请贷款购买住房，银行业金融机构应根据借款人偿付能力、信用状况等因素审慎把握并具体确定首付款比例和贷款利率水平；银行业金融机构可根据当地城镇化发展规划，向符合政策条件的非本地居民发放住房贷款。

第四，应当签订具体、完备的按揭贷款合同、抵押合同及保证合同并办理有关登记手续，一是买受人与按揭银行签订按揭贷款合同，内容主要包括借款金额、借款期限、借款利率、借款归还方式等；二是买受人与按揭银行签订商品房抵押合同，办理商品房抵押设立登记手续或预购商品房抵押权预告登记设立登记手续；三是房地产开发企业与按揭银行签订保证合同，对买受人的按揭贷款合同提供连带责任保证，明确保证责任期限一般为自按揭贷款合同生效之日起到买受人取得房屋所有权证、办妥抵押权登记并将房屋他项权证及其他相关资料凭证交按揭银行保管之日止，保证内容为对买受人应还借款本息的保证。

第五，房地产开发企业应当督促买受人及时、全面履行商品房买卖合同、按揭贷款合同，一是房地产开发企业应当督促买受人及时办理房屋所有权证及他项权证，尽早解除房地产开发企业的保证责任；二是督促买受人按照按揭贷款合同偿还借款，如果买受人不及时、不足额偿还银行贷款或因其他债务导致尚未过户的商品房被查封，房地产开发企业因此承担保证责任时，应当及时依据商品房买卖合同的约定解除与买受人之间的商品房买卖合同，向买受人索回商品房，并由买受人承担由此造成的全部损失。

（二）关于商品房交付的风险分析与防范

商品房交付是指商品房由房地产开发企业占有转移至买受人占有，包括商品房的交付通知、查验、移交等。

商品房交付是商品房买卖合同履行中的关键环节，直接关系到房地产开发企业、买受人的切身利益，同时由于商品房交付属于不动产交付，交付的内容与程序复杂，风险较大。

商品房交付的风险，主要有：一是商品房交付的条件不符合合同约定的风险；二是商品房交付的时间不符合合同约定的风险；三是商品房交付通知不符合合同约定或不规范风险；四是商品房交付的程序不符合合同约定及商品房交接过程中的有关问题未进行妥善处理的风险。

防范商品房买卖合同履行中商品房交付的风险，应当注意以下方面：

首先，商品房交付时应当符合合同约定的交付条件。一是商品房已取得建设工程竣工验收备案证明文件、房屋测绘报告，商品房为住宅的提供《住宅使用说明书》和《住宅质量保证书》。二是供水、排水配套设施齐全并与城市公共供水、排水管网连接，使用自建设施供水的，供水水质达到国家规定的饮用水卫生标准，且已经开通；供电纳入城市供电网络并正式供电，且已开通；供热系统符合供热配建标准，使用城市集中供热的，纳入城市集中供热管网，且已开通；室内燃气管道已敷设并与城市燃气管网连接，燃气供应有保证；电话通信线路、有线电视线路、宽带网络线路已敷设到户。三是小区内绿化工程、小区内非市政道路工程、规划的车位与车库、物业服务用房、医疗卫生机构用房、幼儿园与学校用房等商品房相关公共服务及其他配套设施达到合同约定的交付条件。四是房屋装修与设备配备应当符合合同约定的要求。

其次，商品房交付时间应当符合合同约定的具体交付时间，如果延期交付，一是应当按照合同约定及时提前通知买受人；二是如果延期交付的情形符合合同约定，应当收集和保存相应证据，并向买受人出示；三是如果延期交付是房地产开发企业自身原因造成的，应当提前采取补救措施，及时与买受人沟通协调,做好善后工作。

第三,商品房交付通知的时间、形式与内容应当符合合同约定,一是房地产开发企业一般应当在交付日期届满前10日发出商品房交付通知;二是房地产开发企业发出商品房交付通知应当采取书面形式,须保存已通知的书面证据,如采取特快专递方式,须在邮件上写明邮寄文件的具体内容,并获取买受人签收或拒收的证据;三是商品房交付通知的内容包括查验房屋的时间、办理交付手续的时间地点、应当携带的证件材料。

第四,商品房交付的程序应当符合合同约定,妥善处理买受人在查验房屋时提出的问题,一是对买受人提出的商品房屋面、墙面、地面渗漏或开裂,管道堵塞,门窗翘裂、五金件损坏,灯具、电器等电气设备不能正常使用等问题,应当按照有关工程和产品质量规范在合同约定时间内负责修复;二是对买受人提出的商品房的质量问题,应当及时更换、修理,质量问题发生争议应当委托双方认可的检测机构进行检测,与买受人按照法律规定和合同约定进行协商谈判,妥善处理;三是对买受人提出的装饰装修及设备不符合同约定标准的,应当及时更换、修理或按按合同约定处理;四是室内空气质量或建筑隔声经检测不符合标准的,应当负责整改,整改后仍不合格的应当按照合同约定处理;五是对建筑节能未达标的,应当按照相应标准要求补做节能措施;六是对买受人提出的商品房的面积问题,应当与买受人按照法律规定和合同约定进行协商谈判,妥善处理;七是对买受人提出的规划设计变更问题,对已按合同约定提前通知买受人的应当按合同约定处理,对未通知买受人的设计变更应当与买受人按照法律规定和合同约定进行协商谈判,妥善处理。

(三)关于房地产开发企业房屋所有权首次登记风险分析与防范

房屋所有权首次登记是指房地产开发企业向不动产登记机构提出申请,不动产登记机构依法将房地产开发企业合法建造的房屋的权利在不动产登记簿上初次予以记载的行为。

房屋所有权首次登记是我国《物权法》规定的不动产物权设立的一种形式,只有经依法登记,房屋所有权的设立才发生效力。2013年11月20日,国务院常务会议决定建立不动产统一登记制度。2014年11月24日,国务院以国务院令第656号形式正式公布了《不动产登记暂行条例》,内容包括房屋在内的土地、海域等不动产统一登记的种类、条件、程序等,自2015年3月1日起施行。

房屋所有权首次登记的风险主要有：一是房屋所有权首次登记的程序不明确的风险；二是房屋所有权首次登记提供的材料不明确的风险；三是房屋所有权首次登记的条件不明确的风险；四是房屋所有权首次登记内容及形式不明确的风险；五是房屋所有权首次登记的期限不明确的风险。

防范房屋所有权首次登记的风险，应当注意以下方面：

首先，应当明确房屋所有权首次登记的程序，一是房地产开发企业提出申请并提交有关材料；二是不动产登记机构对材料齐全且符合法定形式的应当当场受理；三是不动产登记机构到房屋所在地进行实地查看；四是不动产登记机构依法对申请材料进行审核；五是不动产登记机构将申请登记事项记载于不动产登记簿；六是不动产登记机构根据不动产登记簿的记载缮写并向权利人发放房屋所有权《不动产权证书》。

其次，应当明确房屋所有权首次登记提供的材料，主要有：登记申请书；申请人身份证明；建设用地使用权证明；建设工程符合规划的证明；房屋已竣工的证明；房地产调查或测绘报告；其他必要材料。各地办理房屋所有权首次登记提交的材料不尽相同，如北京市办理房屋所有权首次登记应当提交的材料包括：登记申请书原件；申请人身份证明；国有建设用地使用权证明；建设工程规划许可证及建设工程规划核验合格证明；建筑工程施工许可证及工程竣工验收合格证明；房产测绘成果备案表原件及房屋登记表、房产平面图2份原件；区（县）公安分局出具的门楼牌编号证明；公共维修资金交清证明原件；地价款交纳证明。

第三，应当明确房屋所有权首次登记的条件，包括：申请人与依法提交的材料记载的主体一致；申请首次登记的房屋与申请人提交的规划证明材料记载一致；申请登记的内容与有关材料证明的事实一致；不存在规定的不予登记的情形。

第四，应当明确房屋所有权首次登记内容及形式，一是房地产开发企业申请房屋所有权首次登记时，应当对建筑区划内依法属于全体业主共有的公共场所、公用设施和物业服务用房等房屋一并申请登记，由不动产登记机构在不动产登记簿上予以记载，不颁发房屋权属证书；二是不动产登记簿记载的内容包括房屋自然状况、权利状况以及其他依法应当登记的事项；三是不动产登记机构应当根据不动产登记簿的记载，缮写并向房地产开发企业发放房屋所有权《不动产权证书》。

第五，应当明确房屋所有权首次登记的期限，根据《不动产登记暂行条例》第 20 条的规定，不动产登记机构应当自受理登记申请之日起 30 个工作日内办结不动产登记手续，法律另有规定的除外。

（四）关于商品房的房屋所有权转移登记的风险分析与防范

商品房的房屋所有权转移登记是指买受人、房地产开发企业共同向不动产登记机构提出申请，不动产登记机构依法将买受人购买的商品房的房屋权利在不动产登记簿上予以记载的行为。

商品房的房屋所有权转移登记是我国《物权法》规定的不动产物权转让的一种形式，只有经依法登记，房屋所有权的转让才发生效力。自 2015 年 3 月 1 日开始，商品房的房屋所有权转移登记应当按照《不动产登记暂行条例》的规定进行登记。

商品房的房屋所有权转移登记的风险主要有：一是房屋所有权转移登记的程序不明确的风险；二是房屋所有权转移登记提供的材料及责任不明确的风险；三是房屋所有权转移登记的条件不明确的风险；四是房屋所有权转移登记内容及形式不明确的风险；五是房屋所有权转移登记决定的期限不明确的风险；六是房屋所有权转移登记办理期限不明确的风险。

防范商品房的房屋所有权转移登记的风险，应当注意以下方面：

首先，应当明确商品房的房屋所有权转移登记的程序，一是买受人、房地产开发企业共同提出申请并提交有关材料；二是不动产登记机构对材料齐全且符合法定形式的应当当场受理；三是不动产登记机构依法对申请材料进行审核；四是不动产登记机构将申请登记事项记载于不动产登记簿；五是不动产登记机构根据不动产登记簿的记载缮写并向权利人发放房屋所有权《不动产权证书》。

其次，应当明确商品房的房屋所有权转移登记提供的材料及提供的责任主体。一是房屋所有权转移登记提供的材料主要有：登记申请书；申请人身份证明；房屋所有权《不动产权证书》；商品房买卖合同；其他必要材料。各地办理房屋所有权转移登记提交的材料不尽相同，如北京市办理买受人商品房房屋所有权转移登记应当提交的材料包括：开发企业身份证明；房屋所有权证原件；登记申请书原件；购房人身份证明；房屋买卖合同原件，已办理预购商品房预告登记或房屋所有权转移预告登记的，提交预告登记证明原件，不再提交房屋买卖合同；签订预售合同的，买卖双方关于房号、房屋实测面积和房价结算的确认书原件；房屋登记表、房产平面图原件2份；契税完税或者减免税凭证原件；按照《北京市住房和城乡建设委员会关于落实我市住房限购政策进一步做好房屋登记有关问题的通知》（京建法〔2012〕23号）要求，提交购房家庭通过资格核验时申报的全部家庭成员证明材料，包括身份证明、户籍证明、婚姻证明及其他证明材料。二是对于上述材料应当由房地产开发企业提供的，房地产开发企业应当在商品房交付使用之日起60日内，将需要由其提供的办理房屋权属登记的资料报送不动产登记机构。

第三，应当明确商品房的房屋所有权转移登记的条件，包括：申请人与依法提交的材料记载的主体一致；申请转移登记的房屋与不动产登记簿记载一致；申请登记的内容与有关材料证明的事实一致；申请登记的事项与不动产登记簿记载的房屋权利不冲突；不存在规定的不予登记的情形。

第四，应当明确商品房的房屋所有权转移登记内容及形式，一是不动产登记簿记载的内容包括房屋的坐落、界址、空间界限、面积、用途等自然状况，房屋所有权的权利的主体、类型、内容、来源、期限、权利变化等权属状况以及其他依法应当登记的事项；二是不动产登记机构应当根据不动产登记簿的记载，缮写并向买受人发放房屋所有权《不动产权证书》。

第五，应当明确房屋所有权转移登记的期限，根据《不动产登记暂行条例》第20条的规定，不动产登记机构应当自受理登记申请之日起30个工作日内办结不动产登记手续，法律另有规定的除外。

第六，应当明确商品房的房屋所有权转移登记办理期限，根据《城市房地产开发经营管理条例》第33条的规定，预售商品房的买受人应当自商品房交付使用之日起90日内办理房屋所有权登记手续；现售商品房的买受人应当自商品房买卖合同签订之日起90日内办理房屋所有权登记手续；房地产开发企业应当协助商品房买受人办理房屋所有权登记手续，并提供必要的证明文件。

（五）关于商品房买卖合同解除的风险分析与防范

商品房买卖合同解除是指商品房买卖合同有效成立后，根据法律规定或合同约定或双方协议，使基于商品房买卖合同发生的权利义务关系归于消灭的行为。根据我国《合同法》的有关规定，商品房买卖合同解除可以分为协议解除、约定解除、法定解除三种。协议解除是指房地产开发企业、买受人协商一致解除商品房买卖合同的行为。约定解除是指在商品房买卖买卖合同中事先约定或签订商品房买卖合同后另订解除合同条款,约定在出现某些情形时,当事人有权解除商品房买卖合同。法定解除是指当事人在法律规定的解除条件出现时,行使解除权而使商品房买卖合同关系消灭。

我国《合同法》第94条对解除合同的法定条件是严格限制的,只有出现"违约方不履行主要债务"或者"使合同目的不能实现"的根本违约行为,才可以解除合同。商品房买卖合同解除直接关系到商品房买卖合同关系的稳定,行使商品房买卖合同解除权应当慎重,否则,风险较大。

商品房买卖合同解除的风险,主要有:一是在不具备合同解除条件时解除商品房买卖合同的风险;二是商品房买卖合同解除权的行使期限及程序不符合法律规定的风险;三是商品房买卖合同解除的法律后果不明确的风险。

防范商品房买卖合同解除的风险,应当注意以下方面:

首先,除双方协商一致解除外,商品房买卖合同解除应当符合法律规定或合同约定的解除条件。房地产开发企业可以解除商品房买卖合同情形主要有:一是买受人迟延支付购房款,经催告后在3个月的合理期限内仍未履行;二是非因房地产开发企业原因致使买受人未能办理按揭贷款,导致合同无法实际履行的。买受人可以解除商品房买卖合同情形主要有:一是商品房买卖合同订立后,房地产开发企业未告知买受人又将该房屋抵押给第三人;二是商品房买卖合同订立后,房地产开发企业又将该房屋出卖给第三人;三是故意隐瞒没有取得商品房预售许可证明的事实或者提供虚假商品房预售许可证明;四是故意隐瞒所售房屋已经抵押的事实;五是故意隐瞒所售房屋已经出卖给第三人或者为拆迁补偿安置房屋的事实;六是房屋主体结构质量不合格;七是因房屋质量问题严重影响正常居住使用;八是房屋套内建筑面积或建筑面积误差比绝对值超出3%的;九是迟延交付房屋,经催告后在3个月的合理期限内仍未履行的;十是由于房地产开发企业的原因导致买受人在商品房买卖合同约定或者《城市房地产开发经营管理条例》第33条规定的办理房屋所有权登记的期限届满后超过1年仍无法办理房屋所有权登记的;十一是因非属于买受人的原因未能订立商品房按揭贷款合同并导致商品房买卖合同不能继续履行的;十二是商品房规划设计变更未在确立之日起10日内书面通知买受人的;十三是房屋权利状况与房地产开发企业承诺(包括对商品房享有合法权利、没有司法查封等情形)

不一致导致不能完成合同登记备案或房屋所有权转移登记的；十四是商品房室内空气质量或建筑隔声经检测不符合标准，整改后仍不符合标准的。

其次，商品房买卖合同解除权的行使期限及程序应当符合法律规定。一是法律没有规定或者当事人没有约定，经对方当事人催告后，解除权行使的合理期限为3个月；对方当事人没有催告的，解除权应当在解除权发生之日起1年内行使；逾期不行使的，解除权消灭。二是如果一方当事人行使解除权，应通知对方，商品房买卖合同自通知到达对方当事人时解除，如对方当事人有异议的，可请求法院或仲裁机构确认解除合同的效力。

第三，应当明确商品房买卖合同解除的法律后果，一是商品房合同解除后，尚未履行的，终止履行；二是已经履行的，应当退还买受人已经支付的房价款；三是根据导致合同解除的责任，守约方可以要求违约方按中国人民银行同期贷款基准利率支付利息、合同约定的违约金、赔偿损失等；四是对于房地产开发企业恶意违约和欺诈行为如商品房买卖合同订立后房地产开发企业未告知买受人又将该房屋抵押给第三人、商品房买卖合同订立后房地产开发企业又将该房屋出卖给第三人、故意隐瞒没有取得商品房预售许可证明的事实或者提供虚假商品房预售许可证明、故意隐瞒所售房屋已经抵押的事实或故意隐瞒所售房屋已经出卖给第三人或者为拆迁补偿安置房屋的事实等，买受人还可以要求房地产开发企业承担不超过已付购房款1倍的赔偿责任。

八、商品房买卖合同纠纷解决的风险分析与防范

商品房买卖合同纠纷，是指因商品房买卖合同的生效、解释、履行、变更、终止等行为而引起的房地产开发企业与买受人之间的所有争议。根据我国《合同法》第128条的规定，房地产开发企业与买受人可以通过和解、调解、仲裁、诉讼四种方式来解决商品房买卖合同纠纷。

仲裁和诉讼是解决商品房买卖合同纠纷的经常采用的主要方式，本文仅就仲裁和诉讼两种方式的风险分析与防范进行阐述。商品房买卖合同纠纷种类多，主要有商品房销售广告宣传纠纷、商品房认购纠纷、商品房面积和价格差异纠纷、建筑物区分所有权认定纠纷、商品房交付标准纠纷、商品房质量纠纷、商品房规划与设计变更纠纷、延迟支付房价款纠纷、逾期交付房屋纠纷、逾期办理房屋所有权转移登记纠纷、商品房买卖合同中按揭纠纷等，同时由于商品房

买卖合同是物权变动的基础和依据之一,具有债权纠纷与物权纠纷密切相关的特点,商品房买卖合同纠纷的仲裁、诉讼解决风险较大,房地产开发企业应当认真做好风险防范工作。

(一)关于商品房买卖合同纠纷案件提起诉讼或申请仲裁前准备的风险分析与防范

商品房买卖合同纠纷案件申请仲裁或提起诉讼前准备工作内容主要包括诉讼管辖或仲裁机构的确定、诉讼主体或仲裁主体的确定、诉讼请求或仲裁请求的确定、诉讼时效或仲裁时效的审查等。

商品房买卖合同纠纷案件提起诉讼或申请仲裁前准备的风险,主要有:一是诉讼管辖或仲裁机构的确定不符合法律规定或不明确的风险;二是诉讼主体或仲裁主体的确定不符合法律规定或不明确的风险;三是诉讼请求或仲裁请求的确定不适当的风险;四是诉讼或仲裁已经超过时效的风险。

防范商品房买卖合同纠纷案件提起诉讼或申请仲裁前准备的风险,应当注意以下方面:

首先,应当依法确定诉讼管辖或仲裁机构,一是应当根据商品房买卖合同或其他仲裁协议的约定来确定,是通过仲裁方式,还是通过诉讼方式来解决纠纷;如果当事人约定既可以通过仲裁方式又可以通过诉讼方式解决纠纷的,仲裁协议无效,但一方申请仲裁,另一方未在仲裁庭首次开庭前提出异议的除外。二是如果商品房买卖合同或其他仲裁协议约定仲裁方式解决纠纷的,应当向仲裁协议约定的仲裁机构申请仲裁;如果仲裁机构名称不准确,但能够确定具体仲裁机构的,应当认定选定了仲裁机构;如果仅约定了适用的仲裁规则,则视为未约定仲裁机构,但当事人达成补充协议或按仲裁规则能确定仲裁机构的除外;如果约定了两个以上仲裁机构的,可以选择其中的一个,若当事人对选择无法达成一致的,则仲裁协议无效;如果约定了某地仲裁机构仲裁,且该地仅有一个仲裁机构的则该仲裁机构视为约定的仲裁机构,但若该地有两个以上的仲裁机构的则按约定了两个以上仲裁机构的情形处理。三是通过诉讼方式解决纠纷的,如果商品房买卖合同约定了管辖法院且符合法律规定,只能向协议约定的管辖法院提起诉讼;如果商品房买卖合同没有约定管辖法院的,则可以选择被告所在地法院或商品房所在地法院提起诉讼。

其次,应当依法确定诉讼主体或仲裁主体,诉讼主体包括原告、被告、第三人，仲裁主体包括申请人和被申请人。房地产开发企业应当根据案件的具体情况和法律规定分析确定适格主体，一般情况下，商品房买卖合同纠纷诉讼主体或仲裁主体的确定比较简单，但在以按揭贷款方式支付房价款的商品房买卖合同纠纷中，诉讼主体或仲裁主体的确定较为复杂，应当注意：一是以按揭贷款为付款方式的商品房买卖合同的当事人一方请求确认商品房买卖合同无效或者撤销、解除合同的，如果担保权人作为有独立请求权第三人提出诉讼请求，应当与商品房担保贷款合同纠纷合并审理；未提出诉讼请求的，仅处理商品房买卖合同纠纷；如果担保权人就商品房担保贷款合同纠纷另行起诉的，可以与商品房买卖合同纠纷合并审理。二是买受人未按照商品房担保贷款合同的约定偿还贷款，亦未与担保权人办理商品房抵押登记手续，担保权人起诉买受人，请求处分商品房买卖合同项下买受人合同权利的，应当通知出卖人参加诉讼；担保权人同时起诉出卖人时，如果出卖人为商品房担保贷款合同提供保证的，应当列为共同被告。三是买受人未按照商品房担保贷款合同的约定偿还贷款，但是已经取得房屋权属证书并与担保权人办理了商品房抵押登记手续，抵押权人请求买受人偿还贷款或者就抵押的房屋优先受偿的，不应当追加出卖人为当事人，但出卖人提供保证的除外。

第三，应当合理确定诉讼请求或仲裁请求，一是选择合适的诉讼请求，房地产开发企业作为原告或申请人时，可以主张的诉讼请求或仲裁请求的内容包括合同效力、房价款的支付、逾期支付房价款的利息及违约责任、合同的解除、定金的扣除等；二是房价款的支付请求应为商品房总价款扣除买受人已支付房价款的余额；三是违约金数额或损失赔偿额按照商品房买卖合同约定确定，商品房买卖合同没有约定的，买受人逾期付款的，按照未付购房款总额，参照中国人民银行规定的金融机构计收逾期贷款利息的标准计算；四是违约金的约定超过造成的损失30%或违约金的约定低于造成损失的，当事人可以请求降低或增加；五是对合同效力的请求应当特别慎重。

第四，应当认真审查诉讼时效或仲裁时效。一是应当注意诉讼时效或仲裁时效的期限，根据我国《仲裁法》第74条规定，法律对仲裁时效有规定的，适用该规定；法律对仲裁时效没有规定的，适用诉讼时效的规定；根据我国《民法通则》第136条规定，商品房买卖合同纠纷诉讼时效的期限为2年。二是应当注意商品房买卖合同纠纷诉讼或仲裁时效起算，根据我国《民法通则》

第 137 条规定，诉讼时效期间从权利人知道或应当知道权利被侵害时起计算；对于支付价款有确定日期的，应当在确定日期届满之日起计算；对于分期履行的，根据《最高人民法院关于审理民事案件适用诉讼时效制度若干问题的规定》第 5 条的规定，应当从最后一期履行期限届满之日起计算。三是应当注意商品房买卖合同纠纷诉讼或仲裁时效中断事由，房地产开发企业应当保留其主张权利、买受人同意履行义务的书面证据，包括送交主张权利文书、发送信件或数据电文、刊登公告等。

（二）关于商品房买卖合同纠纷案件提起诉讼或申请仲裁的风险分析与防范

商品房买卖合同纠纷案件提起诉讼或申请仲裁的工作内容包括起诉或申请与受理两个方面。

商品房买卖合同纠纷案件提起诉讼或申请仲裁的风险，主要有：一是起诉或申请仲裁的法定条件不明确的风险；二是提交的材料不符合要求的风险；三是没有及时交纳诉讼费或仲裁费的风险；四是法院或仲裁机构不予受理的风险。

防范商品房买卖合同纠纷案件提起诉讼或申请仲裁的风险，应当注意以下方面：

首先，应当明确起诉或申请仲裁的法定条件，一是关于起诉条件，根据我国《民事诉讼法》（2012 年修正）第 119 条规定，起诉必须同时符合的条件包括：原告是与本案有直接利害关系的公民、法人和其他组织，有明确的被告，有具体的诉讼请求和事实、理由，属于人民法院受理民事诉讼的范围和受诉人民法院管辖；二是关于申请仲裁条件，根据我国《仲裁法》第 21 条的规定，申请仲裁应当同时符合的条件包括：有仲裁协议，有具体的仲裁请求和事实、理由，属于仲裁委员会的受理范围。

其次，起诉或申请仲裁应当按规定提交有关材料，一是起诉应提交的材料包括起诉状、证据目录和证据材料，并按对方人数提供副本，同时还应提交授权委托书、原告与被告身份情况证明等；二是申请仲裁应提交的材料包括仲裁协议、仲裁申请书、证据目录和证据材料，并按被申请人的人数及仲裁庭组成人员数提供副本，同时还应提交授权委托书、原告与被告身份情况证明等。

第三，应当按照法院或仲裁机构的要求的时间和金额交纳诉讼费或仲裁费，一般情况下，仲裁费要高于诉讼费。

第四，法院或仲裁机构受理材料后进行审查作出决定：一是法院经审查符合起诉条件的，应当在 7 日内立案，并通知当事人；不符合起诉条件的，应当在 7 日内作出裁定书，不予受理；原告对裁定不服的，可以提起上诉。二是仲裁机构在收到仲裁申请书之日起 5 日内，认为符合受理条件的，应当受理，并通知当事人；认为不符合受理条件的，应当书面通知当事人不予受理并说明理由。

（三）关于商品房买卖合同纠纷案件财产保全的风险分析与防范

商品房买卖合同纠纷案件财产保全是指人民法院在利害关系人起诉前或当事人起诉后，为保障将来的生效判决能够得到执行或避免财产遭受损失，对当事人的财产或争议的标的物，采取限制当事人处分的强制措施。财产保全分为诉前财产保全和诉讼财产保全两种。

商品房买卖合同纠纷案件财产保全的风险主要有：一是申请财产保全的时间不明确的风险；二是财产保全的启动主体不明确的风险；三是申请财产保全的范围不明确的风险；四是申请财产保全的管辖法院不明确的风险；五是申请财产保全的程序不明确的风险；六是申请财产保全是否提供担保不明确的风险；七是财产保全解除条件不明确的风险。

防范商品房买卖合同纠纷案件财产保全的风险，应当注意以下方面：

首先，应当明确申请财产保全的时间，诉前财产保全申请应当在提起诉讼或申请仲裁前提出，诉讼财产保全申请只能在诉讼进行中或仲裁进行中提出。

其次，应当明确财产保全启动的主体，诉前财产保全只能由利害关系人提出申请；诉讼财产保全虽然可由法院依职权采取，但大多数还是应当由当事人提出申请。

第三，应当明确申请财产保全的范围，无论是诉前财产保全，还是诉讼财产保全，财产保全仅限于请求的范围或者与本案有关的财物，申请人应当向法院提供被申请人的房地产、车辆等财产线索。

第四，应当明确申请财产保全的管辖法院。一是诉前财产保全的管辖法院包括被保全财产所在地法院、被申请人住所地法院、对案件有管辖权的法院。二是诉讼财产保全的管辖法院是审理该案件的法院。三是仲裁案件的财产保全管辖法院，如果是国内仲裁，由被申请人住所地或被申请保全的财产所在地的基层人民法院裁定并执行；如果是涉外仲裁，由被申请人住所地或被申请保全的财产所在地的中级人民法院裁定并执行。

第五，应当明确申请财产保全的程序，民事诉讼财产保全，当事人或利害关系人直接向管辖法院提出申请，仲裁案件的财产保全申请应先向仲裁机构提出，仲裁机构将当事人的申请转交管辖法院后，再根据管辖法院要求提交有关资料并交纳费用。

第六，应当明确申请财产保全是否提供担保，一是申请诉前财产保全，申请人应当提供担保，不提供担保的，法院裁定驳回申请；二是申请诉讼财产保全，法院可以责令申请人提供担保，申请人不提供担保的，裁定驳回申请。

第七，应当明确财产保全的解除条件，一是诉前财产保全，申请人在人民法院采取保全措施后 30 日内不依法提起诉讼或者申请仲裁的，人民法院应当解除；二是诉讼保全裁定的效力应维持到生效法律文书执行时止。

（四）关于商品房买卖合同纠纷案件举证责任的风险分析与防范

商品房买卖合同纠纷案件举证责任是指当事人对自己提出的诉讼请求所依据的事实或者反驳对方诉讼请求所依据的事实有责任提供证据加以证明，没有证据或者证据不足以证明当事人的事实主张的由负有举证责任的当事人承担不利后果。

在商品房买卖合同纠纷案件的诉讼或仲裁过程中，当事人和仲裁员或法官的一切活动都是围绕证据进行的，因此，可以说，证据是整个商品房买卖合同纠纷解决活动的核心。

商品房买卖合同纠纷案件举证责任的风险，主要有：一是证据不全面的风险；二是证据缺乏证明力的风险；三是举证超过法定期限的风险；四是没有及时申请法院调查收集证据的风险；五是对需要鉴定事项没有及时申请鉴定的风险。

防范商品房买卖合同纠纷案件举证责任的风险，应当注意以下方面：

首先，收集和保存在商品房销售过程中形成的各种类型的书面资料，包括：认购书、商品房买卖合同、按揭贷款合同、保证担保合同、付款明细以及双方在履行商品房买卖合同过程中如交房、质量、面积、办证等方面证据材料等。

其次，应当规范书面资料的签字、签收手续，商品房买卖合同及补充合同、欠条应当有双方的签字盖章，往来函件等应有接收人的签收记录；在对方拒绝签收情况下，可采用特快专递或者公证送达的方式送达；对通过电子邮件发送的有关资料，应当通过公证的方式进行证据保全。

第三，应当在举证期限内向法院或仲裁庭提交证据，根据《最高人民法院关于民事诉讼证据的若干规定》第34条规定，当事人应当在举证期限向人民法院提交证据材料，逾期举证的，视为放弃举证权利，举证期限一般包括当事人商定期限、法庭指定期限及法定期限三类，在商品房买卖合同纠纷案件中，法庭指定举证期限最多，应当特别注意。仲裁庭对举证期限的要求相对较为宽松。

第四，对需要法院调查收集的证据应当及时提出书面申请。一是应当在举证期限届满前7日向法院提出书面申请。二是调查收集的证据应当符合规定条件之一：申请调查收集的证据属于国家有关部门保存并须人民法院依职权调取的档案材料；涉及国家秘密、商业秘密、个人隐私的材料；当事人及其诉讼代理人确因客观原因不能自行收集的其他材料。

第五，对需要鉴定的事项应当及时向法院申请鉴定，一是申请鉴定应当在举证期限内提出；二是对需要鉴定的事项负有举证责任的当事人，在人民法院指定的期限内无正当理由不提出鉴定申请或者不预交鉴定费用或者拒不提供相关材料，致使对案件争议的事实无法通过鉴定结论予以认定的，应当对该事实承担举证不能的法律后果。

（五）关于商品房买卖合同纠纷案件审理与裁判的风险分析与防范

商品房买卖合同纠纷案件审理与裁判工作内容主要包括合议庭组成和仲裁庭组成、审理方式、开庭审理、法院判决与仲裁裁决等。

商品房买卖合同纠纷案件审理与裁判的风险，主要有：一是没有在仲裁规则规定的期限内选定仲裁员导致仲裁员被指定的风险；二是审判人员或仲裁员有回避情形没有提出回避申请可能导致裁判不公正的风险；三是法院或仲裁庭没有按照法律规定的审理方式进行审理的风险；四是不按时出庭或未经许可中途退庭，导致视为撤回起诉或仲裁申请、缺席审理的风险；五是法庭调查时证人不出庭作证或没有法定理由不出庭作证、没有出示证据原件，可能导致证据不被采信的风险；六是法庭辩论没有阐明自己的观点、没有充分论述自己意见或没有充分反驳对方当事人主张，导致自己主张或抗辩意见不被合议庭或仲裁庭采纳的风险；七是对法院的一审判决没有在规定期限内提起上诉，导致法院不再受理其上诉请求的风险。

防范商品房买卖合同纠纷案件审理与裁判的风险，应当注意以下方面：

首先，应当在仲裁规则规定的期限内选定仲裁员，如中国国际经济贸易仲裁委员会仲裁规则（2012版）第25条规定，申请人和被申请人应各自在收到仲裁通知后15天内选定仲裁员。

其次，审判人员或仲裁员有回避情形应当及时提出回避申请，回避情形主要包括：是本案当事人或者当事人、诉讼代理人近亲属的；与本案有利害关系的；与本案当事人、代理人有其他关系，可能影响对案件公正审理的；接受当事人、代理人请客送礼或者违反规定会见当事人、代理人的。

第三，法院或仲裁庭应当按照法律规定的审理方式进行审理，一是人民法院审理民事案件，除涉及国家秘密、个人隐私或者法律另有规定的以外，应当公开进行；二是仲裁庭审理案件不公开进行，除非双方当事人要求公开审理且经仲裁庭同意的除外。

第四，原告或申请人、被告或被申请人均应当到庭且未经许可不得中途退庭，原告或申请人无正当理由拒不到庭的或未经法庭或仲裁庭许可中途退庭的，可以按撤诉或撤回仲裁申请处理；被告或被申请人无正当理由拒不到庭的或未经法庭或仲裁庭许可中途退庭的，可以缺席审理并作出判决或裁决。

第五，法庭调查时应当全面举证，对对方出示的证据应当从真实性、合法性、关联性三个方面进行质证，证人应当出庭作证，应当携带证据原件并出示。

第六，法庭辩论时应当围绕案件的焦点，重点突出，思路清晰，详细阐明自己的观点，充分论述自己意见，从事实和法律两个方面反驳对方当事人主张，以理服人。

第七，应当注意区分法院审理普通程序民事案件依法实行两审终审制、仲裁实行一裁终局制，一是当事人不服地方人民法院第一审判决的，应当在判决书送达之日起15日内向上一级人民法院提起上诉，第二审人民法院作出的判决是终审判决，当事人不得再上诉也不得重复起诉；二是仲裁裁决自作出之日起发生法律效力，仲裁裁决作出后，当事人不得就同一纠纷再申请仲裁或者向人民法院起诉。

（六）关于商品房买卖合同纠纷案件申请再审或申请撤销仲裁裁决的风险分析与防范

商品房买卖合同纠纷案件再审是指已经发生法律效力的商品房买卖合同纠

纷案件的判决、裁定和调解书出现法定再审事由时，由人民法院对案件再次进行的审理活动。商品房买卖合同纠纷案件仲裁裁决的撤销是指人民法院根据当事人申请对已经发生法律效力的商品房买卖合同纠纷案件仲裁裁决出现法定撤销事由时依法裁定撤销仲裁裁决的活动。

商品房买卖合同纠纷案件申请再审或申请撤销仲裁裁决的风险，主要有：一是申请再审或申请撤销仲裁裁决的条件不明确的风险；二是申请再审或申请撤销仲裁裁决的期限不明确的风险；三是申请再审或申请撤销仲裁裁决的管辖法院不明确的风险；四是申请再审或申请撤销仲裁裁决的法律后果不明确的风险。

防范商品房买卖合同纠纷案件申请再审或申请撤销仲裁裁决的风险，应当注意以下方面：

首先，应当明确申请再审或申请撤销仲裁裁决的条件。一是关于申请再审条件，根据我国《民事诉讼法》（2012年修正）第200条的规定，申请再审的条件包括：有新的证据，足以推翻原判决、裁定的；原判决、裁定认定的基本事实缺乏证据证明的；原判决、裁定认定事实的主要证据是伪造的；原判决、裁定认定事实的主要证据未经质证的；对审理案件需要的主要证据，当事人因客观原因不能自行收集，书面申请人民法院调查收集，人民法院未调查收集的；原判决、裁定适用法律确有错误的；审判组织的组成不合法或者依法应当回避的审判人员没有回避的；无诉讼行为能力人未经法定代理人代为诉讼或者应当参加诉讼的当事人，因不能归责于本人或者其诉讼代理人的事由，未参加诉讼的；违反法律规定，剥夺当事人辩论权利的；未经传票传唤，缺席判决的；原判决、裁定遗漏或者超出诉讼请求的；据以作出原判决、裁定的法律文书被撤销或者变更的；审判人员审理该案件时有贪污受贿，徇私舞弊，枉法裁判行为的。二是关于申请撤销仲裁裁决的条件，根据我国《仲裁法》（2009年修正）第58条规定，申请撤销仲裁裁决的条件包括：没有仲裁协议的；裁决的事项不属于仲裁协议的范围或者仲裁委员会无权仲裁的；仲裁庭的组成或者仲裁的程序违反法定程序的；裁决所根据的证据是伪造的；对方当事人隐瞒了足以影响公正裁决的证据的；仲裁员在仲裁该案时有索贿受贿，徇私舞弊，枉法裁决行为的；该裁决违背社会公共利益的。

其次，应当明确申请再审或申请撤销仲裁裁决的期限。一是关于申请再审的期限，根据我国《民事诉讼法》（2012年修正）第205条的规定，当事人申请再审，应当在判决、裁定发生法律效力后6个月内提出；但在以下四种情况下，自知道或者应当知道之日起6个月内提出，包括判决、裁定发生法律效力后，发现有新的证据，足以推翻原判决、裁定的；判决、裁定发生法律效力后，发现原判决、裁定认定事实的主要证据是伪造的；判决、裁定发生法律效力后，据以作出原判决、裁定的法律文书被撤销或者变更的；判决、裁定发生法律效力后，发现审判人员在审理该案件时有贪污受贿、徇私舞弊、枉法裁判行为的。二是关于申请撤销仲裁裁决的期限，当事人应当自收到仲裁裁决书之日起6个月内提出。

第三，应当明确申请再审或申请撤销仲裁裁决的管辖法院，一是申请再审的管辖法院一般为生效判决、裁定的上一级法院；二是申请撤销仲裁裁决的管辖法院是仲裁委员会所在地的中级人民法院。

第四，应当明确申请再审或申请撤销仲裁裁决的法律后果。一是当事人申请再审不停止判决、裁定的执行。二是当事人申请撤销仲裁裁决，另一方当事人申请执行仲裁裁决的，人民法院应裁定中止执行；人民法院裁定撤销裁决的，应当裁定终结执行；撤销裁决的申请被裁定驳回的，人民法院应当裁定恢复执行。

（七）商品房买卖合同纠纷案件申请判决或仲裁裁决执行的风险分析与防范

商品房买卖合同纠纷案件判决与仲裁裁决执行是指人民法院根据法律规定，以生效的商品房买卖合同纠纷案件判决或仲裁裁决为依据，采取强制性的执行措施，迫使拒绝履行义务的当事人履行生效判决或仲裁裁决确定的义务，从而实现债权人权利的法律行为。

申请商品房买卖合同纠纷案件判决或仲裁裁决执行的风险，主要有：一是判决或仲裁裁决的执行法院不明确的风险；二是申请判决或仲裁裁决执行的期限不明确的风险；三是申请不予执行仲裁裁决的条件与法律后果不明确的风险。

防范申请商品房买卖合同纠纷案件判决或仲裁裁决执行的风险，应当注意以下方面：

首先，应当明确判决或仲裁裁决的执行法院，一是发生法律效力的民事判决，由第一审人民法院或者与第一审人民法院同级的被执行的财产所在地人民法院执行，二是仲裁裁决由被执行人住所地或被执行的财产所在地的中级人民法院执行，三是人民法院自收到申请执行书之日起超过6个月未执行的，申请执行人可以向上一级人民法院申请执行；上一级人民法院经审查，可以责令原人民法院在一定期限内执行，也可以决定由本院执行或者指令其他人民法院执行。

其次，应当明确申请判决或仲裁裁决执行的期限，申请执行的期间为2年，从法律文书规定履行期间的最后1日起计算；法律文书规定分期履行的，从规定的每次履行期间的最后1日起计算；法律文书未规定履行期间的，从法律文书生效之日起计算。申请执行时效的中止、中断，适用法律有关诉讼时效中止、中断的规定。

第三，应当明确申请不予执行仲裁裁决的条件与法律后果，一是关于申请不予执行仲裁裁决的条件，根据我国《民事诉讼法》（2012年修正）第237条的规定，仲裁裁决不予执行的条件包括：当事人在合同中没有订有仲裁条款或者事后没有达成书面仲裁协议的；裁决的事项不属于仲裁协议的范围或者仲裁机构无权仲裁的；仲裁庭的组成或者仲裁的程序违反法定程序的；裁决所根据的证据是伪造的；对方当事人向仲裁机构隐瞒了足以影响公正裁决的证据的；仲裁员在仲裁该案时有贪污受贿，徇私舞弊，枉法裁决行为的；该裁决违背社会公共利益的。二是关于不予执行仲裁裁决的法律后果，仲裁裁决被人民法院裁定不予执行的，当事人可以根据双方达成的书面仲裁协议重新申请仲裁，也可以向人民法院起诉。

第七篇
商品房屋租赁法律风险防范

◆商品房屋租赁的风险分析与防范

——从代理北京某研究院诉
贺某房屋租赁合同纠纷诉讼案谈起

【案情简介】

2002年8月1日,北京某研究院与贺某签订了《房屋租赁合同》(以下简称"该合同"),该合同约定,北京某研究院将其位于北京市海淀区车公庄路的房屋租赁给贺某,租赁期限为5年,租期自2002年10月28日至2007年10月27日,租金为每年15万元,租金支付方式为半年交纳一次。

签订该合同后,北京某研究院如约将该房屋交付给贺某,贺某亦将2004年12月31日前的房租支付给了北京某研究院。按照该合同的约定,贺某应该于2004年12月底之前将2005年上半年的房租支付给北京某研究院、在2005年6月底之前将2005年下半年的房租支付给北京某研究院。但在北京某研究院的多次催促下,贺某仍拒绝支付。

2005年11月10日,北京某研究院委托北京市金洋律师事务所代为处理其与贺某房屋租赁合同纠纷案,北京市金洋律师事务所指派本律师作为诉讼代理人负责处理该案件。2005年11月15日,北京某研究院向北京市海淀区人民法院提起诉讼,请求法院判决立即解除《房屋租赁合同》、被告支付原告2005年1月1日至11月15日的房租共计13.125万元人民币、被告立即腾退房屋。

◆◆◆房地产开发法律风险防范实务

北京市海淀区人民法院受理该案件后于2005年11月29日进行了开庭审理，经法院主持调解，原告与被告于2005年12月8日自愿达成房屋租赁合同继续履行、被告于2006年1月25日前支付原告房租13.125万元的协议，法院经确认并当日制作和送达了《民事调解书》，该调解书发生法律效力。

贺某在调解书规定的履行期限内未履行支付租金义务并继续拖欠房租，2006年1月20日，北京某研究院向北京市海淀区人民法院提起诉讼，请求法院判决立即解除《房屋租赁合同》、被告立即腾退房屋、被告支付原告2005年11月16日至2006年1月20日的房租27038元人民币。北京市海淀区人民法院经审理作出一审判决支持了原告的全部诉讼请求。北京某研究院和贺某对一审判决均未提起上诉，一审判决生效。

【一审代理意见和判决】

原告一审代理意见

原告针对被告的答辩意见以及本案查明的事实，依据有关法律规定，本律师代原告发表了如下代理意见：

（一）《房屋租赁合同》合法、有效

2002年8月1日，原告与被告签订了《房屋租赁合同》（以下简称"该合同"），该合同约定，原告将其位于北京市海淀区车公庄路的房屋（以下简称"该房屋"）租赁给被告，租赁期限为5年，租期自2002年10月28日至2007年10月27日，租金为每年15万元。签订本合同时，被告同时向原告先交纳半年房租。以后，每半年应交日期前10日内交纳一次。同时，该合同第八条约定："在租赁期间，乙方即被告不按规定时间和金额交纳租金，除补交外按银行延期还款利率收取迟交违约金，逾期一个月未交租金甲方有权收回房屋并终止租赁合同。"该合同的内容是双方当事人真实意愿的表示，符合法律规定，该合同合法有效。

2005年12月8日，贵院作出的《民事调解书》对该合同做了进一步的确认，确认双方继续履行该合同。

（二）原告严格按该合同履行了自己的义务，但被告却不履行该合同约定

的义务

签订该合同后，原告按照该合同的约定，将该房屋交付给被告，并在该合同履行期间，保证了该房屋的正常使用。

被告自 2005 年以来不履行合同约定的义务，原告多次催要房租，被告仍然以各种借口置之不理。根据该合同的约定，被告应于 2005 年 10 月 27 日前支付 2005 年 11 月 16 日至 2006 年 4 月 27 日的房租，但被告违反该合同约定至今未交房租，严重侵犯了原告的合法权益。

此外，2005 年 12 月 8 日北京市海淀区人民法院作出的《民事调解书》要求被告于 2006 年 1 月 25 日前向原告交纳 2005 年 1 月 1 日至 11 月 15 日的房租，但被告至今未交，原告已经向法院申请强制执行。

（三）该合同依法提前解除，事实清楚，法律依据充分

签订该合同后，对双方当事人均有法律约束力，原告、被告均应严格按合同的约定履行各自的义务。被告延迟交纳房租，严重侵犯了原告的合法权益，原告要求被告支付 2005 年 11 月 15 日至被告搬出房屋期间的房租符合合同约定及法律规定，并且被告的行为也成就了该合同第 8 条约定的原告解除该合同的条件，根据我国《合同法》的有关规定，恳请贵院依法作出公正判决，判允原告的诉讼请求，以维护原告方的合法权益。

被告答辩意见

被告贺某辩称，其是代表北京某酒楼与北京某研究院签订的租赁合同，租赁的房屋全部由北京某酒楼使用，且北京某研究院收取的房租全部由北京某酒楼负担。另外合同约定为半年交纳一次房租，现北京某研究院所主张的租金，还未到交纳租金期限。故不同意北京某研究院的各项诉讼请求。

一审法院判决

法院经审理认为，北京某研究院与贺某所签订的租赁合同系双方自愿签订，且不违反法律及行政法规的规定，应为有效合同。合同订立后，双方均应按合同约定履行各自义务。一方不履行合同义务或履行合同义务不符合合同约定的，应当承担继续履行的违约责任。本案北京某研究院已履行了出租方义务，贺某作为承租方亦应履行支付房租的义务。因双方在合同中已约定了房租给付方式

为："签订合同同时先交纳半年房租,房租半年交纳一次,时间为应交日期前10日",故北京某研究院主张贺某给付2005年11月16日至2006年1月20日的租金理由正当,对此本院予以支持。同时因贺某迟延履行债务,违反了合同中支付租金的相关约定,致使北京某研究院不能实现合同目的,故对北京某研究院要求解除双方所签订的租赁合同之诉讼请求本院予以支持。关于贺某辩称该合同的承租方应为北京某酒楼一节,因其未提供充分证据,故对贺某上述辩称理由本院不予采信。综上所述,依据《中华人民共和国合同法》第94条第4项、第107条之规定,判决如下:

1. 解除北京某研究院与贺某签订的房屋租赁合同;
2. 贺某于本判决生效后30日内腾退位于北京市海淀区车公庄路的房屋;
3. 贺某于本判决生效后10日内给付北京某研究院2005年11月16日至2006年1月20日的房租金人民币27038元。

一审判决送达后,原告与被告均未上诉,该判决生效,发生法律效力。

【风险分析与防范】

本案是一起出租人追讨房屋租金和解除合同的房屋租赁合同纠纷诉讼典型案件,从案件的判决结果来看,案情比较简单,该案是由于承租人没有按照合同约定支付租金导致出租人的房屋租赁合同目的无法实现引发的纠纷,该案件反映出房屋租赁合同签订时出租人面临较大的风险之一是承租人的资信能力的风险。此外,如果被告有证据证明该房屋的实际承租人是北京某酒楼,那么该案件不仅法律关系复杂而且诉讼当事人及地位也有很大不同,一是贺某与北京某酒楼的关系是合同转让关系还是房屋转租关系?如果是合同转让关系,根据我国《合同法》第88条规定,合同主体发生变更,合同的权利与义务内容不发生变更,本案中房屋租赁合同主体应当是北京某研究院与北京某酒楼;如果是房屋转租关系,根据我国《合同法》第224条规定,承租人与出租人之间的租赁合同继续有效,本案中就出现了北京某研究院与贺某之间和贺某与北京某酒楼之间的两个租赁法律关系;二是如果是合同转让关系,那么本案的被告应当是北京某酒楼;如果是房屋转租关系,本案的被告应当是贺某,北京某酒楼因与该案件的处理结果可能有法律上的利害关系应当是无独立请求权的第三人；但如果本案是由于北京某酒楼没有支付租金给贺某而影响贺某对北京某研究院的履行能力而贺某又怠于行使权利的，则北京某研究院应当以北京某酒楼为被告提起代位权诉讼，根据《最高人民法院关于适用＜中华人民共和国合同法＞若干问题的解释（一）》第16条的规定，贺某则成为本案的第三人。上述如此复杂的法律关系主要是由于当事人没有严格按照房屋租赁合同履行或在履行房屋租赁合同中没有及时办理合同变更手续造成的，房屋租赁合同履行也同样存在很大风险。无论是出租人，还是承租人，都应当高度重视商品房屋租赁的风险防范工作。

一、商品房屋租赁概述

商品房屋租赁是指出租人将商品房屋交付承租人使用、收益，承租人支付租金的法律行为。

商品房屋租赁，具有如下特征：一是使用收益权转移性，商品房屋租赁是以承租人取得对商品房屋的使用收益为目的，出租人仅转移商品房屋的使用收益权，不转移商品房屋的所有权；二是临时性，出租人转移使用收益权是有期限的，期限届满承租人应当返还原商品房屋；三是既有债权性又有物权性，商品房屋租赁权是依据商品房屋租赁合同而产生的合同债权，同时法律又赋予租赁权物权化如我国《合同法》第229条规定的"买卖不破租赁"规则等。

商品房屋租赁，按照不同标准作不同的分类，一是按照商品房屋的用途，商品房屋租赁可以分为住宅用房租赁和生产经营用房租赁；二是按照是否有租赁期限，商品房屋租赁可以分为定期商品房屋租赁和不定期商品房屋租赁；三是按照商品房是否竣工验收，商品房屋租赁可以分为商品房现租和商品房预租，所谓商品房预租是指房地产开发企业在其开发的商品房尚未竣工验收、取得房地产权证前，将该商品房预约租赁给他人，并预收一定租金的行为；四是按照商品房的租赁与销售的先后关系，商品房屋租赁可以分为商品房先租后售和商品房售后包租，所谓商品房先租后售是指房地产开发企业投资建造并已取得《房地产权证》的商品房及房屋所有权人拥有的存量产权房屋采取先出租给承租人使用再根据合同约定出售给该承租人的一种行为，所谓商品房售后包租是指房地产开发企业以在一定期限内承租或代为出租买受人所购该企业商品房的方式销售商品房的行为。

商品房屋租赁可以在自然人、法人和其他组织之间调剂余缺，充分发挥商品房屋的使用功能，最大限度地使用商品房屋的价值，可以同时满足承租人与出租人双方的利益，因此，商品房屋租赁是现实经济生活中非常重要的一种经济活动。

二、商品房屋租赁合同条款的风险分析与防范

商品房屋租赁合同是指出租人将商品房屋交付承租人使用、收益，承租人支付租金的合同。商品房屋租赁合同条款是指出租人与承租人在要约承诺中明确的合同内容。

商品房屋租赁合同是租赁合同的一种形式。我国《合同法》第13章对"租赁合同"作了专章规定。2009年7月30日，最高人民法院发布了《关于审理城镇房屋租赁合同纠纷案件具体应用法律若干问题的解释》对城镇房屋租赁合同作出了专门的规定。2010年12月1日，住房和城乡建设部以部令形式发布了《商品房屋租赁管理办法》，自2011年2月1日起施行。

商品房屋租赁合同具有种类多、期限长、既有债权法律关系又有某些物权法律关系等特点，风险较大，完善商品房屋租赁合同条款是防范商品房屋租赁合同风险的基础和前提，因此，商品房屋租赁的出租人、承租人应当高度重视商品房屋租赁合同条款的风险防范工作。

商品房屋租赁合同条款的风险，主要有：一是出租的商品房屋的基本情况约定不明确的风险；二是商品房屋的租赁用途约定不明确的风险；三是商品房屋的交付日期和租赁期限不明确的风险；四是商品房屋租金及支付方式与期限约定不明确的风险；五是商品房屋租赁保证金和其他费用约定不明确的风险；六是商品房屋使用要求和维修责任约定不明确的风险；七是商品房屋续租和优先租赁权约定不明确的风险；八是商品房屋返还约定不明确的风险；九是商品房屋租赁合同解除约定不明确的风险；十是违约责任约定不明确的风险；十一是争议解决方式约定不明确的风险。

防范商品房屋租赁合同条款的风险，应当注意以下方面：

首先，应当明确出租的商品房屋的基本情况。商品房屋基本情况条款不仅是商品房屋租赁合同的标的条款，而且是出租人将商品房屋交付承租人使用和承租人交还该房屋时验收依据的条款，对此进行明确具体约定非常重要，是防

范商品房屋租赁纠纷的关键条款之一，应当明确约定的内容包括：一是商品房屋的具体位置；二是商品房屋的建筑面积或使用面积；三是商品房屋是否设定抵押；四是承租人可使用的该商品房屋公用或合用部位的使用范围，现有的装修、附属设施、设备状况等。

其次，应当明确商品房屋的租赁用途。商品房屋的租赁用途主要有作为生活居住用房使用或作为生产经营用房使用两种，商品房屋的租赁用途应当与商品房屋的性质一致，商品房屋租赁用途条款是商品房屋租赁合同重要条款之一，对保证承租人按照租赁房屋的性质、用途正确合理使用租赁商品房屋有重要作用，应当特别注意：一是如果是作为居住使用，出租人应当承诺未对原始设计为居住空间的房间进行分割搭建，承租人应当承诺承租该房屋用作居住使用并在租赁期间严格遵守国家和当地的有关居住房屋租赁和使用、物业管理规定以及该房屋所在物业管理区域的临时管理规约或管理规约；二是应当明确在租赁期限内，未事先征得出租人的书面同意，承租人不得擅自改变该商品房屋的使用用途。

第三，应当明确商品房屋的交付日期和租赁期限。商品房屋租赁期限是指承租人使用出租人房屋的期限，商品房屋租赁期限条款是商品房屋租赁合同的重要条款之一，应当特别注意：一是商品房屋租赁合同约定租赁期限不得超过20年；二是租赁期间届满，出租人和承租人可以续订商品房屋租赁合同，但约定的租赁期限自续订之日起不得超过20年；三是出租人和承租人没有约定租赁期限或约定了超过6个月租赁期限但未采用书面合同形式的，属于不定期租赁，当事人可以随时解除合同，但出租人解除合同应当在合理期限之前通知承租人。

第四，应当明确商品房屋租金及支付方式与期限。商品房屋租金与支付主要包括租金总额、支付租金的方式、租金数额与支付期限。商品房屋租金与支付条款是商品房屋租赁合同主要条款之一，既关系到承租人履行支付商品房屋租金主要义务，也关系到出租人的切身利益，应当明确的内容包括：一是商品房屋租金的总额；二是商品房屋租金的支付方式；三是商品房屋租金每次支付的租金具体数额与支付的具体日期。

第五，应当明确商品房屋租赁保证金和其他费用。商品房屋租赁保证金和其他费用包括承租人保证履行商品房屋租赁合同的担保金和该商品房屋在租赁期间发生的水、电、燃气、通信、供暖、有线电视等费用。商品房屋租赁保证金和其他费用条款是商品房屋租赁合同的重要条款之一，应当明确的内容包括：一是保证金的具体数额、支付的具体时间及保证金退还的条件和时间等；二是其他费用的具体内容、承担主体、分担比例或金额及列明费用以外的费用承担主体等。

　　第六，应当明确商品房屋使用要求和维修责任。商品房屋使用要求和维修责任包括出租人保证租赁商品房屋符合约定用途、承租人保证安全和合理使用租赁商品房屋、出租人的修缮义务、租赁商品房屋的装修或增设附属设施和设备、出租人检查和要求整改权等。商品房屋使用要求和维修责任条款是商品房屋租赁合同非常重要的条款之一，对保证租赁的商品房屋的安全、实现商品房屋租赁合同目的、防范商品房屋租赁纠纷起到关键性作用，应当明确的内容包括：一是出租人应确保该房屋交付时符合规定的安全条件，承租人在租赁期间发现该房屋及附属设施、设备有损坏或故障时应及时通知出租人修复，应当明确出租人在接到承租人通知后进行维修或委托承租人进行维修的具体期限，如出租人逾期不维修也不委托承租人进行维修的，承租人可代为维修，费用由出租人承担；二是承租人应对该房屋的使用安全负责，承租人在租赁期间应合理使用并爱护该房屋及其附属设施、设备，因承租人使用不当或不合理使用，致使该房屋及其附属设施、设备损坏或发生故障的，承租人应负责修复，承租人不维修的，出租人可代为维修，费用由承租人承担；三是出租人在租赁期间应定期对该房屋进行检查、养护，保证该房屋及其附属设施、设备处于正常的可使用和安全的状态，应明确甲方在检查养护时提前通知承租人的具体期限，检查养护时承租人应予以配合，出租人应减少对承租人使用该房屋的影响；四是承租人需装修或者增设附属设施和设备的，应在签订的合同中约定或应事先征得出租人的书面同意，按规定须向有关部门报批的则应明确申报主体且在报请有关部门批准后方可进行，对装修或者增设的附属设施和设备的归属、维修责任及合同终止后的处置应当作出明确约定；五是出租人在租赁期间可以授权第三方机构察看房屋安全情况，承租人违反国家和当地有关房屋租赁的规定致使房屋在使用过程中出现安全隐患被管理部门责令改正的，第三方机构可以代为整改并可采取必要措施，以保证房屋使用安全，因此产生的损失由承租人承担。

　　第七，应当明确商品房屋续租权和承租人的优先租赁权。商品房屋续租权是指商品房屋租赁期限届满后，出租人未提出异议，承租人继续租赁商品房屋的权利；承租人的优先租赁权是指商品房屋租赁期限届满后，原承租人要求续签租赁合同时，对原租赁房屋在同等条件下享有优先承租的权利。房屋续租权和优先租赁权是对处于弱势地位的承租人的一种救济方法，应当明确的内容包括：一是应当明确出租人不再继续出租商品房屋的，应提前书面通知承租人的期限；二是明确出租人逾期未书面通知的，商品房屋租赁合同租期届满后继续有效，但租赁期限为不定期；三是商品房屋租赁合同转为不定期合同后，明确出租人提出解除合同的应给予承租人的合理宽限期；四是宽限期限内承租人应向出租人支付该房屋的租金以及承担其他费用；五是明确商品房屋租赁期限届满，出租人需继续出租原房屋的，在同等条件下，承租人有优先承租权。

第八，应当明确商品房屋的返还的时间、条件和程序。商品房屋的返还是指商品房屋租赁合同终止后承租人将租赁的商品房屋交还给出租人的行为。商品房屋返还条款是商品房屋租赁合同的重要条款之一，是承租人应当履行的一项基本义务，应当明确的内容包括：一是商品房屋返还的时间为商品房屋租赁合同终止时包括租赁期限届满之日或不定期合同的宽限期届满之日等；二是商品房屋返还时，该房屋及其装修、附属设施和设备应当符合正常使用后的状态或合同约定的状态；三是商品房屋返还时，出租人与承租人应当共同查验，经出租人书面认可且应当相互结清各自应当承担的费用。

第九，应当明确商品房屋租赁合同解除的条件。商品房屋租赁合同解除条件是商品房屋租赁合同约定的使商品房屋租赁合同发生的权利与义务关系归于消灭的情形。合同解除条件条款是商品房屋租赁合同重要条款之一，对保护出租人和承租人的合法权益具有重要作用，应当明确的内容包括：一是明确出租人与承租人双方均可解除合同的条件，包括该房屋因公共利益需要被依法征收的，或该房屋因不可抗力原因毁损、灭失致使乙方不能正常使用的，或在签订商品房屋租赁合同时出租人已告知承租人该房屋已设定抵押但租赁期间被处分的等；二是明确承租人单方面解除合同的条件，包括出租人未按合同约定按时交付该房屋且经承租人书面催告后在约定期限内仍未交付的、出租人交付的该房屋不符合合同约定或存在重大质量缺陷致使承租人不能正常使用的等；三是明确出租人单方面解除合同的条件，包括承租人擅自改变商品房屋用途的、因承租人原因造成房屋结构损坏的、承租人擅自转租该房屋或转让该房屋承租权或与他人交换各自承租的房屋的、承租人使用该房屋违反当地有关规定的、承租人利用承租的居住房屋从事违法违规活动的、承租人逾期不支付租金累计超过约定期限的、承租人欠缴应承担的费用累计超过约定金额的等。

第十，应当明确约定违约责任。违约责任是指出租人或承租人不履行商品房屋租赁合同义务或履行房屋租赁合同义务不符合合同约定而应当承担的民事责任。违约责任包括违约行为与责任承担方式两个方面。违约责任条款是商品房屋租赁合同的重要条款之一，应当明确的内容包括：一是明确出租人、承租人的违约行为，出租人的主要违约行为包括逾期交付租赁商品房屋、逾期不维修交付时房屋存在的缺陷、未告知承租人房屋出租时已经抵押、不及时履行租赁期间维修和养护责任、擅自解除合同等，承租人的主要违约行为包括逾期支付租金、逾期返还房屋、擅自装修或增设附属设施、擅自解除合同等；二是明确具体违约行为承担责任的具体方式、数额等，对于出租人逾期交房、承租人逾期支付租金与逾期返还房屋应当约定逾期1日应当支付违约金的具体比例或金额；对出租人逾期不维修交付时房屋存在的缺陷，出租人应当承担减少租金责任；对于出租人未告知承租人房屋出租时已经抵押造成承租人损失的，出租人应承担赔偿责任；对于出租人不及时履行租赁期间维修和养护责任造成承租人财产损失或人身伤害的，出租人应当承担赔偿责任；对承租人擅自装修或增设附属设施的，承租人应当承担恢复原状或赔偿损失的责任；擅自解除合同的，应当承担支付违约金和赔偿损失的责任。

第十一，应当明确约定争议解决方式。争议解决方式是指因商品房屋租赁合同引起的或与商品房屋租赁合同有关的任何争议通过何种方式解决。争议解决方式包括和解、调解、仲裁或诉讼四种方式。争议解决方式条款是商品房屋租赁合同的重要条款之一，应当明确的内容包括：一是可以向人民调解委员会申请调解；二是也可以选择仲裁或诉讼中的一种方式解决争议，如果选择仲裁方式应当明确仲裁机构的名称。

对于商品房预租合同、商品房先租后售合同、商品房售后包租合同除了应当具备以上条款外，还应当注意增加的条款包括：一是对于商品房预租合同，还应当明确预租房屋竣工并取得房地产权证后的交付使用日期、预付款的金额与支付期限等；二是对于商品房先租后售合同，还应当明确买卖该房屋的时限与价格；约定的买卖价格与实际成交时支付价款的计算方式；出租人解除与承租人购房约定的条件；在合同约定的有效期限内出租房屋需设定抵押的，房屋业主应当事先取得承租人书面同意；在租赁期间未经承租人书面同意放弃购房权利的，房屋业主不得将该房屋另行出售给他人；在租赁期间未征得房屋业主的书面同意承租人不得将该房屋先租后售的权利转让他人；承租人购买该房屋必须在租赁期限届满前与房屋业主签订商品房出售合同并在出售合同中载明出售前承租人已租赁的时间、缴付的租金、该房屋出租时约定的买卖价和实际成交时支付价款的计算等内容；房屋业主取得租金收入应开具租金发票并按规定纳税等；三是对于商品房售后包租合同，还应当明确商品房屋买卖价格、包租期间的租金回报或价格折减金额、出租与转租的约定、包租年限以及售后包租有关双方的权利、义务等。

三、商品房屋租赁合同签订的风险分析与防范

商品房屋租赁合同签订是指出租人、承租人通过一定方式、协商一致在其相互之间建立商品房屋租赁合同关系的一种法律行为。

商品房屋租赁合同的签订是设立商品房屋租赁合同关系的第一步，是保障出租人、承租人合法权益的重要基础环节。商品房屋租赁合同属于不动产租赁合同，政府对不动产租赁的主体、条件及程序要求比较严格，因此，风险较大，应当注意防范。

商品房屋租赁合同签订的风险，主要有：一是商品房屋租赁合同主体资格不明确的风险；二是出租的商品房屋合法性不明确的风险；三是商品房屋租赁登记备案的程序、应当提交的材料、备案条件、备案证明、备案信息等不明确的风险；四是商品房屋租赁合同效力不明确的风险。

防范商品房屋租赁合同签订的风险，应当注意以下方面：

首先，商品房屋租赁合同主体包括出租人、承租人的主体资格应当合法、有效。一是商品房屋出租人应当是拥有房屋所有权的自然人、法人或者其他组织以及依法代管房屋的代管人或者法律规定的其他权利人，审核内容包括：出租人是否与出租房屋所有权权证上的名称一致；共有房屋出租的，是否有其他共有人同意出租的证明；委托或代理出租的，房屋所有权人是否与出租房屋所有权权证上的名称一致，受托人是否有房屋所有权人同意或授权出租的书面证明材料。二是房屋承租人应当是中华人民共和国境内外的自然人、法人或者其

他组织，但法律、法规另有规定或者土地使用权出让合同、土地租赁合同另有约定的，从其规定或者约定。三是商品房预租合同、商品房先租后售合同、商品房售后包租合同的出租人应当是房地产开发企业。四是承租人租赁房屋用于以个体工商户或者个人合伙方式从事经营活动，承租人在租赁期间死亡、宣告失踪或者宣告死亡，其共同经营人或者其他合伙人可以作为原商品房屋租赁合同的承租人。

其次，出租的商品房屋不违反法律、法规和规章关于商品房屋出租的禁止性或限制性规定。一是根据《商品房屋租赁管理办法》第6条的规定，不得出租的房屋情形包括属于违法建筑的，不符合安全、防灾等工程建设强制性标准的，违反规定改变房屋使用性质的，或法律、法规规定禁止出租的其他情形；二是出租住房的应当以原设计的房间为最小出租单位，人均租住建筑面积不得低于当地人民政府规定的最低标准，厨房、卫生间、阳台和地下储藏室不得出租供人员居住；三是房地产开发企业预租商品房应当符合商品房预售的条件并依法取得房地产行政管理部门核发的商品房预售许可证明，房地产开发企业不得将已经预售的商品房预租，商品房预购人不得将预购的商品房预租；四是房地产开发企业先租后售的房屋应是房地产开发企业投资建造并已取得《房地产权证》的商品房或房屋所有权人拥有的存量产权房屋；五是房地产开发企业售后包租的房屋必须是已竣工的商品房，未竣工的商品房不得售后包租或变相售后包租。

第三，应当明确商品房屋租赁备案的程序、应当提交的材料、备案条件、备案证明、备案信息等，一是商品房屋租赁备案的程序，首先由房屋租赁当事人在商品房屋租赁合同订立后30日内到租赁房屋所在地直辖市、市、县人民政府建设（房地产）主管部门办理房屋租赁登记备案，其次对符合备案条件的备案部门应当在3个工作日内办理房屋租赁登记备案，第三备案部门向租赁当事人开具房屋租赁登记备案证明，第四备案部门记载商品房屋租赁相关信息；二是商品房屋租赁备案应当提交的材料，包括房屋租赁合同、房屋租赁当事人身份证明、房屋所有权证书或者其他合法权属证明及其他材料；三是商品房屋租赁备案的条件，包括申请人提交的申请材料齐全并且符合法定形式、出租人与房屋所有权证书或者其他合法权属证明记载的主体一致、不属于《商品房屋租赁管理办法》第6条规定不得出租的房屋；四是商品房屋租赁登记备案证明的内容,包括出租人的姓名或者名称、承租人的姓名或者名称、有效身份证件种类和号码、出租房屋的坐落、租赁用途、租金数额、租赁期限等;五是应当实行商品房屋租赁合同网上登记备案,商品房屋租赁登记备案记载的信息包括出租人的姓名(名称)、住所,承租人的姓名(名称)、身份证件种类和号码,出租房屋的坐落、租赁用途、租金数额、租赁期限,其他需要记载的内容。

第四,应当明确商品房屋租赁合同的效力。一是出租人就未取得建设工程规划许可证或者未按照建设工程规划许可证的规定建设的房屋与承租人订立的商品房屋租赁合同无效,但在一审法庭辩论终结前取得建设工程规划许可证或者经主管部门批准建设的,该商品房屋租赁合同有效。二是出租人就未经批准或者未按照批准内容建设的临时建筑与承租人订立的租赁合同无效,但在一审法庭辩论终结前经主管部门批准建设的,该房屋租赁合同有效。三是租赁期限超过临时建筑的使用期限,超过部分无效,但在一审法庭辩论终结前经主管部门批准延长使用期限的,延长使用期限内的租赁期间有效。四是商品房屋租赁合同未按照法律、行政法规规定办理登记备案手续,不得作为商品房屋租赁合同无效的条件,但当事人约定以办理登记备案手续为商品房屋租赁合同生效条件的除外,不包括当事人一方已经履行主要义务,对方接受的情形。五是商品房屋租赁合同无效,出租人有权要求承租人参照合同约定的租金标准支付房屋占有使用费,请求赔偿因合同无效受到的损失应当依照合同法和司法解释的有关规定处理。六是出租人就同一商品房屋订立数份租赁合同,在合同均有效的情况下,承租人均主张履行合同的,人民法院按照下列顺序确定履行合同的承租人:首先是已经合法占有租赁商品房屋的;其次是已经办理登记备案手续的;第三是合同成立在先的。按上述顺序不能取得租赁商品房屋的承租人请求解除合同、赔偿损失的,依照合同法的有关规定处理。

四、商品房屋租赁合同履行的风险分析与防范

商品房屋租赁合同履行是指出租人、承租人全面、正确地履行商品房屋租赁合同义务,实现商品房屋租赁合同目的的法律行为。

商品房屋租赁合同履行是商品房屋租赁合同的核心,商品房屋租赁合同的签订是商品房屋租赁合同履行的前提,商品房屋租赁合同履行是实现商品房屋租赁合同目的的关键。由于商品房屋租赁种类多,租赁合同履行周期长,又属

于不动产租赁，商品房屋租赁合同履行风险较大，应当认真做好商品房屋租赁合同履行的风险防范工作。

商品房屋租赁合同履行的风险，主要有：一是承租人对租赁的商品房屋装饰装修与扩建的处理方式不明确的风险；二是商品房屋转租的处理方式不明确的风险；三是商品房屋承租权转让或交换的条件和处理程序不明确的风险；四是商品房屋租赁与商品房屋所有权变动的处理方式及承租人优先购买权不明确的风险；五是商品房屋租赁与商品房抵押的关系不明确的风险；六是商品房屋租金延期支付的处理方式不明确的风险；七是商品房屋租赁合同解除的法定条件不明确的风险。

防范商品房屋租赁合同履行的风险，应当注意以下方面：

首先，应当明确承租人对租赁的商品房屋装饰装修与扩建的处理方式，一是承租人未经出租人同意装饰装修发生的费用，由承租人负担，并且承租人还应承担恢复原状或者赔偿损失的责任；二是在商品房屋租赁合同无效情形下，承租人经出租人同意装饰装修且未形成附合的装饰装修物，出租人同意利用的可折价归出租人所有，出租人不同意利用的可由承租人拆除，因拆除造成商品房屋毁损的，承租人应当恢复原状；三是在商品房屋租赁合同无效情形下，承租人经出租人同意装饰装修且已形成附合的装饰装修物，出租人同意利用的可折价归出租人所有，出租人不同意利用的由双方各自按照导致合同无效的过错分担现值损失；四是在商品房屋租赁合同解除情形下，承租人经出租人同意装饰装修且未形成附合的装饰装修物，当事人有约定的按约定处理，当事人没有约定的，可由承租人拆除，因拆除造成房屋毁损的承租人应当恢复原状；五是在商品房屋租赁合同解除情形下，承租人经出租人同意装饰装修且形成附合的装饰装修物，当事人有约定的按约定处理，当事人没有约定的，根据违约责任分别处理：因出租人违约导致合同解除的，承租人有权要求出租人赔偿剩余租赁期内装饰装修残值损失，因承租人违约导致合同解除的，承租人无权要求出租人赔偿剩余租赁期内装饰装修残值损失，但出租人同意利用的应在利用价值范围内予以适当补偿，因双方违约导致合同解除的，剩余租赁期内的装饰装修残值损失由双方根据各自的过错承担相应的责任，因不可归责于双方的事由导致合同解除的，剩余租赁期内的装饰装修残值损失由双方按照公平原则分担，但法律另有规定的除外；六是在商品房屋租赁期间届满情形下，承租人经出租人同意装饰装修且未形成附合的装饰装修物,当事人有约定的按约定处理,当事人没有约定的,可由承租人拆除,因拆除造成房屋毁损的承租人应当恢复原状;七是在商品房屋租赁期间届满情形下,承租人经出租人同意装饰装修且已形成附合的装饰装修物,当事人有约定的按约定处理,当事人没有约定的,承租人无权要求出租人补偿装饰装修费用;八是承租人未经出租人同意扩建发生的费用,由承租人负担,并且承租人还应承担恢复原状或者赔偿损失的责任;九是承租人经出租人同意扩建,对扩建费用的处理双方有约定的按约定处理,没有约定的,如果办理了合法建设手续的,扩建造价费用由出租人负担,如果未办理合法建设手续的,扩建造价费用由双方按照过错分担。

其次,应当明确商品房屋转租的处理方式。商品房屋转租是指承租人在租赁期间将其承租商品房屋的部分或者全部再出租的行为。商品房屋转租有承租人和出租人之间的原租赁关系与承租人和次承租人之间的租赁关系并存的情形,并且商品房屋转租合同具有从属性,应当特别注意:一是承租人将租赁商品房屋转租给第三人应当经过出租人书面同意,未经出租人同意的,出租人有权解除商品房屋租赁合同;二是承租人经出租人同意将租赁房屋转租给第三人时,转租期限超过承租人剩余租赁期限的,出租人与承租人有约定的按约定处理,没有约定的,超过部分的约定无效;三是出租人知道或者应当知道承租人转租但在6个月内未提出异议的,视为出租人同意转租;四是商品房屋转租合同有效,如果次承租人代承租人支付欠付的租金和违约金的,出租人无权以承租人拖欠租金为由解除商品房屋租赁合同,次承租人代为支付的租金和违约金超出其应付的租金数额可以折抵租金或者向承租人追偿;五是房屋租赁合同无效、履行期限届满或者解除,出租人有权要求负有腾房义务的次承租人支付逾期腾房占有使用费;六是预租的商品房不得转租。

第三,应当明确商品房屋承租权转让或交换的条件和处理程序。商品房屋承租权转让是指在商品房屋租赁期限内,承租人将其在商品房屋租赁合同中的权利、义务一并转移给第三人,由第三人取代原承租人的地位,继续履行商品房屋租赁合同的行为。商品房屋承租权交换是指在商品房屋租赁期间,承租人将其承租的房屋与第三人承租的房屋交换使用,并各自履行交换对方房屋租赁合同的行为。商品房屋承租权转让与商品房屋转租不同,一是两者的标的不同,商品房屋承租权转让的标的是租赁权,而商品房屋转租的标的是租赁物;二是两者的法律关系不同，商品房屋承租权转让后，承租人退出了租赁关系，而商品房屋转租，次承租人与承租人形成新的租赁关系，而承租人与出租人之间的原租赁关系继续存在。商品房屋承租权转让或交换应当特别注意：一是房屋承租权转让或者交换，承租人须征得出租人的书面同意；二是应当明确办理程序，首先承租人事先征得出租人的书面同意，其次承租人与房屋承租权的受让人或者房屋承租权的交换人签订房屋承租权转让合同或房屋承租权交换合同，第三出租人与房屋承租权的受让人或者房屋承租权的交换人签订租赁主体变更合同，第四双方共同办理商品房屋租赁变更登记备案手续。

第四，应当明确商品房屋租赁与商品房屋所有权变动的处理方式及承租人优先购买权。商品房屋所有权变动是指商品房屋的所有权在商品房屋租赁期间因买卖、赠与、继承等情形的发生而产生的变化。承租人优先购买权是指在商品房屋租赁期间，出租人在出卖该租赁房屋时，承租人有以与其他购买人同等条件下优先购买该租赁房屋的权利。就商品房屋租赁与商品房屋所有权变动的处理来说，应当注意商品房屋在租赁期间发生所有权变动的，不影响商品房屋租赁合同的效力，但当事人另有约定的、商品房屋在出租前已设立抵押权因抵押权人实现抵押权发生所有权变动的或商品房屋在出租前已被人民法院依法查封的除外。就承租人优先购买权来说，应当注意：一是出租人出卖租赁商品房屋的，应当提前3个月通知承租人，承租人在同等条件下，享有优先购买权；二是出租人出卖租赁房屋未在合理期限内通知承租人或者存在其他侵害承租人优先购买权情形，承租人有权要求出租人承担赔偿责任，但无权要求确认出租人与第三人签订的房屋买卖合同无效；三是出租人与抵押权人协议折价、变卖租赁商品房屋偿还债务，应当在合理期限内通知承租人，承租人享有在同等条件下优先购买该商品房屋的权利；四是出租人委托拍卖人拍卖租赁商品房屋，应当在拍卖5日前通知承租人，承租人未参加拍卖的视为承租人放弃优先购买权；五是承租人在同等条件下不能享有优先购买权的情形包括：房屋共有人行使优先购买权的，出租人将房屋出卖给近亲属包括配偶、父母、子女、兄弟姐妹、祖父母、外祖父母、孙子女、外孙子女的，出租人履行通知义务后承租人在15日内未明确表示购买的，或第三人善意购买租赁房屋并已经办理登记手续的。

第五，应当明确商品房屋租赁与商品房屋抵押的关系，一是订立商品房屋抵押合同前商品房屋已出租的，商品房屋租赁关系不受抵押权的影响；二是商品房屋抵押权设立后商品房屋出租的，该租赁关系不得对抗已登记的商品房屋抵押权。

第六，应当明确商品房屋租金延期支付的处理方式，一是对于承租人延期支付租金的，出租人应当及时催告承租人交纳商品房屋租金；二是对于承租人延期支付或拒付租金的行为，出租人应当在承租人延期支付或拒付租金行为发生之日起1年内主张权利，否则人民法院将不予保护；三是对承租人延期支付或拒付租金达到商品房屋租赁合同约定的合同解除条件时，出租人应当及时行使商品房屋租赁合同解除权。

第七，应当明确商品房屋租赁合同解除的法定条件，一是对于不定期租赁合同，出租人、承租人均有权解除商品房屋租赁合同，但出租人解除合同应当在合理期限之前通知承租人；二是出租人有权解除商品房屋租赁合同的法定情形，包括：承租人擅自变动房屋建筑主体和承重结构或者扩建且在出租人要求的合理期限内仍不予恢复原状的、承租人未经出租人同意转租的或承租人无正当理由未支付或延期支付租金经出租人催告后在合理期限内仍未支付的；三是承租人有权解除商品房屋租赁合同的法定情形，包括：因租赁的商品房屋部分或全部毁损或灭失致使商品房屋租赁合同目的无法实现的、租赁的商品房屋危及承租人的安全或健康的以及导致租赁商品房屋无法使用的情形发生包括租赁商品房屋被司法机关或者行政机关依法查封、租赁商品房屋权属有争议或租赁商品房屋具有违反法律或行政法规关于房屋使用条件强制性规定情况的。

第八篇
房地产抵押法律风险防范

◆房地产抵押的风险分析与防范

——从代理福建某大剧院装修项目内部承包房地产抵押履约担保法律服务非诉讼案谈起

【案情简介】

北京某工程有限公司于2013年3月承揽了福建某大剧院装修的设计采购施工总承包项目,其中该项目的采购与施工采取内部承包经营模式进行运作,由本公司项目经理王某进行承包经营,实行内部独立核算,自负盈亏。

2013年3月,北京某工程有限公司与王某签订了《内部承包经营协议》,为了保证该协议全面履行,双方经协商一致同意,王某将其拥有房屋所有权的北京市朝阳区的住房1套作为履行该协议的抵押担保。

2013年3月,北京某工程有限公司委托北京市金洋律师事务所为该项目内部承包房地产抵押履约担保提供法律服务,要求指派熟知房地产专业知识及专业法律规定的律师担任法律顾问。北京市金洋律师事务所指派本律师为特邀法律顾问,为该项目内部承包房地产抵押履约担保提供专项的法律服务。

本律师接受指派后,为该项目内部承包房地产抵押履约担保进行了尽职调查,审查修改了福建某大剧院装修的设计采购施工总承包合同、采购与施工内部承包协议,起草了房地产抵押合同,协调和指导办理了房地产抵押登记手续,提供了有关法律咨询等,本律师的法律服务保证了该项目内部承包房地产抵履约担保设立的顺利进行，为该项目装修的顺利实施提供了条件。

【代理过程和结果】

本律师在为该项目内部承包房地产抵押履约担保提供法律服务过程中，根据该项目及抵押物的具体情况和委托人的要求，主要开展了如下工作：

首先，对抵押人的主体情况、抵押房屋的权属状况以及是否属于不得设定抵押情形等进行了尽职调查。一是抵押人王某具有完全民事行为能力；二是该房屋属于夫妻共有房屋财产，该房屋抵押应当取得共有人的书面同意；三是该房屋是商品住房，不属于享受国家优惠政策购买的房屋；四是该房屋不存在国家有关法律、法规、规章规定的不得设定抵押的情形。

其次，审查、修改了《大剧院装修设计施工总承包合同》及《内部承包经营协议》，特别是对《大剧院装修设计施工总承包合同》中承包人在采购与施工方面的责任与义务与《内部承包经营协议》中内部承包人履行的责任与义务的一致性、合法性进行了审查，提出了相应的修改意见。

第三，起草了详细、完备、与《内部承包经营协议》相衔接的《房地产抵押合同》，主要内容有：抵押人、抵押权人的名称、住所、法定代表人姓名、职务等；被担保合同签订日期、合同编号、合同名称等；抵押房地产的基本情况包括具体位置、建筑面积、房屋所有权证号、土地使用权性质等；债务人履行债务的期限；抵押担保的范围；抵押房地产的价值；抵押房地产的占用管理人、占用管理方式、占用管理责任以及意外损毁的责任；抵押权灭失的条件；抵押登记办理；违约责任；争议解决方式；合同生效与其他。

第四，协调、指导了房地产抵押登记手续，通过与房屋权属登记中心的协调，尽快提交了有关房地产抵押登记所需材料，提供了有关法律咨询，帮助委托人及时办理了房地产抵押登记手续。

通过本律师的房地产专业法律服务，针对该项目内部承包房地产抵押履约担保设立的关键环节和重点内容采取了切实可行的措施，防范了法律风险，维护了委托人的合法权益。

【风险分析与防范】

本案是房地产抵押在履约担保中运用的非诉讼案例。随着我国房地产业的发展，房地产抵押已为越来越多的债权人特别是商业银行等金融机构所运用作为债权担保的形式，但由于房地产抵押具有参与主体多、法律关系复杂、专业性强、程序要求严格等特点，房地产抵押风险很大，抵押权人、抵押人等有关各方应当高度重视房地产抵押的风险防范工作。

一、房地产抵押概述

房地产抵押是指债务人或第三人以其合法的房地产以不转移占有的方式向债权人提供债务履行担保的行为，债务人不履行到期债务或者发生当事人约定的实现抵押权的情形时，债权人有权就该房地产优先受偿。前述债务人或第三人为抵押人，债权人为抵押权人，提供担保的房地产为抵押财产。

房地产抵押属于担保物权，具有如下特征：一是从属性，房地产抵押权是以确保债权人的债权得到清偿为目的，以被担保的债权的存在、转让、消灭为其成立、转移、消灭的前提或条件；二是优先受偿性，在债务人到期不清偿债务或出现当事人约定的实现房地产抵押权的情形时，债权人可以对抵押的房地产进行折价或变卖、拍卖抵押的房地产，以所得的价款优先实现自己的债权；三是特定性，房地产抵押时，抵押物即房地产以及所担保的债权范围均是特定、明确的；四是物上代位性，当抵押的房地产因灭失、毁损、被依法征收等而得到损害赔偿金或保险赔偿金、征收补偿费时，这些赔偿金或补偿金应作为原抵押的房地产的代替物，继续担保债权的实现。

房地产抵押按照抵押物的内容，可以分为：建设用地使用权抵押、在建工程抵押包括预购商品房抵押、房屋抵押即房屋所有权与建设用地使用权一并抵押三类。国有建设用地使用权抵押指债务人或第三人以其合法的国有建设用地使用权以不转移占有土地的方式向债权人提供债务履行担保的行为，债务人不履行到期债务或者发生当事人约定的实现抵押权的情形时，债权人有权就该国有建设用地使用权优先受偿，在此仅指地上无房屋（包括建筑物、构筑物及在建工程）的国有建设用地使用权抵押。在建工程抵押是指债务人或第三人以其合法方式取得的国有建设用地使用权连同在建工程的投入资产以不转移占有的方式向债权人提供债务履行担保的行为,债务人不履行到期债务或者发生当事人约定的实现抵押权的情形时,债权人有权就该国有建设用地使用权连同在建工程的投入资产优先受偿。预购商品房抵押是一种特殊形式的在建工程抵押,是指购房人在支付首期规定的房价款后,由贷款银行代其支付其余的购房款,将所购的尚未竣工交付的商品房抵押给贷款银行作为偿还贷款履行担保的行为。房屋抵押即房屋所有权与建设用地使用权一并抵押是指债务人或第三人以其合法拥有房屋所有权权属证书的房屋以及该房屋占用范围内拥有建设用地使用权权属证书的建设用地使用权以不转移占有的方式向债权人提供债务履行担保的行为,债务人不履行到期债务或者发生当事人约定的实现抵押权的情形时,债权人有权就该房屋优先受偿。

房地产抵押既具有抵押权人对不动产有优先受偿的特点,又有不转移房地产占有的特征,一方面保证了债权人的利益,另一方面又不伤及债务人或第三人利益。对房地产开发企业来说,利用房地产进行抵押,既不影响房地产开发企业对房地产的开发建设与经营,又能发挥房地产担保债务履行以方便融入资金,其作用之大是显而易见的。

二、房地产抵押权设定条件的风险分析与防范

房地产抵押权设定条件是指我国法律、法规、规章规定的房地产抵押权设定的基本要求、抵押物的条件与范围、抵押人应履行的程序。

房地产抵押权设定条件是房地产抵押行为是否有效以及能否顺利办理抵押登记的基础和前提。我国《物权法》《担保法》《城市房地产管理法》《城镇国有土地使用权出让和转让暂行条例》《城市房地产抵押管理办法》等对房地产抵押权设定条件作出了规定。

房地产抵押权设定条件的风险,主要有:一是对房地产抵押权设定的基本要求不明确的风险;二是对不同的房地产设定抵押权的不同要求不明确的风险;三是不得设定抵押权的房地产不明确的风险;四是抵押人对房地产设定抵押权应当履行的程序不明确的风险。

防范房地产抵押权设定条件的风险,应当注意以下方面:

首先,应当明确房地产抵押权设定的基本要求,根据我国《物权法》第182条、《担保法》第36条、《城市房地产管理法》第48条的规定,房地产抵押权设

立的基本要求是房屋所有权和建设用地使用权应当同时抵押，一是"地随房走"即以合法的房屋抵押的，该房屋占用的建设用地使用权同时抵押；二是"房随地走"即建设用地使用权抵押的，应当将抵押时该建设用地使用权的土地上的房屋同时抵押；三是如果抵押人未将房屋所有权和建设用地使用权一并抵押的，未抵押的财产视为一并抵押；四是以在建工程已完工部分抵押的，其建设用地使用权随之抵押。

其次，应当明确不同的房地产设定抵押权的不同要求，房地产抵押物包括建设用地使用权、在建工程包括预售商品房、房屋，在这些房地产上设立抵押权必须同时符合抵押人对房地产具有合法的处分权、法律或行政法规允许抵押的要求。由于我国法律对不同性质、不同取得方式的建设用地使用权和不同形态房地产的规定不同，不同的房地产设定抵押权的要求也不相同，主要表现在：一是通过出让方式取得的国有建设用地使用权可以进行抵押，但需注意防范因土地闲置被政府收回的风险。二是通过划拨方式取得的国有建设用地使用权也可以进行抵押，但须同时具备以下四个条件：土地使用者为公司、企业、其他经济组织和个人；领有国有土地使用证；具有地上建筑物、其他附着物合法的产权证明；依照规定签订土地使用权出让合同向当地市、县人民政府补交土地使用权出让金或以抵押所获收益抵交土地使用权出让金。三是乡镇、村企业的集体建设用地使用权不得单独抵押，只有乡镇、村企业的厂房等建筑物抵押的，其占用范围内的集体建设用地使用权才可以一并抵押。四是在建工程可以进行抵押，但须同时具备以下三个条件：已交付全部土地使用权出让金，取得土地使用权证书；持有建设用地规划许可证和建设工程规划许可证；按提供预售的商品房计算，投入开发建设的资金达到工程建设总投资的25%以上，并已经确定施工进度和竣工交付日期。五是预购的商品房可以进行抵押，但须同时具备以下四个条件：已交付全部土地使用权出让金，取得土地使用权证书；持有建设工程规划许可证和施工许可证；按提供预售的商品房计算，投入开发建设的资金达到工程建设总投资的25%以上，并已经确定施工进度和竣工交付日期；已经办理预售登记，取得商品房预售许可证明。六是已取得房屋所有权证书的房屋可以进行抵押，但应当与该房屋占用范围内的建设用地使用权一并抵押。

第三，应当明确禁止抵押的房地产，一是土地所有权；二是耕地、宅基地、自留地、自留山等集体所有的土地使用权，但以招标、拍卖、公开协商等方式取得的荒地等土地承包经营权和与乡镇、村企业的厂房等建筑物一同抵押的其占用范围内的建设用地使用权可以抵押的除外；三是学校、幼儿园、医院等以公益为目的的事业单位、社会团体的教育设施、医疗卫生设施和其他社会公益设施；四是所有权、使用权不明或者有争议的房地产；五是列入文物保护的建筑物和有重要纪念意义的其他建筑物；六是被依法查封、扣押、监管或者以其他形式限制的房地产；七是已被依法列入征收范围的房地产；八法律、行政法规规定不得抵押的其他房地产。

第四，应当明确抵押人对房地产设定抵押权应当履行的程序，一是国有企业、事业单位法人以国家授予其经营管理的房地产抵押的，应当符合国有资产管理的有关规定；二是以集体所有制企业的房地产抵押的，必须经集体所有制企业职工（代表）大会通过，并报其上级主管机关备案；三是以中外合资企业、合作经营企业和外商独资企业的房地产抵押的，必须经董事会通过，但企业章程另有规定的除外；四是以有限责任公司、股份有限公司的房地产抵押的，必须经董事会或者股东大会通过，但公司章程另有规定的除外；五是以共有的房地产抵押的，抵押人应当事先征得其他共有人的书面同意。

三、房地产抵押合同订立的风险分析与防范

房地产抵押合同订立是指房地产抵押合同当事人通过一定程序或方式、协商一致在其相互之间建立房地产抵押合同关系的一种法律行为。

房地产抵押合同既是一种创设房地产抵押担保物权的物权合同，又是主债合同的从合同，法律关系复杂，风险较大，应当高度重视房地产抵押合同订立的风险防范工作。

房地产抵押合同订立的风险，主要有：一是房地产抵押合同当事人的要求不明确的风险；二是房地产抵押合同订立的程序不明确的风险；三是房地产抵押合同订立的形式不合法的风险；四是房地产抵押合同条款不全面的风险；五是房地产抵押合同的内容不合法、不明确的风险；六是房地产抵押合同的效力不明确的风险。

防范房地产抵押合同订立的风险，应当注意以下方面：

首先，应当明确房地产抵押合同当事人即抵押人与抵押权人的要求。关于抵押人的要求，一是抵押人可以是债务人自己，也可以是债务人以外的第三人；

二是抵押人可以是自然人，也可以是法人或其他组织；三是抵押人必须对抵押物即房地产享有所有权或处分权。关于抵押权人的要求，一是抵押权人必须是债权人，非债权人不能成为抵押权人；二是抵押权人的民事行为能力没有要求。

其次，应当明确房地产抵押合同订立的程序，一般先由债权人提出设定房地产抵押担保的要求，后由债务人提出以自己的房地产作抵押担保的要约或找第三人向债权人提出以第三人的房地产作抵押担保的要约，再由债权人表示同意债务人或第三人提出的抵押担保要约即为承诺，双方意思表示一致即房地产抵押合同成立。

第三，房地产抵押合同的订立应当采取书面形式，即采取合同书、信件和数据电文（包括电报、电传、传真、电子数据交换和电子邮件）等可以有形地表现所载内容的形式。

第四，房地产抵押合同的条款应当全面。一是建设用地使用权抵押合同的条款应当包括：抵押人、抵押权人的名称或者个人姓名、住所；被担保债权的种类和数额；债务人履行债务的期限；抵押宗地的具体位置、取得方式、建设用地使用权证号、土地面积、抵押面积、土地规划用途、土地使用权年限等；担保的范围；抵押建设用地使用权的价值；抵押宗地的占用管理人、占用管理方式、占用管理责任以及意外损毁、灭失的责任；抵押权灭失的条件；违约责任；争议解决方式；抵押合同订立的时间与地点；双方约定的其他事项。二是房地产抵押合同的条款应当包括：抵押人、抵押权人的名称或者个人姓名、住所；被担保债权的种类和数额；债务人履行债务的期限；抵押房地产的处所、名称、状况、建筑面积、用地面积以及四至、所有权权属或使用权权属等；担保的范围；抵押房地产的价值；抵押房地产的占用管理人、占用管理方式、占用管理责任以及意外损毁、灭失的责任；抵押权灭失的条件；违约责任；争议解决方式；抵押合同订立的时间与地点；双方约定的其他事项。三是在建工程抵押合同，除了应当包括房地产抵押合同条款外，还应当包括的条款有：《国有土地使用权证》《建设用地规划许可证》和《建设工程规划许可证》编号；已交纳的土地使用权出让金或需交纳的相当于土地使用权出让金的款额；已投入在建工程的工程款；施工进度及工程竣工日期；已完成的工作量和工程量。四是在签订预购商品房合同后，签订预购商品房抵押合同合同条款应当包括：抵押人、抵押权人的名称或者个人姓名、住所；主债权的种类和数额；抵押房地产的处所、名称、状况、建筑面积、用地面积以及四至等；抵押房地产的价值；抵押房地产的占用管理人、占用管理方式、占用管理责任以及意外损毁、灭失的责任；抵押期限；抵押权灭失的条件；违约责任；争议解决方式；抵押合同订立的时间与地点；双方约定的其他事项。

第五，房地产抵押合同内容应当合法、明确，一是有经营期限的企业以其所有的房地产设定抵押的，所担保债务的履行期限不应当超过该企业的经营期限；二是以具有土地使用年限的房地产设定抵押的，所担保债务的履行期限不得超过土地使用权出让合同规定的使用年限减去已经使用年限后的剩余年限；三是以已出租的房地产抵押的，抵押人应当在合同中将租赁情况告知抵押权人；四是设定房地产抵押时，抵押房地产的价值可以由抵押当事人协商议定，也可以由房地产价格评估机构评估确定，法律、法规另有规定的除外；五是抵押权人要求抵押房地产投保险的，以及要求在房地产抵押后限制抵押人出租、转让抵押房地产或者改变抵押房地产用途的，抵押当事人应当在抵押合同中载明。

第六，应当明确房地产抵押合同的效力条件与后果，一是房地产抵押合同因主合同无效或自身违反我国《合同法》第52条的规定导致无效，房地产抵押合同被确认无效后，债务人、担保人、债权人有过错的，应当根据其过错各自承担相应的民事责任；二是房地产抵押合同中关于抵押权人在债务履行期届满前与抵押人约定债务人不履行到期债务时抵押的房地产归债权人所有的条款属于无效条款，该条款的无效不应影响房地产抵押合同其他部分内容的效力；三是债务人有多个普通债权人的，在清偿债务时，债务人与其中一个债权人恶意串通，将其全部或部分房地产抵押给该债权人，因此丧失了履行其他债务的能力，损害了其他债权人的合法权益，受损害的其他债权人可以请求人民法院撤销该抵押行为。

四、房地产抵押登记的风险分析与防范

房地产抵押登记是指房地产权利人以其支配的房地产进行抵押后，由抵押权人和抵押人共同向不动产登记机构提出申请，由不动产登记机关将土地抵押权、房屋抵押权等记载于不动产登记簿的行为。房地产抵押登记包括建设用地使用权抵押登记、房屋抵押权登记、在建工程抵押权登记和预购商品房抵押权预告登记。

第八篇 房地产抵押法律风险防范

房地产抵押登记是我国《物权法》规定的不动产物权登记的一种形式,只有经依法办理抵押登记,抵押权自登记时才设立。房地产抵押权作为不动产物权也只有通过登记才具有公信力,才能保护交易安全。2013年11月20日,国务院常务会议决定建立不动产统一登记制度。2014年11月24日,国务院以国务院令第656号形式正式公布了《不动产登记暂行条例》,内容包括房屋在内的土地、海域等不动产统一登记的种类、条件、程序等,自2015年3月1日起施行。

房地产抵押登记的风险主要有:一是建设用地使用权抵押登记的程序、提供的材料、登记条件、登记内容及形式、登记期限不明确的风险;二是房屋抵押权登记的程序、提供的材料、登记条件、登记内容及形式、登记期限不明确的风险;三是在建工程抵押权登记的程序、提供的材料、登记条件、登记内容及形式、登记期限、在建工程抵押转房屋抵押登记条件不明确的风险;四是预购商品房抵押权预告登记的程序、提供的材料、登记条件、登记内容及形式、登记期限、预告登记期限不明确的风险。

防范房地产抵押登记的风险,应当注意以下方面:

首先,应当明确建设用地使用权抵押登记的程序、提供的材料、登记条件、登记内容及形式、登记期限,一是建设用地使用权抵押登记的程序,包括:先由抵押权人、抵押人共同提出申请并提交有关材料,不动产登记机构对材料齐全且符合法定形式的应当当场受理,后由不动产登记机构依法对申请材料进行审核,再由不动产登记机构依法将申请登记事项以宗地为单位记载于不动产登记簿,以权利人为单位填写土地归户卡,最后根据不动产登记簿的相关内容,以宗地为单位填写建设用地使用权抵押《不动产登记证明》;二是建设用地使用权抵押登记申请应当提交的材料,包括:土地登记申请书、土地权利证书、主债权债务合同、抵押合同、抵押物价值确认单或评估报告、抵押权人和抵押人的身份证明材料等;三是建设用地使用权抵押不予登记的条件,主要包括土地权属有争议的、土地违法违规行为尚未处理或正在处理的、未依法足额缴纳土地有偿使用费和其他税费的或申请登记的土地权利超过规定期限的等;四是建设用地使用权抵押登记的内容和形式,不动产登记机构将抵押合同约定的有关事项在不动产登记簿上加以记载,并向抵押权人颁发建设用地使用权抵押《不动产登记证明》;五是建设用地使用权抵押登记决定期限,根据《不动产登记暂行条例》第 20 条的规定，不动产登记机构应当自受理登记申请之日起 30 个工作日内办结不动产登记手续，法律另有规定的除外。

其次，应当明确房屋抵押权登记的程序、提供的材料、登记条件、登记内容及形式、登记期限，一是房屋抵押权登记的程序，先由抵押权人、抵押人共同提出申请并提交有关材料，不动产登记机构对材料齐全且符合法定形式的应当当场受理，后由不动产登记机构依法对申请材料进行审核，再由不动产登记机构将申请登记事项记载于不动产登记簿，最后由不动产登记机构根据不动产登记簿的记载缮写并向权利人发放房屋抵押《不动产登记证明》；二是房屋抵押权登记申请应当提交的材料，包括：登记申请书、申请人身份证明、房屋所有权证书或房地产权证书、抵押合同、主债权合同、其他必要材料；三是房屋抵押权登记的条件，包括：申请人与依法提交的材料记载的主体一致、申请抵押权登记的房屋与不动产登记簿记载一致、申请登记的内容与有关材料证明的事实一致、申请登记的事项与不动产登记簿记载的房屋权利不冲突、不存在规定的不予登记的情形；四是房屋抵押权登记的内容及形式，对符合规定条件的房屋抵押权登记，不动产登记机构应当将下列事项记载于不动产登记簿：抵押当事人与债务人的姓名或名称、被担保债权的数额、登记时间，并向抵押权人颁发房屋抵押《不动产登记证明》；五是房屋抵押权登记期限，根据《不动产登记暂行条例》第 20 条的规定，不动产登记机构应当自受理登记申请之日起 30 个工作日内办结不动产登记手续，法律另有规定的除外。

第三，应当明确在建工程抵押权登记的程序、提供的材料、登记条件、登记内容及形式、登记期限、在建工程抵押转房屋抵押登记的条件，一是在建工程抵押权登记的程序，先由抵押权人、抵押人共同提出申请并提交有关材料，不动产登记机构对材料齐全且符合法定形式的应当当场受理，后由不动产登记机构依法对申请材料进行审核并进行实地查看，再由不动产登记机构将申请登记事项记载于不动产登记簿，最后由不动产登记机构根据不动产登记簿的记载缮写并向权利人发放《不动产登记证明》；二是在建工程抵押权设立登记申请应当提交的材料，包括：登记申请书、申请人身份证明、抵押合同、主债权合同、享有建设用地使用权的不动产权属证书、建设工程规划许可证、其他必要材料；三是在建工程抵押权登记的条件，包括：申请人与依法提交的材料记载的主体一致、申请登记的内容与有关材料证明的事实一致、申请登记的事项与不动产登记簿记载的房屋权利不冲突、不存在规定的不予登记的情形；四是在建工程抵押权登记的内容及形式，对符合规定条件的在建工程抵押权首次登记，不动产登记机构在不动产登记簿上予以记载后，由不动产登记机构发放《不动产登记证明》；五是在建工程抵押权登记期限，根据《不动产登记暂行条例》第20条的规定，不动产登记机构应当自受理登记申请之日起30个工作日内办结不动产登记手续，法律另有规定的除外；六是在建工程竣工并经房屋所有权首次登记后，抵押权人和抵押人应当申请将在建工程抵押权登记转为房屋抵押权登记。

第四，应当明确预购商品房抵押权预告登记的程序、提供的材料、登记条件、登记内容及形式、登记期限、预告登记期限，一是预购商品房抵押权预告登记的程序，先由抵押权人、抵押人共同提出申请并提交有关材料，不动产登记机构对材料齐全且符合法定形式的应当当场受理，后由不动产登记机构依法对申请材料进行审核，再由不动产登记机构将申请登记事项记载于不动产登记簿，最后由不动产登记机构根据不动产登记簿的记载缮写并向权利人发放《不动产登记证明》；二是预购商品房抵押权预告登记申请应当提交的材料，包括：登记申请书、申请人身份证明、抵押合同、主债权合同、预购商品房预告登记证明、当事人关于预告登记的约定、其他必要材料；三是预购商品房抵押权预告登记的条件，包括：申请人与依法提交的材料记载的主体一致、申请登记的内容与有关材料证明的事实一致、申请登记的事项与不动产登记簿记载的房屋权利不冲突、不存在规定的不予登记的情形；四是预购商品房抵押权预告登记的内容及形式，对符合规定条件的预购商品房抵押权预告登记，不动产登记机构在不动产登记簿上予以记载后，由不动产登记机构发放《不动产登记证明》；五是预购商品房抵押权预告登记期限，根据《不动产登记暂行条例》第20条的规定，不动产登记机构应当自受理登记申请之日起30个工作日内办结不动产登记手续，法律另有规定的除外；六是预购商品房抵押权预告登记后，债权消灭或能够进行相应的房屋抵押权登记之日起3个月内，抵押权人和抵押人应当申请房屋抵押权登记的，不动产登记机构应当按照预告登记事项办理房屋抵押权登记。

五、房地产抵押权效力的风险分析与防范

房地产抵押权效力是指房地产抵押权对所担保的债权、对抵押财产即房地

产、对抵押权人与抵押人的法律约束力。

房地产抵押权效力是房地产抵押制度的核心，是发挥有"担保之王"之称的抵押权担保制度既保障债权人利益又不损害债务人利益、既保证债权安全又实现抵押物使用价值的关键。由于房地产抵押权效力涉及范围广、限制条件多、程序复杂等，风险较大，应当注意防范。

房地产抵押权效力的风险，主要有：一是房地产抵押权对所担保债权的效力不明确的风险；二是房地产抵押权对抵押标的物的效力不明确的风险；三是房地产抵押权对抵押权人的效力不明确的风险；四是房地产抵押权对抵押人的效力不明确的风险。

防范房地产抵押权效力的风险，应当注意以下方面：

首先，应当明确房地产抵押权对所担保债权的效力，根据我国《物权法》第173条的规定，除当事人另有约定外，房地产抵押担保债权的范围包括主债权及其利息、违约金、损害赔偿金、保管担保财产和实现担保物权的费用。

其次，应当明确房地产抵押权对抵押标的物的效力，房地产抵押权效力所及的标的物范围包括：一是房地产本身，包括建设用地使用权、房屋所有权、在建工程、预购商品房；二是房地产的从物，即附属设施如给排水设施、供暖设施、照明设施、通讯设施等，根据《最高人民法院关于适用〈中华人民共和国担保法〉若干问题的解释》第63条的规定，房地产抵押权的效力及于房地产的从物，这些附属设施对房地产功能的发挥起到必要的作用；三是房屋的附合物、加工物，包括通过附合方式与房地产进行结合而成为房屋一部分的动产如门、窗等以及通过对房地产进行改造和装修的改造物和装修物，根据《最高人民法院关于适用〈中华人民共和国担保法〉若干问题的解释》第62条的规定，如果抵押物所有人为附合物、加工物的所有人的，房地产抵押权的效力及于附合物、加工物；四是孳息，包括天然孳息和法定孳息如房屋租金等，根据我国《物权法》第197条规定，房地产抵押权的效力可以及于孳息，但应当同时具备以下条件：债务履行期届满债务人不履行债务或发生当事人约定的实现抵押权的情形、抵押权人必须将扣押抵押物的事实通知应当清偿法定孳息的义务人、能够产生天然孳息和法定孳息的抵押物被人民法院依法扣押、收取抵押物孳息日自扣押日起计算；五是房地产代位物，包括保险金、赔偿金或补偿金等，根据我国《物权法》第174条的规定，房地产抵押权的效力及于保险金、赔偿金或补偿金等代位物，应当具备担保期间抵押的房地产有毁损、灭失或者被征收等情形，当被担保债权的履行期未届满时也可以提存该保险金、赔偿金或者补偿金等；六是房地产抵押权效力不受查封、扣押等措施的影响，《最高人民法院关于适用〈中华人民共和国担保法〉若干问题的解释》第55条规定，已经设定抵押的财产被采取查封、扣押等财产保全或者执行措施的，不影响抵押权的效力。

第三，应当明确房地产抵押权对抵押权人的效力。一是抵押权人有保全抵押房地产价值的权利，根据我国《物权法》第193条的规定，当抵押人的行为足以使抵押的房地产价值减少时，抵押权人的权利包括要求抵押人停止其使抵押的房地产价值减少行为的权利、要求抵押人恢复抵押财产的价值的权利、要求抵押人提供与减少的价值相应担保的权利、当抵押人不恢复抵押财产的价值也不提供担保的有要求债务人提前清偿债务的权利。二是抵押权人有权转让抵押权或以该抵押权为其他债权提供担保，但前提条件是抵押权的转让或以该抵押权为其他债权提供担保。三是抵押权人对抵押的房地产有优先受偿权，前提条件是债务人不履行到期债务或发生当事人约定的实现抵押权的情形，但抵押权人的优先受偿权也有法律另有规定的除外情形包括：我国《税收征收管理法》（2013年修正）第45条规定，如纳税人欠缴的税款发生在纳税人以其财产设定抵押之前的，税收应当先于抵押权执行；我国《合同法》第286条和《最高人民法院关于建设工程价款优先受偿权问题的批复》规定，建筑工程的承包人的工程价款优先受偿权优于抵押权和其他债权，但工程价款优先受偿权也有相应限制包括：如果消费者交付购买商品房的全部或者大部分款项后承包人就该商品房享有的工程价款优先受偿权不得对抗买受人、建筑工程价款包括承包人为建设工程应当支付的工作人员报酬和材料款等实际支出的费用但不包括承包人因发包人违约所造成的损失、自建设工程竣工之日或者建设工程合同约定的竣工之日起计算建设工程承包人行使优先权的期限为6个月；我国《企业破产法》第132条规定，破产企业在《企业破产法》实施以前（2007年6月1日）所欠职工的工资和医疗、伤残补助、抚恤费用、划入职工个人账户的基本养老保险与基本医疗保险费用、依法应当支付给职工的补偿金即职工债权优先于抵押权等。四是抵押权人有权放弃抵押权、抵押权顺位或与抵押人协议变更抵押权顺位以及被担保的债权数额等，根据我国《物权法》第194条规定，如未经其他抵押权人书面同意不得对其他抵押权人产生不利影响；如债务人是抵押人且抵押权人放弃或变更抵押权的，其他担保人在抵押权人丧失优先受偿权益的范围内免除担保责任，但其他担保人承诺仍然提供担保的除外。

第四，应当明确房地产抵押权对抵押人的效力。一是抵押人对抵押的房地产有出租权，根据我国《物权法》第190条规定，订立房地产抵押合同前房地产已出租的，原租赁关系不受该抵押权的影响；房地产抵押权设立后房地产出租的，该租赁关系不得对抗已登记的抵押权。二是抵押人有权转让抵押的房地产，根据我国《物权法》第191条规定，分为两种情形：一种是经抵押权人同意转让抵押的房地产的，应当将转让所得的价款向抵押权人提前清偿债务或者提存，转让的价款超过债权数额的部分归抵押人所有，不足部分由债务人清偿；另一种是未经抵押权人同意，不得转让抵押的房地产，但受让人代为清偿债务消灭房地产抵押权的除外。

六、房地产抵押权实现的风险分析与防范

房地产抵押权实现是指当发生债务人不履行到期债务或发生当事人约定的实现抵押权情形时，抵押权人通过依法处理抵押房地产而使自己的债权获得清偿的法律行为。

房地产抵押权实现是房地产抵押权担保功能实现的最后环节，也是房地产抵押权制度的核心内容之一。房地产抵押权实现具有方式多样、程序复杂、要求特殊等特点，风险较大，应当注意防范。

房地产抵押权实现的风险，主要有：一是房地产抵押权实现的条件与范围不明确的风险；二是房地产抵押权实现的方式不明确的风险；三是房地产抵押权实现的程序不明确的风险；四是抵押的房地产变价款的清偿顺序不明确的风险。

防范房地产抵押权实现的风险，应当注意以下方面：

首先，应当明确房地产抵押权实现的条件和范围，一是根据我国《物权法》第195条的规定，房地产抵押权实现条件分为债务人不履行到期债务情形或发生当事人约定的实现抵押权的情形，发生这两种情形之一的，抵押权人就可以行使房地产抵押权；二是根据我国《物权法》第200条的规定，在建设用地使用权实现抵押权时，应当将该土地上新增的建筑物与建设用地使用权一并处分，

但建设用地使用权抵押后该土地上新增的建筑物不属于抵押财产，抵押权人无权优先受偿新增建筑物所得的价款。

其次，应当明确房地产抵押权实现的方式，根据我国《物权法》第195条的规定，房地产抵押权的实现方式有：一是折价方式，是指抵押权人和抵押人协议确定抵押的房地产的价值，然后将房地产权属转移至抵押权人名下以实现抵押权的方式；二是拍卖方式，是指以公开竞价的方式，将抵押的房地产出售给最高应价者以实现抵押权的方式；三是变卖方式，是指以一般的买卖方式将抵押的房地产出卖给第三人以实现抵押权的方式。在确定房地产抵押权实现方式时，应当注意：一是应当尽可能采取拍卖方式，因为房地产价值巨大，拍卖具有公开、公平竞争的特点，有利于切实保护抵押人的合法权益，也有利于最大限度地实现抵押权人的抵押权，同时也符合我国《城市房地产管理法》第52条的规定；二是采取协议折价房地产抵押权实现方式时不能损害其他债权人的利益，否则其他债权人可以在知道或应当知道撤销事由之日起1年内请求人民法院撤销该协议。

第三，应当明确房地产抵押权实现的程序，根据我国《物权法》第195条的规定，先由抵押权人与抵押人协议实现房地产抵押权，协议不成时再申请人民法院实现房地产抵押权。一是关于房地产抵押权实现的协议程序，抵押权人与抵押人首先应当协商采取折价、拍卖、变卖中一种方式，如采取拍卖方式应进一步协商确定拍卖机构，如采取折价或变卖方式应当参照市场价格确定抵押的房地产的价值，采取变卖方式还应当协商确定买受人，其次应当通知抵押房地产的共有人或承租人，在同等条件下共有人或承租人享有优先购买权，最后双方协商达成一致应当签订协议并履行该协议。二是关于申请人民法院实现房地产抵押权程序，根据我国《民事诉讼法》（2012年修正）关于实现担保物权案件的特别程序的规定，首先由房地产抵押权人依法向担保财产所在地或者担保物权登记地基层人民法院提出实现房地产抵押权申请，其次人民法院受理申请后进行审查，第三人民法院对于债务履行期届满债权未受清偿的事实无争议、只是就采用何种方式来处理抵押财产的问题达不成一致意见的，应当裁定拍卖、变卖抵押的房地产，当事人依据该裁定可以向人民法院申请执行；如对于实现抵押权的前提条件等有争议的，应当裁定驳回申请，当事人可以向人民法院提起诉讼。三是为了防范申请人民法院实现房地产抵押权程序复杂而且漫长的风险，抵押权人可以事先与抵押人签署一份具有强制执行力的公证文书，约定债务人到期不履行债务的，抵押权人不必向人民法院提起诉讼，直接向人民法院申请强制执行，进行执行程序。四是关于抵押权行使期间，根据我国《物权法》第202条的规定，抵押权人应当在主债权诉讼时效期间行使抵押权，未行使的，人民法院不予保护。

第四，应当明确抵押的房地产变价款的清偿顺序。一是明确抵押房地产被拍卖或变卖后所得价款的具体分配顺序，第一是支付实现房地产抵押权的费用，包括支付强制执行费、鉴定费、评估费等；第二是扣除抵押房地产应缴纳的税款；第三是缴纳建设用地使用权出让金，条件是拍卖划拨的建设用地使用权；第四是偿还抵押权人债权本息及支付违约金；第五是赔偿由债务人违反合同而对抵押权人造成损害；最后如还有剩余的，则交还给抵押人。二是明确在一处房地产上存在两个或两个以上的抵押权时的清偿顺序，一是按房地产抵押登记的先后顺序清偿；二是顺序相同即房地产抵押权是同一天登记的，按照债权比例清偿。

第九篇
前期物业管理法律风险防范

◆前期物业管理的风险分析与防范

——从代理李某参加北京某物业管理有限公司物业服务合同纠纷应诉案谈起

【案情简介】

2002年8月，李某与北京某房地产开发有限公司签订《商品房预售合同》，购买位于北京市海淀区某小区联排别墅一套，房屋建筑面积262.74平方米，该小区由北京某房地产开发有限公司委托北京某物业管理有限责任公司进行物业管理。在签订《商品房预售合同》时，北京某房地产开发有限公司出示了由其起草的并于2002年7月经北京市居住小区管理办公室核准的《物业管理公约》，李某签署了遵守公约的承诺书。2003年6月，李某办理了该房屋的入住手续，同时收到了北京某房地产开发有限公司签署的《质量保证书》和《住宅使用说明书》以及北京某房地产开发有限公司与北京某物业管理有限责任公司共同签署的《业主手册》。

自入住之日起至2006年年底，李某均按期交纳了物业管理费。后由于小区物业管理不到位，李某拒绝支付物业管理费。2008年12月1日，北京某物业管理有限责任公司向北京市海淀区人民法院提起诉讼，要求李某支付物业管理费。李某委托北京市金洋律师事务所指派本律师参加诉讼。

2008年12月12日，北京市海淀区人民法院进行了开庭审理。开庭后，北京某物业管理有限责任公司和李某经协商达成和解协议,经北京市海淀区人民法院同意,北京某物业管理有限责任公司撤回起诉。

【一审代理意见和和解】

原告诉讼请求

北京某物业管理有限责任公司起诉称:其是该小区的物业管理公司,李某是该小区的房屋业主,按照法律规定及《物业管理公约》第8章第1条、《业主手册》管理费付费方式的约定,李某应当向其支付2007年1月1日至2008年12月31日的物业管理费,每月每平方米3.5元,但李某一直拖欠,至2008年12月31日已欠付20052.32元。同时按照《物业管理公约》第3章第2条第3款的约定,李某应承担逾期支付金额每日千分之三的滞纳金。其多次催要,李某无理由推托拒付,故诉至法院,要求李某支付2007年1月1日至2008年12月31日的物业管理费20052.32元及逾期支付的违约金。

被告一审代理意见

被告针对原告的诉讼请求以及本案查明的事实,依据有关法律规定,本律师代被告发表了如下代理意见:

(一)原告作为物业服务企业应当按照《物业服务合同》的约定和《物业管理公约》等规定提供相应的服务

根据北京某房地产开发有限公司与原告签订的《物业服务合同》的约定以及《物业管理公约》《业主手册》的规定,原告应当提供的服务内容包括:房屋建筑及其公共服务设施的使用管理、维修养护、巡视检查;园林绿地的管理养护;环境卫生的管理服务;公共秩序的维护;参与物业竣工交付使用的验收交接工作;入住管理及访客管理;物业装饰装修施工监督管理;车辆行驶、停放管理及其场地的维修养护;物业档案资料的管理;消防管理等。

根据《质量保证书》的规定,北京某房地产开发有限公司已经将该小区的商品住宅保修事宜委托原告处理,原告应当按照《质量保证书》的规定及时提供住宅工程保修服务。

物业管理费是原告提供物业服务的对价，原告向被告收取物业管理费是以原告向被告提供《物业服务合同》约定和《物业管理公约》等规定的全面物业服务为条件的。

（二）原告没有按照《物业服务合同》的约定和《物业管理公约》等规定提供相应的服务

首先，原告没有及时向被告提供相应的物业服务，主要有：一是没有及时提供公共部位维修服务，被告就其屋顶漏雨导致室内房顶涂层大面积脱落，经多次与原告交涉仅对室外部分做简单处理，室内房顶涂层至今未修复，原告的行为违反了《质量保证书》第 2.5 条的规定；二是车辆乱停放现象长期得不到解决，被告所住房屋南门前是一块供业主休闲的公共场地而非停车位，却经常有车辆停放，严重干扰了被告及家人的正常生活，被告多次与原告交涉，直至开庭时仍未解决，原告的行为违反了《物业管理公约》第 6.2.8 条的规定。

其次，原告对该小区的物业服务没有尽到相应义务，主要有：一是园林绿地管理不到位，小区公共绿地被业主私占用于堆放杂物或种菜等，原告不予制止或恢复原状违反了《物业管理公约》第 6.2.2 条的规定；二是环境卫生管理不到位，小区内道路两侧常年堆放花盆等杂物，原告未进行清理，违反了《物业管理公约》第 6.2.3 条的规定；三是车辆管理混乱，小区内车辆乱停乱放现象严重，对进出小区车辆未进行有效管理，原告的行为违反了《物业管理公约》第 6.2.8 条及《业主手册》的有关规定；四是房间内消防紧急报警按钮无效，多次与原告交涉，至今没有进行修理，原告的行为违反了《质量保证书》的有关规定；五是小区内家禽、宠物管理不到位，鸡、鸭、鹅等叫声此起彼伏，宠物随处便溺，原告的行为违反了《业主手册》的有关规定；六是小区内公共场所晾晒衣物无人管理，严重影响小区环境，原告的不作为违反了《业主手册》的有关规定；七是小区人员混杂，常有散发小广告或推销物品、装修服务、家政服务等，原告的不作为违反了《业主手册》的有关规定；八是小区内保安摄像监控系统不完善，未及时进行维修，小区安全存在较大隐患，原告的不作为违反了《物业管理公约》的有关规定。

（三）被告依法有正当理由不支付所欠物业管理费

根据《业主手册》的规定，被告支付物业管理费每半年支付一次，支付时间为每半年的第一个月 5 日前，被告应当先履行支付物业管理费的义务，原告提供物业服务是在被告支付物业服务费之后。

根据我国《合同法》第68条的规定，虽然被告应当先支付物业管理费，但如上所述被告有确切的证据证明原告自被告入住以来经常不履行《物业服务合同》的约定和《物业管理公约》等规定的物业服务义务，已经丧失了商业信誉，被告有权中止履行支付物业管理费的义务，并且已经明确告知了原告，因此，被告不支付物业管理费是依法行使不安抗辩权，是合法的，不应承担任何责任。

综上所述，原告不履行物业服务义务，被告有权行使不安抗辩权不支付物业管理费，原告应先履行物业服务义务后，再要求被告支付所欠的物业管理费，请求法院判决驳回原告的诉讼请求。

诉讼中和解

法院开庭结束后，原告与被告进行了充分协商，双方达成了和解协议，原告先按照《物业服务合同》的约定和《物业管理公约》等规定履行被告所提出的未尽到的物业服务义务且放弃违约金，被告同意在原告履行义务后5日内支付所欠的物业管理费。本案以原告经法院同意后撤回起诉而终止诉讼程序。

【风险分析与防范】

本案是一起非常典型与普遍的物业服务收费纠纷案件。本案中，由于物业服务企业提供的服务质量达不到合同约定的标准，致使业主拒交物业服务费，尽管物业服务合同约定业主应先交物业服务费，但由于物业服务企业经常违约导致其丧失商业信誉，业主拒交物业服务费属于行使合同中的不安抗辩权，系依法采取的自我救济手段。物业管理涉及主体多、法律关系复杂、纠纷种类多且具有易发性和群体性，法律风险大，防范风险应当引起物业管理有关各方的高度重视。

一、前期物业管理概述

物业管理是指业主自行或者通过他人对物业管理区域内的建筑物、构筑物及配套的设施设备和相关场地进行维修、养护、管理，维护环境卫生和相关秩序的活动。物业管理包括业主自治管理和业主聘请其他人管理两类，业主聘请其他人管理一般是指业主委托具有相应资质的物业服务企业进行管理。

第九篇 前期物业管理法律风险防范

前期物业管理是指业主、业主大会选聘物业服务企业之前，由建设单位（包括房地产开发企业）选聘物业服务企业实施的物业管理。前期物业管理是物业管理的一个特殊阶段，由于建筑物、构筑物及配套的设施设备建好后需要进行管理，而业主们是陆陆续续迁入居住的，业主大会尚未成立，不能及时委托物业服务企业进行管理，只能由建设单位选聘物业服务企业实施物业管理。

前期物业管理的特征，主要有：一是基础性，前期物业管理工作包括管理规约、物业管理服务体系的建立等是以后物业管理的前提和基础，对物业管理有直接和重要影响；二是过渡性，前期物业管理是在新建物业投入使用初期，由于业主大会尚未成立无法选聘物业服务企业，不得已由建设单位选聘物业服务企业进行的物业管理，一旦业主大会选聘好物业服务企业，前期物业管理即自然终止；三是艰巨性，前期物业管理的对象是新投入使用的物业，由于施工质量隐患、安装调试缺陷、设计配套不完善等引起的遗留问题或由于自然磨合产生的问题如物业使用功能的不正常，甚至可能会出现临时停水停电、电梯运行不平稳、空调时冷时热等现象，对这些问题进行处理难度非常大；四是复杂性，前期物业管理，既包括物业正常使用期所需要的常规服务，又包括物业承接查验、业主入住、物业装饰装修管理、工程质量保修处理等服务，服务内容非常复杂。

规范前期物业管理法律、法规、规章、司法解释和规范性文件主要有：《物权法》《物业管理条例》（2007年修正）、《最高人民法院关于审理建筑物区分所有权纠纷案件具体应用法律若干问题的解释》（法释〔2009〕7号）、《最高人民法院关于审理物业服务纠纷案件具体应用法律若干问题的解释》（法释〔2009〕8号）、《前期物业管理招标投标管理暂行办法》（建住房〔2003〕130号）、《物业服务收费管理办法》（发改价格〔2003〕1864号）、《物业服务收费明码标价规定》（发改价检〔2004〕1428号）、《物业管理师制度暂行规定》（国人部发〔2005〕95号）、《物业服务企业资质管理办法》（2007年修正）、《业主大会和业主委员会指导规则》（建房〔2009〕274号）、《物业承接查验办法》（建房〔2010〕165号）、《关于放开部分服务价格意见的通知》（发改价格〔2014〕2755号，自2014年12月17日起放开非保障性住房物业服务价格和住宅小区停车服务价格等）等。

前期物业管理是整个物业管理活动中的初始阶段和基础阶段，是物业管理实施的非常重要的关键环节,做好前期物业管理风险防范工作,有利于维护业主的利益,有利于房地产开发企业的房屋销售,有利于物业服务企业开展后期的物业管理工作。

二、临时管理规约内容与前期物业服务合同条款的风险分析与防范

临时管理规约是指业主大会制定管理规约之前,由建设单位制定的,适用于前期物业管理阶段的有关物业共同管理事项的临时性公共契约。前期物业服务合同是指建设单位与物业服务企业就前期物业管理阶段双方的权利义务所达成的协议。

临时管理规约是对全体业主具有普遍约束力的行为准则,前期物业服务合同是物业服务企业被授权开展物业管理服务的依据。临时管理规约和前期物业服务合同是前期物业管理顺利进行的重要保证。

(一)关于临时管理规约内容的风险分析与防范

临时管理规约内容的风险,主要有:一是临时管理规约内容不合法的风险;二是临时管理规约内容不全面的风险;三是临时管理规约内容不具体的风险。

防范临时管理规约内容的风险,应当注意以下方面:

首先,临时管理规约的内容应当符合法律规定,不得侵害物业买受人的合法权益。根据《物业管理条例》(2007年修正)第22条规定,虽然由建设单位单方面制定临时管理规约,但建设单位应当依法且公平地制定临时管理规约,不得侵害物业买受人的合法权益。

其次,临时管理规约的内容应当全面,临时管理规约应当包括物业的使用、维护、管理,业主的共同利益,业主应当履行的义务,违反临时管理规约应当承担的责任等事项。

第三,临时管理规约的内容应当具体,一是应当明确物业的自然情况,包括物业的名称、坐落位置、物业类型、建筑面积、物业管理区域的四至;二是应当明确物业的权属情况,包括对业主享有的物业共用部位与共用设施设备所有权的范围区分单幢建筑物和物业管理区域分别列明、建设单位所有的部位和设施设备的范围详细列明;三是应当明确业主进行物业装修应遵守的规则,包括业主应事先告知物业服务企业并与其签订装饰装修管理服务协议、应当在物业服务企业指定的地点放置装饰装修材料及装修垃圾、不得擅自占用物业共用

部位和公共场所、按照设计预留的位置或指定位置安装空调并做好噪音及冷凝水的处理等；四是应当明确业主使用物业的规则，包括相邻关系的处理要求、共用部位共用设施设备的使用规定、使用物业的禁止性规定等；五是应当明确维修养护物业应当遵守的规则，包括物业维修养护中业主应当相互配合与协助、涉及公共利益与公共安全的物业维修养护要求、保修责任承担、住宅专项维修资金的交存与使用和管理等；六是应当明确涉及业主共同利益的事项，包括授予物业服务企业行使管理权利的内容和范围、业主承诺按时足额交纳物业服务费用、利用物业共用部位与共用设施设备经营的约定等；七是应当明确违约责任，包括业主违反临时管理规约的责任、建设单位未履行临时管理规约约定义务的责任等。

（二）关于前期物业服务合同条款的风险分析与防范

前期物业服务合同条款是指建设单位与物业服务企业在要约承诺中明确的合同内容。

前期物业服务合同条款的风险，主要有：一是物业基本情况约定不明确的风险；二是前期物业服务的内容与服务质量标准不明确的风险；三是前期物业服务费用的计费方式、具体标准、用途及支付时间和方式等不明确的风险；四是物业经营与管理的费用标准与分配方式不明确的风险；五是物业承接验收的范围、问题解决方式、资料移交、保修责任等不明确的风险；六是物业使用与维护的规章制度、管理措施、临时占道、装饰装修等不明确的风险；七是专项维修资金的缴存、管理、使用等不明确的风险；八是违约责任不明确的风险；九是争议解决方式不明确的风险。

防范前期物业服务合同条款的风险，应当注意以下方面：

首先，应当明确约定物业的基本情况，主要包括：一是物业名称、物业类型、坐落位置、规划建筑面积；二是物业管理区域四至，规划平面图和物业管理区域内物业构成明细应当作为附件；三是物业服务用房的用途、面积、具体位置等。

其次，应当明确前期物业服务的内容与服务质量标准，主要包括：一是前期物业服务内容一般包括物业共用部位（应在附件中列明）的维修、养护和管理，物业共用设施设备（应在附件中列明）的运行、维修、养护和管理，物业共用部位和相关场地的清洁卫生、垃圾的收集、清运及雨、污水管道的疏通，公共绿化的养护和管理，车辆停放管理，公共秩序维护、安全防范等事项的协助管理，装饰装修管理服务，物业档案资料管理；二是前期物业管理服务应达到的具体质量标准，应通过附件方式进行明确。

第三，应当明确前期物业服务费用的计费方式、具体标准、用途及支付时间和方式等，主要包括：一是应当明确是采取包干制的计费方式，还是采取酬金制的计费方式；二是如采取包干制的计费方式，还应当明确物业服务费用具体标准、支出范围等；三是如采取酬金制的计费方式，还应当明确服务费预收标准、开支范围、酬金提取的方式与标准、物业年度计划和物业服务资金年度预决算及收支情况的公布方式、收支争议解决方式等；四是前期物业服务费交纳方式、具体时间、交纳主体等。

第四，应当明确物业经营与管理的范围、费用标准与分配方式，主要包括：一是停车场应当区分产权主体不同、停车场的位置不同分别具体约定停车收费标准、停车管理服务费标准以及停车管理方式；二是会所的产权主体、会所收费标准；三是属于全体业主所有的停车场、会所及其他物业共用部位、共用设施设备委托经营收入的分配比例。

第五，应当明确物业承接验收的范围、存在问题的解决方式、资料移交、保修责任等，主要包括：一是查验的范围及各方义务；二是查验中发现问题的确认、责任承担及解决方法；三是建设单位移交给物业服务企业的资料名称与内容；四是保修责任的承担主体。

第六，应当明确物业的使用与维护的规章制度、管理措施、临时占道、装饰装修等，主要包括：一是物业共用部位和共用设施设备的使用、公共秩序和环境卫生的维护等方面规章制度的建立；二是物业服务企业对违反临时管理规约和规章制度行为可以采取的管理措施，包括规劝、通告等；三是临时占用、挖掘本物业管理区域内道路、场地的管理程序与方式；四是业主装饰装修管理。

第七，应当明确专项维修资金的缴存、管理、使用等，主要包括：一是专项维修资金的缴存方式；二是专项维修资金的管理方式；三是专项维修资金的使用方式；四是专项维修资金的续筹方式。

第八，应当明确违反合同的违约责任，主要包括：一是建设单位违约行为及责任承担的方式；二是物业服务企业的违约行为及责任承担方式；三是业主或物业使用人的违约行为及责任承担方式；四是物业服务企业免责的范围与条件。

第九，应当明确争议解决方式，主要包括：一是争议双方是采取仲裁方式，还是采取诉讼方式解决争议；二是如采取仲裁方式，应当明确仲裁机构的名称；三是如采取诉讼方式，可以约定管辖法院。

另外，应当注意：物业服务企业公开作出的服务承诺及制定的服务细则也是前期物业服务合同的组成部分。

三、前期物业管理关系建立的风险分析与防范

前期物业管理关系建立包括物业销售前有关前期物业管理的准备、物业销售时前期物业管理关系确立以及临时管理规约与前期物业服务合同的法律效力三个方面的内容。

前期物业管理关系建立是前期物业管理的基础和依据。前期物业管理关系的建立，由于具有建设单位主导性、程序复杂性、效力约束多方主体性的特点，风险较大。

前期物业管理关系建立的风险，主要有：一是物业销售前前期物业管理关系建立准备工作不全面、不合法的风险；二是物业销售时前期物业管理关系确立不合法的风险；三是临时管理规约与前期物业服务合同的法律效力不明确的风险。

防范前期物业管理关系建立的风险，应当注意以下方面：

首先，物业销售前前期物业管理关系建立准备工作应当全面且符合法律规定，主要包括：一是建设单位应当结合物业的共用设施设备、建筑物规模、社区建设等因素划分物业管理区域，物业主要配套设施设备和相关场地共用的应当划分为一个物业管理区域，住宅区和非住宅区原则上应当划分为不同的物业管理区域。二是建设单位应当依法制定临时管理规约，不得侵害物业买受人的合法权益，不得擅自处分业主依法享有的物业共用部位、共用设施设备的所有权或使用权。三是建设单位应当采取合法方式选聘具有相应资质的物业服务企业并签订书面的前期物业服务合同，首先选聘方式应当合法，对于住宅物业及同一物业管理区域内非住宅物业应当通过招投标的方式选聘，只有投标人少于3个或者住宅规模较小的住宅物业经物业所在地的区、县人民政府房地产行政主管部门批准才可以采用协议方式选聘，对其他物业提倡采用招投标方式；其次选聘的物业服务企业应当具有相应资质；第三建设单位与物业服务企业应当

签订书面的前期物业服务合同；第四前期物业服务合同应当按规定到物业所在地的区、县人民政府房地产行政主管部门备案；第五通过招标投标方式选择物业服务企业的，招标人应当按照以下规定时限完成物业管理招标投标工作：新建现售商品房项目应当在现售前 30 日完成、预售商品房项目应当在取得《商品房预售许可证》之前完成或非出售的新建物业项目应当在交付使用前 90 日完成。

其次，物业销售时前期物业管理关系确立应当合法，主要包括：一是建设单位应当将临时管理规约向物业买受人明示并予以说明，明示是指以书面的形式向物业买受人明确无误的告示，说明是指建设单位对临时管理规约的主要内容向物业买受人进行陈述并就容易导致混淆或误解的部分进行解释。二是物业买受人在与建设单位签订物业买卖合同时应当对遵守临时管理规约予以书面承诺，通常有两种做法：一种是将临时管理规约作为物业买卖合同的附件或者在物业买卖合同中明确规定要求物业买受人遵守临时管理规约的条款由物业买受人在物业买卖合同上签字确认；另一种是物业买受人在签订物业买卖合同的同时，在建设单位提供的临时管理规约承诺书上签字确认。三是建设单位与物业买受人签订的物业买卖合同中应当明确包含物业管理区域的划分、前期物业服务合同约定的内容。

第三，临时管理规约与前期物业服务合同的法律效力应当明确，一是临时管理规约本身的效力，临时管理规约中侵害物业买受人合法权益的条款无效；二是前期物业服务合同本身的效力，物业服务企业将物业服务区域内的全部物业服务业务一并委托他人而签订的前期物业服务合同属于无效合同，前期物业服务合同中免除物业服务企业责任、加重业主责任、排除业主主要权利的条款属于无效条款如公益收入归物业服务企业条款、物业服务企业在任何情况下对车辆丢失或业主人身伤害不承担责任条款等；三是临时管理规约与前期物业服务合同对业主具有法律约束力，包括对物业的承租人、借用人或者其他物业使用人均有法律约束力；四是临时管理规约与前期物业服务合同对建设单位和物业服务企业均具有法律约束力。

四、前期物业管理实施的风险分析与防范

前期物业管理实施是指前期物业管理合同的履行，主要包括物业承接查验、

前期物业管理服务及前期物业管理终止。

前期物业管理实施是前期物业管理的核心,前期物业管理关系的建立是前期物业管理的前提,前期物业管理实施是前期物业管理的关键。由于前期物业管理具有艰巨性、复杂性等特征,前期物业管理服务又受不确定因素多的影响,前期物业管理实施风险很大,应当引起有关各方的高度重视。

(一)关于物业承接查验的风险分析与防范

物业承接查验是指承接新建物业前,物业服务企业和建设单位按照国家有关规定和前期物业服务合同的约定,共同对物业共用部位、共用设施设备进行检查和验收的活动。

物业承接查验的风险,主要有:一是物业承接查验完成期限不明确的风险;二是实施承接查验的物业应具备的条件不明确的风险;三是物业承接查验的依据不明确的风险;四是物业承接查验的程序不明确的风险;五是建设单位向物业服务企业移交资料的时间、内容及核查不明确的风险;六是现场查验的内容、方式和程序不明确的风险;七是物业承接查验协议签订主体、内容及效力不明确的风险;八是物业交接时间、内容不明确的风险;九是物业承接查验的备案时间、备案内容、备案机关与告知不明确的风险。

防范物业承接查验的风险,应当注意以下方面:

首先,应当明确物业承接查验完成的期限,建设单位应当在物业交付使用15日前,与选聘的物业服务企业完成物业共用部位、共用设施设备的承接查验工作。

其次,应当明确实施承接查验的物业应具备的条件,主要包括:一是建设工程竣工验收合格,取得规划、消防、环保等主管部门出具的认可或者准许使用文件,并经建设行政主管部门备案;二是供水、排水、供电、供气、供热、通信、公共照明、有线电视等市政公用设施设备按规划设计要求建成,供水、供电、供气、供热已安装独立计量表具;三是教育、邮政、医疗卫生、文化体育、环卫、社区服务等公共服务设施已按规划设计要求建成;四是道路、绿地和物业服务用房等公共配套设施按规划设计要求建成,并满足使用功能要求;五是电梯、二次供水、高压供电、消防设施、压力容器、电子监控系统等共用设施设备取得使用合格证书;六是物业使用、维护和管理的相关技术资料完整齐全。

第三,应当明确物业承接查验的依据,主要包括:物业买卖合同;临时管理规约；前期物业服务合同；物业规划设计方案；建设单位移交的图纸资料；建设工程质量法规、政策、标准和规范。

第四，应当明确物业承接查验的程序，主要包括：一是确定物业承接查验方案；二是移交有关图纸资料；三是查验共用部位、共用设施设备；四是解决查验发现的问题；五是确认现场查验结果；六是签订物业承接查验协议；七是办理物业交接手续。

第五，应当明确建设单位向物业服务企业移交资料的时间、内容及核查，一是移交资料的时间应当在现场查验20日前；二是移交资料的内容包括：竣工总平面图及单体建筑、结构、设备竣工图，配套设施、地下管网工程竣工图等竣工验收资料，共用设施设备清单及其安装、使用和维护保养等技术资料，供水、供电、供气、供热、通信、有线电视等准许使用文件，物业质量保修文件和物业使用说明文件，承接查验所必需的其他资料；三是移交资料的核查，物业服务企业应当对建设单位移交的资料进行清点和核查，重点核查共用设施设备出厂、安装、试验和运行的合格证明文件。

第六，应当明确现场检查和验收的内容、方式和程序。一是现场查验的内容包括共用部位、共用设备和共用设施，共用部位一般包括建筑物的基础、承重墙体、柱、梁、楼板、屋顶以及外墙、门厅、楼梯间、走廊、楼道、扶手、护栏、电梯井道、架空层及设备间等，共用设备一般包括电梯、水泵、水箱、避雷设施、消防设备、楼道灯、电视天线、发电机、变配电设备、给排水管线、电线、供暖及空调设备等，共用设施一般包括道路、绿地、人造景观、围墙、大门、信报箱、宣传栏、路灯、排水沟、渠、池、污水井、化粪池、垃圾容器、污水处理设施、机动车（非机动车）停车设施、休闲娱乐设施、消防设施、安防监控设施、人防设施、垃圾转运设施以及物业服务用房等；建设单位依法移交有关单位的供水、供电、供气、供热、通信和有线电视等共用设施设备不属于物业服务企业现场检查和验收的内容。二是现场查验的方法与重点，现场查验应当综合运用核对、观察、使用、检测和试验等方法，重点查验物业共用部位、共用设施设备的配置标准、外观质量和使用功能。三是现场查验的程序，首先现场查验应当形成书面记录，查验记录应当包括查验时间、项目名称、查验范围、查验方法、存在问题、修复情况以及查验结论等内容，查验记录应当由建设单位和物业服务企业参加查验的人员签字确认；其次现场查验中，物业服务企业应当将物业共用部位、共用设施设备的数量和质量不符合约定或者规定的情形，书面通知建设单位，建设单位应当及时解决并组织物业服务企业复验。

第七，应当明确物业承接查验协议签订主体、内容及效力，一是建设单位与物业服务企业应当共同确认现场查验的结果，签订物业承接查验协议；二是物业承接查验协议应当对物业承接查验基本情况、存在问题、解决方法及其时限、双方权利义务、违约责任等事项作出明确约定；三是物业承接查验协议作为前期物业服务合同的补充协议，与前期物业服务合同具有同等法律效力。

第八，应当明确物业交接的时间与内容，一是建设单位应当在物业承接查验协议签订后10日内办理物业交接手续，向物业服务企业移交物业服务用房以及其他物业共用部位、共用设施设备；二是交接工作应当形成书面记录，交接记录应当包括移交资料明细、物业共用部位、共用设施设备明细、交接时间、交接方式等内容，交接记录应当由建设单位和物业服务企业共同签章确认。

第九，应当明确物业承接查验的备案时间、备案内容、备案机关与告知，一是备案时间，物业服务企业应当自物业交接后30日内备案；二是备案内容，包括前期物业服务合同、临时管理规约、物业承接查验协议、建设单位移交资料清单、查验记录、交接记录、其他承接查验有关的文件；三是备案机关，物业所在地的区、县（市）房地产行政主管部门；四是建设单位和物业服务企业应当将物业承接查验备案情况书面告知业主。

（二）关于前期物业管理服务的风险分析与防范

前期物业管理服务包括业主遵守物业服务合同的约定或法律、法规、临时管理规约的规定，物业服务企业履行物业服务合同约定的或法律、法规规定及相关行业规范确定的维修、养护、管理和维护义务，建设单位履行临时管理规约、物业服务合同约定的物业保修、制定物业管理规章制度等义务。

前期物业管理服务的风险，主要有：一是在物业装饰装修管理方面有业主随意变动建筑主体和承重结构、更改房间布局及水、电、煤气等管道等导致安全隐患或酿成重大事故的风险；二是在物业及共用设施设备管理方面有建设单位不履行保修义务、业主毁损设施设备、物业服务企业管理不到位等风险；三是在物业公共环境管理方面有业主私搭乱建、乱堆乱放、随意占用绿地、破坏绿化、污染环境、噪声扰民、乱停放车辆等风险，物业服务企业擅自将绿地改为停车场等风险，物业服务企业公共环境管理不到位导致业主人身或财产损害的赔偿风险；四是在车辆管理方面有因物业服务企业管理不到位导致车辆丢失或毁损而承担损害赔偿责任的风险；五是在治安管理方面有由于第三人的过错或违法行为导致业主人身或财产受到损害因物业服务企业管理未尽安全保障义务而承担赔偿责任的风险；六是在物业服务收费方面有因物业服务企业违约或侵权行为导致业主拒付物业服务费或业主无理拒交物业服务费的风险。

防范前期物业管理服务风险，应当注意以下方面：

首先，在物业装饰装修管理方面，一是业主应当自觉遵守国家和地方有关房屋装饰装修管理规定，接受物业服务企业对物业装修的管理；二是业主在工程开工前应当向物业服务企业进行装修申报并办理有关手续，物业服务企业应当书面告知业主关于装修工程的禁止行为和注意事项，业主与物业服务企业应当签订装修管理协议；三是业主应当审查装修企业的资质和从业个人的执业资格，并将装修管理协议的内容告知装修企业；四是物业服务企业应当加强对装修过程的监督管理，对违反物业装饰装修方面法律、法规的行为，物业服务企业应当制止，并及时向有关行政管理部门报告；五是有关行政管理部门在接到物业服务企业的报告后应当对违法行为予以制止，责令改正，并依法进行行政处罚。

其次，在物业及共用设施设备管理方面，一是建设单位应当按照国家有关规定的保修期限和保修范围，承担物业的保修责任；二是业主应当自觉遵守临时管理规约，爱护共用设施设备；三是物业服务企业应当依据物业服务合同的约定及物业管理规章制度，做好物业及共用设施设备的日常检查、维修、保养工作，保持其完好并正常运行，同时注意及时做好书面记录，并由相关人员签字确认；四是对易发生事故的设施设备及区域应当安装监控设备对现场进行监控和录像并存储，对发生事故或损害事件应当采取应急措施的同时及时向有关行政部门报告并协助做好救助工作。

第三，在物业公共环境管理方面，一是业主应当自觉遵守国家和地方有关环境保护、城乡规划建设等方面的法律、法规和临时管理规约等规定，爱护环境、规范自己行为；二是在易发生伤害事故的地方如游泳池，路滑的路面与场所或因施工需要在公共场所、小区道旁或者通道上挖坑、修缮安装地下设施等，物业服务企业应设置或监督施工单位设置明显标志和采取安全防护措施；三是因维修物业或者为了公共利益，确需临时占用、挖掘道路、场地的，物业服务企业应征得业主同意，在施工前应与施工单位签订明确各方责任的协议，施工结束后应当将临时占用、挖掘的道路、场地在约定期限内恢复原状；四是物业服务企业应当采取措施防止、消除对物业的利用可能产生的安全隐患；五是对违反环保、城乡规划建设等方面法律、法规的行为，物业服务企业应当制止，并及时向有关行政管理部门报告；六是有关行政管理部门在接到物业服务企业的报告后应当对违法行为予以制止，责令改正，并依法进行行政处罚。

第四，在车辆管理方面，一是物业服务企业应当根据停车场（位）的权属不同，与业主或物业使用人签订车辆管理服务协议，明确合同性质，确定是车辆保管关系还是场地租赁关系或是其他关系；二是完善停车场（位）硬件设施；三是将停车场（位）车辆停放服务的内容制成公示牌，放置在停车场（位）显著位置，明示停车场（位）经营单位是否承担车辆的保管责任等；四是对停车场（位）的停放服务的具体内容和车辆停放人应注意的事项记载在该停车凭证上，告知车辆停放人；五是收取停放服务费应当给予收款凭证，属于场地租赁费的应明确注明，收取的费用收款凭证上应记载停放的时间和车辆的牌号；六是应当加强日常巡查，对发现的问题应当及时解决。

第五，在治安管理方面，一是应当明确物业服务企业的法律地位和职责范围，根据《物业管理条例》（2007年修正）第47条规定，物业服务企业是协助做好物业管理区域内安全防范工作；二是充分发挥人防（保安工作）、技防（闭路电视监控等）和物防（防盗设施）的各自作用及相互配合作用，应当明确保安人员在安全防范系统中的主要地位，保证保安人员在维护物业管理区域内公共秩序时尽职尽责；三是物业服务企业应当严格履行安全防范职责，科学安排保安巡逻，坚持对巡逻工作进行监督检查，做好、保存好巡查以及交接班记录；四是对违反治安方面法律、法规的行为，物业服务企业应当制止，并及时向公安机关报告；五是公安机关在接到物业服务企业的报告后应当对违法行为予以制止并依法进行处理。

第六，在物业服务收费方面，一是加强物业管理的舆论宣传，树立物业管理的本质是物业服务的理念以及平等、物业服务是消费的观念，增强业主交纳物业服务费的自觉性。二是应当明确物业服务合同属于双务有偿合同即双方互享权利、互负义务，物业服务企业应当明确收取物业服务费应当以提供法定或约定的物业管理服务为条件。三是按照有关规定建立物业服务收费公示制度，明确收费的服务项目并实行明码标价制度,即物业服务企业应当在物业管理区域内的显著位置或收费地点,将物业服务企业名称、收费对象、服务内容、服务标准、计费方式、计费起始时间、收费项目、收费标准、价格管理形式、收费依据等有关情况采取公示栏、公示牌、收费表、收费清单、收费手册、多媒体终端查询等方式进行公示,不得违反物业服务合同约定或者法律、法规、部门规章规定,擅自扩大收费范围、提高收费标准或者重复收费。四是改进物业管理区域基础设施建设水平,实现抄表到户,供水、供电、热力公司或通讯、有线电视等单位应当亲自向业主依据计量表并按当地物价部门规定的价格收取相关费用。五是物业服务企业应当依法收取物业服务费,对于延迟交纳物业服务费的业主,物业服务企业应当向其发出书面催收函,经书面催收后,业主无正当理由拒绝交纳或者在催告的合理期限内仍未交纳物业费,物业服务企业应当及时向法院提起诉讼或向仲裁机构申请仲裁要求业主支付物业服务费;对于业主与物业的承租人、借用人或者其他物业使用人约定由物业使用人交纳物业服务费的,业主承担连带责任。

(三)关于前期物业管理终止的风险分析与防范

前期物业管理终止是指终止前期物业服务合同约定的权利与义务,包括前期物业管理终止前的准备、前期物业管理终止条件与前期物业管理终止后的移交。

前期物业管理终止的风险,主要包括:一是前期物业管理终止前的准备工作不明确的风险;二是前期物业管理终止条件不明确的风险;三是前期物业管理终止后移交的内容与对象不明确的风险。

防范前期物业管理终止的风险,应当注意以下方面:

首先,应当明确前期物业管理终止前的准备工作内容,主要包括:一是明确筹备首次业主大会会议的条件,即物业管理区域内已交付的专有部分面积超过建筑物总面积50%,根据《最高人民法院关于审理建筑物区分所有权纠纷案件具体应用法律若干问题的解释》第8条的规定,专有部分的面积,按照不动产登记簿记载的面积计算,尚未进行物权登记的暂按测绘机构的实测面积计算,尚未进行实测的暂按房屋买卖合同记载的面积计算;建筑物总面积是指按照前项的统计总和计算;二是建设单位应当按照物业所在地的区、县房地产行政主管部门或者街道办事处、乡镇人民政府的要求,及时报送筹备首次业主大会会议所需的文件资料,包括物业管理区域证明、房屋及建筑物面积清册、业主名册、建筑规划总平面图、交付使用共用设施设备的证明、物业服务用房配置证明、其他有关的文件资料;三是建设单位应当按照有关规定参加首次业主大会筹备组;四是首次业主大会的召开与业主委员会的产生,业主大会决定选聘物业服务企业,业主委员会代表业主与业主大会选聘的物业服务企业签订物业服务合同。

其次,应当明确前期物业管理的终止条件,即业主委员会与物业服务企业签订的物业服务合同生效,无论前期物业服务合同是否期满,前期物业服务合同均终止。

第三,应当明确前期物业管理终止后移交的对象与内容,前期物业服务合同的权利义务终止后10日内,物业服务企业应当向业主委员会办理移交手续,进行物业共用部分查验交接,移交内容包括:一是物业服务企业退出物业服务区域、移交物业服务用房和相关设施;二是移交物业服务所必需的相关资料,包括:物业管理区域划分资料,建设用地规划许可证和建设工程规划许可证的附件与附图,竣工验收报告及竣工总平面图,单体建筑、结构、设备竣工图,配套设施、地下管网工程竣工图、消防验收等竣工验收资料,设施设备的出厂随机资料,安装、验收、使用、维护保养和定期检验等技术资料,运行、维护保养记录,物业质量保修文件和物业使用说明文件,业主名册,物业管理必需的其他资料;三是移交由其代管的专项维修资金。

后 记

本书是作者有关法律风险防范实务体系的第二部著作,是作者作为执业律师,在长期从事房地产法律实务的过程中,对房地产开发全过程中法律风险与防范的认识和体会的归纳与总结。

本书的出版得到了知识产权出版社的大力支持,在此表示感谢。

本书是作者在办理日常繁琐法律事务时挤出时间进行写作的,加之作者水平有限,存在不足在所难免,真诚希望各位读者批评指正。

郭家汉

2014 年 12 月 31 日于北京

附:郭家汉律师联系方式

北京市金洋律师事务所

(北京市海淀区西三环北路 72 号世纪经贸大厦 B 座 1901 室)

电话:(86-10)88820251/52/53/54　　13701159836

邮箱:guojiahan2011@163.com